비판적 시대정신

비판적 시대정신

서규환

다인아트

서문

I.

악순환에 빠져 있는 군비경쟁, 핵무기의 통제불가능한 확산, 저발전 국가들의 총체적 참혹, 해결하지 못하는 구조적 실업과 증대하는 사회적 불평등, 대재앙을 몰고 올지도 모르는 거대 기술공학의 급속하고도 절제 없는 발전 등이 인류에게 그 어느 때보다도 공포의 위협을 가하고 있지만, 이 중첩되고 있는 공포 보다 더 충격적인 것은 인성의 타락이 아닌지 모르겠다. 윤리 상실은 공포를 발생시키는 구조들을 혁신할 의지마저 마비시킬 수 있기 때문이다.

한국사회의 자살율은 OECD 국가들 가운데 최고로 높다는 뉴스가 일상처럼 느껴지는 즈음에, 한 기업 최고경영자가 부하에게 돈을 주고 매질을 했다는 사건이 보도되었다. 충격을 받는다. 우리사회의 윤리적 기저가 붕괴되고 있는 것은 아닌가, 하는 절망의 의구심마저 일어난다. 그리고 예리한 기억들로 기록한 도스토예프스키의 명작 「죽음의 집의 기록」(1862년)을 기억하게 되었다.

도스토예프스키는 감옥에서, "죽음의 집"에서, 잔혹한 매질을 목격하고, 포학에 대해 경고한다. 그는 문화와 사회의 붕괴를 예고하는 징후로서 포학한 인간의 출현을 말한 것이다.[1)]

> 세상에는 피에 굶주린 호랑이 같은 인간들이 있다. 한번 이 마력을 경험한 자는, 그리스도의 법칙에서 말하는 다같이 신의 창조물인 형제, 자기와 똑같은 인간의 육체와 피와 정신에 대한 이 무한한 지배를 경험한 자는, 다같이 신과 더불어 살고 있는 다른 존재를 가장 잔인한 방법으로 모

1) 도스토예프스키, 「죽음의 집의 기록」, 『도스토예프스키 III』, 동서문화사, 1974, pp.560-561.

욕할 권력과 그 완전한 가능성을 한 번 경험한 자는, 이미 자신의 의사와는 상관없이 감정을 자제할 힘을 잃어버리고 마는 것이다. 포학(暴虐)은 습관이다. 그것은 자라나는 성질의 것으로 끝내는 병(病)으로까지 성장한다. 내가 말하고 싶은 것은 아무리 훌륭한 인간이라도 습관으로 인해서 둔화(鈍化)되면 짐승보다도 더 포학해질 수 있다는 것이다. 피와 권력은 사람을 취하게 한다. 포학과 타락은 자라난다. 지(知)와 정(情)은 마침내는 감미로움의 가장 기이한 현상조차도 받아들이게끔 된다. 포학자의 마음속에서는 개인과 사회인은 영원히 멸망해 버리고 인간의 존엄에의 복귀와 참회로 인한 속죄와 부활은 거의 불가능하게 된다. 뿐만 아니라 이와 같은 포학의 예와 그것의 가능성은 사회전체에도 전염적인 작용을 한다. 이와 같은 권력은 유혹적이다. 이러한 현상을 무심하게 보고 있는 사회는 이미 그 밑바닥에서부터 물들고 있는 것이다. 한 마디로 말해 다른 인간에 대한 체형의 권리가 어느 한 인간에게 주어진다는 것은 사회악의 하나이며, 사회가 그 내부에 갖는 온갖 문화적 싹과 일체의 문화적 시도를 근절케 하는 가장 강력한 수단의 하나이며, 사회로 하여금 절대로 피할 수 없는 붕괴로 인도하는 완전한 요인이다.

도스토예프스키의 이 진단은 포학이 독한 바이러스처럼 전염력이 강하다는 것, 또한 포학의 습관에 젖어들면 그 나락에서 벗어나오기 어렵다는 것을 경고한다. 그것은 타자들을 강압적으로 지배하려는 저속한 부정적 권력에 속한다.[2] 아마도 그런 포학자는 세상과 사회를 움직이고 지탱하는 것이 다름 아니라 이 부정적 권력이라 판단하고 자신의 포학을 세상의 질서를 유지하는 경쟁의 수단으로 생각하고 있을 것 같다.

오늘의 한국사회는 어떠한가? 냉혹한 경쟁만을 예찬하는 만큼이나 포학자들은 도처에 있다. 대화와 숙고로써 합의의 진리를 탐색해야 할

---

2) 부정적 권력 개념에 대해서는 서규환, 『현대성의 정치적 비판이론』, 다인아트, 2006을 참조하라. 물론 이런 권력론만 있는 것은 아니다.

대학의 교수사회마저도 포학의 반(反)문화가 넘실대고 있는 것이 현실이다. 대학 밖은 물론이고 대학 내에서도 작은 권력이라도 있으면 그것을 쟁취하기 위해서는 수단과 방법을 가리지 않고 대학의 최소한의 품위마저 손상시키는 포학자들이 던지는 포학의 폭언과 행동을 막아낼 대학사회의 구체적 사회운동은 거의 없고, 심지어는 추악한 속모습을 감추기에 급급할 뿐이다.

그러나 마지막 희망마저 버리는 절망에 빠질 수는 없다. 도스토예프스키 스스로 가장 희망 없는 자에게 필요한 것은 희망이라고 "희망의 원리"를 이미 말하고 있었다.

> 이곳의 모든 죄수들은 그곳을 자기의 집처럼 여기는 것이 아니라, 마치 여인숙이나 행군할 때의 야영지, 혹은 어딘가의 휴게소에라도 와 있는 것 같은 그런 기분으로 살고 있었다. 종신형으로 보내져 온 죄수들조차도 어딘지 침착하지 못하고 울적해 하며 무언지 모르게 거의 불가능한 것을 반드시 남모르게 동경하고 있었다. 털어놓고 말은 하지 않지만 명확하게 눈에 보이는 이 끊임없는 불안이며, 이따금 자기도 모르게 입 밖에 내는 희망에 대한 열띤 동경과 초조함, 특히 그 희망이 때로는 헛소리처럼 여겨질 만큼 너무나 엉뚱하다는 것, 더욱이 놀라운 사실은, 이 엉뚱한 희망이 가끔가다 보면 가장 실제적인 죄수들의 머릿속에 달라붙어 있다는 것 — 이러한 모든 것이 이 장소에 이상한 외관(外觀)과 특색을 주고 있었기 때문에 그러한 것이 이 장소의 가장 두드러지게 눈에 띄는 특징이 되어 있음에 틀림없다고 생각될 정도이다. 맨 처음 얼핏 보았을 때부터 이런 것은 감옥 밖에서는 볼 수 없는 것이라고 느꼈다. 이곳에 있는 그들은 모두 공상가였고, 그것이 어디서나 눈에 띄었다. 그것은 병적으로 느껴졌다. 왜냐하면 이 공상하는 버릇으로 해서 죄수의 대부분이 한결같이 어둡고 음침하는 버릇으로 해서 죄수의 대부분이 한결같이 어둡고 음침하며 건강치 못한 외모를 지니고 있었기 때문이다. 대부분의

죄수들이 말이 없고, 증오라고 할 수 있을 정도의 적의를 나타내고, 자신의 희망을 표면에 나타내기를 좋아하지 않았다. 정직함이나 솔직함은 멸시받고 있었다. 이루어질 것 같지도 않은 희망일수록, 그리고 이루어질 것 같지도 않다는 것을 자신이 느끼면 느낄수록 더욱 그것을 가슴 속에 숨겨두고 완강하게 정도를 지키는 양 도무지 체념하지 못하는 것이다. 혹은 그런 것을 남모르게 부끄럽게 생각한 사람이 있었는지도 모르지만 그것은 알 수 없다.[3)]

도스토예프스키가 말하는 죄수들의 이 희망은 다시 해방과 자유를 맛볼 가능성을 한편으로는 거의 믿지 않으면서도 바로 그 때문에 품게 되는 고독하고 음침한 희망이다. 그것은 마지막 목숨을 붙잡고 있는 검은 희망이다. 물론 이런 희망도 환상, 가상, 꿈을 가능하게 하는 상상력 때문에 가능하다.

지금의 한국사회가 또 하나의 죽음의 집이라고 단정할 수는 없다. 우리에게 희망을 포기하지 않게 하고 더 푸른 희망을 꿈꾸게 하는 김수환 추기경, 법정스님, 이들의 관용, 무엇보다 이들 인품을 존경하고 추모하는 장대한 행렬, 그리고 아직 공포되지는 못하거나 기억하지 못하는 많은 좋은 사람들이 있으리라 믿는다. 또한, 이 믿음, 이 희망 속에서, 도스토예프스키의 전망과는 달리, 포학에 빠져 있는 자들도 다

---

3) 도스토예프스키 1974: 606-607. 희망은 인간존재의 조건들 가운데 하나이다. 희망이 절망에 빠져 있는 인간이 살아갈 수 있게 하는 핵심조건임을 도스토예프스키는 감옥생활에서 통찰할 수 있었다: “희망을 완전히 잃어버리고는 살아 나갈 수 없다. 거기서 그는 자기가 자진해서 만들어낸 순교 속에서 빠져나갈 길을 구하려 했던 것이다. 그가 소령에게 덤빈 것은 증오 때문이 아니라, 다만 괴로움을 받고 싶었기 때문이라고 설명했다. 어떠한 심리적 움직임이 그때 그의 마음속에서 행해졌는지 그것은 신만이 아는 것이다! 하나의 목적이 없고, 또 그 목적을 달성하려는 의욕이 없다면 인간은 살아 있을 수가 없는 것이다. 목적과 희망을 잃었을 때 인간은 너무나도 괴로워서 사나운 짐승이 되어 버리는 일이 드물지 않다. …… 우리 죄수 전체의 목적은 자유였다. 감옥으로부터 해방되는 것이다.” 자유라는 목적을 완전히 그리고 철저하게 상실하게 된다면 인간성의 말살이 일어나게 된다. 바로 이런 맥락에서 민주주의의 가치는 인간의 조건에 근본적인 것이다.

시 포학의 습관에서 벗어날 수 있으리라 믿는다.

II.

시대정신(Zeitgeist)을 오늘날 말하려면, 적어도 두 의문에 답해야 한다. 하나는 왜 지금 헤겔(Hegel)의 핵심개념어인 시대정신을 주장하는가 하는 의문이고, 다른 하나는 시대정신 개념 그 자체를 부인하는 사고가 던질 의문이다. 역사의 시작(Arche)에서 종결(Telos)까지 일관되게 흘러가는 역사의식을 믿을 수 있었던 헤겔의 시대가 끝났다고 판단하는 한에서, 그리고 시대정신이 이미 탈역사적으로 — 역사와 무관하게, 역사 이전에 — 존재하고 있는 것으로 이해해서는 안 되는 한에서는, 우리는 시대정신을 말하는 근거를 말해야 한다. 말하자면, 시대정신을 위한 일종의 변론이 필요한 것이다.

우선 무엇보다도 주목해야 할 점은, 헤겔의 시대정신개념이 지향하는 중심에는 인륜성론이 있다는 것이다.[4)]

> 이제까지 국가에 관해서 서술해온 바를 총괄해 본다면, 우리들은 개인에 있어서 나타난 국가의 생명을 인륜이라고 불렀다. …… 국민의 관념은 이들 모든 것을 배태하고 있다. 그들의 의지는 이 특정한 법률과 이 특정한 조국의 의욕이다. 이와 같은 성숙한(zeitig) 총체야말로 그 국민의 본질이고 정신이다. 각 개인은 그 국민과 한 덩어리이다. 각 개인은 그 국민의 자식이고 동시에 또 국가가 발전과정에 있는 한, 개인은 그 **시대의 자식**이다. 어떠한 사람이라 할지라도 그 시대의 배후에 머무를 수는 없고, 하물며 그 시대를 뛰어넘는다고 하는 것은 불가능하다. 이와 같은 정신적 본질(국민정신 또는 시대정신)은 개인의 소유이며, 개인은 그것의 대표자이다. 이 정신적 본질은 개인이 탄생한 모태인 동시에 그가 사는 장소이기도 하다.

4) 헤겔, 『역사철학강의 I』, 김종호 역, 삼성출판사, 1976, p.89. 강조는 원문.

헤겔에서 시대정신은 인륜성이라는 국가를 헌정하는 윤리적 규범행위를 요청하고 있으며, 그것은 역사적인 시대상황에 근거한다. 그것은 역사적 조건에서 이성의 행동이 일어나되 그 역사적 조건을 초월해가는 역사적 윤리행위에 속한다.

또한, 헤겔의 시대정신개념은, 현재의 역사적 조건인 국가를 근본적 범주로 설정하고 있다.[5)]

> 인륜의 법칙은 우연적인 것이 아니고 이성적인 것, 그 자체이다. 거기서 이 실체적인 것이 인간의 현실적인 행위 안에서와 인간의 심정 안에서 행해지고, 그 안에 나타나고, 그 안에 실체적인 것 그 자체가 존속하게끔 하는 것, 이것이 국가의 목적이다. 이 인륜적 전체가 현존하게끔 된다는 것이 이성의 절대적인 관심이다. …… 국가만이 자유, 즉 절대적인 궁극목적의 실현이라고 하는 것, 국가는 그 자신을 위해서 존재하는 것이라고 하는 것을 우리들은 알지 않으면 안 되기 때문이다.

물론, 이미 헤겔에서 법치국가이념이 국가개념에 중심이다.[6)]

> 국가는 지상에 현존하는 신적(神的) 이념이다. 이런 의미에 있어서 국가는 세계사 전반이 한층 구체적으로 된 대상인 것이다. 따라서 이 국가에 있어서 비로소 자유는 그의 객관성(客觀性)을 획득하며, 또 이 객관성을 즐길 수 있게 된다. 왜냐하면 법은 정신의 객관성이고, 참다운 의지이기 때문이다. 따라서 법에 복종하는 의지만이 자유이다. 그것은 그 의지가 자기 자신에게 복종하는 것이고, 그 점에서 의지는 자기 자신의 곁에(bei) 있으며, 자유이기 때문이다. 국가 - 조국이 생존의 공동체를 형성하게 되고 인간의 주관적 의지가 법에 복종하게 되면, 자유와 필연과의 대립은 없어진다. 이성적인 것은 실체적인 것으로 필연적이지만, 이 이성적

5) 헤겔 1976: 75.
6) 헤겔 1976: 75.

인 것을 법으로서 시인하고, 이것을 우리들 자신의 존재의 실체로서 보고, 이것에 따라간다고 하는 점에 있어서 우리들은 자유이다.

법이 정신의 객관성이고 참다운 의지로 파악되는 한에서 시대상황에서 법치국가는 민주주의적이지 않으면 안 되며, 민주주의적 법치국가를 헌정하는 법, 헌법은 세계사적 보편성을 지향하고 실현해야 한다.

헤겔에 의하면 자연과 정신은 구별되며, 정신은 자연의 법칙을 따르는 것이 아니다.[7)]

정신은 본질적으로 그의 활동의 결과(로서 밝혀지게 되는 것)이다. 즉 정신의 활동은 직접성의 초월, 직접성의 부정인 동시에, 자기에로의 환귀(還歸)이다. 우리들은 정신을 종자(種字)에 비길 수 있다. 왜냐하면 식물은 종자에서 시작하지만, 종자는 또 식물의 전생애의 성과이기도 하기 때문이다. 그러나 **단초(端初)와 결과가 서로 분리하고 있는 데에 생명의 무력(無力)이 있다. 개인과 민족의 생명일지라도 그것은 꼭 같다**. 민족의 생명은 익어서 열매를 맺는다. 왜냐하면 민족의 활동은 그의 원리를 실현하는 데 있기 때문이다. 그러나 이 과실은 그것을 낳아 기른 민족의 슬하에 떨어져 오지는 않는다. 그와는 반대로 그 과실은 민족에게는 독주(毒酒)가 된다. 그러나 민족은 이것에 무한한 갈망을 느끼기 때문에, 이 독주를 단념할 수는 없게끔 된다. 그런데, 이 독주를 마시는 데 대한 갚음은 그 민족의 멸망이다. 물론, 그것은 또 동시에 어떤 새로운 원리의 출현이기도 하다.

과실이 썩어서 숙성되어 독주가 된다. 정신의 과실이 변질되어 가는 과정. "민족"은 "독주"를 마시고 죽어가야 하며, "민족" 이후에 출현하는 새로운 원리는 민족을 작동시키는 원리를 대체한다. 헤겔은 정신의 자기지양과정을 주장한다.

---

7) 헤겔 1976: 116. 강조는 인용자.

그리고, 헤겔은 참된 시대정신이라면 비판적일 수밖에 없다는 점을 통찰하고 있었다.[8)]

> 정신의 규정의 실현과정은 의식과 의지에 의해서 매개된다. 이 의식과 의지도 최초에는 전연 직접적인 자연적 생명의 형태를 취하여, 그 대상과 목적도 최초에는 자연적 규정과는 다를 바 없는 것같이 보인다. 그러나 이 자연적 규정인 것처럼 보이는 것도 그것에 혼을 불어넣는 것이 정신인 이상, 그 자체 무한한 요구와 무한한 강인성(强靭性)을 가지며, 또 무한히 풍부한 내용을 가지고 있다. 따라서 정신은 자기 자신의 안에 있어서, 자기에 대립하게끔 된다. 거기서 정신은 자기 자신을 진실로 자기 자신에 적대하는 장해로서 극복하지 않으면 안 된다. 자연에 있어서는 평온한 생산방식을 취했던 발전도 정신에 있어서는 자기 자신에 대한 가차(假借)없는 무한한 투쟁이다. 원래 정신이 구하는 것은 정신 자신의 개념의 달성에 있다. 그런데 정신은 그 자신이 이 개념을 은폐하는 것이며, 오히려 이와 같은 자기소외(自己疏外: Entfremdung seiner selbst)를 자랑하고 그것을 득의만면(得意滿面)하게 마음속으로부터 즐기고 있다. 이와 같이 하여 정신의 발전은 유기적 생명의 발전과 같은 평탄하고 투쟁이 없는 단순한 발현(發現)이 아니고, 말하자면 냉혹한 자학적(自虐的)인 면도 가지고 있다. 그 위에 또 그 발전은 발전 일반이라고 하는 단지 형식적인 것이 아니고, 일정한 내용을 가지는 목적을 달성하는 것이다.

그렇지만, 헤겔의 시대정신개념은, 본래적인 것을 전제하고 있다는 점에서 시대정신의 비판은 근본적 한계를 지니고 있다.

시대정신은 "역사의식"에 속하고, 항상 현재의 시대정신이다. 시대정신은 미래에 대한 기대와 과거에 대한 경험 사이에서 시간의식으로

---

8) 헤겔 1976: 92.

형성되고, 규범적 비판의식과의 관련성은 "시대(Zeit)" 파악에 내재적이다.

시간정신이라 말[번역]하지 않고 시대정신이라 말[번역]하는 까닭은 무엇인가? "시간"은 순간이 아니라 지속에서야 비로소 성립할 수 있기 때문이다. 순간을 넘어서는 것으로서의 시대가 있다는 것은 나와 너의 정체성이 공간적으로 헌정되는 것에 다름 아니다.

시대의식이라 말하지 않고 시대정신이라 말하는 까닭은 무엇인가? 시간의식이 성찰적일 때 자연스럽게 시대를 의식하는 수준으로 나아간다. 작금의 지금 이 순간만의 의식일 수는 없기 때문이다. 또한 나의 의식을 넘어 인류(Menschengattung)의 의식이어야 하기 때문이다.[9] 곧 "의식"을 넘어서는 실천을 지향하는 차원에서 정신. 헤겔에게 문제가 있다면, 그것은 정신을 말하는 데 있는 것이 아니라 정신을 정초하는 사유에 있다. 개인의 의식 차원을 넘어서서 보편성을 얻으려면 의식이 도달해야 하는 수준이 정신이다.

하버마스에 의하면, "시대정신은 매개가 되며, 이 매개 안에서 장차 정치적 사유와 정치적 대결이 움직이게 된다. 시대정신은 두 갈래의 상호 반대되는, 그러나 상호 지시, 침투하는 사유 운동으로부터 추진력을 얻는다. 즉 시대정신은 역사적 사유와 유토피아적 사유의 충돌에서 발화한다."[10] 역사적으로 볼 때, 역사적 사유와 유토피아적 사유가 프랑스혁명 이래 각 국가들의 시대정신 형성에 합류하게 되는데, 이것은 양자가 논리적으로 필연적으로 하나로 통일될 수 있기 때문이 아니라 정치적 사유에서 서로 배타적이지 않게 되었기 때문이다.[11] 정치적 사유가 역사적 사유와 유토피아적 사유 가운데 어느 하나를 혹은 양자

9) 시대정신을 헌정하는 기본 요소는 시간만은 아니다. 공간 범주도 있다. 시간의식 그 자체가 공간에 대한 의식을 숨기고 있을지언정 공간 의식을 배제하고서는 헌정되지 않는다.

10) 위르겐 하버마스, 『새로운 불투명성』, 이진우 외 역, 문예출판사, 1995, p.162.

11) 헤겔의 역사주의는 이런 면에서 근본적으로 정치적 사유를 감추고 있는 정치적 사유인 셈이다. 헤겔은 이 양자를 역사에 내재하는 것으로 파악하면서 이성의 진리를 주장하려 했다.

를 포용하거나 배척할 수 있다. 주지하듯이, 에른스트 블로흐와 칼 만하임의 유토피아연구들 덕분으로, 유토피아는, 헤겔의 역사주의와는 다른 의미에서 역사적 과정에 내재하는 대안적 삶의 가능성을 기획할 수 있게 하는 매체로 등장하게 된다.[12)]

나의 정치적 사유는 역사적 사유와 유토피아적 사유와 대화하기를 희망한다.

나의 현재적 의식이 곧 시대정신을 대변한다고 말할 수는 없다. 타자들의 의식들이 함께 있기 때문이다. 내가 있고 네가 있는 것이 아니라, 네가 있고 내가 있다고 말해야 한다.

시대정신을 위해서 내가 발언할 수는 있고, 그것은 시대정신을 부인하는 정신없는 정신에 대한 비판일 수는 있다. 시대정신을 부인하는 정신없는 정신이란 무엇을 말하는 것인가? 신보수주의의 전략적 사고가 그 예이다. 신보수주의가 근본적인 차원에서 보수주의와 구별되는 점이 있다면, 정신의 차원 그 자체를 천착하지 않고서 현상적 차원에서 전략적 조처(action)를 모색한다는 점이다. 한국사회에서는 스스로 보수수의자로 자처하면서도 시대정신을 주장하는 이해하기 어려운 "정신없는" 사태도 일어나고 있다.[13)]

그 어느 시대에서나 지성인이라면 마땅히 비판적 시대정신을 표현해 내어야 하는 책임을 지고 있다.

---

12) 하버마스 1995: 164 참조.

13) 역사의식 그 자체를 무의미하게 생각하는 사상조류가 있다. 후설 이후의 현상학의 한 조류로서 후기구조주의가 그런 예이다. 같은 시대를 살아가지만 서로 다른 시대정신들이 생겨나는 까닭이 무엇인가? 물리적으로는 같은 시대이지만 의미론적으로는 서로 다른 시대를 살아가고 있기 때문에 시대정신이 다르다. 그렇지만 같은 시대를 살아간다고 할지라도 시대정신은 다를 수 있는가. 단 하나의 시대정신이 있는 것이 아니라 시대정신들이 있고, 이들 시대정신들 사이의 합리적 대화가 시대정신의 실천이다. 서로 배타적인 시대정신들의 현존 그 자체를 좋다고 말할 수는 없다. 또한, 시대정신을 개별적인 시간의식들에 앞서서 선제하는 선험적 형이상학적 시간개념으로 이해해서도 안 된다. 그렇다고 해서 동시대의 시대착오적 의식들과의 소박한 타협으로 이해해서는 안 된다. 이미 있는 시대정신을 뒤늦게 발견해야 하는 것도 아니며, 그렇다고 현실의 다양한 시간의식들의 소박한 타협도 아니다.

III.

형식은 내용과 무관한 그릇이 아니다. 긴 글이 짧은 글보다 더 강한 사유력이 필요하지만 그렇다고 더 가치 있다고 판단할 수는 없다. 사유가 넓고 깊을수록 글의 길이도 늘어날 수는 있지만, 두꺼운 책이라해서 사유가 풍부하고 깊다고 단정할 수는 없다. 절제된 표현으로 사유를 표현해야 언어의 경제도 살아나며 독자의 사유력도 발전할 수 있다. 시적 표현이 독자들의 사유력을 자극할 수 있다. 또한, 오직 단평 형식으로 표현될 수 있는 중요한 주제들도 있다. 단평의 질이 낮다면, 그것은 그 단평의 필자가 사유력이 낮기 때문이지 단평 형식 그 자체가 그러한 것은 결코 아니다. 저자의 경박한 저널리즘이지, 글의 길이가 아니다. 저널리즘의 속성은, 누구에게나 쉽게 단번에 읽혀야 한다는 강박에 얽매이어, 단 하나의 주제에 찬반여부를 분명하게 표명해 주길 강요하고 있다.

이 책에 포함되어 있는 나의 단평들은 하나의 시선으로 보여지기보다는 복합적으로 읽혀지길 바란다. 단평일지라도, 음악으로 말하면, "다성악"(바흐찐)으로 구성하려는 의도가 얼마나 잘 살아있는지 모르겠다.

회고해보면, 나에게 황해문화시절이라고 부를 수 있는 시기가 있었다. 계간 황해문화 통권 4호를 논평하는 회의를 시작으로 편집진에 참여하면서 잡지의 성격상 나는 시사적 변화에 그 이전보다 더 깊고 넓은 관심과 주의를 기울이지 않을 수 없었다. 나의 주된 학문적 전공분야라 하는 사상사와 사회이론의 연구동향 이외에도 한국사회 일반에서, 그리고 인천 지역사회에서 일어나는 시사문제 전반의 변화를 추적하고 통찰해야 하는 또 하나의 과제가 생겼던 것이다. 이 과제는 황해문화에 편집주간이라는 직책이 정식으로 처음으로 생겨나서 나에게 초대편집주간 직책이 주어지면서 더욱 강화될 수밖에 없었다. 내가 이런 비평집을 낼 수 있는 것은 아마도 편집주간 활동의 계기가 없었다면 불가능했으리라는 것을 고백해야겠다. 게다가, 대화의 정치철학과 학제간 연구를 주장해왔던 나는 학술 논문이나 책 이외에도 문학과 예술, 다시 말해, 시, 소설, 미술, 음악, 영화, 건축 등등의 구체적 작품들을 더욱 면밀하게 논술로 표현하는, 때로는 시나 미술작품을 인용하여 비판을 개진하는 계기를 얻게 되었다. 이 자리를 빌려 새얼문화재단 지용택이사장님에게 감사의 뜻을 표하고 싶다.

이번에도 나의 제자 박상희강사에게 감사의 뜻을 전해야만 한다. 편집자의 역할을 처음부터 끝까지 완수했다. 그가 나의 둥지를 떠날 때까지 나는 그의 사유와 동행하며 그의 글을 성실하게 비판하는 것으로 답할 것이다.

그리고 부족하지만, 이 책으로 나의 장모님(허아네스, 1927-2010)을 기리고자 한다.

연구실에서

저자 서규환

---

* 이 저서는 인하대학교의 지원에 의하여 발간되었음을 밝힌다.

차례

제4부 정치비평의 프리즘

제1장 희망의 정치

제2장 비판적 역사의식

제3장 문화국가를 위한 탐색

제4장 아름다운 대학

제1부 왜 비판인가

● 다시 비판적 시대정신을 위하여

시인 김수영(1921-1968), 그의 시 가운데 「65년의 새해」라는 시가 있다.[14)]

그때 너는 한살이었다
그때 너는 한살이었다
그때도 너는 奇蹟이었다

그때 너는 여섯살이었다
그때 너는 여섯살이었다
그때도 너는 奇蹟이었다

그때 너는 열여섯살이었다
그때 너는 열여섯살이었다
그때도 너는 기적이었다
너의 意志는 싹트기 시작했다
너의 意志는
학교 안에서 배운 모든것이
학교 밖에서 본 모든것이
반드시 정말이 아니라는 것을 알았고
너의 어린 意思를 발표할 줄 알았다
우리는 너를 보고 깜짝놀랐다

---

14) 김수영, 「65년의 새해」, 『김수영전집 I시』, 민음사, 1981, pp.237-239.

그때 너는 열일곱살이었다
그때 너는 열일곱살이었다
그때도 너는 기적이었다
너의 筋肉은 굳어지기 시작했다
너의 筋肉은
학교 밖에서 얻어맞은 모든것이
골목길에서 얻어맞은 모든것이
반드시 정말이 아니라는 것을 알았고
너의 어린 行動은
어린 象徵을 면하기 시작했다
너는 이제 우리 키만큼 되었다
우리는 너를 보고 깜짝놀랐다

너는 이제 열아홉살이었다
너는 이제 열아홉살이었다
너는 여전히 기적이었다
너의 懷疑는 굳어가기 시작했다
너의 懷疑는
나라 안에서 당한 모든것이
나라 밖에서 당한 모든것이
반드시 정말이 아니라는 것을 알았고
너의 어린 抱負는
不可能의 한계를 두드려보기 시작했다
너는 이제 우리 키보다도 더 커졌다
우리는 이제 너를 보고 깜짝놀랐다

너는 이제 스무살이다

너는 이제 스무살이다
너는 여전히 기적일 것이다
너의 사랑은 익어가기 시작한다
너의 사랑은
三八線 안에서 받은 모든 굴욕이
三八線 밖에서 받은 모든 굴욕이
전혀 정당한 것이 아니라는 것을 알았고
너는 너의 힘을 다해서 답쌔버릴 것이다
너의 가난을 눈에 보이는
눈에 보이지 않는 모든 가난을
이 엄청난 어려움을 고통을
이 몸을 찢는 不自由를 不自由를 나날을……
너는 이제 우리의 고통보다도 더 커졌다
우리는 너를 보고 깜짝놀란다

아니 네가 우리를 보고 깜짝놀란다
네가 우리를 보고 깜짝놀란다
六五년의 새 얼굴을 보고
六五년의 새해를 보고

김수영은 1965년이 한국이 1945년 해방된 지 20년, 그러니까 사람의 나이로 말하면 성인이 되는 해라는 점에서 특별한 의미를 부여하는 듯하다. 이 시는 일곱 연으로 구성되어 있다. 연을 구분하는 기준은 마지막 제7연을 예외로 한다면 모두 한국사에서 일어난 대사건들이다. 제1연은 1945년 해방을 말하고 있다. 제2연은 1950년 한국전쟁을 말하고 있다. 제3연은 4월혁명을 말하고 있다. 제4연은 5.16 군부쿠데타를 말하고 있다. 제5연은 제3공화국을 말하고 있다. 제6연은 지금에 대해 말하고 있다. 그리고 제7연은 지금에 대해 말하고 있다. 제6연과 제7

연을 구분하는 이유가 무엇일까? 그것은 지금 다시 또 하나의 대사건이 일어날 수 있으리라는 기대 혹은 일어나야 한다는 요청 때문이다. 시 전체를 유기적으로 연결시키는 고리는 기적이다. 제1연에서의 "그때도 너는 기적이었다"는 시어는 제5연까지 근본적으로 큰 변화 없이 매 연마다 반복된다. 그러나 엄밀하게 읽으면 의미 있는 변화가 있다. 제1연과 제2연에서는 기적이 한자로 표기되어 있고, 제3연부터 한글로 표현되고 있으며, 제5연에서는 "너는 여전히 기적이었다"라고 다르게 표현된다. 이 작은 변화는 아마도 기적들이 반복됨으로써 기적이 그 본래적 의미를 잃어버리고 루틴화되는 역사를 시사하려는 의도로 보이는 듯하다. 제6연에서 "너는 여전히 기적일 것이다"라는 시제상으로 변화된 표현은 기적, 그러니까 또 하나의 대사건의 발발을 요청하고 있음을 함축한다.

이 요청은 "깜짝놀람"이라는, "기적"과 연관된 시어와 함께 의미론적으로 표출된다. "우리는 너를 보고 깜짝놀랐다"는 표현은 제3연에서 처음으로 등장하여 제6연까지 큰 변화 없이 그대로 반복되고, 마지막 제7연에서 "아니 네가 우리를 보고 깜짝놀란다"라는 표현으로 변화한다. 제3연에서 처음으로 깜짝놀람이 있다는 점은 한국정치사를 보는 김수영의 관점이 그 표현 속에 투영되어 있음을 시사한다. 4월혁명과 더불어 김수영은 참여시를 위해, 비판적 시대정신을 위해 온 몸을 던져나갔다. 물론 깜짝놀람은 그 자체로 긍정적인 것은 아니다. 그것은 오히려 "기적"과 마찬가지로 한 시대를 특징짓는 대사건과 그 내용을 반영한다. 그렇다. 제6연과 제7연 사이의 빈 공간, 말 없음은 깜짝놀랄 대사건의 발발을 말하고 있다. 제6연은 지나간 지금을 말하고 있다면, 제7연은 미래의, 현재의 지금을 말한다. 그리하여 거듭 말한다, "네가 우리를 보고 깜짝놀란다"고. 시인 김수영은 1965년 연두에 또 다른 4월혁명, 또 하나의 대변화를 희망했다. 물론 그 변화의 주체는 "우리", 즉 위로부터의 변화가 아니라 사회의 자율적인 변화이다. 그리고 그 희망은 분단과 빈곤, 그리고 부자유라는 절망적인 현실에 대한 저항의 표현이기도 했다.

"65년의 새해" 이후에도 "우리가 너를 보고 깜짝놀라는", 또 "네가 우리를 보고 깜짝놀라는" 대사건들은 계속 있었지만, 지금 이 시간에도 "우리는 너를 보고 깜짝놀란다". 여전히 위기의 강압이 안과 밖에서 거세다.

"우리가 너를 보고 깜짝놀라는" 지금을 저널리즘은 금융위기라 부르고, 사람들도 그렇게 따라 부른다. 돌연히 우리에게 다가온 이 경제위기의 회오리가 우리 모두를, 사회 전체를 휘몰아가려 한다. 이는 경제위기로 나타난 위기가 경제의 위기가 아니라 우리 사회의 총체성의 위기임을 함의하는 것이다. 위기의 이 한국사회, 특히 실업의 고통 속에 있는 자들에게는 잠 못 이루는 밤이 이어지고 있다. 프랑크푸르트학파의 비판이론가 아도르노(1903-1969)는 그의 책 『소(小)모랄리아』[15)]에서 불면의 밤을 사형선고와 비유한 바 있다. "누구나 자신에게 도움을 줄 수 있을 휴식의 긴 시간을 바라면서 불을 끈다. 그러나 드러누웠지만 생각을 진정시키지 못함으로써 밤의 유익한 저장물을 낭비하게 된다. 결국 아주 졸리운 눈으로 아무 것도 더 이상 보지 못하게 될 때 이제 너무 늦었고, 곧 아침이 자신을 깨울 것을 알게 된다. 사형선고를 받은 사람도 이와 비슷하다. 그가 저지할 수 없을 정도로 최후의 시간은 소용없이 흘러가 버리고 만다." 그렇다, 불면의 밤을 보낸 자들에게는 이 밝은 봄날의 따스한 햇살마저 오히려 더욱 잔인하게 다가온다. 그리하여 때로는 이성의 빛을 피해 더 깊은 어두움을 스스로 부르거나 수렁같은 암흑 속으로 빠져들려 한다.

정말 무엇을 어떻게 해야 하는가? 위기를 극복하려면, 위기의 원인

---

15) T.W.아도르노, 『한줌의 도덕. 상처 입은 삶에서 나온 성찰』, 최문규 역, 솔, 1995. 이 책의 원본 제목은 Minima Moralia이다.

을 분석해내고, 책임을 묻고, 위기극복방안 및 전망을 제안해야한다. 그렇다면, 지금은 어떠한가? 위기에 처한 외환보유 상황을 대통령에게 "일찍" 보고하지 않았음을 질타하는 원인론이 그저 저널리즘의 언어로 대두하고 있을 따름이고, 따라서 그 책임자를 밝혀내는 결정적 시기를 미루고 있는 상황이다.

여기에는 다시 보수적 사유가 즐겨 활용하는 그 수사법이 다시 실력을 발휘한다. 우리 모두 같은 배를 타고 항해하고 있는 중인데 배 밖에서 강한 폭풍과 파도가 일어나 배 자체를 난파시킬 위기에 빠졌다면, 우선 배 밖의 도전들을 극복하는 데 총력을 집중시켜야 한다는 논리가 그것이다. 하지만 배 안의 문제들이 심화되어 배 전체를 파손할 가능성 역시 배제하지는 못한다. 더구나 그 문제들의 정체를 모른다면 말할 나위도 없다. 그리고 배 밖의 도전이 그렇게 강하게 나타나는 까닭도 혹시 배 안의 문제들이 배의 능력을 심하게 손상시켜서 그렇게 된 것은 아닌지 진지하게 그리고 신속하게 검토할 일이다.

그런데 돌연히 다가온 듯이 보이는 이 경제 위기의 정체가 정말 돌연한 것인가? 또한 책임론도 대통령에게 위기상황을 얼마나 빨리 보고했는가 하는 차원에서 논의될 성질의 것인가? 법적으로 혹시 "희생양"이 필요한지 모르겠으나, 바른 비전을 세워나가야 하는 국정운영의 관점에서는 이 차원을 넘어서야 한다. 위기진단은 늘 미래에 대한 대안제시를 지시하고 있다. 역으로 말하면 위기진단이 잘못되면 처방과 대안 역시 잘못될 가능성이 높다. 위기진단의 위기에 대해 염려하지 않을 수 없다. 우리는 현재의 위기가 군부권위주의에서 문민민주주의로 이행하는 과정에서 변화된 시대 상황에 적절한 비전 혹은 시대정신을 정립시키지 못한 결과라 생각한다. 법적인 책임자(들)를 "사냥"하는 수준을 넘어서야 하며, "너"를 비난하기에 앞서 "우리"의 책임으로 보는 규범적 윤리의식이 강화되어야 한다.

위기시대일수록 시대정신을 바로 잡는 일이 중요함을 우리는 역사를 통하여 배웠다. 위기 시대의 특징의 하나는 밖으로부터의 압력이 강하다는 것이다. 이제야말로 "종속"이 실감나는 말이 될 만큼이나 한국사회 자체의 자율성이 심하게 위협받고 있는데, 바로 이 때문에 바른 시대정신을 세워야 한다. 그렇게 하기 위해서는, 최소한 우선, 지금도 지속되고 있는, 우리가 여기에서 **한국이데올로기**라 부르고자 하는 것들을 비판해야한다. 바른 시대정신이란 언제나 비판적 시대정신일 수밖에 없다.

1) 지금의 위기는 가벼움을 숭배하기 시작한 1990년대의 시대정신과 무관하지 않다. 1980년대가 소설가 최인훈이 그의 소설 『화두』[16]에서 말하고 있듯이 "동포의 피로 가득 채운 학살의 욕조에서 공포의 피거품 속에서 악의 육체는 아름답게 청춘을 회복하면서 일어났다면", 그렇게 "공포의 우산 밑에서" 출발했다면, 1990년대는 경박하게 출발했다. 이 출발 앞에는 미국지식시장에 기생하는 지식인들이 있었다. 그들은 미국에서 지금 유행하는 최첨단 지식들을 수입하여 한국의 지식시장에서 팔았다. 물론 그곳과 이곳의 엄숙한 차이를 감추기 위해서는 특별히 진지해질 필요는 없었다. 왜냐하면 그 1990년대의 시대정신이란 시대정신의 불가능을 부끄러움도 없이 자랑하고, 진지해야할 주체의 부재를 말하기 때문이다. 진지함이란 오직 냉소의 좋은 소재일 때만 나타날 따름이다. 그들은 역사의 기억을 해체하고, 사회적 책임의 무게를 던져버리고, 중심의 현존을 적극적으로 망각하며, 순간의 새로움을 탐닉하는 새로운 세기말의 허무예찬론자들이었다. 아니, 정확하게 말하면, 오래된 새로운 사대주의가 여전히 힘을 발휘하고 있는 것이다. 현재의 위기는 이들이 무엇을 진정 예찬하고 말았는지를 잘 웅변해주고 있다. 이 총체적 위기의 현실이야말로 이들의 허위의식을 역설적으로 논증하고 있다. 우리 시대는 가벼움을 넘어서기를 요청하고 있다.

---

16) 최인훈, 『화두』, 제2부, 민음사, 1994, p.58.

2) 지금의 위기는 시대의 가치로서 "경쟁"만을 과도하게 강조한 국정운영의 위기와 무관하지 않다. 여기에는 "시장"과 "경쟁"만을 지고의 가치로 강조하는 천박한 신보수주의적 자유주의자들의 목소리도 한몫을 한다. 경쟁을 그 어느 때보다도 강조한 그 문민정부가 경쟁력을 가장 뒤쳐지게 하는 이 배반. 우리는 지금부터라도 이 배반의 현실에 대해 깊이 성찰하지 않으면 안 된다. 자본주의 시대를 살아가는 한, 경쟁의 명령을 피하기는 어렵지만, 인간의 삶과 역사는 경쟁만은 아니다. 더구나 우리 시대가 복합성이 증폭하고 있어서 타자들의 삶과 생활양식을 배타적으로 배제하지 않고, 오히려 포용하는, 단기적 이익을 넘어서는 사랑의 윤리가 필요하다. 여기에서 연대의 정신이 성숙한다. 우리 시대는 경쟁, 즉 단기적 이익 계산을 넘어서기를 요청하고 있다. 후기산업사회의 논리 역시 이 요청을 말한다. 대학과 이론적 지식이 더욱 중요해지고 있다는 것이다. 대학의 동학은 화폐("자본")의 논리도, 권력("정치")의 논리도 아니다. 상품과 시장의 영역에서 그것도 제한된 테두리 내에서 설득력을 얻을 수 있는 경쟁 담화가 인플레이션되어 대학의 공간마저 지배하고 있다. 오늘 대학의 위기는 1980년대의 위기와는 다르지만, 그 심각성은 오히려 심화되고 있는 듯하다. 대학들 사이의 서열관행은 거대한 바위처럼 미동도 하지 않고 있으며, 대학의 자율성은 다르게 위협받고 있다. 그런데 이 위협의 사실보다도 더 심각한 위협은 이 사실을 직시하는 대학의 양심들이 지금 침묵하고 있다는 것이다. 우리 시대는 새로운 지평에서 지성인들의 양심을 요청하고 있다.

3) 지금의 위기는 "우리 것이 좋다"고 외치는, 타자들의 존재를 승인하지 않는 국수주의와 무관하지 않다. 이 외침은 무겁게 보이지만 사실은 가벼움의 하나이다. 그것은 가벼운 역사적 사고이다. 그러므로 반역사적 사고에 다름 아니다. 순수하게 우리의 것이 미리 존재한다고

믿는 것은 이미 죽은 환상이다. 아이러니한 것은, 이 환상이 "세계화" 논술의 급속한 확산 속에서 더 큰 힘을 발휘해 왔다는 사실이다. "가장 한국적인 것이 가장 세계적인 것이다"는 말이 생겨나고 지금도 여전히 안개처럼 움직이고 있다. 우리 시대는 철저한 역사적 사고를 요청하고 있다.

4) 지금의 위기는 과거에 묶여있는 정신과 무관하지 않다. 학연, 지연, 혈연 등이 중요시되는 한국사회의 행동습성은 여전히 굳건하다. 그런데 이 "3연주의" 습성의 실체는 과거에 묶여있는 정신이다. 나의 살아있는 현재가 아직도 숨을 내쉬지 못하고 있다. 과거를 다시, 반복적으로 확인하는 이 향수의 분위기는 결코 순수하다고 말할 수는 없다. 그 불투명한 분위기 속으로 반 시대정신의 악마는 합리성의 무게를 내던져버리게 하고 부정부패의 유혹을 쉽게 불러들이게 한다. 우리 시대는 우리의 미래를 묶는 과거의 악마와의 단절을 요청하고 있다.

5) 지금의 위기는 인물들을 잘못 선택하는 우리의 문화와 무관하지 않다. 원론적으로 말하면, 인물을 선별하는 기준은 실적과 과실의 경중이다. 잘못이 전혀 없고 업적이 높은 인물이 많다면, 고민거리는 없다. 하지만 현실에서는 그렇게 완벽한 인물을 발견하기란 실로 어렵다. 그것은 발견하려는 노력이 부족하기 때문이기보다는 완벽할 수 없음은 거의 피할 수 없는 인간의 조건이기 때문인지 모른다. 인간은 신이 아니다. 그런데, 인물을 선별하는 우리의 정서는 결함을 들추어내는 데 모든 에너지를 쏟는 느낌이다. 그리하여 인물을 적극적으로는 선별하지 못하는 셈이다. 물론, 이런 식으로 "그 인물이 그 인물"이라는 익숙한 평가를 반복하면서 소극적으로 선별하게 된다. 그것은 사실 인물들의 선별이 아니다. 실적의 경중에 대한 평가를 접어둔 채, "윗분"의 지시와 명령을 조용히 따를 인사를 쓴다. 장기에서 미리 정해진 움직임을 완전히 알고 있는 "내"가 차, 포, 혹은 마 등을 움직여 가는

것처럼. 그러나 우리 시대는 도전하는 용기의 인물들을 요청하고 있다. 스스로 움직일 줄 아는 인물들이 필요한 시대이다.

지금의 위기는 시대정신의 위기라는 더 깊고 더 넓은 위기의 한 표현일 뿐이다. 현재의 위기를 극복하는 길은, 한국이데올로기와의 비판적 단절과 함께 열리지만, 미리 결정되어 있지는 않다. 길이 있고, 내가 그 길을 걸어가는 것이 아니다. 길은 서로 다른 우리들이 함께 걸어가면서 생겨난다. 독단적 결정이 아니라, 서로 다른 실천주체들이 서로 대화하는 민주주의가 중요한 까닭은 여기에도 있다.[17)]

17) 이 글은 『황해문화』, 1998년 봄호, 권두언으로 실렸던 글인데, 각주를 붙이고 가볍게 다듬었다. 1998년은 김수영 시인의 서거 30주년을 맞는 해였다.

● 제3의 대전환기에서의 우리의 선택

우리는 21세기를 살고 있는 현재를 제3의 대전환기라고 부른다. 첫 번째 대전환기는 개항기였다. 우리는 이 전환기에 슬기롭게 대처하지 못했다. 일본제국주의의 굴욕적 지배를 받을 수밖에 없었던 수모가 그 대가였다. 두 번째 대전환기는 해방 이후 국민국가 건설기였다. 우리는 이 전환의 기회 역시 지혜롭게 넘어서지 못했다. 분단과 전쟁, 그리고 휴전이 그 대가였다.

이후 관료적 권위주의의 지배 속에서 근대화 과정을 압축시켜 급속하게 추진해왔고, 이제 또 하나의 전환기에 서 있다. 제3의 대전환기이다. 국내적으로 문민정부가 출범하여 개혁의 키를 잡았고, 전세계적으로 동구 대개혁 이래 냉전의 틀이 허물어졌다. 한편, 세계화·정보화의 물결이 거세고 높다.

이 제3의 대전환기를 얼마나 슬기롭게 넘어서는가, 여기에 한국역사의 문명사적 운명이 있다. 우리시대를 대전환기로 부르는 까닭은 그것이 새로운 발전 양식을 요구하기 때문이다. 좀 더 구체적으로 말하자면, 지난 시대의 낡은 모델(들)에 호소해 볼 수 없기 때문이다. 새로운 발전양식을 구성하는 요소는 제도와 사고이다. 그러나 제도의 틀을 전환시키는 첫걸음 역시 사고의 틀을 전환하는 데서 시작하는 법이다. 우리가 교육개혁에 주목하는 배경도 여기에 있다.

우리시대가 요청하는 이념은 변화와 개혁이다. 그런데, 변화와 개혁의 주체가 누구여야 하는가? 이 물음을 새삼 던진 까닭이 있다. 여전히 우리의 일상에서 맴돌고 있는 "세대교체"라는 말 때문이다. 변화의 시대는 새로운 주체를 요구함이 분명하다. 하지만 새로운 세대가 새로운 주체를 의미하지는 않는다. 오히려 우리 모두의 사고와 발상의 전환을 요청한다. "늙은" 사고방식에 빠져 있는 젊은이들이 있는가 하면, 언제나 타자들에 열려 있는 원로가 없지 않다.

모든 종류의 권위를 배격하는 젊은이는 책임 있는 청년이 아니며, 나이의 권위만을 고집하는 늙은이는 원로가 아니다. "보스"만 있고, 원로가 없는 사회는 불안하고 거친 사회이다. 회고해보면, 인물을 기리고 존경하는 정서가 우리게 허약하지 않았는가 싶다. 이제부터라도 원로를 모시는 전통을 세울 일이다.

"세대교체"는 배타적인 언어이다. "세대"란 말이 산술적 나이를 쉽사리 연상시키는 것이 현실이고, "교체" 역시 단순한 물리적 교환을 연상시킨다. 누가 누구를 교체하는 것이 아니라, 우리 모두의 발상이 전환되어야 한다. 우리시대가 요청하는 열린사회에 걸맞게.

누구를 선택할 것인가?

선거는 민주주의의 구체적 표현이다. 하지만 대개 이 표현에는 민주주의 밖의 요소들이 함께 스며들어 있기 마련이다. 주권자인 국민이 후보자들 가운데 어느 누구를 선택할 수밖에 없기 때문이다. 주권재민의 원칙이 뒤흔들릴 경우란, 후보자들 모두가 비슷하여 선택하나마나 한 때이다. 선택이 선택이 아닐 때일지라도, 후보자들 모두 훌륭한 인품이라면 그래도 좋다.

그러나 이와는 정반대로 후보자들 모두 "저질"이라면, 문제는 심각하다. "저질들" 가운데 "저질" 하나를 선택할 수밖에 없는 그 강요당하는 선택을 우리는 염려하고 두려워한다. 이 우울한 선택을 해결하는 방책은 분명하다. 시민들 가운데에 훌륭한 후보자를 직접 선택하여, 후보자를 선택하는 길이 있을 뿐이다.

정당이 먼저 후보자를 선택한다. 우리는 이를 "공천"이라 부른다. 최근 한 일간신문의 사설은 각 정당의 공천과정을 지켜보면서 개탄하고 있었다. "……우리가 느낀 것은 이 나라엔 '公(공)천'제도는 없고 '私

(사)천'제도가 있을 뿐이란 사실이다. (중략) 6.27 지방선거 이후 '3金체제' 부활을 계기로 우리 정당들의 1인 체제화는 더욱 심해졌다. 한 사람의 사단장과 1만명의 2등병들만이 있는 형국이 오늘의 우리 정당 풍토이다." 유권자들은 공천된 후보자들 가운데 어느 누구를 선택한다. 이 공천이 민주적이지 않다면, 또 하나의 그 우울한 선택을 우리는 강요받는 셈이다. 이런 면에서 오늘날 민주주의는 정당이 민주적이어야만 살아움직일 수 있다. 당내 민주주의가 성숙되지 않는다면, 정당의 정치가 민주주의의 정치를 구현하기는 어렵다.

후보를 선택하는 기준으로 강하게 작용하고 있는 연고주의를 염려하는 목소리가 일상의 대화에서 강하고 짙다. 아이러니한 것은 투표결과들은 연고주의에 따라 투표하는 경향이 강함을 여전히 보여주고 있다는 사실에 있다. 비밀의 방에서 홀로 결정할 때 대화의 광장에서의 얘기와는 달리 그들은 연고주의를 선택했던 것이다.

이런 아이러니를 두고, 결국에는, 국민들의 낮은 정치수준을 질책하는 지식인들의 한탄이 터지곤 했다. 물론, 국민들의 일대 정신적 계몽을 촉구하면서, 그러나 여기에서 좀 더 깊게 성찰해 보아야 한다. 과연 국민들의 책임인가? 국민들은 비밀의 방에 있을 때 후보자들 사이의 차별성을 어디에서 느꼈을까. 오늘 한국 정당들은 어떠한 성격과 특징을 띠고 있는가. 적극적으로 정책을 개발하여 정책적 차별성을 두고 경쟁을 벌이는 태도가 대단히 빈약하다. 정책차별성이 지극히 허약하다. 진정 허약한 것은 정책개발 빈곤이다. 유권자들은 투표할 때, 제시된 차별성 속에서만 선택할 수 있다. 그 차별성이란 정책의 그것이 아니다. 연고주의의 차별성이다. 연고주의가 왜 비난받아야 하는가? 그것은 내가 태어난 지역사회, 내가 졸업한 학교공동체, 피를 같이한 친족공동체를 사랑하기 때문에 비난받아야 하는가? 아니다. 나밖에 모르는 폐쇄적 이기주의가 만연해 있는 현대사회에서 나 밖의 지역사회, 학교, 친족 등의 공동체에 참다운 연대를 느낀다면 차라리 희망적이다. 연고주의가 배격되어야 하는 이유는 그것이 우리를 과거에 묶어두는 까닭이다. 우리로 하여금 현재와 미래에 대해 성찰하게 하는 발상이 아니기 때문이다.

이미지의 정치적 유혹을 경계해야 한다.

"읽는" 시대에서 "보는" 시대로 나아간다는 진단이 있다. 이 진단에 대한 반론이 있겠으나, 이미지의 비중이 증대해 감은 부인할 수 없다. 텔레비전 등 영상을 통하여 얼굴이 잘 알려진 배우, 탤런트, 가수, 뉴스앵커, 사회자 등등이 어느 날 갑자기 정치인으로 변신하여 우리 앞으로 다가온다.

이들이 정치인으로서의 자격이 미달된다고 성급하게 평가하려는 의도는 없다. 오히려 우리가 주의를 촉구하고 싶은 대목은 이미지를 수동적으로 받아들여서는 안 된다는 것이다. 이미지란 무엇인가? 그 특성을 밝혀 볼 필요가 있다. 첫째, 이미지는 부정과 대립을 잘 나타내려 하지 않는다. "이미지는 부정문을 모른다"는 말이 있다. 둘째, 이미지는 일반적인 범주나 유형이 아니라 특수한 문맥 속의 특수한 개체만을 드러내는 경향이 짙다. 셋째, 이미지에 따른 사고는 강하게 논리 밖으로 벗어나려 한다. 이미지는 비(非)논리적이지 않고 무(無)논리적이다. 그리고 넷째, 이미지의 세계는 과거, 현재, 미래 등의 시제를 모르는 순간의 세계이다. 이미지를 볼 때 우리는 그 이미지의 순간을 벗어나기 어렵다.

바로 이러한 이미지의 특성 때문에 정치의 이미지화 경향은 위험을 내포하고 있다. 정치란, 사회적 경험 맥락들을 논리적으로, 역사적으로 분석하면서도 부정과 대립을 통하여 보편적 진리를 구성해내려는 실천이기 때문이다.

하지만 정치와 이미지를 완전히 떼어놓을 수는 없다. 정치세계 속으로 파고드는 이미지의 정체를 밝히는 길이 있을 뿐이다. 그 길은 그 이미지의 주체가 사회적 삶을 영위해온 구체적 경험사실들을 논리적으로, 역사적으로 분석하고 비판하는 것이다. 이미지의 유혹에 현혹당하지 말아야 한다.

"묘한" 정치분위기의 하나는 "보수적"이라는 언어를 각 정파들이 자신의 "소유물"로 만들려 하면서 일어나는 싸움이다. 왜 "보수"를 주장하는 것일까? 아니 더 엄밀하게 말하자면, 왜 보수적으로 규정받기를 갈망하는 것일까? 설문조사를 해보면 예상되는 시민들의 투표행태가 "보수적"으로 나타나고 있는 것일까? 만약 그렇다면 그 설문조사의 타당성을 의심해 볼 필요가 있다고 믿는다. 도대체 무엇이 보수적인가? 보수주의란 무엇인가?

첫째, 권위에 호소한다. 의식 있는 선택에 기초한 계약이론적 전통과는 거리를 둔다. 둘째, 충절에 호소한다. 가족, 단체, 국가 그 어떠한 조직체이든지간에 권위에의 호소에서 충성과 복종을 요청한다. 셋째, 전통에 호소한다. 충절은 개인적 선택과 그 성찰의 결과가 아니다. 전통이 그 핵이다. 보수주의는 이 세 원칙 위에 세워져 있지만, 오늘날 보수주의는 하나가 아니다. 다양한 보수주의의 모습을 볼 수 있다. 구보수주의에서 신보수주의에 이르기까지 다양한 보수주의를 여기에서 세세하게 논의할 수는 없겠다.[18] 하지만 모든 보수주의는 과거를 미래로 이어가는 방식이 전통에 근거해 있다. 그렇다면, 우리 사회에서 "보수주의"에 호소하는 세력이 지켜나가는 정치적 전통이 무엇인가 묻지 않을 수 없다. 관료적 권위주의 정치의 그늘이 아직 여기저기에 짙게 남아 있는 것이 현실인 오늘, 그들이 호소하는 전통의 정체란 무엇일까? 우리는 유권자들부터 보수적으로 규정받기를 갈망하는 세력들의 저의를 비판하지 않을 수 없다. 현상태에 안주하려는 시대역행적 태도는 배격되어야 한다. 다시 말해 보수가 주창되는 사회에서 우리가 살기 위하여 오늘 개혁과 변화의 대열에서 서야 한다. 우리가 준거해야 할 전통들은 과거가 아니라 미래이다.[19]

---

18) 이 맥락에서 서규환, 『현대성의 정치적 상상력』, 민음사, 1993, 특히 「제3장 신보수주의의 늪」을 참조하라.

19) 이 글은 『황해문화』, 1996년 봄호, 권두언으로 실린 글을 가볍게 보완한 것이다.

별, 그 비판적 사유의 길 위에서

우리에게 1990년대란 무엇인가. 우선, 문화 차원에서 보면, 문화 혹은 문화의 시대라는 말은 양산되었으나, 그 실체는 오히려 빈곤했다. 심지어는 반문화적이기까지 한 현상이 부상했고, 빠르게 자라났다. 표피적인 것, 가벼운 것, 단기적인 것 등이 폭발적으로 성장하고, 확산되었다. 비판과 반성적 성찰이 실종되어 버린 듯하다. 또한, 정치적으로 형식적, 절차적 차원에서 민주주의는 발전했으나, 한국사회의 저변을 잡고 있는 권위주의는 여전히 완강하다. 생활세계의 민주화는 요원하고, 정치적 제도를 움직이는 사고와 행동양식은 여전히 권위주의 시대의 그것과 큰 차이가 있는 것 같지가 않다. 사회적으로도 인간이기를 포기한 범죄들이 줄을 잇고 있다. 그리고 경제적으로는 더 말할 나위도 없이 현 금융 위기가 웅변하고 있다. 한마디로 새로운, "저발전"의 시대이다.

1. 별들의 존재를 망각한 채 살아가고 있는 사람들

시인 신경림은 인천출신의 정치인 죽산 조봉암의 사형에서 시작하는 「별」이라는 한 시에서 1990년대의 분위기를 읊고 있다.

죽산이 목매달리던 날
나는 울면서 한 편의 시를 썼다
남산의 이승만 동상이
밧줄에 묶여 거꾸러지던 날

나는 환호작약하며 대취했다
박정희가 총맞아 죽던 날도 무던히 좋아했다
루마니아의 태양 차우셰스쿠의 동체가
사회주의 혁명의 아버지 레닌의 모가지가
땅에 떨어져 민중의 발에 짓밟히던 날
나는 무엇을 했던가
무슨 생각을 했던가
(중략)
광주에서 천안문 광장에서
다시 밀라이 마을에서
무고한 사람들이 총부리 앞에
쓰러지던 날 나는
무엇을 했던가 무슨 생각을 했던가
탐욕과 위선과 궤변으로
썩어 시커먼 서울 하늘
저 뒤 깊은 곳에서도 그래도
별이 무리지어 반짝이고 있을까
내 삶의 흔적은 아무데도 없고
내가 남긴 발자국도 체취도 없고

이 시에서 별은 무엇인가? 실천의 차원으로 번역해도 된다면, 비판이라 우리는 옮길 수 있으리라. 1990년대의 오늘 비판의 "흔적"과 "발자국"과 "체취"는 거의 완전히 사라지고 있어서 시인은 "무엇을 했던가, 무슨 생각을 했던가"조차 의심할 정도이다. 우리는 지금 비판을 체험한 역사 그 자체마저 망각할 지경으로 비판을 상실한 1990년대를 살고 있다는 것이다. 길을 잃고 있다.

2. 비판적 사고는 공간적 사고의 광장에서 자란다

공간적 사고와 비판적 사고가 분리되어서는 안 됨은 물론이다.[20] 비판적 사고가 철저해지면, 공간적 사고가 그 한 지평을 구성한다. 왜냐하면 철저한 비판적 사고는 자신의 토대가 완전히 닫혀 있다고 추상적으로 전제하고 있지 않기 때문이다. 이렇게 말하는 까닭은 공간적 불균등을 무시한 채 총괄적인 성장을 먼저 추진한 다음, 그것을 나중에 지역적으로 배분할 수 있다는 논리를 극복해야 하기 때문이다. 공간적 사고 없는 비판적 사고는 불균등발전을 심화시킨다는 점에서 반(反)비판적이고, 비판적 사고 없는 공간적 사고는 공간의 조건들에 반성적 성찰을 철저하게 보여주지 못한다는 점에서 반(反)성찰적이다.

우리가 비판을 상실하고 있다고 말하는 지평은 개별적 차원에서 비평하는 언사가 없다는 차원을 넘어선다. 분노하고 저항하는 집합적 열정이 없다는 것이다. 본래적 비판의 상실을 말한다. 사람들은 오늘날 지하의 카페에서 일시적으로 흥분하기는 하지만 금방 냉담한 무감동의 상태로 돌아가서 기껏해야 냉소적 농담을 주고받는 반비판으로 끝을 맺는다. 집합적 열정이 없는 비판은 냉소로 쉽게 떨어질 수 있다. 우리는 집합적 열정의 에너지를 합리적으로 승화시킬 수 있는 민주적 대화의 공간, 광장을 가져야 한다. 광장과 길은 별개의 것이 아니다.

---

20) 계간 『황해문화』는 비판적 사고가 상실되어 가는 시대에 새로운 비판의 지평을 열고 비판적 사고를 심화시키려는 다각도의 편집을 모색하는 길을 걸어왔다. 그 길은 공간적 사고를 심화하고, 확산시키는 것도 포함한다. 새로운 비판의 시대, "인천"에서 시작하자! "황해문화"는 이렇게 시작했다. "인천"이라는 공간을 다원적으로 분석, 이해하는 과정을 적극 탐색하면서 우리가 염두에 둔 것은, 단순하게 정책적으로만 인천을 다루는 차원을 넘어서려는 의도를 품고 있었다. 한국사회에서 공간적 사고의 빈곤이 구체적으로 어떻게 나타나 있는지를, 또 그것을 어떻게 극복해야 하는지를 조망하려 했다. "인천"은 한국사회 일반에서 나타나는 공간적 사고의 빈곤이 표현하고 있는 보편적 지역인 것이다. 이렇게 본다면, 기왕의 인천에 관한 시들과 논술들도 "인천사람들"에게만 관심을 끄는 것은 아닐 것이다.

3. 이미지가 넘쳐날수록 글을 읽는 사색이 절실하다

1990년대는 뉴미디어가 우리사회에서도 폭발적으로 성장한 시대이다. 그러나 "책을 읽지 않는 시대"가 강하게 흐르고 있는데도 전통적인 책 문화를 발전시키려는 노력이 필요하다. 정말 왜 책인가? 그것은 사색과 성찰의 매체이기 때문이다. 이미지의 범람 속에서도, 아니 이미지의 과잉 팽창 때문에 더욱 비판적 성찰과 사색의 매체가 중요해지고 있다.

권위주의 시대에는 강제적 폐간 처분이라는 강압 속에서도 진지한 독서의 욕망은 오히려 풍요롭기까지 했는데, 해금의 시대를 살고 있는 지금, 말의 진지함을 살려가고 있지 못하고 있다. 진지함은커녕 쇼화되고 있다. 엄중한 사건들마저 가벼운 웃음거리로 처리되고, 남아도는 시간을 "죽이기 위한" 말장난들이 저녁시간을 죽이고 있다. 말들의 홍수 속에서 생명을 구원해줄 물은 고갈되고 있다. 잡담들이 범람하고, 생산적 비판의 말은 메말라가고 있는 것이다.

"문민정부"의 실패는 말의 실패였다. 역사를 기억하고 시대의 흐름을 먼저 예견하며 현실을 움직이는 실체를 규명하는 과제로부터 멀어지면서 말은 타락해갔던 것이다. 그리고 "국민의 정부" 시대는 어떠한가. 말의 타락은 여전하다. 그렇다면 이제 어떻게 할 것인가? 말을 버리고 이미지를 선택할 것인가? 1990년대를 통하여 이미지 예찬은, 미진한 비판의 말을 쉽게 무시한 채, 말의 영토마저 잠식해 들어왔다. 조잡한 사진들, 무의미한, 아니 반(反)의미적인 시각디자인들이 책과 잡지를 뒤덮고 있음을 우리는 쉽사리 알 수 있다.

1990년대의 이 이미지예찬은 한동안 언더그라운드에서나 상연되었던 소련의 영화감독 안드레이 타르코프스키의 영화들을 공개적으로 숭배하는 분위기에서도 반영되어 있는 것 같다. 그리고 우리는 그 예찬 속에서 그것의 위험을 인식할 수 있다. 예컨대 최근 텔레비전에서도 방영된 바 있는 그의 마지막 작품 〈희생〉을 보자. 타르코프스키는 이 영화에서 말의 타락에서 삶의 위기를 읽고, 우선 그 대신에 이미지를 선택하고, 그리고 개인의 시적 희생을 구원으로 제시한다. 타르코프스키는 영화 〈희생〉의 연출노트에서 말의 타락과 이미지의 구원력을 주창하고 있다. "말이 주술적 차원과 마법에 홀리게 하는 차원을 상실하고, 말이 한때 가졌던 신비한 역할이 없어진 오늘날, 영상, 그리고 시각적 인상들은 말보다 이 같은 작업을 더 잘 수행할 수 있다. 말은 점차 내용 없는 잡담으로 변질되었다. 말은 (……) 더 이상 아무 것도 의미하지 않는다. 우리들은 질식할 정도로 많은 정보에 시달리고 있다. 그러나 정작 우리의 삶을 변화시킬 수도 있는 가장 중요한 소식들은 우리에게 전달되지 않는다." 그런데 말의 타락이란 무엇인가? 타르코프스키에서 그것은 주술과 마법, 한마디로 신비를 잃어버렸음을 의미한다. 잃어버린 신비를 찾아가고 있다는 점에서 타르코프스키는 적어도 근대 이전으로 되돌아가려는 반동적 태도를 취하고 있다. 이 점은 구원하는 방식이 신과의 약속을 이행하는 개별적인 자기희생이라는 점에서도 확인된다. 타르코프스키에서 말의 타락은 말하는 사람들 사이의 타락이라기보다는 신의 메시지를 전달받지 않고 있는 합리적 언어 그 자체이다. 타르코프스키의 세계는 오늘 우리의 말이 얼마나 타락하고 있는가를 지적하는 데 그 위험이 있는 것이 아니다. 위험은 신비의 신화로 되돌아가서 구원을 기대하는 데 있다. 영화 〈희생〉에서 신비는 처음과 끝이다. 주인공 알렉산더는 어린 후손과 함께 바닷가에 외로이 서 있는 죽은 나무에 물을 주는 장면에서 영화는 시작한다. 그리고 알렉산더는 옛날 신의 기적을 믿는 한 수도승이 주위의 비웃음을 무릅쓰고 죽은 마른 나무에 정성껏 물을 주었더니 어느 날 죽은 그 나무가 하룻밤 사이에 다시 살아나 푸른 잎사귀로 뒤덮였다는 얘기를 말 못하는 어린 아이에게 들려준다. 텔레비전에서 핵전쟁발발 소식을 듣자 알렉산더는 세계를 구원하기 위해 신에게 자기희생을 약속한다. 그는 자신의 집에 불을 지르는 폭력을 실행한다. 그는 정신병원으로 이송되고, 재와 물만이 그들이 살던 집에 남는다. 영화의 끝은 그의 어린 아이가 홀로 물을 길러 마른나무에 물을 준 뒤 그 밑에 눕는 장면이다. 그리고 그 아이는 이렇게 말을 한다. "태초에 말이 있었다. 그게 무슨 말이지?" 타르코프스키는 무엇이라 생각하고 있는가? 그것은 다름 아니라 신비의 언어로서의 이미지였다. 그는 자연을 지배해온 이성(과학)의 위험을 핵전쟁에서 확인하고, 이성 이전의 신비와 신화의 세계로 되돌아가려는 것이다.

우리는 이 되돌아가려는 경향에 경계와 비판의 주의를 보낸다. 『소(小)모랄리아』에서 아도르노가 지적하듯이, 자본주의사회에서 신비의 사유로 퇴행하는 것은 자본주의 형식에 그 신비의 사유를 동화시켜버리는 것에 불과하게 된다. 아도르노는 이렇게 말한다. "담의 갈라진 틈으로 남을 훔쳐보려는 초라한 행사는 밖에 무엇이 있는지에 대해 결코 아무 것도 알려주지 않지만, 내면 속에 있는 붕괴의 힘에 대해서는 많은 점을 알려준다."[21] 신비의 사유, 아니 반사유는 훔쳐보는 행위에 비유되고, 비판되고 있다. 아도르노는 더 나아가 신비가 자본주의적 물화를 위한 보충이라 판단한다. 그것은 물화를 감추면서 물화를 지속시키는, 인식의 포기이다. 그리하여 그는 이 "제2의 신화는 제1의 신화보다 더 허위적이다"[22]고 비판한다. 이성, 합리성, 혹은 과학의 한계를 인정하면서도 타르코프스키적 세계와 그 신화의 안개를 걷어내어야 한다. 비판적 사고를 더욱 철저하게 다듬고 오직 실천하는 길이 있을 뿐이다. 더 많은 민주주의를 안고 더 앞으로 나아가야 할 때이다.

4. 이제야말로 민주교양시민의 역할과 책임은 막중하다

우리는 이 비판적 사유의 길 위에서 이성, 합리성, 혹은 과학의 민주화를 주장한다. 이 주장은 진리의 확정성 원리가 설득력을 잃어버린 우리 시대에 진리의 보편성을 다르게 세워보려는 의도에서 비롯되었

---

21) 아도르노 1995: 337.

22) 아도르노 1995: 336.

다. 그것은 진리의 척도가 궁극적으로 이성, 합리성, 혹은 과학과는 다른 것으로 상상하는 입장들과도 다르지만, 진리의 확정성을 굳게 믿는 입장을 다시 복구하려는 입장과도 다르다. 그것은, 진리란 궁극적으로 실천지라 통찰하고, 구성될 그 진리의 실천과 관련된 모든 가능한 주체들의 합의를 진리의 구성에 필수적인 것이라 전제한다. 과학의 민주화, 나아가 진리의 민주화 입장은, 이미 존재하는 확고한 진리를 곧게 실천에 옮기는 것이 아니라, 과정으로서의 진리를 실천하므로 철저하게 참여민주주의를 지향한다. 곧, 진리는 "정치적이다". 따라서 우리는 전문가의 독선과 그 이기를 비판해야 하지만, 인기주의도 경계해야 한다. 그것은 다수의 표피적 견해 속으로 사악한 권력과 자본이 어둠을 타고 스며들어와 진리를 왜곡시킬 수 있기 때문이다.

21세기는 과학과 테크놀로지의 시대, 지식의 시대라 한다. 그렇지만 이 시대 역시 자본주의의 냉엄한 논리가 작동하는 시대임을 망각해서는 안 된다. 자본축적의 명령은 지식, 과학, 테크놀로지와 별개로 존재하는 것이 아니라, 그것 자체의 터에 안주해야 하므로 그것을 자신의 지배 아래 두려는 욕망은 한계를 모른다. 우리는 이제야말로 민주주의를 실천하는 지혜가 절실한 시대를 살고 있다. 진리의 불확정성을 믿는 시대에서는 어느 누구도 궁극적으로는 진리를 독점할 수 있는 전문가도 아니며, 어느 누구도 진리의 구성에 배제되어야 하는 비전문가도 아니다. 따라서 우리들은 모두 능동적으로 민주시민교양을 배양하고 실천해야 하는 시민이 되어야 한다.

분명, "썩어 시커먼 하늘 저 뒤 깊은 곳에서는 그래도 수많은 별들이 무리지어 반짝이고" 있는 것이다. 하늘에는 늘 별들이 반짝이고 있고, 어두움이 깊어갈수록 그 빛은 더욱 밝게 빛나고, 무리짓는다. 그 별들을 보고, 칠흑 같은 밤에, 그 길을 걸어가야 한다.[23]

---

23) 이 글은 『황해문화』, 1998년 겨울호의 권두언으로, 「창간 5주년 기념호를 내면서」라는 제목으로 실린 글을 가볍게 수정하고 일부를 각주로 편집한 것이다.

왜 다시 비판인가?

- 우리시대의 조건들에 대한 비판적 단상들

1. 증오와 미움의 시대를 넘어 긍정적 비판의 시대로

1990년대는 "개혁"이 밀려왔다. 밀려왔다는 것은 1990년대를 개혁민주주의의 시대로 밀어붙이는 사회의 중심세력이 그 이전에 탄탄히 짜여져 있지 않은 채, 개혁의 언어들이 지난 시대로부터 위임되어 넘어 들어 왔음을 의미한다. 비판은 "민주화"라는 캐치프레이즈를 앞세우고는 있었지만, "반(反)군부독재"를 외치고는 있었지만, 장기적 비전을 갖춘 적극적이고 긍정적인 비판은 아니었다. 대체로, 경직된 계급론적 전망 속에서 앞으로의 사회를 암묵적으로 그려내고 있었다. 아니, 미래를 그려내는 일에 그다지 많은 성찰이 필요 없을 만큼 역사의 필연적 발전을 믿고 있었다.

"노동"이 확고하게 사회의 현실과 이론에서 자리잡고 있었으나, 이제 이 노동중심주의가 해체되었다는 판단이 넓게 확산되고 있다. "노동" 밖의 이슈들, 환경, 평화, 여성, 민주화 등의 문제틀이 중심들을 형성하고 있다. 한편, 노동패러다임과 발전과정을 함께 했던 역사의 필연성을 믿는 저 역사철학이 또한 이론적으로 설득력을 잃어버린 점도 중요하다. 노동패러다임 속에서 민주주의를 부르짖던 시대에서는 부정과 증오만으로도 시대의 책임감을 거의 덜 수 있었다. 그러나 우리시대의 조건은 변모했는데, 우리의 정신은 제자리를 찾지 못하고 있는 것이다. 시인 정희성의 고백은, 우선, 시대정신의 변화를 요청하고 있다.[24)]

---

24) 『창작과 비평』, 92호, 1996년 여름호, p.104.

오십 평생 살아오는 동안
삼십년이 넘게 군사독재 속에 지내오면서
너무나 많은 사람들을 증오하다 보니
사람 꼴도 말이 아니고
이제는 내 자신도 미워져서
무엇보다 그것이 견딜 수 없다고(이하 생략)

증오와 미움의 시대가 우리의 정서를 어떻게 거칠게 만드는지, 정희성의 시 「첫고백」은 말하고 있다. 이 고백은 과거의 "증오"와 "미움", 그리고 부정이 밉다는 것이 아니라, 시대의 변화 그 자체가 무엇을 요구하는지를 말한다.

물론, 우리 시대는 증오와 미움을 불러일으키는 현실의 모순과 갈등이 완전히 사라진 행복한 사회는 결코 아니다. 그러나 우리 시대의 비판은 부정을 부정하는 차원에 머물 수 없고, 삶의 미래와 비전을 긍정하는 의미도 창출해야 한다. 급속한 변화를 예감하고 그에 적절히 대응하기는커녕, 사건들이 터지고 국면이 전환된 다음에도, 한국의 지식인들은 사태의 역사적 심각성을 통찰하지 못했다. 1987년 6월 항쟁의 민주화 흐름, 1989년 동구대개혁의 물결 속에서 현존사회주의 논리의 해빙 흐름, 그리고 1990년대로 접어들면서 더욱 가속화된 정보화의 흐름 등에 한국의 지식인들은 탄력 있게 대응하지 못했다.

한국사회는 역사적으로 새로운 역사의 논리를 창조하면서 사회의 거대한 서사구조를 만들어가야 하는 진지한 단계에 있지만, 그들은 각기 광장에서 골방, 밀실, 뒷골목으로 들어가서 개인적 말썽거리들에 골몰하고, 절대적 고독에 젖어들려 애쓰고, 뒷골목에서 작은 패거리를 지어 진지함과 엄숙함을 냉소하고, 비판할 에너지를 소비했다. 여기저기에서 작은 얘기들만 양산되고 있고, 심지어는 작은 얘기들의 시대를 선언하기까지 한다. 우리는 오늘의 한국사회가 위기에 빠져 있다고 판단한다. 한국사회가 급속한 사회변동을 경험해왔기 때문에 "위기"라는 말은 낯설기는커녕 익숙하기까지 하다. 그렇지만, 우리는 다시 위기를 말하지 않을 수 없다. 무엇보다, 역설적이게도, 오늘의 한국사회가 진정성에 근거하여 본격적으로 스스로를 위기로 진단하고 있지 않는 오늘의 사회분위기에서 우리는 참으로 위기를 느낀다. 능동적으로 자신의 상황을 위기라 말할 때, 이미 그 위기를 극복하는 과정의 첫 단계에 접어든 셈이다. 오직 이런 맥락에서만, "위기는 도전이며 기회"라고 말할 수 있다. 우리가 오늘의 한국사회의 위기를 말하는 까닭은 위기 진단의 진지함이 급속히 사라지고, 그 틈새 속으로 근거 없는 낙관주의와 깊이 없는 비관주의, 그리고 철저하지 못한 역사의식이 확산되고 있다고 보기 때문이다.

한국사회는 회고해 보면, 그동안 많은 문제들이 있었지만, 결국에는 발전해왔지 않은가 하며 반문하고, 앞으로도 어떻게든 계속 그렇게 발전해나가리라 믿는 분위기가 한편에서 여전히 강하게 남아 있다. 이 같은 근거 없는 낙관주의는 현실의 사태를 직시하지 않는다. 이런 분위기 속에서 현재의 내면의 불안을 "과거에로 되돌아가서 그 곳에서 안주하려는 일종의 도피심리"가 넓게 자리잡아 가기도 하고, 민족성의 "존재론적" 우월성같은 것을 암묵적으로 가정하고, 그것을 부추기기도 한다.

다른 한편, 깊이 없는 비관주의가 자라고 있다. "엽전들은 할 수 없어", "그러면 그렇지 별수 없는 거야", "다 그렇고 그런 거지……" 현실의 사태를 직시하지 않기는 근거 없는 낙관주의와 다름없다. 사안에 대한 얇은 정보들을 섭취하고서는 핏대를 세워 오늘을, 한탄과 함께, 냉소하고, 허탈해 할 뿐이다. "깊이 없는 비관주의"로서의 냉소주의는, 고독한 탐닉의 세계로 휩쓸려 들어가기 쉽다.

양자의 확산 속에서 비판적 역사의식은 엷어지고만 있다. 대통령후보 경선과정을 보면서, 오늘의 한국사회가 무엇인가 근본적으로 잘못되어가고 있다는 판단을 확인했다. 그들은 부패와 불법을 더 철저하게 척결하겠다는 다짐과 호소보다는 묵과와 용서를 앞세우고, 마침내는 수구를 노골적으로 주장하기까지 했다. 개혁과 민주는 슬그머니 사라지고, 그것을 온통 수구와 복고가 채우고 있었던 것이다. 개혁정부에 대한 진지한 비판도 사실 찾아보기가 어렵다. 기껏해야 대통령의 스타일이나 말투를 비난하는 수준에 그친 짧은 논평들뿐이다. 더 구체적으로 말하면, 개혁 그 자체에 대한 정당하고 설득력 있는 비판은 없는 상태에서 개혁민주주의가 신뢰를 얻지 못하는, 설명하기 어려운 사태가 벌어져 있다. 개혁민주주의에의 요청은 우리 시대의 사명이다. 이 사명이 언표화되어, 대안을 제시하는 차원에서 공론화되지 못하는 까닭은 어디에 있는가? 그 결정적인 핵심의 하나는 우리 사회의 지식인들이 적극적인 노력을 경주하기를 게을리 했기 때문이라 생각한다.

2. 새로운 도전, 낡은 대응

1) 사물들 사이의 관계를 "필연"으로 이해하는 철학적 태도가 힘을 잃고, "우연"으로 이해하는 사고가 확산되고 있다. 따라서 역사의 힘이 주는 무게가 줄어들고 있으며, 역사가 넓혀주는 넓이도 좁아지고 있다. 우리시대를 불확실성의 시대라 부르는 까닭도 실은 이 맥락에서 이해될 수 있다. 사안의 궁극적인 원인을 확실하게 확정지을 수 없는 애매모호함이 있다는 것이다. 이제 나는 역사의 운명이 아니라, 열려있는 역사의 공간에서, 나는, 선택하는 자유이다. 나를 속박할 수 있는 "어떠한" 궁극적인 원천도 없다는 극단적인 자세까지 나오기도 한다.

굳음, 반복, 제식화, 제도화 등에 대항하여 몰랑몰랑함, 실험, 단절, 전도가능성, 비제도의 언어와 실천이 넘치고 있다. 사회경제적 계층, 계급에 따라 개인들의 문화적 귀속성이 확인되지 않는 추세와 경향이 짙어지고 있다. 이른바 "탈분화된", "탈조직화된" 문화가 넘실대고 있다. 새로운 개인주의가 사회영역 이곳저곳에서 급속히 자라고 있다.

2) 1990년대에 들어서서 가장 많이 얘기되는 논술어의 하나가 "정보"이다. 정보화사회의 도래. 분명, 정보들이 넘쳐나고 있다. "정보의 바다" 한가운데 우리 시대가 떠있다. 그런데 정말, 무엇이 우리에게 정보가 되는가? 미국의 수학자 샤논(Laude Elwood Shannon, 1916-)에 의하면, "이미 알고 있는, 이미 알려진, 이미 확실해진 것에 속하는 것들은" 엄밀한 의미에서 우리에게 "정보"가 되지 못하고, 췌언에 불과하다. 그렇다고, 췌언이 아닌 모든 것이 다 정보가 되는 것은 아니다. 혼란 속에 갑자기 일어나면서 우리에게 아무런 의미도 주지 않는 모든 사건들을 샤논은 "소음"이라 부른다. 정보는 췌언과도 다르며, 소음과도 다른 것이다. 정보란 우리에게 의미 있는 지식이다. 의미가 있으려면 어떤 체계 혹은 이론이 있어야 한다. 우리는 그것을 "정신"으로 부를 수도 있을 것이다.

그래서 다시 한 번 묻는다. 진정, 거대한 정보의 바다 한 가운데 우리가 있는가? 그렇다, 정보의 거대한 바다 속에서 오히려 지성에의 갈증을 해갈해 줄 지혜의 물은 얻기 힘든 상황에 처해 있다. "정보의 홍수" 속에서도 우리는 지혜의 부족으로 목이 타고 있지는 않은가. 정보의 바다 속에서, 우리의 정신은 더욱 굳어지고 있지는 않은가. 비판적 성찰이 마멸해가고 있지는 않은가. 염려스럽다. 인문학의 위기를 진단하고 시대의 정신적 빈곤을 비판하는 지성의 소리가 어쩐지 공허한 메아리로 허공을 겉돌고 있다는 극단적인 암울한 느낌도 든다.

비판과 반성과 성찰의 쇠잔은 우리시대의 정서가 가볍고 편리하고, 매끄럽고, 자극적이고, 단순한… 그런 부류를 선호한다는 데서 잘 나타난다.

3) 정보의 부족은 왜곡된 정보의 범람과 무관하지 않다. 현실은 이미 복합사회인데, 우리의 사고는 단순하다. 이것이 복합성 시대로서의 우리 시대의 문제이다. 복합적 사고에의 요청, 이것이 우리 시대의 요청이다. 복합성은 단순성의 다른 이름인 확실성의 동요를 시사한다.

불확실성은 두려움을 불러일으키고, 모든 믿음을 뒤흔들고, 모든 희망과 용기에 위협을 가할 수 있다. 이런 분위기가 확산되면, 상상적인 것과 신화에의 기댐이 넓게 유포된다.[25] 단순 사고는 복합성의 동태와 변화를 포용하지 못하고, 마침내는 폭력을 부른다. 복합성에 대응하는 복합사고가 필요한 것이다. 복합사고는 닫힌 단순 사고에 특유한 확실함과 확고함을 성찰하는 태도를 보임으로써, 때로는 사회현실의 갈등과 모순에 대하여 무기력한 환원주의, 일차원화, 단순합리주의, 자기폐쇄성에 대항하여, 탄력성 있는 대안을 모색한다.

가장 복합적인 사고가 요청되는 영역이 정치이다. 하지만, 오늘 우리 사회의 정치 영역은 군부권위주의 시대와 마찬가지로 단순 사고의 수준을 넘어서고 있지 못하다. 정치는 지역주의와 색깔시비, 비전 없는 계파 간 세력다툼 등에 젖어 있다.

4) 현정부를 평가할 때마다 통치철학의 부재를 지적하는 지식인들이 많다. 이 지적에 대해 좀 더 깊이 생각해 볼 대목이 없지 않다. 왜 통치철학을 세우지도 못했는가? 통치철학도 없는 정권이 어떻게 해서 탄생되었는가?

우리 시대의 시대정신을 만들어내는 데 가장 중요한 집단은 다름 아니라 지식인들이다. 이들 지식인은 통치철학의 부재에 대해 책임이 없는가. 반성해 보면 부정주의를 넘어서는 생산적인 비판을 제안해 주는 건전한 비판시민사회, 건전한 재야가 없었던 것 같다. 반민주에 저항해 온 민주세력의 역사와 운동은 문민 정부의 탄생에 개혁의 역사적 사명을 위임해 주었다. 좀 더 정확히 말하면, 권위주의를 부정해야 하는, 부정적(소극적) 개혁의 그것은 분명했다. 개혁을 위한 통치철학은 부정적인 차원만으로는, 물론, 부족하다. 미래 사회를 구성해낼 수 있는 긍정적(적극적)인 개혁의 차원도 중요하다. 바로 이 맥락에서 우리

25) 최근 신화를 논의하는 책들이 많이 출간되고 있다. 김정환, 「조용히 갈망하는 "신화의 귀환"」, 『출판저널』, 217호, 1997년 7월 5일, pp.6-7. 그리고 이 서평이 다룬 책들을 참고하라.

는 지식인들의 책임을 묻는다. 지식인들 스스로가 미래의 비전에 관해서 철저하게 성찰하고, 준비해왔던가. 그들은 오랫동안 부정과 저항의 투쟁에 거의 모든 정열과 에너지를 투여한 나머지, 새로운 정치를 긍정적으로 구성할 수 없었다.

미래에 대한 비전을 제시하려면, "총체성에의 심정"을 지향해야 한다. 하지만 우리 시대의 지식인들은 총체성으로부터 오히려 더욱 더 적극적으로 멀어지려하지 않았는가. 자신의 영역 안에서 안주하면서, 전략적 사고만을 제시하는 데만 골몰하지 않았는가. 그 사이에 미래 사회에 대한 비전은 저 멀리 달아나 버린다. 그렇다면, 어떻게 총체성을 지향할 수 있는가? 우선 학문 간의 대화가 중요하다. 또한, 다양한 문화들 사이의 소통을 활성화해야 한다. 한국사회가 다양한 문화들을 균등하게 수용하고 있지는 못하다. 미국에의 의존은 심각한 수준을 벌써 넘어섰다. 그리고 역사적 접근방식이 절실하다. 순간의 짧은 쾌감에 젖어드는 감수성이 늘어나고 있고, 이를 이론화하는 사조마저 강하게 일고 있다.

"사유의 빈곤과 정치적 환상의 풍요로움이 손을 맞잡은 채 우리를 비극과 재난으로 이끌어가고 있음을 보여주려 한다." 이는 프랑스의 지성 에드가 모랭의 말인데, 오늘 우리의 삶을 예리하게 포착하는 말인 것 같다. 너무나 좁은 비전, 꿈을 잃은 사회.[26)]

미래에 대한 비전이 없는, 타자와의 전략적 경쟁만을 향해 질주하는 정치가들이 오늘의 우리 사회를 지도하고 있다. 지식인들은 이런 정치가들을 비난한다. 미래에 대한 비전을 제시하지 않은 채. 1980년대까지 지식인들은 이 비전을 제시해야 하는 의무와 책임을 상대적으로 쉽게 "덜 수" 있었다. 민주 대 반민주라는 분명하고, 명분 있는 대결구도가 자리잡고 있었기 때문이다. 반민주에 저항하는 그 비전만으로도 비전제시의 의무와 책임이 주는 무게를 덜 수 있었다. 하지만 1990년대

26) 에드가 모랭, 『20세기를 벗어나기 위하여』, 고재정 · 심재상 역, 문학과지성사, 1996.

의 상황은 다르다. 민주 대 반민주의 대립구도가 상대적으로 약화되면서, 개혁 대 수구라는 새로운 전선이 형성되어갔다. 이밖에도 더 많은 대립구도들이 표출되면서, 우리 사회는 진정 복합사회로서의 모습을 갖추어 나가고 있는데, 사유는 빈곤하고, 정치는 환상에 젖어 있는 것이다.

5) 지성의 역할과 책임: 사르트르의 지식인론을 넘어서

지식인의 새로운 사고와 역할과 책임에 대해 생각하면서 아직도 많이 읽히고 있는 사르트르의 「지식인을 위한 변론」[27]을 다시 읽었다. 이 글은 30년 전에 사르트르가 일본의 동경과 경도에서 행한 강연이었다. 이 강연에서 그는 현대사회의 사회학적 조건 속에서 지식인의 딜레마를 지적해내면서 「지식인을 위한 변론」, 정확히는 지식인의 규범적 실천 과제를 제시하고 있다.

사르트르가 지식인의 책임을 "순교자"로 보는 지점에서, 그의 지식인론은 정점에 이른다. 이 책임부과, 그 자체를 비난할 필요는 없겠다. 오히려 왜 그가 이러한 "순교자적 책임"론을 제기하는가에 대해서 깊이 파고들 필요가 있겠다. 그는 지식인들 사이의 연대를 이론화하지 못하고 있기 때문에, 실존적 고독의 숭고한 길, "순교자의 길"을 택할 수밖에 없었던 것이다.

사르트르는 현대사회에서 지식인의 구조적 제약조건에 대해 지적한다. (1) 지식인들이 지배계급을 규정하는 것이 아니라, 지배계급이 지식인들을 규정한다. 자본축적 메커니즘 속에서 지식인들은 구조적으로 제한당한다. (2) 지배계급은 교육을 통하여 지배계급의 이데올로기를 주입시킨다.(① 적당한 이념의 주입(초등, 중등), ② 어떤 기능을 가능케 하는 지식과 기술(고등)의 습득이다.)[28] (3) 지식인 충원과정이

---

27) 사르트르, 「지식인을 위한 변론」, 『세계의 문학』, 박정자 역, 1978년 가을호, pp.60-89.

28) 사르트르는 고등교육기관에서 지배계급의 이데올로기가 주입되는 측면을 잊고 있다.

결정화되어 있다. 현대사회에서 지성의 길은, 험난함은 분명하다.

사르트르는 전문기술인과 지식인을 구별하는데, 이는 지식인과 지성인의 구별로 옮겨볼 수 있다. 사르트르는 지식인이 지성인으로 "변경되는" 과정에 주목하고 있다. 더 적극적으로 말하면 지식과 지성의 변증법적 공존에 주목하고 있지 않다. 사르트르는 여기에서 "잠재적 지식인"(잠재적 지성인)이라 말한다. 모든 지식인은 지성의 잠재력을 지니고 있다는 뜻이다. 그런데 사르트르에서 잠재력의 현실화를 가능케 하는 계기는 무엇인가? 그는 근본적으로 부정적으로 접근한다. 이미 "기능"이 강요하는 제자리를 지키되, 특별한 상황에서만 기능 테두리를 벗어난다는 것이고 또 그렇게 요청하고 있다.

사르트르는 지성인의 책임을 정치참여(특히 피지배계급의 해방)에서 발견한다. 예리하면서도 흥미로운 주장의 하나는 사르트르가 이 지성인의 책임에서 인간 존재의 보편적 모순같은 것을 읽어내려 한다는 점이다. 사르트르는 사회학적으로 볼 때, 지식인은 이중적 위치에 있는데, 참다운 지성인으로서의 전형을 단순하게 도덕성의 수준에서 정당화하지 않는다. 사르트르는 현대 지성인 속에서 현대인 일반의 특성을 읽어낸다. 따라서 일반인(대중)과 지성인의 차이는 사르트르에게는 단순하다. 후자는 일반인들에게 나타나는 의식 수준을 성찰해내는 데에서만 차이가 날 뿐이다. 사르트르가 지성인과 대중을 근본적으로 이렇게 연결지으려는 태도는 그람시의 지식인론에로 되돌아간다. 실재로도 그는 텍스트 속에서 구체적으로 그람시를 거론하기도 한다.

이 같은 사르트르의 지식인(지성인)론은 몇 가지 문제가 있다. 첫째, 지성인들의 연대운동을 적극 이론화하고 있지 않다는 비판이다. 물론 그는 지식인의 "연대의식" 같은 것을 얘기하기는 한다. 개인의 수준에서 지식인은 연대의식을 느끼고 사회운동에 참여하는 길을 터놓고 있다. 그러나 그는 여전히 지성의 소통성을 근본적으로 시원에서 설정하지는 않는다. 사르트르에 대한 이 비판은 사회과학적이라기보다는 철학적이다.

둘째, 적대를 잘못 설정하고 있다는 비판이다. 사르트르는 "지식인의 가장 직접적인 적은 사이비 지식인이라고" 생각한다. 사르트르는 이데올로기비판의 맥락을 생각한다. 하지만, 사이비 지식인들의 이데올로기는 예컨대 사르트르 시대의 문제틀 내에서 생각한다고 해도 그 뒤에 숨어있는 지배계급의 이익에 근거한다면, 비판의 적대는 당연히 이 지배계급과 이를 가능케 하는 메커니즘이다. 하지만, 오늘날 그 메커니즘은 자본주의를 넘어서, 자본주의 밖에서, 확인된다. 민주주의, 생태주의, 평화주의, 여성주의 등이 있는 것이다.

우리 시대에서 지성인이란 누구인가? 지성인이란, 인간의 사고에 대하여 역사적으로, 그리고 주어진 사회적 조건들을 극복하는 관점에서, 사고하는 자들이다. 따라서 지성인이란 직업에 따라 정의될 수 없는 것이다. 지성인이란 직업의 테두리를 넘어섬으로써 지성의 본래적 역할을 수행한다. 자신의 직업테두리를 넘어선다는 것은 무슨 뜻인가? 사고에 대하여, 사고의 조건들에 대하여, 비판적 성찰을 단행함을 의미한다. 그렇게 하려면, 자신의 직업테두리에 대하여도, 마땅히 비판적 성찰을 거쳐야 한다. 이를 나는 사고의 비판적 윤리라 부른다. 복합성 사회는 이것을 더 강하게 요청하고 있다.

3. 사대주의적 민족주의?

1) 소설가 최일남은 『문학사상』 1997년 3월호 "자존과 비하를 넘어"에서 문학계의 일종의 문화사대주의를 비판한 바 있다. "외국대가의 생애에 관한 자료는 넘고 넘치거늘, 그와 비등한 국내 인사의 것은 이가 한참 빠져 있는 게 보통이다"는 지적이었다. 일본에서 권위 있는 아쿠타가와상을 재일동포 2세 유미리가 받았는데, 한국의 언론들이 대서특필하는 것에 관한 비판이었다. 유미리 사례와 같은 현상은, 사실 새롭지 않다. 외국문학상 수상자들에 대한 언론들의 보도와 그에 따른 독자들의 관심은 늘 그러했었다. 문제는, 최일남의 지적대로 국내문학

상 수상자들에 대한 언론의 인색한 보도와 그에 따른 독자들의 상대적 무관심에 있다. 우리 문학계의 "자기 비하"는 오래되었고, 그만큼 심각하다.

이런 "자기 비하"는 문학계에만 국한되어 있지 않다. 인문사회과학계 전반에 해당하는 현상이다. 예컨대, 연구업적을 평가할 때, 국가기관들에서는 "국제적 학술잡지"에 실린 논문을 국내 학술지보다 상대적으로 높이 평가하고 있다. 이런 평가관행에는 나름대로의 논리가 없지 않으나, 우리 스스로의 "자기 비하", 말하자면, 문화사대주의의 구체적 예에 불과하다. 인문사회과학은 대체적으로 주체의 자기판단이 개입하기 마련이고, 이 가치판단이 다름에 따라 평가는 자연스럽게 달라진다.

엄밀히 생각해보면, "국제적 학술잡지"라는 것이 과연 있기는 한지 의심스럽다. 편집위원의 구성을 살펴보면, 발행하는 그 나라의 지식인들이 중심임을 쉽사리 알 수 있다. 국제적이란, 수준의 높음을 함축하기도 하는데, 수준의 높음을 기준으로 보면, 국문학, 국사 등의 분야에서는 단연 우리나라가 높지 않은가. 학술지가 수준이 높다하여 아무 논문이나 게재하지는 않는다. 학술지의 편집정신이 있다면 말이다.

우리 학술계의 자기 비하는 "인용" 태도에서도 잘 나타난다. 학문 논술에서는 참고문헌과 그 인용이 매우 중요한 지표이다. 본문 속에서 국내학자들이 주로 인용하는 논문과 말은 주로 미국의 그것들이다. 미국에서 제법 유명하게 되면, 곧바로 "세계적" 수준의 학자로 비약 상승하는 것이다.

2) 박찬호 야구선수. 그가 "꿈의 10승"을 했다 한다. 대통령도 축전을 보냈다. 거의 모든 언론들이 연일 박찬호의 행적을 기사로 다루고 있다. 한 중앙일간지는 1997년 8월 2일자 사설에서 박찬호를 예찬하는데 할애했다.

> 박찬호 개인의 영광일 뿐만 아니라 우리 체육사에 한 획을 그은 쾌거라

해도 지나치지 않을 것이다.

우리 언론이 정말, 그렇게 크게 매번 다루어야 할 만큼 의미 있는 일인지 묻고 싶다. 한 프로야구팀에서 활동하는, 그를, 그렇게 기사화 할 수 있는지. 야구란 팀웍이 중요한 경기의 하나이다. 박찬호는 많은 팀구성원들과의 협조 속에서 나타나는 하나의 표현에 불과하다. 더구나 그것은 미국상업주의가 겨냥하는 스타만들기 전략이 늘 그렇듯이 한 인물을 영웅화한 것이다. "미국은 기회의 땅"이라는 구호를 앞세우고. 설사 그렇다치더라도, 우리로서는 미국에서 활동하는 한 프로야구 선수를 정말 그렇게 영웅시해야겠는가? 같은 민족이라는 민족감정을 타고서 상업주의와 사대주의가 뒤섞인 추악한 몰골의 하나이다.

아프리카 오지에서 처지가 어려운 아프리카인들을 오직 봉사의 정신 속에, 보살피는 의사가 있는데, 왜 언론들은 그의 매일 행적에 대해 얘기해주지 않는가. 박찬호 신드롬에는 강한 상업주의, 물신주의가 뒷받침하고 있다.

3) 미국에서 발행되는 펜트하우스에 표지모델로 나온 바 있는 이승희가 한국을 방문하여 막대한 돈을 벌어갔다 한다. 이승희가 한국에 체류하는 동안 주요 방송사들은 앞다투어 그녀와 그녀의 몸에 대해 떠들었다. 각종 광고에 그녀의 몸이 소비를 유혹했다. 그리하여 이승희 신드롬이 한국사회의 청소년과 여성들을 뒤흔들고 있다. 유방을 크게 하고, 몸 어느 구석에 문신을 하고……. 그러나 한편에서는 한국 만화계의 상징적 인물인 이현세의 『천국의 신화』를 정부는 문제 삼았다. 이 『천국의 신화』가 청소년 정서를 해친다는 것이다. 이 만화는 총 1백권을 목표로 하는 역사대하물인데, 지금까지 나온 대여섯 권은 선사시대를 얘기한다. 그 가운데 집단혼, 수간 등이 묘사되고 있다. 더구나 성인용 만화에서 그러했다. "일진회", "빨간 마후라" 등 청소년 문제의 심각성이 공론화되자, 정부가 졸속으로 그에 대응하는 방편이었던 것

같다. 이승희 예찬은 이현세의 『천국의 신화』의 경우와 비교해 보면, 어떻게 이해되어야 할까.

유미리, 이승희, 박찬호의 공통된 점은 이들이 각기 자신의 영역에서 돈을 많이 벌고 있다는 사실이다. 청소년의 우상으로서. 오늘의 우리 언론들은 물신주의를 조장하고 있는 셈이다. 그러므로 폐쇄적 민족주의, 사대주의, 화폐물신주의가 이들 신드롬의 실체가 아닌가 싶다.

4. 총체적 비전 없는 단편적 지식들의 난무

소설이나 시 등을 제외하면, 가볍게 읽히는 스쳐지나가면서 읽히는 책들이 인기를 얻는 모양이다. 다이제스트식 지식을 습득하는 이 반지성을 그나마 다행한 일이라 생각해야 될 지도 모르겠다. 책을 읽지 않는 아이에게 책을 읽도록 유혹하기 위하여 "만화책"을 읽도록 권유한다는 어느 학부모의 탄식 가득한 고백을 들어보면, 짧은 지식이나마 읽으려 한다는 그 시늉이나마 마냥 미덥기까지 하다는 수준에 이르고 말았다. 우리 대학생들의 답안지와 보고서를 읽어보노라면, 한숨이 절로 난다. 우선 우리 국어를 제대로 쓰는 학생들이 적다. 논리의 흐름을 잘 살려가는 글을 만나기란 매우 어렵고, 문법과 문장들이 연결을 맺지 못하고, 그냥 나열되어 있는 흉측한 몰골을 드러내고 있을 따름이다.

초등학교 학생들에게도 "영어" 바람이 불고 있다. "세계화" 캐치프레이즈가 대두하면서, "영어" 열기가 초등학교, 아니 유치원까지 뻗어나가고 있다. 영어를 그렇게 일찍 가르치면, 영어 학습 효과가 얼마나 증가하는지는 아무도 모른다. 그러나 잃어버리는 것은 없는지, 한번 생각해 볼 일이다. 김한길은 『월간조선』 1997년 4월호에 실은 「바람난 조기영어교육」에서 "세계화"의 바람 속에 일어난 "조기영어 광풍"의 폐해를 잘 관찰하고 있다.[29]

29) 김한길, 「바람난 조기 영어교육」, 『월간조선』, 1997년 4월호, p.277.

조기영어 광풍은 어디까지 와 있는가. 소문으로만 듣던 〈어린이 영어전문학원〉 몇 군데를 직접 돌아보았다. 생후 6개월부터 2세까지 모인 「토들러 반」 꼬마들이 백인여선생과 놀고(?) 있다. 교실의 교육보조재도 거의 미국에서 들여온 것들이란다. 교실 벽에는 성조기가 붙어 있다. 이곳에 들어서면 꼬마들끼리도 일체 우리말을 써서는 안 된다. 말이 되든 안되든 무조건 영어만 써야 한다. 우리말을 쓰는 꼬마에게는 가차 없이 백인 선생의 「경고」가 주어진다. 일제 치하의 우리 부모들이 학교에서 「우리말」을 쓰다 걸리면 혼났던 것처럼. 이름도 미국식으로 지어준 것만을 쓴다. 일제 치하의 우리 부모들이 학교에서는 모두 일본이름을 써야 했던 것처럼. 「탐」, 「마이클」, 「에디」, 「소피아」, 「샐리」…….

교육의 가치와 목표가 무엇인지를 다시금 깊이 성찰해 보아야 한다. 지금 우리 사회를 감돌고 있는 바람은 반교육, 그러니까 인격도야로서의 교양시민을 위한 교육을 파괴하는 교활한 전략과 술책만을 부추기고 있다. 조기영어 광풍이 어린이들의 정신질환을 유발시키는 문제도 문제이지만, 가르치는 교사들의 자질 문제는 심각한 수준을 넘어선다. 우리의 미래를 짊어질 우리의 어린이들을 영어권 저급 강사들에게 맡겨놓고 있는 것이다. 영어 사대주의가 아예 초기 교육과정에서부터 잘 배양되는 터를 우리 스스로가 마련해 주는 꼴이다. 좀 더 표준영어에 가깝게 영어를 발음할 수 있다고 해서, 영어를 잘 말하는 것인지, 다시 생각해 볼 일이다. 말은 기계처럼 정해진 메커니즘을 작동시키는 차원을 넘지 않는가. 문장과 문장 사이를 연결시키는 상상력과 지혜가 결정적이라면, 쟁점은 다른 곳에 있다. 이 흉측한 몰골의 실체는 한국사회의 교육 부재, 아니 심각한 왜곡이다. 삶의 의미를 구성해 나가는 인문학적 상상력과 사회현실을 분석하고 이해하는 사회과학적 상상력을 배양하는 길은 우리 교육의 현장에서 없다. 단편적 지식들을 암기하고, 시험을 재치 있게 치루고, 망각하고, 또 다시 새로운 상황이 터지면 재빠르게 변화된 상황에 따라 전략적으로 변신하는 처세술책만이 우리 사회에 가득한 것이다.

5. 말의 타락

타르코프스키는 그의 영화 〈희생〉의 연출노트에서 다음과 같이 말한다.[30]

> 말은 점차 내용 없는 잡담으로 변질되었다. 말은 더 이상 아무 것도 의미되지 않는다. 우리들은 질식할 정도로 많은 정보에 시달리고 있다. 그러나 정작 우리의 삶을 변화시킬 수도 있는 가장 중요한 소식들은 우리들에게 전달되지 않는다.

이렇게 말의 타락을 진단하고, 타르코프스키는 영상, 시각적 인상들에 매달린다. 물론, 말과 영상을 이렇게 단순하게 대비할 수는 없는 것이다. 말들 사이에 흐르는 이미지도 있으며, 영상들 사이를 묶는 말의 의미도 있기 때문이다. 타르코프스키는 말의 타락을 말을 혁신하는 대신에, 영상이라는 새로운 매체를 선택하여, 새로운 언어를 제시하려 했다. 말의 "신비"를 회복하기 위하여. 말의 본래성 회복을 위하여.

그렇다. 사회의 위기는 말의 타락으로 나타난다. 우리 사회에서 말의 타락상을 식별하기란 결코 어렵지 않다. 우선, 우리의 일상에서 외래어가 범람하고 있다. 거리의 간판들은 온통 이해할 수 없는 외래어 투성이다. 간판들의 색들은 대개가 강력한 원색들이어서, 우리의 심미적 정서를 불안하게 만들지만, 알 수 없는 외래어는 우리를 불쾌하게 한다. 어디 거리뿐인가. 신문을 펼쳐도 TV를 보아도 한국문화의 자존을 꺾는 외래어가 빈번하게 등장한다.

---

30) 타르코프스키, 『봉인된 시간』, 김창우 역, 분도출판사, p.308을 남진우, 「묵시론적 시대의 글읽기」, 『세계의 문학』, 제67호, 1993년 봄호, p.94에서 재인용.

말이 타락하고 있음은 논쟁 과정에서도 극명하게 잘 나타난다. 흔히들 한국 학계와 사회에서는 논쟁이 없다는 지적과 토로가 많다. 어쩌다가 논쟁의 모양새를 띠고, 이견들이 한 차례 오가고 나면 그 다음에는 대개는 말의 윤리를 잃고 거의 원색적인 반어로써 상대방에게 인신공격을 퍼붓고, 또 그렇게 얻어맞고, 난장판으로 끝나기 일쑤이다. 이문열의 소설 『선택』에 대한 논전의 열기는 뜨거웠다. 이 논전과정에서 "전업주부 창녀론"이 튀어나왔다. 아닌게 아니라, 말이 망해가고 있음을 보여주는 또 하나의 예였다. 주부창녀론은 주부들을 자신의 생계를 스스로 해결하지 못하고 섹스를 주고 남편의 벌이에 더부살이하는 사회적 집단으로 이해할 수 있다는 것이다. 이 같은 이해는 "망해가는 말"이고, 주부의 역할을 근본적으로 잘못 파악한 왜곡에 불과하다. 오히려, 사회비판의 논리는 주부의 역할을 정당하게 평가하지 못한 눈멈을 겨냥해야 했었다.

말의 본래성을 회복한다는 것은 무엇인가. 타자들의 말을 진지하게 듣는다는 것이다. 그것은 타자와 대화하는 존재로서 인간의 조건을 확인하고, 타자의 승인 속에서야 자아의 참된 자율성이 성숙할 수 있다는 것이다. 본래적 말은 대화이다. 그러나 오늘날 한국 사회는 말이 없다.

6. 비판의 태만 : 영상 비판의 길

우리 시대의 비판이 예리하지 못하다는 판단은 우리 시대를 움직이는 중심 매체가 영상임에도, 영상매체와 그 언어를 제대로 비판하고 있지 않다는 데에도 있다. 비판이 시대의 급속한 변화를 앞서서 지도하기는커녕, 그 뒷자락조차 잡지 못하고 허우적대고 있다. 비판의 태만이란 이런 경우를 두고 하는 말이 아닌가 싶다.

한국사회는 영상시대에 진입했는가? 그렇다고 한다면, 그 기준은 무엇인가? 대체로 88올림픽 시점을 본격 영상시대의 개막으로 보는 듯하다. 그것은 컬러 TV방송이 시작되었고, TV 보급률이 크게 증대되고, TV 네트워크의 전지구촌화가 실행되었던 시점이었기 때문이다.

영상시대의, 더 정확히 말하면, 혹자가 우리 시대를 영상시대로 부르고 있는 지금의 인물들이 문화를 수용하는 태도에서 어떤 새로운 면모를 읽어낼 수 있다. 우선 이 면을 선명하게 밝혀보자.

문화를 형성시키는 주체의 다양한 지평들을 식별하여 논의할 필요가 있다. 현상태의 젊은 세대들이 "영상세대"로 나타나는 것에는 이들 젊은 세대의 수용태도가 반영되어 있다. 영상 매체, 그 자체에서 발생하는 문제라기보다는 영상매체를 수용하는 수용자들의 태도문제이다. 물론 매체에 내재한 차이점을 간과할 수는 없다. 분명한 것은 영상(특히 TV, 영화, 비디오 등)이 현재 중요한 표현장르인데도 그에 대한 교육은 완전히 방치되어 있는 현실이다. 초등교육단계에서부터 시작하여 영상교육을 체계적으로 실시해야 할 시점에 이르렀다. 아니 그 시점을 넘어서고 있다고 말해야겠다.

문자언어는 폐쇄적이며 영상언어는 개방적이라는 명제는 잘못되었다. 〈모든 서사양식에서 여전히 중요한 것은 인과성과 전체성의 형식이다.〉[31] 여기에서 "여전히"는 "영화를 비롯한 영상매체가 중요해진 현재에도"라는 뜻이다. 인쇄매체와 영상매체, 좁게는 소설과 영화를 보는 출발점은 서사양식이다. 서사양식을 발전시켜 온 역사를 본다면, 당연히 영화보다는 소설이 그 역사가 길고 깊다. 이것이 소설의 우월을 가리키는 것은 물론 아니다. 그러나 풍부한 역사적 자원들에서 "본래적" 작품을 구성해 보기는 상대적으로 쉽다. 좋은 영화는 좋은 서사구조에서 좋은 소설과 즐거이 만난다.

> 오늘날 소설이 영화에 주목할 부분이 있다면 그것은 타락한 영상들의 나열법이 아니라 영화가 이미지 생산이라는 방식으로 어떻게 이미지화한

31) 도정일, 「1990년대 소설의 영화적 관심과 형식문제」, 『세계의 문학』, 67호, 1993년 봄호, p.89.

세계의 문제적 현실에 대응하는가라는 것이다. 이미지화한 세계의 문제적 현실이란 그 세계의 평면화, 표피화, 경박화, 파편화이다. 좋은 영화는 이미지를 보여주는 데서 그치지 않고 그것을 서사적으로 조직하며 이 조직방법에 따라 이미지는 그것의 평면성, 표피성, 파편성을 극복하는 대항적 성질을 획득한다. 소설이 인식해야 하는 것은 영화가 이 서사적 조직법을 소설로부터 배운다는 사실이다. 그러므로 소설이 그 자체의 서사법을 희생하면서 영화적 영상을 삽입하기 위해 불필요한 확장과 나열, 서사논리로부터의 이탈 등을 수행하고 마치 이것이 새로운 소설쓰기의 방법인 양 생각한다면, 그것은 안방을 내주고 사랑채로 뛰어드는 일과도 같다.[32]

7. 문화비평의 자리

"문화비평가"라는 직함을 갖고, 글을 쓰는 이들이 늘어나고 있다. 이들은, 비교적 젊은 편에 속한다. 신문, 잡지, TV에 문화비평가들은 자주 등장한다. 이들의 등장은 그리 오래되지 않았다. 80년대까지의 군부권위주의 정권의 시대를 넘기면서 문화비평가라는 이름을 자주 듣게 되었다. 문화비평가들이 등장하게 되는 배경에 대해 잠시 짚어보자. 첫째, 민주 대 반민주라는 민주화 투쟁전선 속에서 그동안 억압되어 왔던 문화가 "자연스럽게" 제자리를 찾아가고 있다. 정치와 경제의 모순과 갈등을 해결하려는 운동들 속에서, 문화는 잊혀지거나 의도적으로 논의 밖으로 밀려나게 되었다. 둘째, 권위주의 정치경제는 급속한 경제성장을 촉진함으로써 사회 일각에서는 경제적 수혜를 누릴 수 있게 되었다. 더 이상 "먹고 사는" 일에 골몰하지 않고서, 이제 문화를 즐길 여유가 생겼다는 것이다.

문화비평가들은 우리 시대를 문화의 시대로 부른다. 최근 "문화비평"의 특징 혹은 경향을 보면 문화의 시대를, 문화가 정치와 경제 위

---

32) 도정일 1993: 89.

에 군림하는 것으로 이해하는 경향이 없지 않다. 최근 문화비평가들은, 상품의 논리로 문화에 접근한다. 문화비평의 대상이 문화상품들이라는 사실에서도 이 접근경향이 분명하게 엿보인다. 상품으로서의 문화에만 몰두한다면, 그것은 문화비평이 아니라 상품비평으로 보아야 마땅하다. 문화비평의 분위기는 "비평"이라는 말의 무게를 담고 있는 듯하나, 실제로는 가벼운 소비의 언어로 자극하고 지나갈 뿐이다. 정치와 경제와 문화가 별개로 나아가지는 않는다. 현실에서는 오히려 뒤얽혀 나타난다.

문화비평의 독자들은 누구인가? 최근 문화비평이란 보통 시민들이 읽기에는 곳곳에 박혀 있는 전문용어들이 주는 억압과 중압 때문에 읽기 어렵다. 고급지성들과 고급지성을 추구하는 사람들이 읽을 수밖에 없다. 그들은 "쉽게" 읽는다. "고급"지성들의 "허위의식"을 배양하고 있을 뿐이다. 비전을 잃어버린 그들은 새로움을 찾는데, 그 틈새를 만지작거리는 수준이 고작이다. 문화비평의 수사법은 대개는 "TV"와 영상에 얽매여 있다. 그들은 TV와 영상의 언어들을 십분 활용한다. 그것은 또 하나의 TV인 것이다.

"문화비평가"들의 문화비평은 주로 대중문화에 대한 고급 비평의 모습을 하고 등장한다. 대중가요, 영화, 만화, 광고 등등에 대한 비평들이다. 이들 비평은 그동안 "저급문화"로서, 본격 비평의 대상이 되지 못한 대상들을 비평하고 있다는 점에서 신선한 느낌을 주는 것이 사실이다. 최근의 이들 비평의 특징은, 서구이론의 대단히 현학적인 옷을 걸치고, 대중문화현실의 거리들 사이를 구경한다는 점이다.[33] 그렇게 나온 논술들은 그 나름대로 의미가 없지 않다. 문제는 서구이론의 그물망 밖으로 빠져나가는 대중문화 현실에 대한 그들의 관심회피이다. 현실대중문화들이라는 바다 속에서 그들은 자신들이 본 일부의 서구문예 · 사회이론의 그물을 던져 끌어 올리고 있다. 그러므로, 지금도 저 우리 현실의 바다 속에는 포착되지 않는 검은 문화들이 아무런 비

33) 이남호, 「지성과 문화」, 『현대사상』, 창간호, 1997년, p.25.

판적 매개를 거치지 않고서 저항 없이 자라고 있다.

8. 카리스마를 부르는 굴복

사회현실적 포스트모더니티조건에 "겁에 질려" 지친 상태에서 압도당하는 유형을 말한다. 빔 벤더스 감독의 영화 〈베를린 천사의 시〉에서 도시인들의 다양한 모습들이 천사의 눈으로 관찰되고 있는데, 그 공통된 내용은 패배주의이다. 오늘 도시를 살아가는 사람들의 "절망"을 이 영화는 보여준다.[34)]

> 천사의 눈으로 본 베를린의 모습은 아무런 연결논리도 없이 분절화된 공간과 덧없는 사건들이 나타나는 독특한 경관이다. 첫 장면에서 우리는 위로부터 아래로 내려가면서 19세기 노동자주택의 안마당과 서로 나눠진 공간들을 본다. 그 곳에서 우리는 천사들과 함께 사람들의 마음속에 귀를 기울이면서 미궁 같은 내부공간으로 들어간다. 우리가 볼 수 있는 것이라곤 고립된 공간, 고립된 사유, 고립된 개인들뿐이다. 어떤 방에서 한 젊은이는 실연을 하고서 죽어버리겠노라고 마음먹는 한편, 그의 부모는 아주 딴판으로 아들을 염려한다. 지하철 안에서, 버스에서, 자동차에서, 산모를 태우고 질주하는 앰뷸런스에서, 거리에서, 자전거에서, 모든 것은 분절화되고 덧없는 것으로 보이며, 각 사건은 다른 사건과 마찬가지로 단조와 단색으로 기록된다. 인간의 시간과 공간 바깥에 존재하기 때문에 천사가 할 수 있는 것이라고는 영혼의 평안을 주고, 그들이 살피고 있는 인간들이 분절화되어 때로 혼란스럽기까지 한 정서를 위로하려고 애쓰는 일뿐이다. 그들은 때때로 성공하기도 하고 실패하기도 한다. (젊은이는

34) 빔 벤더스의 〈베를린 천사의 시〉에서는 고전사회학의 관점이 없다. 생산패러다임이 보이지 않고, 오직, 사회적 범주의 고려 없이, 죽음, 출생, 분노, 기쁨, 고독 등이 나열되어 나간다. 빔 벤더스는 그래도 인간의 세계에 대한 기대와 희망을 포기하지 않는다. 천사가 인간이 되고 싶은 욕망을 그려냄으로써 희망의 한 자락을 관객의 시야에 드리운다.

자살을 하고 창녀가 된 고등학생은 죽은 남자친구로 인한 상실감으로 슬픔에 잠긴다.) 천사로서는 인간의 생활에 실제로 참여할 수 없고, 그저 그런 척할 뿐이라며 한 천사가 불평한다.[35)]

D. 하비는 해체주의를 우리가 사회현실적 포스트모더니티조건이라 부르는 그것을 유포시키는 것으로 보는데, 흥미로운 것은 이 해체주의가 카리스마를 불러온다고 그가 보고 있다는 점이다.

모든 서사와 메타이론들을 분해하여 흩어진 언어게임의 세계로 만들어버리고자 함으로써 결국 해체주의는 보다 급진적인 실천가들의 좋은 의도에도 불구하고 지식과 의미를 기표들의 잡탕으로 환원시켰다. 그리하여 해체주의는 허무주의적 상태를 만들어냈으며, 이는 카리스마 정치를 재등장시키고 자신들이 해체한 명제들보다 훨씬 더 단순한 명제들을 낳는 발판이 되었다.[36)]

사회현실적 포스트모더니티조건에의 굴복은 단순한 굴복이 아니다. 카리스마에의 굴복이라는 점에서 우리는 심각하게 유의할 필요가 있다. 나는 여기에서 박정희예찬 신드롬을 생각했다. 박정희를 예찬하는 글들이 처음은 아니다. 소설가 이병주, 언론인 조갑제, 박정희의 측근들 이동원, 김성진 등등이 박정희를 찬양한 책들을 내놓았다. 하지만 최근의 책들은 이런 저런 책들과는 다른 의미로 나타난다. 시민들의 호응을 받고 있다는 것이다. 심지어는 베스트셀러의 대열에 오르기까지 했다. 저자들의 책임이라고 보기는 어렵다고 말할 수 있을지 모르겠다. 독자들이 강요를 받지 않고서도 자율적으로 박정희를 찬양하는 책들을 구입하여 읽으니까. 그렇지만 저자들을 비판하지 않을 수 없다. 독자 시민들의 약한 고리를 파고 들어가서 자신의 상업주의를 넓

35) 데이비드 하비, 『포스트모더니티의 조건』, 박영민·구동회 역, 1996, 한울, pp.383-384.

36) 데이비드 하비 1996: 420-421.

히려 하기 때문이다.[37)]

박정희라는 유령이 되살아나고 있다. 이 유령은 신한국당 대통령후보 경선 과정에서는 아무런 부끄러움 없이 노골적으로 그 자태를 드러내었다. 박정희에로 되돌아감, 그 현상을 우리는 어떻게 이해해야할까. 우선, 죽은 박정희를 다시 불러오게 하는 그것이 궁금하다. 첫째, 현재의 대통령의 실패한 리더십이 죽은 박정희를 불러온다. 둘째, 이와 연관되지만, 민주주의에 대한 이해 부족이 박정희를 다시 불러온다. 민주주의의 역사는 먼 여정이고, 심각한 위기를 동반한다. 서구민주주의의 역사가 이를 증명하고 있지 않은가. 군부권위주의 시대를 겨우 넘기면서, 우리는 지금 지나친 패배주의와 절망감에 빠져 있는데, 이 좌절의 한 모퉁이에서 카리스마에 기대고 싶은 심리가 급속히 자라고 있다. 우리는 자율성이 신장해 온 그 측면을 앞세워 용기와 전열을 다듬어 볼 필요가 있다. 전·노대통령이 법정에 서는 풍경은 부끄럽고, 참담한 것만은 아니었다. 민주시민의 역량이 신장하여 민주법치제의 전통을 세우는 확고한 장면이기도 했기 때문이다. 셋째, 합리성을 더욱 심화시키지 않고, 신화의 늪에 더욱 빠져 들어가는 시대적 분위기가 있다. "세기말 환상"이라 부르는 그 정서를 말한다. 정말, 우리에게 합리성과 이성이 너무 많아서 문제가 일어나는 것인가, 묻지 않을 수 없다. 우리에게 자본주의의 역사가 그렇게 길지 않듯이, 합리성과 이성의 역사도 짧고, 합리성과 이성에 대한 비판과 성찰 역시 깊지 않다. 여기에서 문제가 발생한다. 신화의 굴레 그 자체를 부정하자는 의도는 없다. 할 수도 없다. 오히려 신화의 끊임없는 분출에 대해 우리는 지혜롭게 대응해야 한다는 주장을 제시하려 한다.[38)]

---

37) 박홍규, 「경계해야 할 "박정희신화"」, 『출판저널』, 217호, 1997년 7월 5일, pp.2-3.

38) 카리스마적 리더가 사라질 것인가? (1) 민주주의와 대중정치의 확대가 카리스마적 지도자의 소멸을 가져올 것이라는 견해가 압도적이다. 그람시는 지휘의 기능에 있어서 집단조직(정통)이 특이한 개인, 개인적인(또는 미켈스가 말하는 바와 같은 카리스마적인 지도자) 것을 대신한다고 말한다. (2) 카리스마가 소멸하지 않는다는 전망도 있다. - 군중심리학적 전통(르봉에서 모스코비치까지) - 군중의 존재가 여기에서는 논거이다. 우리 시대의 군중은 존재하는가? 존재한

영남대 법학과 교수 박홍규는 최근 출간된 박정희 예찬서들을 다음과 같이 비판한다.

> 『인간의 길』에서 내가 읽은 것은 일본군인이 되는 것이 해방조국을 위한 길이었다고 하는 해괴한 요설을 비롯한 갖가지 독재자 미화이다. 도대체 어떻게 일본군인이 되는 것이 해방조국을 경영하는 길인가? 연속극 작가가 일본인과 함께 썼다는 『실록 박정희와 김종필』도 박정희가 만주군관학교 입학시에 "왜놈들이 보기 싫어 왔다"고 말했다고 한다. 그것이 과연 사실인가? 왜 그들은 박정희가 만주군 중위로 항일 독립군을 토벌한 사실을 은폐하는가? 박정희의 비서실장을 지낸 사람이 쓴 『아, 박정희』는 구멍난 러닝셔츠니 선풍기 없는 대통령 집무실 따위로 박정희를 청렴한 자로 미화한다. 그러나 왜 그의 화려한 여성편력, 정경유착, 부정부패, 인권탄압 등은 덮는가? 저 잔악했던 계엄, 위수령, 긴급조치 등의 군사독재, 매수, 폭행, 밀실공작의 정보정치, 노동탄압, 돈과 권력의 정경유착, 영호남의 지역갈등, 망국병 등 그의 죄악은 은폐하는가? 그들은 박정희의 경제개발을 찬양한다. 그러나 그가 아니었다면 경제개발이 불가능했다는 주장은 그가 아니었다면 더욱 훌륭한 경제개발이 가능했으리라는 주장만큼 무의미한 역사적 가정일 뿐이다. 게다가 개발을 위해 탄압과 독재가 불가피했다는 주장은 역사의 모든 악덕과 배반을 합리화하는 것에 불과하다. 한 술 더 떠서 『왕과 건달』은 대왕 박정희가 조선조 이래 사대주의와 식민주의를 청산했다고 찬양하나, 나는 도저히 납득할 수 없다. 그래도 이승만에 의해 최소한 지켜진 반일은 박정희에 의해 굴욕적인 친일로 바뀌었고, 그 후 미국화·서양화·일본화의 풍조가 본격적으로 뿌리 깊이 박힌 것이 아닌가?

다면, 어떻게 존재하는가. 이 두 입장 사이의 불일치는 카리스마를 불러일으키는 조건들에 대해 우리가 얼마나 진지하게 반성하고 비판하는가에 따라 카리스마에 대한 통제력이 좌우됨을 어느 정도 시사한다 하겠다.

9. 오늘의 나르시시즘: 미래를 잃어버린 젊음에 대한 예찬

우리 시대의 정서적 특징을 잘 식별할 수 있는 맥락은 노화와 죽음에 대한 급속한 태도변화이다. 죽음에 대해 공포를 느끼는 정도는 현대에 오면서 강화된다. 죽음과는 상대적으로 달리 노화에 대한 두려움은 강하게 파급되고 있다. 현대 의학 논술들은 노화문제를 존재론적으로 접근하지 않고, 의학기술발전의 관점에서 문제로 다루는 경향이 있다. 현대의학의 자만심은 의학의 발전은 인간의 삶을 발전시키고, 노화를 제거해주리라는 가정으로 나타난다.

현대사회의 동태성은 나이든 사람들로 하여금 자신들을 쓸모없는 존재로 느끼게 하는 측면이 없지 않다. 체험에 대한 평가절하, 급속한 변화에의 기민한 적응요청, 새로운 테크놀로지 명령 등등이 사회의 생산성을 결정해 나가면서, 나이든 사람들은 사회에서 배제되어 나간다.

젊음에의 예찬들이 이어지면서, 미래 그 자체에 대한 흥미를 잃어버리는 인성들이 출현한다. 자식들에게 자신이 기대하는 삶을 영위하는 태도를 버리라는 충고가 늘고 있고, 결혼을 하면서도, 자식을 낳지 않고 살아가려는 부부들이 증가 추세에 있으며, 아예 결혼식을 하지 않고 일시적으로 동거하는 생활양태가 늘어나고 있다. 이 모두 노화와 죽음에 대한 사회역사적 두려움에 대한 반응들과 무관하지 않다.[39]

10. 시대정신으로서의 사랑과 포르노그래피

사랑의 역사가 있다. 사랑의 변화 속에서 시대정신을 가늠할 수 있다.

옥타비오 파스는 『이중불꽃』에서 시대정신을 사랑의 역사를 탐색하면서 밝히려 한다. 파스는 사랑의 변화 속에서 시대의 흐름을 읽어낸다. 지금, 그러니까 그가 20세기 후반으로 분류하는 이 시대정신은 암

---

39) 크리스토퍼 라쉬, 『나르시시즘의 문화』, 최경도 역, 문학과 지성사, 1989.

울하다.[40)]

> 나는 반복한다. 20세기 후반의 작품들은 20세기 전반의 작품들과 다르고, 심지어 반대되기도 한다. 20세기 후반의 작품들은 루시퍼의 모호하고 격렬한 빛에 조명된 것들이 아니다. 그것들은 황혼의 작품들이다. …중간 생략… 우리의 시대는 단순하고, 피상적이고, 무자비하다. 이념적 제도들에 대한 맹목적 숭배에 빠져 있었던 우리의 세기는 〈물질들〉에 대한 경배로 끝장이 났다.

파스는 20세기의 후반과 그 전반을 질적으로 상이한 시대로 이분화한다. 20세기 전반이 부활의 시대라면 그 후반은 리바이벌의 시대로서, 문화의 몰락 경향이 나타난다고 그는 진단한다. 파스는 초현실주의자이다. 최후의 초현실주의자로 남아 있으려 한다.

파스는 헤겔의 시대(Ⅰ), 루시퍼의 시대(Ⅱ), 리바이벌의 시대(Ⅲ)로 프랑스혁명 이래의 시대를 구분한다. 그가 주로 비판의 대상으로 삼는 시기는 Ⅲ이다.[41)]

파스는 사랑의 타락사를 그려내면서, "인간"의 회복을 요청하고 있다. 파스에게 인간은 신비이다. 신비를 파괴하는 시대의 경향에 대하여 그는 경고의 시어를 던진다.[42)]

> 플라톤 이래 우리의 전통은 영혼을 찬양하고 육체를 경시했다. 그러나 사랑이 처음 시작되면서부터 그것은 육체를 고귀하게 만들어 주었다. 육체적, 관능적 끌림 없이 사랑이란 존재할 수 없다. 오늘날 우리는 플라톤주의의 급격한 배격을 목격하고 있다. 우리 시대는 영혼을 거부하고 인간의 마음을 육체작용의 반사현상으로 격하시킨다. 따라서 기독교와 그

---

40) 옥타비오 파스, 『이중불꽃』, 황병하 역, 이레, 1996, p.183. 빠스를 파스로 수정했다.

41) 옥타비오 파스 1996: 181-183을 참조할 것.

42) 옥타비오 파스 1996: 155.

> 리스 철학의 이중적 유산인 〈인간〉이란 개념은 크게 침식당하고 있다. 영혼의 개념은 〈인간〉의 개념에 있어 초석과도 같고, 이 〈인간〉이 없다면 사랑은 단순한 에로티시즘으로 되돌아가 버린다.

"인간의 개념이 맞게 된 석양"이 "20세기의 정치적 재앙들과 우리 문명의 전반적인 퇴락을 가져온 원인이었다"는 논리를 그는 전개하고 있다. 인간의 재발견, 이것이 파스의 대안이다. 사랑은 변함없지 않다. 사랑은 변화한다. 파스는 서양의 모든 문화현상들 가운데 가장 변화가 심한 것이라 지적한다. 그래서 사랑의 역사가 있다. 지금의 사랑에는 다음과 같은 변동요인이 있다.

(1) 사회적 차원에서 여성들이 사회적으로 독립되어 왔다는 점, (2) 기술적 차원에서 피임장치가 발명되었다는 점, (3) 가치관적 차원에서 육체의 위상변화가 일어나고 있다는 점 등이 그것이다. 파스는 (3)을 문제적이라 생각한다. 플라톤 이후 오랫동안 영혼을 우선시하는 전통이 약화되면서 다른 한편으로 육체가 우선시되는 경향이 강화되어 갔다. 양자 모두 영혼과 육체 사이의 신비가 승인되지 못한다는 점에서 문화의 퇴락을 야기시킨다. 이렇게 파스의 논리를 포르노그래피에 확대해 볼 수 있다. 포르노그래피에서 인간은 소비되어 버리는 물건, 혹은 상품일 뿐이다. 그것은 "신비"를 허용하지 않는다. 포르노그래피의 이면에는 과학주의에 대한 맹목적 기댐이 숨어들어 있다. 포르노그래피에서는 영혼이 숨 쉬지 않는다. 죽어 있다. 오직 이성의 감추어진, 보이지 않았던 그것을 눈으로 보게 만들 뿐이다. 현대 이전에는 사람들은 항상 육체의 표현을 환상과 두려움이 뒤섞인 감정 속에서 보아왔다. 많은 문화권에서 인간 육체의 아름다움에는 신성함이 깃들어 있다고 생각했다. 인간의 이미지는 신성한 것으로 간주되었고, 따라서 육체를 표현하는 데에는 금기의 제한이 있었다. 포르노그래피의 유혹하는 힘은 그러한 금기를 위반하는 데 있다.

오늘날 육체의 비신성화는 이 포르노그래피의 확산을 타고 넓고, 깊게 진행되고 있다. 그것의 중추는 자본주의 꽃 광고이다. TV, 잡지 등에서 볼 수 없었던 육체의 이미지들을 볼 수 있게 되었고, 이제 육체는 영혼을 잃고, 신비를 상실하고, 그저 보여주는 육체로 남아있다. 이러한 인간이미지의 붕괴는 다른 육체를 찾는 성적 도착을 오직 불러일으킬 뿐이고, 그 속에서 섹스 자본주의가 자란다. 영혼이 없는 육체를 탐닉하는 포르노그래피의 "폭력"이 사랑을 대신하고 있다.

"인간"을 재발견하지 않고서는 우리 시대의 정치적 경제적 퇴락을 극복할 수는 없다. 파스는 이 "인간"이라는 언어 속에서 합리주의 이성으로 포착할 수 없는 어떤 무엇을 함의하려 한다. 결론으로 가면서 그는 다음과 같이 말한다.

"과학과 철학과 시 사이의 대화"가 그 대안이다. 논술의 흐름을 애매모호하게 끌고 가는 듯 하지만 파스는 논지를 흐리지 않는다. 분명한 논지를 일관되게 이끌어 가는 것이 이 책의 매력이자 장점인데, 흐릿해 보이는 까닭은 논지의 핵심이 모호한 신비의 그것이기 때문이다.

파스는 언어를 어떻게 이해하는가? 이 물음에 대한 답은 "인간"에 대한 그의 답을 예시해 주고 있다.

> 언어는 가장 쏜살같고, 덧없는 것, 즉 감각에 이름을 가져다 줄 수 있는 어떤 무엇이다.

11. 타락한 시대정신으로서의 지금의 포르노그래피

"눈"의 무절제, 문화의 왜곡: 포르노그래피가 확산되고 있다. 이 포르노그래피의 확산 배후에는 문화를 정당하게 다루지 못하는 우리 사회의 지적 빈곤이 있다. "진취적" 포르노그래피의 확산 그 자체를 사회발전의 질로 읽는 입장이 있는가 하면, 포르노그래피 그 자체를 범죄시하는 전통적 입장도 있는데, 포르노그래피와 그 확산에 대한 정면의 당당한 논의와 대응은 지극히 미미하다.

키에플로프스키 감독의 〈사랑에 관한 짧은 필름〉은 관음주의 소재이다. 우체국에 근무하는 젊은 청년은 자신의 아파트 건너편 아파트에 사는 연상의 중년 여인을 남몰래 훔쳐본다. 어두운 밤, 그녀가 옷을 벗고, 다른 남자와 섹스를 벌이는 장면을 그는 훔쳐본다. 이 훔쳐봄이 관음주의의 정체이다. 타자가 침범할 수 없는 고유한 사적공간이 있으며 마땅히 지켜야 할 그 사적공간에 은밀히 타자의 시선이 침범해 들어가서는 숨겨진, 감추어진 그것을 보는 것이 관음주의이다. 관음주의는 경계허물기의 한 예이다. 볼 수 있도록 사회에서 허용하는 그 경계선을 넘어서는 이 눈의 욕망은, 모든 경계를 넘어서고, 허물어 버리는 절제력을 상실한 오늘날의 욕망 일반의 한 예에 불과하다. 어느 날 그녀는 자신을 훔쳐보는 그가 있음을 알아차리지만, 그녀의 대응은 훔쳐보는 그의 시선을 훔친다. 그녀 역시 성을 두고, 시선을 훔치고 있고, 이 점에서 그녀 역시 관음주의자이다.

그러므로 이들의 관음주의적 만남과 "사랑"은 그 파국이 이미 예고되어 있었다. 순수한 사랑의 정체성이 애매모호함 속으로 해체되어 버리는 것이 오늘날의 사랑 양식이다. 포르노그래피는 관음주의를 애용한다. 1997년 7월 23일 〈일간스포츠〉는 "이번엔 여대생 화장실 비디오 충격"이라는 기사를 실었다.

> 서울의 어느 여대 여자화장실에서 촬영했다며, 교표와 〈00여대 XXX 클럽〉이라는 제명까지 자막 처리한 비디오테이프. 해당 여대 졸업식날 졸업생을 비롯한 여성 60명이 화장실을 이용하는 모습을 초점까지 조절해 가며 적나라하게 찍은 뒤 편집한 90분짜리가 시중에서 은밀하게 나돌아 다니고 있어 우리 사회가 얼마나 병들었는가와 이제 안전지대는 없다는 위기의식을 불러일으키고 있다. 문제의 테이프는 ▲가정용 8mm 소형비디오 카메라 렌즈를 화장실 칸막이 밑 공간으로 넣고 여성의 치부에 손전등을 쏘아대며 촬영한 것과 ▲렌즈를 화장실 안쪽 모서리에 숨긴 뒤

외부에서 액정화면을 지켜보며 리모컨을 조작, 촬영하는 동시에 변기안 쪽에서 열감지 센서를 부착, 여성이 앉으면 불이 들어오고 일어서면 바로 소등되도록 하는 원형 스포트라이트 조명방식으로 찍은 필름을 섞어 놓은 것으로 보인다. 특히, 여성이 화장실 문을 열고 들어가 발로 수세 밸브를 누르고 나설 때까지 종아리 아래 모든 움직임을 담고 있는데, 이는 줌·팬·클로즈업 기능을 갖춘 첨단 카메라를 동원했다는 점을 입증한다. 아울러 변기형태가 걸상형이 아니라 쪼그려 앉는 식인데다가, 피해 여성 대부분이 치마에 졸업 가운까지 덧입은 상태라 밑에서 비추는 불빛을 눈치채지 못하게 장치를 해놓았다.

관음주의의 확산을 실증하는 이 예는, 모든 경계를 넘어서고 해체하려는 사고가 사실상으로 우리 사회의 저변에 급속히 확산되고 있음을 시사한다.[43]

43) 이 글은 『황해문화』, 1997년 봄호에 실렸던 글인데, 각주를 새로 붙이고 가볍게 수정했다.

● 빈 전철이 향하는 공간

인천을 노래한 시들 중에, 황지우의 시집 『게 눈 속의 연꽃』에는 「인천으로 가는 젊은 성자들」이라는 시가 있다.44)

전철은 사람을 싣고 서울로 오지만
빈 전철은 사상을 싣고 인천으로 간다.
盲人 父子가
내 主를 가까이
를 부르며
내게 가까이 온다
무슨 일이 잔뜩 임박해 있는
우중충하고 무거운 하늘 아래
안양천 뱀풀들이 멀리
하얀 아파트 지대로
기어가고
버림받고 더러운 모든 것들이
신성하다
나는 연락하러 그곳에 간다

먼저 이 시의 시간성에 대해 생각하기 시작했다. "빈차". 그러므로 "나"는 아직은 어두움이 있는 시각에 전철을 타고 있다. "나"는 서울에

44) 황지우, 「인천으로 가는 젊은 성자들」, 『게 눈 속의 연꽃』, 문학과지성사, 1994, p.78.

서 인천으로 가는 도중에 있다(14행). 경인선 전철에서 흔히 경험할 수 있는 전철 속의 풍경 한 자락이 "나"에게 잡힌다. 맹인 부자가 찬송가 "내 주를 가까이"를 부르며 구걸하는 그 흔한 풍경 속에서 시인은 맹인부자가 부르는 그 노래의 언표 그대로 내 주를 가까이 할 것을 요청받는다. 그러므로 맹인부자는 나를 스쳐지나가면서 노래를 부르지 않고, 시인에게 가까이 온다(6행). "내 주를 가까이"(4행)와 "내게 가까이 온다"(6행)에서 공통된 시어 "가까이"는 통속적으로 멀어지기 마련인 "버림받고 더러운 모든 것들"[과 형식상 대조를 이루면서, 오히려 그것]을 포용하게 한다. "버림받고 더러운 모든 것들", 이 민중적인 것에의 "가까이" 다가섬이 이 시를 지배하는 흐름이다.

억압 상황은 한계에 이르렀다고 시인은 느끼고 있다. 그것은 역시 풍경을 그리는 언어 속에 나타나 있다. "하늘"은 "우중충하고 무거운" 모습을 하고 있다. 일상적으로 읽으면, 이 모습은 굵은 소낙비가 쏟아질 즈음을 암시하지만, 의미는 정치적으로 그것을 넘어서 나아간다. 늦은 밤 창밖으로 보이는 검은 하늘 속에서 정치사회학적 위기상황을 읽어낸다.

"무슨 일"은 변혁을 위한 움직임, 저항의 목소리와 사회운동이다. "무슨 일"은 임박해 있다고 느낀다. 물론 이 느낌은 능동적 요청과 운동으로 상승해 간다. 왜냐하면 그는 이미 그곳에 "연락하러" 가고 있다고 표현해 놓고 있기 때문이다. 그러나 주목해야 할 또 하나의 언어는 "잔뜩"이다. "뱀풀들"(9행)은 황폐한 곳에서 자라는 풀이다. 그것은 "버림받고 더러운 모든 것들"(12행)을 연상시키는 시어이다.

"하얀 아파트지대"에서 "하얀"은 아파트의 외벽 색깔이 희다는 뜻만은 아니다. 오히려 오늘날 아파트란 중산층이상의 생활양식을 은유하며, 버림받지 않고, 더럽지 않은 모든 것들을 압축하여 함의한다.

뱀풀들과 하얀 아파트는 멀리 떨어져 있다. 멀리 떨어져 있음 역시 물리적 거리를 넘어 사회적, 경제적, 문화적 거리를 나타낸다.

"안양천 뱀풀들이 멀리 하얀 아파트 지대로 기어가고" 있다. 즉 버림받고 더러운 것들이 이 문화적 거리에 대항하여 전진해 나아간다. 기어나감은 아직 그 전진의 양식이 본격적이지 않음을 시사하는 것 같다. 서울과 인천의 대비는 인천이 "사람"이 없는 곳임을 나타낸다. 물론, "사람"은 휴머니티가 충만한 사회같은 것이다. 빈 전철에서 "빈"은, "사람"의 부재와 연결되어 있다.

14행에서 "그곳"은 어디일까? 물론 "인천"이다. 그러므로, 버림받고 더러운 것의 공간으로 "나"는 가고 있다. "나"는 누구일까? 사람(people)이다. "사람"이 없는 그 "빈 전철"에 동행하고 있다는 의미맥락이 이 점을 설명해 준다. "나는 연락하러 그곳에 간다", 이 마지막 시행은 2행에서 "사상을 싣고"라는 시어와 연결된다. 나는 메신저이다. 사상의 전달자.

이 시에서 인천은 버림받고 더러운 곳을 알레고리화 한다. 그러나 동시에 인천은 변혁공간이기도 하다. 다시 이 시를 나는 문화의 부재 혹은 왜곡된 문화의 현존을 대표하는 공간 인천을 장엄하게 읊은 것으로 읽는다.[45)]

---

45) 『황해문화』는 문화가 살아있는 인천을 위해서만 출범한 것은 아니다. 우리는 "젊은 성자"들을 다른 도시공간으로 보내는 역사적 사명마저 절감하고 있다. 『황해문화』는 1993년 겨울 창간의 닻을 올렸다. "창간사"에서 『황해문화』는 세계적 시각에서 지역을 보고 지역의 눈으로 세계를 보는 상호침투적 시각을 견지함으로써 우리 사회의 역사적 전환을 창조적으로 모색하는 겸허한 주춧돌이 될 것을 성심으로 다짐했다. 창간 3주년 기념호를 내면서도 이 점은 한결같다. 『황해문화』는 지역적 토대 없는 사이비 보편주의와 보편성이 없는 폐쇄적 향토주의 모두를 경계함을 다시 다짐한다. 『황해문화』는 한국에서 지방잡지의 미래를 위한 모델의 역할을 행사하는 수준으로 발전하고 있다. 창간호가 나가면서 인천을 정점으로 밖으로 조용한 파문이 번져나가서 독자의 소리로 되돌아 왔다. 독자의 소리는 다면적이고 다양하다. 계간지의 품위에 걸맞지 않는 글도 실린다는 비판이 있는가 하면, 너무 어렵다는 불평도 있다. 인천과 관련된 글들의 너무 비중이 높아서 인천 밖에서 관심을 끌기 어렵다는 인상을 말하는가 하면, 인천문제를 더욱 더 집중적으로 조망해 달라는 강한 주문도 있다. 이 모든 독자의 소리들을 우리는 『황해문화』의 역할과 책임에, 발전에 기대를 거는 것으로 이해하고, 진심으로 감사하고 있다. 『황해문화』는 이런 "사이"를 매개시키려 한다. 하지만 절충의 수준을 넘어서려 한다. 『황해문화』는 인천의 여론과 공론을 매개시키는 중심으로 자리잡았다는 격려에 힘을 얻는다. 인천의 자기 정체성이 약했던 이유의 하나가 바로 매체의 빈곤이었다. 앞으로도 『황해

영상시대의 도래를 말하는 목소리가 잦고 크다. 무엇을 보고 그렇게 말하는 것일까. 아마도 그것은 텔레비전과 비디오의 보급·확대 때문이리라. 청소년에서부터 성인에 이르기까지 책을 읽지 않고, 텔레비전과 비디오만 보는 세태에 대면하면서 비난과 변호가 만나지 못하고 있다. 평행선을 긋고 있다. 책을 읽는다는 것 그 자체가 고상한 문화적 활동으로 비춰질 때가 있었다. 그 때의 비평과 편집은 상대적으로 쉬웠다. 이제는 책읽기만을 강요할 수도 없다. 영상문화가 도전하고 있다. 도전을 넘어 이미 확고한 자리를 차지하고 있다. 영상보기가 왜 문제인가 하고 반문하고 "영상시대의 도래"를 강변하는 입장이 있다.

우리 주변에서 흔히 접하는 그 영상들은 대개는 할리우드의 영화이다. 사유할 여유를 주지 않는다. 사유의 배제 혹은 약화를 도모하는 이미지의 흐름이 오늘 지배하는 영상을 지배하고 있다. 문제는 여기에 있다. 텔레비전 광고의 최근 경향은 빠름 그 자체를 향해 질주하는 것

문화』는 인천의 핵심 매체로서의 역할을 다할 것이다. 물론, 우리는 계간지라는 특성을 잊지 않을 것이다. 일간신문과는 다르게 『황해문화』는 쟁점을 새롭게 제기하고 심층적인 분석을 게재해왔고, 앞으로도 이 점에서는 변함이 없다. 모든 사물은 품위의 고저가 있다. 잡지도 예외는 아니다. 『황해문화』는 품격있는 잡지이고자 한다. 좀 더 현실감 있게 표현하자면, "이사갈 때 버려지고 마는 잡지"가 되는 것을 진정 염려한다. 다른 품격 높은 고전들과 나란히 서가의 한 자리를 당당하게 차지하고 있기를 늘 소망한다. "사상"이, "문화"가 없었던 인천에서 사상과 문화의 인천으로 전형시키는 시대적 책임을 『황해문화』는 더욱 심각하게 느끼고 있다. 우리는 진지하게 길게 생각한다. 『황해문화』의 편집위원회는 3주년 기념호를 내면서 이 같은 책임 편집을 다시 다짐한다. 우리는 3대 편집정신을 실천할 것이다. 첫째는 비판적 매개의 편집정신이다. 사회저변에 흐르는 시대의 흐름들을 예리하게 비판하고 분석하는 품위를 높여나갈 것이다. 둘째는 열린 편집정신이다. 특정한 닫힌 이념에 근거하여 사회의 다양한 목소리를 듣지 못하는 오류를 저지르지 않을 것이다. 다면적이고 다양한 편집을 모색할 것이다. 그리고 능동적 편집정신을 고양할 것이다. 행복한 대안 사회를 향하여 적극적으로 탐색하는 자세를 보일 것이다. 끝으로 이 자리를 빌려 『황해문화』의 오늘이 있기까지 관심과 애정으로 이런저런 도움을 준 모든 분들께 진심으로 감사의 인사를 드린다. 이 글은 『황해문화』, 1996년 겨울호의 「창간 3주년 기념호를 내면서」라는 제목으로 실은 권두언을 단행본 틀에 맞게 재편집하여 본문의 일부를 각주로 처리했다.

을 보여주는 것 같다. 생각할 여유를 주지 않으려는 의도가 극명하게 보인다. 재미 속에 이 의도가 숨어있을 뿐이다.

하지만 책읽기 그 자체가 좋은 것이라 말할 수도 없다. 어떤 책을, 어떻게 읽느냐가 결정적이다. 스쳐지나가면서 가볍게 읽을 수 있는 책들만을 읽는다면, 문제는 읽지 않는 것과 마찬가지로 심각하다. 이른바 "신세대"들은 할리우드 영상에 익숙해져 있어서인지, 책을 읽는 태도마저 할리우드식이다. 한 장면을 길게 잡는 것, 이른바 롱테이크에도 참고 보지 않는 그들은 스쳐 지나칠 수 있는 정도의 "얇은 내용"에 더욱 익숙해지고 있다. 영상의 얇은 내용은 결코 얇지 않을 때가 많다. 그것은 헐리우드 영상자본의 견고한 틀을 감추고 있다. 그 실체는 문화가 아니라 확고한 이데올로기이다.

할리우드의 스크린을 지배하는 그 분위기는 영화관에서, 가상의 세계에서, 정지하지 않는다. 냉엄한 현실로 넘어 들어와서 현실을 그 내부에서부터 내파시킨다. 일상에서 느린 모든 것들에 견디지 못하는 이들이 증폭하고 있다. 우리 시대를 움직이는 대중의 조류를 "3S"가, 즉 이런 스크린(screen)과 무관하지 않을 스피드(speed)와 섹스(sex)가 몰아가고 있는 듯하다. 새로운 세대들에게서는 스피드 그 자체가 숭상받는다. 안전과 안정이 아니라, 스피드에 초점을 맞추는 자동차 광고들은 단지 그것의 예리한 예일 따름이다. 그와 같은 것들이 속도 경쟁에 지쳐 돌아온 우리들의 저녁을 숨 가쁜 긴장으로 몰아넣는다. 빠름은 예찬되고 느림은 배척된다. 삶의 긴 여정에서 얻을 수 있는 직관과 지혜의 무게를, 우리 시대의 문화적 분위기는, 받아들이지 않는다. 이미 견디어 내지를 못한다. 그러나 브레이크가 없이 자동차는 빨리 달릴 수 없다. 빨리 달리기 위해서는 오히려 제동장치가 필수적이다. 빠름과 느림은 배타적이지 않다. 느림 없는 빠름은 곧 파국이다.

육체가 예찬받는다. 이 육체에의 예찬은 지, 덕, 체의 균형을 말하던 때의 그 육체가 아니다. 섹스어필의 도구로서의 육체가 예찬될 뿐이다. 예찬받는 그것은 젊은 육체이다. 늙음은, 느림은, 진중한 삶의 무게가 아니라, 오직 한탄의 대상이다. 타자(들)을 “유혹”하기 위해서 육체가 장식되고 수정되고 있다. 눈동자에서 몸매에 이르기까지. 겉모습의 육체 모든 것이 수정을 거듭해서 마침내 본래의 모습이 완전히 해체되는 수준으로까지 가는 모양이다.

홍색문화가, 아니 홍색 반문화가 넘실대고 있다. 고개를 치켜들고. “창작의 자유”라는 이름으로 포르노그래피들이 태양의 거리마저 홍색으로 물들이고 있다. 언제나 어느 사회에서나 홍색 반문화는 있었지만, 지금의 그것은 특별하다. 특정한 공간에서 그것이 이제는 갇혀있지 않기 때문이다. 본격 문화 공간들과 어깨를 나란히 하고 열린 공간으로 나서고 있다. 하기는 누군들 갇혀있기를 좋아하겠는가. 갇혀 있었던 것은 갇혀있을 수밖에 없었기 때문이다. 그것에 대한 비판의 무게와 깊이 때문이었다.

현재의 이 3S 조류에 공통된 경향은 젊음과 육체에의 맹목적 예찬이다. 젊은 육체와 그 이미지가 늙음의 향기, 긴 세월을 거쳐야만 느낄 수 있는 엄중한 비판과 깊은 성찰의 그 향내를 죽여버리고 있다. 진지함이 사라지고 있다. 텔레비전과 라디오의 프로그램들을 보노라면, 그저 웃기려는 목적으로만 존재하는 것 같다. 문화가 품위를 잃어버리고 있다. 아니, 품격을 망각하고자 경주하는 것 같다.

농담과 웃음이 우리 시대의 지배적 문화정서인 듯하다. 언론들의 책임이 크다. 텔레비전과 라디오의 프로그램들을 보노라면, 우리가 “그저” 웃기고 웃는 농담하는 존재인 양 비쳐진다. “개그”, “코미디”가 황금시간 방영대를 채우는 추세는 견고하다. 이른 아침부터 한밤중까지 방송인들은 농담거리로 만들어 “히히 낄낄” 거린다. 숭고와 장엄, 진지함의 무게를 내팽개쳐버리고서 모든 것은 가볍게 웃음거리가 된다. 일상 대화 여기저기에서도 으레 각종 농담시리즈가 판을 친다. 유행하는 농담시리즈를 알지 못하면, 시대의 흐름에 뒤떨어진 낙오자로 비칠 지경에 이르렀다. 전공분야가 음담패설인 것으로 착각할 정도로 어느 자리에서나 음담패설을 늘어놓기를 즐겨하는 지식인들의 반지성도 늘어나고 있다.

진지해야 할 교양강좌와 전문 분야 강좌에서도 무조건 웃기면서 강의해야 한다는 반문화적 강박관념에 빠져드는 이들이 적지 않다. 참으로 "웃기는" 세상이다. 이렇게 가벼운 반문화가 진지한 비판의 문화를 해체해 가고 있다. 이 반문화의 웃음에는 오직 더 많이 팔려는 의도가 숨어든다. 웃음의 상품화가 확산되는 추세에 대해 우리는 우려한다. 잠시 웃고 있는 그 사이, 현실을 움직이는 자본과 정치권력의 논리가 예리하게 파고들고 있기 때문이다.

진정한 문화는 철저한 사유들의 대화이다. 그러므로 우리는 눈으로 보는 것, 가시적인 것을 넘어서는 말의 놀이에 주목한다. 우리의 세계는 눈의 세계가 아니다. 비가시적인 것도 있다. 비가시적인 것이 가시적인 것과 더불어 표현될 수 있다. 그 표현이 그 자체로 우리에게 "의미"를 전달해 주지는 않는다. 모든 표현은 역사적이고, 또 역사적으로 그것을 풀어야 한다.

인류는 오랫동안 태양이 지구를 돌고 있다고 생각했었다. 보이는 대로 생각했다. 하지만 지금은 지구가 태양의 주위를 돌고 있다고 믿는다. 이 믿음은 정신적인 것이다. 이제, 보이는 것은 환상일 수 있다는 판단이 성숙해 있다. 보이는 대로 보아서는 안 된다. 보이지 않는 것도 보아야 한다. 그것은 육체의 눈으로 볼 수는 없다. 문화적 사고의 눈을 떠야 한다. 혹은, 보이는 것이, 보아야 할 것이, 많을수록 정신이 넓고 깊어져야 한다.[46]

46) 이 글은 『황해문화』, 1996년 겨울호, 권두언, 「창간 3주년 기념호를 내면서」로 실렸던 글을 가볍게 수정하고 일부를 각주로 편집했다.

● 오르페우스의 시선과 텔레비전

우리는 전쟁의 비전과 수사가 아니라 평화의 비전과 대화를 제안하는 지도자를 원한다. 50년 전에 그런 시도가 있었다. 백범 김구 선생이다.[47)]

> 나는 우리나라가 세계에서 가장 아름다운 나라가 되기를 원한다. 가장 부강(富强)한 나라가 되기를 원하는 것은 아니다. 내가 남의 침략에 가슴이 아팠으니 내 나라가 남을 침략하는 것을 원하지 않는다. 우리의 부력(富力)은 우리의 생활을 풍족히 할 만하고, 우리의 강력(强力)은 남의 침략을 막을만하면 족하다. 오직 한없이 가지고 싶은 것은 높은 문화의 힘이다. 문화의 힘은 우리 자신을 행복하게 하고 나아가 남에게 행복을 줄 것이기 때문이다.

백범의 이 문화국가론이 이즈음에 특별히 돋보이는 까닭은, 21세기가 문화의 시대라는 말 때문만은 아니다. 이번 대선에서 보여주는 비전의 빈곤 때문이기도 하다.[48)] 선거는 경쟁의 전형이다. 그런데, 이번 대선은 경쟁의 끝을 보여주는 듯하다. 그것은 총과 칼이 없는 전쟁이다. 전쟁을 생각해보면, 이번 선거전을 휘감고 있는 타자들에 대한 잔혹함, 잔인함, 교활함, 증오와 멸시, 부끄러움을 모르는 자기 과시와 자기 찬양, 외부의 더 큰 적을 무너뜨리기 위해 근본이념마저 접어두고 연대하는 술책 등도 이해될 수도 있겠다. 엄격히 말해, 전쟁의 테

---

47) 김구, 『백범일지』.

48) 1997년 12월 18일 시행된 제15대 대통령선거를 말한다. 이 글은 당시에 집필된 글이어서 그 시점의 시사성을 지니고 있음을 밝힌다.

두리는 그어져 있지 않다. 전쟁을 두려워하는 까닭은, 또 전쟁을 반대하는 까닭은, 그것이 인간의 심성에 미치는 무한한 영향력 때문이다. 윤리와 도덕의 금기가 전쟁에서는 쉽사리 해체되고, 심지어 금기를 넘어서는 위반이 용감한 심성으로 숭배되기까지 한다. 전쟁과 카리스마의 출현은 쉽게 연결된다.

우리는 이번 대선에서 금기를 넘어서는 야만적 말의 총들과 칼들이 난무하는 이 같은 전쟁이 우리의 안방으로 들어옴을 경계하지 않을 수 없다. 금기를 넘어서는 위반들을 맹목적으로 찬양하는 1990년대 포스트모더니즘의 지적 분위기가 전쟁의 언어들을 부추긴다. "권력이 있고, 그 다음에 진리가 있다"는 것이다. 이들 전쟁의 언어가 노동에 지친 우리의 몸을 쉬게 하는 밤의 세계로 넘어 들어와 우리의 심성을 불안하게 한다.

올해는 금기를 위반하는 거의 모든 시도들을 찬양했던 프랑스의 문학자 조르주 바타이유(Georges Bataille)가 탄생 백주년을 맞는 해인데, 그 1997년의 마지막 촛불이 강하게 타고 있었다. 바타이유는 죄악이 잔인할수록 진정하다고 생각했다. 먼저 그렇게 생각한 금기의 위반자는 사드였고, 이 사드를 모리스 블랑쇼(Maurice Blanchot)를 통해 듣는다. "감정에 복받쳐 저지른 죄악보다는 침착한 가운데 저지른 죄악이 더 중요하다. '감각이 응고된 채 저지른' 죄악, 어둡고 은밀한 죄악이 가장 중요하다. 왜냐하면, 모든 것을 파괴한 영혼이 오직 파괴적 충동만으로 파괴하는 것이 그것이기 때문이다. 이 방탕아들이 위대할 수 있다면, 그것은 오직 쾌락만을 추구하던 그들이 그것마저 파괴해 버렸기 때문이다. 따라서 그들은 평범한 관능에 만족할 수 없다. 평범한 관능에서 그들이 만족을 얻을 수 있을지라도 그들은 거기에 빠지지 않는다. 그들은 소름끼치는 변칙을 향한다. 그들은 무감각을 지향한다. 그들은 감각이 부정된, 근절된 상태의 무감각을 누리며, 그래서 잔인하게 되는 것이다."

블랑쇼가 소름끼치는 변칙을 자유의 이름으로 찬양하듯이, 바타이유가 『에로티즘』에서 보고 찬양하는 것은 성행위를 넘어서는 모든 금기를 부정하는 "위반의 자유"이다. "에로티즘, 그것은 죽음까지 파고드는 삶"이라고 묘사했을 때, 바타이유는 금기를 위반하고 벌을 받았던 저 오르페우스를 다시 구원하려는 의도를 내보인 셈이다.

오르페우스는 죽은 그의 아내 에우리디케를 살려내기 위해 지옥에 내려간다. 그는 신들과 인간들을 매혹했으며, 야수들을 얌전하게 길들이고 무생물까지 감동시키는 그의 매혹적인 노래 능력으로 모든 지옥의 신들을 매혹시켰고, 마침내 에우리디케를 데리고 나갈 수 있다는 약속을 받아낸다. 그 약속에는 조건이 있었다. 그것은 에우리디케를 뒤로 돌아서 보지 말라는 명령이었다. 하지만 오르페우스는 그 명령을 지키지 못한다. 에우리디케는 다시 죽음의 나라로 돌아갔다. 오르페우스는 갈기갈기 찢겨 죽는다.

이 그리스 신화가 말하고 있는 바는 무엇인가. 따라오는 에우리디케를 보지 말라는 명령을 어기고 되돌아 본 오르페우스. 에우리디케를 보았을 때 어떠했을까. 모리스 블랑쇼는 이 오르페우스를 비난하는 세계를 잘 알고 있다. 그는 세계가 에우리디케를 보기 위해 되돌아보는 오르페우스의 참지 못하는 몸짓을 "변명의 여지가 없는 광기 혹은 무절제"로 확인하고, 이 세계를 넘어서려 한다. "오르페우스의 시선" — 그를 뒤따라오는 에우리디케를 보려는 — 은 금기의 마지막 정점으로서의 죽음마저 보려는 눈이었다는 것이다. 오르페우스는 죽음의 세계에 있는 에우리디케를 보려했다. 블랑쇼는 이를 오르페우스의 시선이라 부른다. "절제도 조심성도 없는 그 힘은 낮의 진실로서의 에우리디케, 나날의 즐거움으로서의 에우리디케를 원하는 것이 아니라, 밤의 어둠으로서의 에우리디케, 닫혀진 육체와 봉해진 얼굴을 하고 멀어진 에우리디케를 원하며, 그녀가 보일 때가 아니라 그녀가 보이지 않을 때 그녀를 보고 싶어하며, 가족적인 삶의 내밀성으로서가 아니라 모든 내밀성을 배제하는 기이함으로서의 그녀를 보고 싶어하며, 그녀를 살리고 싶어하는 것이 아니라 살아있는 그녀 안에 그녀의 죽음의 충만성을 가지고 싶어한다."[49]

죽음까지 보려는 오르페우스의 시선(블랑쇼)은 죽음까지 파고드는 삶으로서의 에로티즘(바타이유)으로 나타날 수 있다. 블랑쇼가 본 것은 오르페우스의 존재론적 경계마저 넘어서는 몸짓이었고, 망각한 것은 오르페우스의 차가운 눈이었다. 그의 귀는 왜 그 곳에서 닫혔을까. 혹은 왜 충분하지 못했을까. 진정, 오르페우스의 시선이 위험할 때는 문학과 예술의 영역을 넘어설 때이다.

오늘날 텔레비전은, 사물들을 온전히 보여주지 않으면서도, 지금까지 볼 수 없었던 것들을 적극 찾아 보여주려 한다. 경계를 모르는 듯하다. 흥미거리가 되면 무엇이나 보여주려는 듯하다. 텔레비전은 차가운 이성의 현대성이 추진해 온 눈으로 보려는 현대성의 완성을 시사한다. 근대 이래로 시각은 다른 감각기관들을 누르고 헤게모니를 행사해왔다. 아주 멀리 떨어져 있는 저 우주의 세계도 보여주며, 아주 미시적인 세계마저 헤집고 보여준다. 우리가 염려하는 것은 단순한 시선의 강화와 확대 그 자체는 아니다. 그 속으로 흐르는, 눈으로만 확인하려는 차가운 현대성의 정서의 확산을 두려워한다. 또한 감각들의 불균형한 발전이 몰고 오는 결과들을 우리는 두려워한다. 한계를 승인하지 않는 차가운 이성의 결과는 오늘날 이미 뚜렷하다. 생태계의 파괴는 그 한 예이다. 시각의 헤게모니가 강화될수록, 다른 감각들에 대한 관심과 강화가 필요하다.

텔레비전이 전달할 수 없는 것이 무엇일까? 무엇보다 냄새에 대해 텔레비전은 무관심하다. 현대를 살아간다는 것은 냄새를 축소하는 과정이기도 하다. 후각이 억압받으면서 차가운 이성주의로서의 계몽주의는 확산되어 왔다. 익숙하지 않은 냄새에 대한 공포가 슬그머니, 이

---

49) 모리스 블랑쇼, 『문학의 공간』, 박혜영 역, 책세상, 1990, pp.236-237.

계몽주의, 합리주의의 확산 속에서, 심화되어 간다. 어쩌면 냄새는 쉽게 포착되지 않고 계산되기 어렵고 조절하기 어려우며, 경계를 넘어서기 쉽고, 환경에 쉽게 퍼져나가기 때문인지 모른다. 계몽주의의 냉혹한 이성은 이 같은 냄새에 대하여 공포를 느낌은 자연스러워 보이기까지 한다. 냄새에 대한 공포는 죽음에 대한 공포로 이어졌다. 자연, 동물, 인간의 이상한 냄새가 죽음을 연상시키는 공포로 이어지는 지적 분위기가 강화되면서, 살균과 악취제거가 확산되어간다. 꼬르뱅(Alain Corbin)은 그의 책 『악취와 향기』(1986)에서 "살균과 악취 없애기는 유기체의 시간 징표를 은폐하고, 죽음에 대해 반박할 수 없는 모든 징표 — 배설물, 월경의 분비물, 시체의 부패, 몸의 고약한 냄새 — 를 억누르기 위한 유토피아적 계획의 일부분이었다"라고 쓰고 있다. 차가운 이성이 움직이는 그 현대성은 인간의 후각 능력을 위축시켜왔다. 1만 가지 이상의 냄새를 식별할 수 있었던 인간의 현대인들에게는 2천 가지 정도만을 식별할 수 있을 정도로 떨어졌다. 80% 이상의 후각 능력을 상실한 것이다.

후각 능력의 상실에 대한 경고가 확산되어야 한다. 남성의 겨드랑이 분비물을 채취하여 "비정상적" 월경주기를 가진 여성의 윗입술에 발랐더니, 표준월경주기인 29.5일에 모두 도달했다는 연구보도도 있다. 모든 감각 가운데 냄새가 과거의 경험과 사건을 기억하는데 가장 강력하며, 생생한 시각 이미지를 능가한다는 사실을 후각 연구자들이 밝히고 있다. 냄새를 억압하여 후각 능력이 상실되면 기억과 회상을 상실케 하고, 그리하여 공동체적 안정감을 잃어버릴 수 있다.

『황해문화』 1996년 가을호에 실렸던 「인천에 가거든」이라는 문정희의 시가 이 맥락에서 기억에 떠올랐다.

> 인천에 가거든, 친구여
> 구두를 신고 가지 말아라

차바퀴도 굴리지 말아라
맨발로 파도를 타듯
그렇게 부드럽게 땅을 쓰다듬어라
잊어버렸는가. 어진 바다
인천(仁川)에는
도룡뇽 개구리 갯지렁이 땅강아지 개똥쥐퀴가
달빛 아래 미륵천지란다
아기부처처럼 사방에 뒹굴고 있다 한다
첫사랑이 생기면
제일 먼저 가고 싶던
인천 바다
이제라도 맨발로 다녀오거라 친구여
인천에 가거든 구두를 신고 가지 말아라
차바퀴도 굴리지 말아라
사뿐히 맨발로 다녀오거라

시인은 인천과 바다를 예전에 찾아와 본 적이 있다. 그 때의 인상과 경험은 "첫사랑이 생기면 / 제일 먼저 가고 싶던" 심정으로 남아 있다. 시인에게는 아직 첫사랑이 생기지 않은 것인지, 첫사랑이 생겼지만, "인천 바다"를 아직 찾아오지 못한 사정이 있는지는 알 수 없다. 첫사랑. 가슴 설레는 말. 만남의 순수함이 그대로 온전히 살아있는 사랑. 오염되지 않은 이 만남에서 인천과 그 바다를 만지고 싶은 느낌을 얻다니, 충격을 받는다. 지금의 인천이야말로 무차별 개발과 경제성장의 그늘이 가장 짙지 않은가. 시인은 오늘의 인천과 그 바다가 예전에 경험했던 그것이 아님을 모르는 바가 아닐 것이다. 시인은 잊혀져 가는 첫사랑의 인천과 그 바다를 다시 기억할 것을 요청한다. 그리고 첫사랑이 생기면 제일 먼저 가고 싶은 그 인천을 희망하고 있다. 그러므로 시인에게 아직은 첫사랑을 위한 인천은 있다. 시인은 친구에게 말한다. 아마도 그 친구에게 "첫사랑이 생긴" 모양이다. 첫사랑에 빠진 그 친구에게 문명의 장식들(구두, 차바퀴)을 걸치지 말며, 오직 순수의 몸(맨발)으로 아직은 어진 바다 인천(仁川)을 부드럽게 "쓰다듬기"를 권유하고 있다. 시인은, 바다를 보는 풍경이 아니라 쓰다듬을 상대라 한다. 그것은 블랑쇼의 세계가 아니다. 블랑쇼의 세계는 촉감의 세계가 아니다. 블랑쇼는 오르페우스의 시선이 얼마나 고독한지를 잘 쓰고 있다. "본다는 것은 거리를 전제로 한다. 즉 무엇을 보는 행동 이전에 그 무엇에서 분리되고자 하는 결심이 우선 있어야 하는 것이다. 또한 본다는 것은 그것과 접촉하지 않을 수 있는 힘, 즉 접촉 속에서 오는 혼돈을 피하고자 하는 힘을 전제로 한다."

인천은 고독의 보는 공간이 아니라 참여로서의 접촉하는 공간이다. 문정희의 이 시에서 나는 오늘의 인천을 넘어 우리 시대를 위한 희망의 변증법을 읽는다. 파시즘이 시작하던 무렵, 발터 벤야민(Walter Benjamin)은 "우리에게 희망이 주어지는 것은, 오직 희망을 상실한 사람들을 위해서이다"라고 희망의 변증법을 말한 바 있다.

그리고, 이 희망의 변증법은 다른 민방들과는 달리, 100% 자체 편성해야 할 인천민방의 경우에도 해당하지 않을까.[50] 과중한 독자편성의 과제는 새로운 문화의 자극과 원천이 될 수 있으리라.

많은 인천시민들이 그토록 열망해왔던 인천의 방송이 마침내 열렸는데, 많은 인천시민들에게 여전히 인천방송은 없다. 아직 인천의 소리를 들을 수 없고, 인천의 영상을 볼 수 없다. 인천의 각 가정에서 인천방송을 수신할 수 있는 채비가 갖추어져 있지 않기 때문이다. 누구의 책임인가? 묻지 않을 수 없다.

인천방송의 개국이 인천문화발전으로 곧바로 이어지는 것은 아니

---

50) 첫 독립 TV민영방송으로 많은 관심을 받았던 인천방송은, 1997년 10월 11일 개국했으나 2004년 12월 31일 폐국하게 된다. 이 글은 1997년, 인천방송 개국 즈음에 쓴 글이다.

다. 오히려 인천문화발전을 저해할 수도 있다. 인천문화발전은 인천시민들이 인천문화발전에 얼마나 관심을 가지며, 몸과 몸이 어우러지는 속에서, 땀냄새를 느끼는 가운데, 그 관심을 생산적 결집력으로 표출해내는가에 달려 있다.

우리가 인천방송개국에 관심을 기울여왔던 까닭은, 인천방송이 문화발전에 미치는 영향력이 막대하리라 판단했기 때문이다. 우리는 벌써부터 인천방송이 공론의 바른 길로 걸어 나가기를 기대하고, 주시하고 있었던 점을 이제 숨기지 않겠다. 하지만 지금의 인천방송이 맞이하고 있는 문제는, 그 내용의 품격을 평가하는 일 이전의 것이다. 전파를 발송하는데 방송은 보는 사람이 없다니 도대체 있을 수 있는 일이기는 한가.

우리는 진정한 본격 문화발전이라는 관점에서는 인천방송 그 자체에 너무 많은 기대를 걸고 있지 않음을 솔직하게 밝힌다. 이것은 인천방송과 그 운영자들을 특별히 낮게 보고 있다는 뜻은 결코 아니다. 오히려, 대중매체의 테두리를 벗어나 주기를 인천방송에 특별히 주문할 수 없다는 점을 솔직하게 인정해야 한다는 것이다. 시장에 의존하는 미디어는 생존하기 위하여 우선은 뉴스거리를 추적해나갈 수밖에 없다. 미디어에게 시사성 없는 본격 문화와 평론을 기대하는 자체가 지나친 요구이다. 이런 까닭에 미디어의 확장에 대하여 진정으로 우려하는 지성들이 적지 않은 것이다. 오스트리아가 낳은 세계의 대문호 로베르트 무질은 이미 50년 전에 문화의 목소리가 저널리즘의 소음 속으로 사라져버릴 수 있음을 경고한 바가 있다. 『참을 수 없는 존재의 가벼움』을 쓴 체코슬로바키아의 소설가 밀란 쿤데라 역시 미디어의 영향에 경고의 메시지를 던지기를 주저하지 않는다.

> 미디어의 정신은 현대 유럽이 경험하고 있는 바와 같은 문화의 정신과는 배치되는 것이지요. 문화는 개인을 바탕으로 하는 것인데 미디어는 획일성을 지향해요. 문화는 만사와 만물의 복합성을 보여주는 데 비하여 미

디어는 모든 것을 단순화시켜요. 문화는 긴 질문인데 비하여 미디어는 만사에 신속한 해답을 제공하지요. 문화는 기억의 파수꾼인데 비하여 미디어는 뉴스의 사냥꾼이죠. (중략) 뉴스의 노예가 된다는 것은 망각의 노예가 된다는 것입니다. 그건 바로 문화적 계속성이 노상강도사건이나 럭비게임 같은 일련의 덧없고 고립된 사건들로 변질되고 마는 "망각체계"를 창조해놓는 것을 의미합니다.

쿤데라가 텔레비전 등 미디어를 파괴하라는 의도를 가지고 있다고 보고 싶지는 않다. 미디어가 보여주는 사건들과 뉴스들, 그리고 그 사이를 텔레비전 밖에서 깊고, 길게 사유하는 힘을 촉구하는 요청이 흐르고 있다고 본다.[51]

51) 이 글은 『황해문화』, 1997년 겨울호, 창간4주년 기념호의 권두언으로 실렸던 글인데, 각주를 붙이고 가볍게 다듬었다.

● 문화적 사고란 무엇인가

1. 문화시대의 문화 위기

1) 문화의 시대가 열리고 있다.

시대적인 변동의 하나로서 문화시대의 도래를 주장한다면, 사회학적으로, 역사적으로, 경험적으로 문화가 차지하는 역할이 달라지고 있다는 진단에 다름이 아니다. 그러니까 질문은 문화가 이전보다 중요해지고 있는 이유가 무엇인가 하는 것이다. 이 질문에 답하려면, 역사적으로 비교해 보아야 한다.

첫째, 벨의 기술변동론과 같은 발상이 있다.[52] (사회경제적) 역사를 움직여 온 근본 동력은 기술인데, 오늘날의 기술, 더 엄밀히 말하면 테크놀로지는 그 성격이 근본적으로 인간의 창의력에 달려 있다는 것이다. 정보화 사회, 컴퓨터 사회의 도래를 얘기하는 논술의 핵심 혹은 그 주변에 문화의 중요성이 자리잡고 있다.

둘째, "풍요한" 사회의 문화 징후를 진단하는 발상이 있다. 배고픈 시절이 끝나고, 여유가 생기고, 그리하여 문화도 생각하는 "행복한" 시대가 도달되었다고 진단한다. 인간의 욕구 위계제를 전제하는 이 단상이 사회학적으로 전혀 설득력이 없지 않다. "문화"의 비중이 높아지고 있음을 확인할 수 있는 현상들이 있다. 문화의 감각기관이 다양하게 포착되고, 개발되고 있다. 오감의 균형 발전의 시대가 열리고 있다.

구체적으로 말해보자. "입"의 문화가 개발되고 있다. 갖가지 음식점,

52) 다니엘 벨, 『정보화사회와 문화의 미래』, 서규환 역, 디자인하우스, 1992.

카페, 패스트푸드점이 활개를 펴고 있다. 맛의 문화가 호사스러워지고 있다. "코"가 점점 더 민감해지고 있다. 세계 각국의 향수들이 수입되고, 방향제 회사가 호기를 누리고 있다. 화장실, 침실, 자동차가 냄새(들)로 가득 차 넘쳐나고 있다. 지나가는 젊은 여성들 등 뒤에 야릇한 향수의 흐름이 이어지고 있다. 오디오 하나씩은 초등학교 학생도 끼고 논다. "소리"에 민감한 감수성이 널리 퍼지고 있다. "접촉"의 문화 역시 예외는 아니다. 자동차 회사도 젊은 여성 운전자들을 위하여 자동차 좌석 촉감에 많은 신경을 쓴다고 한다. 영화관이나 식당에서도 의자의 촉감마저 고려한다. 그런데 가장 분명하고 넓게 확산되는 것은 "눈"의 문화이다. 텔레비전, 비디오의 영향력이 가히 폭발적이다시피 증폭되어온 까닭인지 모르겠다. 주요 일간 신문들마저 "사진"의 비중을 나날이 높여가고 있다. 잡지들은 이제 글이 아니라 사진들의 잡지이다.

물론, 감각들의 혼합화 현상도 있다. 그리고 사실 우리의 몸이 인지한다. 감각의 어느 하나가 아니다. 몸 패러다임이 등장하는 까닭도 이 맥락에서 이해될 수 있다.

셋째, 이른바 "적색 콤플렉스"가 약한 새로운 세대들이 우리 사회의 저변을 점차 두텁게 형성해가고 있다. "초등학교" 교실에서 있었던 일이다. 6월 중순 어느 날, 담임선생님이 "6월 25일은 무슨 날이죠?…"라고 물었다. 한 학생이 용기 있게 대답한다. "아버지 월급날인데요." 6.25가 농담거리로 "올라온다"/"내려간다"는 그 사실 자체에 주목할 필요가 있다. 학생이 6.25를 아버지 월급날로 감히 말하는 그 "용기" — 이 용기가 농담을 만드는 한 요소이다. 웃을 수 있는 용기 — 는 개인적인 것이 아니다. 시대적/역사적, 사회적인 것이다. 6.25를 겪지 않은 세대의 새로운 경험이 6.25에 대해 농담을 걸 수 있게 한다.

즉, 여기에서 좀 더 깊이 생각해 보면 그 "선생님" 역시 6.25를 체험하지 않은 세대일지 모른다. 어느 날 문득 우리는 농담하지는 못한다. 특정한 농담은 사람들 상호간의 어느 정도의 친숙함을 전제로 하기 때문이다. 정치적으로 압도적이었던 그 냉전의 사고가 아무래도 한국전쟁 이후의 새로운 젊은 세대에게는 약하다. 따라서 이들로부터 앞에 든 경향들과 맞물려 문화의 사고가 확대되고 있는 것 같다.

2) 문화를 어떻게 해석할 것인가?

(1) 여전히 정치경제(학)의 기능으로써 설명하는 발상이 있다. 문화가 이제 정치경제(학)의 중심이라는 것이다. 사례들은 다양하고 많다. 여기에서는 두 종류에 대해서만 짧게 이야기하자. 그 하나는 스필버그의 영화 〈쥬라기 공원〉의 놀라운 경제적 성공이 경제계에 알려지면서, "문화가 돈이 되는구나"하는 인식이 널리 퍼진 것이다. "문화산업"의 사례이다. 다른 하나는 디자인의 중요성을 인식하게 되었다는 것이다. 사례를 하나 들어보자. 80년대 초반, 그동안 탄탄했던 한 이탈리아 양탄자 회사가 파산직전으로 내몰리게 되었는데, 회사가 디자인의 개념을 혁신함으로써 그 위기를 극복하게 되었다는 사례이다. 그 기업은 양탄자의 디자인을 고급예술화하여 벽에 걸 수 있는 장식수준으로 향상시킴으로써 양탄자를 고급회화화 하였던 것이다. 이 두 가지는 문화가 경제에서 핵심이 되고 있음을 다르게 보여주는 같은 사례이다.

(2) 문화를 "자유시간"에서의 활동으로 보는 관점이 있다. 노동과 문화의 대립을 전제하면서도 노동 생산성을 높이는 지평에서 문화를 이해하는 시각이 강하게 자리잡고 있다. 관광, 레저, 스포츠, 예술 등등……. (물론 엄격한 근검·절약을 강조하고 절제 있는 강인한 노동의 세계를 주장하는 고전적 청교도주의도 없지 않다.)

(3) (1)과 (2)는 적어도 노동을 중심으로 하는 문화 해석이라는 점에서, 경제의 기능으로서 해석하는 점에서 다르지 않다. 규범적 관점으로서, 문화가 사회 현실을 구성하는 것으로 이해하는 발상이 있다. 근본적 현실 인식 태도를 가리키고 있으며, 그만큼 근본적 판단의 쟁점이 된다.

문화가 사회와 역사를 구성해가는 근본 논의의 하나라는 인식이 최근에 부상해왔다. 1960년대의 구행태주의, 구조주의, 체계이론 등에 대한 비판으로부터 행위, 인간의 주관성(상호주관성) 등등이 다시 부각하고 있는 것이다. 이 맥락에서 인간들의 삶의 방향과 가치가 중요하다. 철학적인 질문이다. 21세기에 의미 있는 인간적 삶이란 무엇인가? 나는 이 맥락을 (여전히) "비판"이라는 논술어로 답하려 한다. 이는 서로 분리될 수 없는 두 관점에서 정리될 수 있다. 그 하나는 현상태(Status Quo)를 유지·옹호하려는 다양한 관점들을 부정해야 한다는 것이다. 현 상태가 만족스럽지 않다는 데에 반론을 펼 지성은 그렇게 많지 않으리라 추측한다.[53] 우리 문화계에서 다양한 형식으로 부정의 정신을 해체하거나 흐리게 하는 지적 분위기가 짙은 것이 사실이다.

다른 하나는 "비판"이라는 논술어 자체가 긍정의 지평을 지니게끔 이끌어 온 비판이론의 전통을 비판적으로 재구성한다는 것이다. 비판이론의 전통에서 비판은, 현상태와 그 유지를 위해 기능하는 사유를 넘어서려는 실천으로써, 그 방법론이 역사적이고, 급진비판적이고, 비연역적이다. 사회현실을 구성하는 그 사유를 문화적이라고 부를 수 있다면, 비판이론의 비판은 처음부터 문화적이다. 문화적 사고는 비판적 사유이다. 여기에서 나의 논점을 분명하게 밝힐 필요가 있을 것 같다. 문화의 시대 (1)과/혹은 (2)에 대한 인식이 상대적으로 넓은 공감대를 형성하고 있으면서도 쉽사리 성숙하지 못하는 까닭은 무엇일까? 그것은 단적으로 말하여, (1)과 (2)의 토대가 되는 문화적 사고가 허약하거나 왜곡되어 있기 때문이다.

2. 현 단계 한국문화의 경향과 특성

현 단계 문화의 경향을 검토하는 경향은 다양하다. 오늘 여기에서

53) 예건대, 권성우는 「현단계 비평의 쟁점과 젊은 비평의 가능성」, 『세계의 문학』(78호, 1995년 겨울호)에서 "매혹"에서 "부정"으로 비평쓰기의 기조를 바꾸고 있음을 고백하고 있음은 의미롭다.

는 대중문화에 대하여 논술하면서 문화적 사유가 무엇인지를 밝히고자 한다. 현 단계 한국 대중문화의 특성을 다음 네 맥락에서 정리할 수 있지 않을까 싶다.

첫째, 대중문화에 대한 비판의 강도가 떨어지고 있다.

둘째, 대중문화, 그 자체의 사회적 기능을 예찬하는 분위기마저 (일부에서) 일어나고 있다.

셋째, 본격문화나 대중문화 사이의 조화를 조야한 이론적 수준에서 주장하는 분위기가 일고 있다.

그리고 넷째, 대중문화의 범위와 깊이가 확대, 심화되고 있다. 교묘한 침투에 주목해야 한다.

1) 비판의 상실

(1) 1990년대에 접어들면서, 이른바 "마르크스주의의 종언" 논쟁 — 동구 대개혁과 관련한 — 은 정치적 이념을 넘어서, 비판적 경향의 입장들의 타당성마저 뒤흔들어 버리는 모습으로 나타나고 있다. 1970, 80년대의 프랑크푸르트학파의 "문화산업"론에서 말하는 총체적이고 철저한 비판의 목소리가 줄어드는 데에는 1990년대 이후 한국사회에서 급속히 진행되고 있는 "보수화" 분위기가 있다.

(2) 물론, 이 계기와 시기적으로 맞물려 일어난 한국사회 내에서의 민주화 과정이 또 대중문화 비판의 강도를 허물어뜨리는 데에 기여하고 있는 것으로 보인다. "문민"정부의 출범은 대중문화의 비판에 있어서도 영향을 미쳐, 비판의 양을, 그 강도를 줄이고 있다.

2) 문화산업의 부상

"국제화", "세계화"라는 캐치프레이즈가 확산되면서 경쟁적인 차원이 과도하게 강조되고 있는 가운데, 본격문화를 위한 비판의 목소리가 작아지고 있다. 이를 잘 보여주는 예가 홍호표의 『대중예술과 문화전쟁. 세계문화산업의 현장』[54]이다. 이들은 "머리말"에서 다음과 같이 "돈이 되는 문화예술"을 위한 변론을 노골적으로 표방하고 있다.

> 문화가 고고한 민족적 유산일 수 없는 세상이 된지 오래다. "장사"와 "문화"의 경계마저 모호해져 버렸다. 상업논리가 국제 문화시장을 뒤흔들고 있다. 문경유착(文經癒着)인 것이다. 문화의 국경은 무너졌다. 전세계 젊은이들이 동시에 즐기고 느끼는 새로운 이데올로기가 탄생한 것이다. 이 책은 철저히 이와 같은 관점에서 쓰여졌다. 물론 문화를 산업으로 보는 논리에 대한 비판론이 있다. 그리고 이 논리와 현실적 추세가 문화 발전에 도움이 되는지, 바람직한 것인지에 대한 논란이 있다. 그러나 우리가 문화전쟁의 와중에 있음은 분명하다. 우리는 이 전쟁에서 이겨야 한다. 적어도 살아남아야 한다.

문화가 경제적 가치의 범주아래 들어간다는 진단은, 소비자들의 생활양식의 변동을 전제로 하고 있다. "풍요한 사회"의 도래이후 시민들의 삶의 방식이 자본주의에 걸맞은 양식으로만 나타나지 않는다는 진단이 강한 소리를 내고 있는 것이다. 경제적 경쟁의 차원, 즉 그 전략에 대해서만 문화를 이해하는 것은 위험하다. 시민들의 생활양식 변동은 어느 한 방향에서 곧 경제적인 차원에서, 자본축적의 차원에서 고정시킬 위험이 있다. 이는 곧 시민들의 비판이 죽고, 자본 축적의 목소리가 살게 됨을 뜻한다. "풍요한 사회"에서의 삶의 양식이 초기 자본주의를 움직여온 그 프로테스탄티즘 윤리와 같을 수는 없지만, 그 양식을 넘어서는 양식이 반드시 자본축적의 그것에 부합할 필요는 없다. 후기산업사회에서의 생활양식의 변화는 다음 두 방향에서 논의된다.

(1) 고립주의/개별주의의 방향이 있다. 이는 다시 포스트모더니즘과 나르시시즘으로 구별될 수 있다.[55]

---

54) 나남, 1995.

(2) 사회운동론의 방향이 있다. 신사회운동(들)이 부상하고 있다.

전자는 "퇴행" 혹은 그에 가까운 것이며, 후자는 "긍정적인 것"에 친화적인 것이다. 어느 쪽으로 시민들을 몰아갈 수 있는가에 건강한 민주사회의 미래가 달려 있다. 문화 산업의 경쟁적 측면을 강조하는 논리와 문화비평의 논리를 구별할 필요가 있다. 문화산업의 경쟁적 측면은 특정한 영역에 국한되고, 그렇게 국한되었던 것도 그 바탕에는 문화의 기초가 작용한다.

3) 포스트모더니즘의 도전

(1) 이론적으로 포스트모더니즘의 확산은 고급문화와 대중문화의 간격을 좁히려는 태도를 보이고 있다.[56)]

① 대중문화에 전통적으로 고유하다고 보았던 그 장르를, 고급문화가들도 작품화하고 있다. 그러므로 엄격히 말하면, "고급문화가"로 불리는 작가들이 저급한 장르의 주제를 편들고 있다. 예컨대 에코의 『장미의 이름』.

② 이와 함께 고급문화의 대열에 끼어들지 못했던 고전들이 재평가되고 있다. 드 사드, 호프만 등등 포스트모더니즘 그 자체보다는 그 여운과 더불어 이 같은 현상이 일어나는데, 이는 어떤 면에서 긍정적인 측면이 있다. 포스트모더니즘이 추구하는 방향은 다음과 같다. ㉮ 상호텍스트성, ㉯ 자기반영성과 반리얼리즘, ㉰ 탈장르화 또는 장르 확산, ㉱ 억압된 것의 복귀와 대중문화와의 친숙성.

포스트모더니즘이 몰고 오는 분위기 가운데 가장 강력하고 두려운 것은 "새로운 형식"이면 무엇이나 좋다는 분위기이다. 장르 개념이 유연해지는 현상, 그 자체가 문제는 아닐지 모른다. 소설과 시, 시와 연극, 시와 산문 등 다른 예술 분야, 창작과 비평, 학문들 사이가 동요됨

---

55) 더 자세하게는 서규환, 「서구좌파의 위기」, 본 책 제3부를 참조할 것.

56) 서규환, 『현대성의 정치적 상상력』, 민음사, 1993, 「제1장 대중문화론, 그 회고와 전망」을 참고하라.

으로써 새로운 내용을 표현할 수 있을 것이다. 그러나 뒤섞음 그 자체가 곧 문화의 성숙은 아니다. 포스트모더니즘은 저급문화로서의 키치를 상승시키거나 키치를 불러일으키는 것은 아닌지 모르겠다. 포스트모더니즘의 분위기 속에서 본격지성의 문화적 사유가 힘을 잃고 있는 것만큼은 분명해 보인다. 여기에서 우리 시대의 "미숙한" 문화적 현상의 세 가지 현상만을 짚어 보고자 한다. 나는 이를 열린음악회 현상이라 부른다.

(2) 열린음악회 현상

① 열린음악회

KBS 일요일 저녁 "열린음악회" 프로그램.[57] 대중음악과 본격음악, 클래식음악 등이 "만나는" 프로그램으로 제법 사랑을 받는다고 한다. 방송대상까지 수상하기도 했다. 대중음악 가수들 가운데 제법 음악성이 높은 인물들이 선별적으로 등장했다가 최근에는 아주 대중적인 가수들마저 빈번히 노래 부르는 모습을 볼 수 있다. 성악가들 쪽에서도 처음에는 명성이 높은 성악가들은 나서기를 주저하다가 이제는 망설임 없이 청탁하면 기꺼이 나서는 모양이다. 심지어 간절히 부탁하는 경우도 더러 있는 것 같다. 이 "열린음악회" 마당이 주는 효과는 무엇일까?

㉮ 담당 PD쪽에서는 클래식음악에 접근이 어려운 일반 시민들에게 이런 기회를 통해서나마 클래식 음악을 접할 수 있는 길을 터주어서 장차 본격적으로 클래식 음악을 사랑하는 애호가로 변모하기를 기대할 지도 모르겠다. ㉯ 대중가수들에게는 이 "열린음악회"에의 출연은 정통음악교육을 오랫동안 받고서 서는 "성악가들"과 나란히 같은 무대에 설 수 있다는 자부심으로 나타날 가능성이 크다. 예술가로서의 자신의 위상을 자리매김하는 분위기마저 나타나는 것 같다. 열린음악회에 출연하려는 욕망이 "가수들"에게 커지고 있으리라 추측한다. ㉰ 정

57) 열린음악회는 1993년부터 지금까지 진행되고 있는 프로그램이다.

작, 관람자들·수용자들의 수용태도는 어떠할까? 수용자들은 광란을 보는 듯한 그 광경의 주인공을 제법 엄숙한 분위기속에서 어정쩡하게 호응하는 모습을 보인다. 엄숙-비엄숙-엄숙… 혹은 가벼움-무거움-가벼움… 일종의 정신분열을 강요하는 프로그램 내러티브이다. 이 정신분열의 내러티브 속에서 소비자들은 아마도 키치를 경험하는 것 같다. "아, 나도 고급문화를 체험할 수 있구나"하는 최면 속으로 빠져든다.

② 고급지성의 광고출연이 두드러지게 증폭하고 있다. 작가, 교수, 연극배우 등등이 "용기 있게" 광고에 출연하는 새로운 정서. 이 사실보다 더 심각한 현상은 이 정서에 대한 비판이 현저하게 죽어가고 있다는 것이다.

③ 자신과 그 환경을 "장식"하는 인테리어 분야에서 나타나는 반문화적 사고만큼 분명한 현상은 없는 것 같다. 열거해 보자.

· 브리태니커 백과사전이 그냥 전시되어 있는 사장실 (가화만사성 액자 - 새끼 돼지들이 어미돼지 젖을 물고 있다)
· 전집류(호화장정)
· 복제화된 유명화가의 그림
· 사기로 만들어진 테일러 종의 눈이 큰 공예품
· 북구풍의 호수에 오리가 떠있는 이발소 그림
· 푸시킨의 시 "삶이 그대를 속일지라도" 시 액자
· 이국 열대어 어항
· 갈비집 마당, 물레방아
· 누른 비단잉어가 유영하는 인공연못
· 온갖 종류의 지난 시절의 생활문화 유산을 어지럽게 늘어놓은 음식점

자동차의 장식을 보면 정말 혼란 그 자체를 느낀다.

· 영국 국기모양의 쿠션을 뒷 창문을 통해 보이도록 장식한 것
· 국산차 표시 대신에 "BMW", "BENZ" 등 외제자동차 표시를 붙인

것

· 자동차 앞에 검정 천으로 덮어씌워 이미지를 연출하려는 표현
· 차의 성능을 의식적으로 나타내려는 이미지의 기법 속에 이미 저급한 키치가 가득 배어 있다.

4) 교묘한 개입과 조작

이것은 대중문화가 무엇인가하는 문제와 관계가 있다. 매스미디어를 통해 나타나는 문화가 대중문화라는 E. 쉴즈의 정의를 떠나서, 여기서는 내용적으로 대중과 쉽게 접근되는 문화를 의미하는 것으로 이해한다. 대중문화의 은밀한 침투를 논의하기 이전에 우선 문화와 정치, 경제, 그리고 사회에 어떻게 침투하고 있는지를 살펴볼 필요가 있다.

(1) 정치에의 문화개입

· 정치광고의 중요성이 넓게 인식되고 있다. 이에 따라 전문집단이 형성되고, 정치광고회사가 형성되고 있다.
· 포스터의 제작에 많은 비용과 노력이 소비되고 있다.
· 홍보전략이 다양화, 세련화되고 있다.
· 정치인의 이미지 메이킹(분칠, 얼굴, 표정, 옷입기…) 분야가 발달하고 있다.
· 정당 자체의 광고도 주목되고 있다.
· TV뉴스보도에서의 정치인의 모습도 예사롭지 않다.

(2) 경제에의 문화개입

기업문화론의 르네상스가 도래하고 있다. 상품 자체의 광고이외에도 기업 그 자체의 이미지를 높이기 위한 광고가 다양하게 나타나고 있다. 기업 내에서도 문화적 지평에 대한 투자가 높아지고 있다.

(3) 기타

① 뉴스의 쇼화 경향이 현저하게 발전하고 있다. 카메라 앵글의 변화, 빈번한 화면 전환, 화려한 의상(거의 매일 교체)과 화려한 무대화장의 앵커우먼/아나운서 등등.

② 편집디자인의 부상. 서적의 경우에도 표지디자인이 중요해지고 있다. 겉보기가 나쁜 책은 팔리지 않는다.

③ 상점 건축물/백화점의 인테리어가 발달하고 있다.

④ 이미지 산업의 발달과 새로운 직업군. 미용사, 피부 관리사, 뷰티 스쿨, 모델 스쿨, 코디네이터 등등의 직업군이 그 위상을 높여가고 있다.

3. 반문화적 분위기

우리 시대, 그 사고의 전형 — 천박한 거리 문화가 만연해 있다. 사고의 윤리를 상실하고 있다. 문화적 사고의 부재 혹은 위기가 심화되고 있다. 더 심각하게는 이 위기에 대하여 비판하는 태도마저 희미해지고 있는 무책임한 분위기가 농축되고 있다는 것이다. 나는 현단계 한국사회의 이 반문화적 분위기를 다음과 같이 정리한다.

1) 경쟁주의 : 문화의 시대에 여전히 경제적 경쟁의 한 범주에서만 문화를 생각하는 반문화가 버티고 있다. 경쟁을 넘어서는 지혜의 성숙이 국제경쟁에서 이길 수 있게 한다.

2) 유명세주의 : 얼굴을 알리고 보자는 센세이셔널리즘이 사회저변에까지 확대되어 있다. 교수, 예술가 등등의 광고 출연과 연예인들의 정치 무대 등장은 이러한 유명세주의의 문화가 심각함을 알려주는 구체적 예증이다. 즉 그것은 사안을 역사적이고 비판적으로 접근하지 않는 반문화의 확산을 말한다.

3) 무원칙주의가 또한 거세다. 그때마다 임기응변적 단선적 책략이

우리 사회를 움직이고 있다.

4) 한국사회는 상투성이 지배하는 사회이다. 문화적 사고의 빈곤을 알려주는 이 전형은 멜로드라마의 문법에서 볼 수 있다. 우연히 재벌의 청년과 미모의 가난한 여성이 만난다. 양극을 이루는 장면이 이어진다. 그 청년을 따라다니는 재벌의 딸이 등장한다. 삼각관계가 다각적으로 연출된다. 일시적으로 그 여성은 실연의 늪으로 빠지지만 해성과 같이 나타난 새로운 남자에 의하여 구원을 받는다. 그는 고시를 합격한다. 하지만 그녀는 과거의 상처 때문에 시련을 겪는다. 하지만 급속히 해피엔딩이 마무리한다. 물론 시한부인생, 도피처로서의 미국행, 프랑스행(가끔은 독일행), 고시합격, 교통사고, 출산, 병원 장면, 무작정 상경, 아파트놀이터, 밥 먹는 모습 등의 장면들이 주 장면들이다.

문화적 사고는 우선 철저하지 못한 문화적 사고와 왜곡된 문화적 사고를 해체해야 한다.

4. 문화적 사고의 구성요소

문화를 일구어가는 주체에서 생활세계가 일어서야 한다. 권위주의 정권에서는 체계에서 일방적으로 생활세계에로 명령이 이어졌다면, 탈권위주의 체계에서는 생활세계의 구체적인 실천으로서의 생활세계의 능동적 참여의 정치를 실현하는 것이 중요하다. 그렇게 하려면 생활세계의 문화론적 전환도 단행해야 한다. 문화에 대한 문화를 위한, 문화적 사고를 위하여.

끝으로 문화적 시선의 구성요소를 명제적으로 제시한다.

1) 문화의 생산, 매개, 수용에 관한 균형 있는 탐색이 필요하다. 타문화(들)에 대한 포괄적 연구가 필요하다. 예컨대 우리에게는 좋은 이미지인데, 다른 문화권에서는 나쁜 이미지가 되는 경우가 있다. 모 은행의 경우 까치를 상징하였는데, 이런 예의 하나였다. 결국 교체하였

다. 모 여성지에서 “이브”와 “뱀”을 연결시켜 잡지 표지를 구성했다. 뱀을 싫어하는 한국여성이 이를 외면하는 것은 뻔하다.

2) 사고의 윤리를 성숙시켜야 한다. 지성인과 지식인은 다르다. 사고의 윤리가 문화적 사고를 철저히 하는 지성인의 조건이다. 우리시대가 경계해야 하는 두 가지 경향은 사고의 미학과 신비주의이다. 전자는 새것 콤플렉스, 기발한 착상, 자극적인 발언이 그 특징이다. 후자는 일상의 저변을 강하게 움직이는 신비언어들이다. 제3의 길은 모랭이 “사고의 윤리”라 부르는 것이다. 비평/비판적 사고가 중요하다.

3) 망각하지 말아야 한다.

(1) 용서는 하되, 잊지는 말자 : 한국에는 아무리 중대한 사건이라도 3개월이면 잊혀진다는 말을 두고 한 말이다. (2) 자료보관의 중요성 : 문서고 운동이 필요하다. 밀짚모자의 테두리 장식으로 팔려나간 1950, 60년대의 한국 영화필름의 현주소는 무엇을 말하고 있는가?

4) 철저해야 한다. 우리 시대의 어설픈 절충주의를 경고해야 한다. 청자, 백자를 굽던 그 장인정신을 오늘 우리가 계승할 필요가 있다. 문화적 사고는 어설픈 중간을 허락하지 않는다.

5) “타자들”에 대한 승인과 관용의 배양이 절실하다. 생활양식이 다양해지고 가치관이 다원화됨으로써, 한편 세계화의 물결 속에서 타문화들이 한국사회 속으로 들어옴으로서 타자들에의 관용이 요청된다.

6) 종합적 사고가 중요하다. 그러나 최근의 경향은 이와는 반대로 나아가는 듯하다. 열린 태도로 종합하여 비판하는 태도를 잊지 말아야 한다.

7) 장기적인 전망을 가져야 한다. 후기 산업사회에서 경제논리가 기능하는 문화와 그 사고가 말처럼 그렇게 쉽지 않은 까닭은 문화적 사고의 특징, 즉 장기적 훈련에 의해서 본격 문화적 사고가 자연스럽게 나온다. 문화적 사고의 발전을 위해서 무엇을 지금 해야 하는가, 지금부터 시작할 일이다.

8) "비판적 거리"가 사라지는 경향을 경계해야 한다. 고급문화가 대중문화로부터 취했던 "비판적 거리"가 없어지고 있다. 저급문화를 더욱 심도 있게 비판해야 한다.[58)]

---

58) 이 글은 새얼문화재단 121회 아침대화(1996년 5월 14일)에서의 강연 초고를 수정 보완하여『황해문화』1996년 가을호에 실었던 것인데, 각주를 새로 붙이고 가볍게 교정했다.

제2부 사상과 논쟁

● 논쟁을 통해 본 20세기 후반의 사상

거대한 한 시대가 저물어가고 있다. 21세기를 맞는 환호와 두려움의 소기가 벌써부터 여기저기에서 거세고 높다. 한 시대를 마감하고 또 하나의 시대가 시작하는 시대의 건널목을 넘어서면서, 저물어가는 한 시대의 성과와 문제에 대해 회고하고 반성하는 길은 하나가 아니다. 여기에서 선택한 것은 논쟁을 통해 본 20세기 사상 재검토인데, 이는 그 하나의 길일 따름이다.

하지만 논쟁은 특별한 길이기도 하다. 첫째, 논쟁은 타자들의 사상에 대한 직·간접의 비판을 담고 있어서 비교와 대조의 관점이 자연스럽게 잘 드러난다. 논쟁자들 사이의 공유하는 내용과 형식, 그리고 차이가 논쟁과정에서 잘 부상한다.

둘째, 논쟁의 바로 이 같은 성격 때문에 자기반성력을 상승시키는 특성을 지니고 있다. 타자들의 소리들에 귀 기울이지 않고서는 자아를 성숙시킬 수 있는 길은 없는데, 논쟁은 규범적으로는 타자와의 적극적인 대화이다.

셋째, 논쟁은 그 자체로서 당대 사상의 흐름을 정리하고 재검토하는 마당을 열어주거나, 그렇게 만들도록 자극한다. 큰 논쟁일수록 이 특성은 더 분명하다.

넷째, 논쟁을 통하여 학파가 형성되는 경우가 많다. 이미 형성된 학파일지라도 논쟁을 거치면서 더 거대한 학문집단으로 발전할 수 있다.

그리고, 논쟁은 적어도 독자에게는 "재미"가 있다. 승자와 패자가 분명한 권투경기에서 느끼는 쾌감이라기보다는 오히려 논쟁과정에서 비판에 대한 반비판의 계기가 보여주는 학문 밖의 "인간적"인 감정의 흐름을 보는 재미를 말한다.

예컨대, 푸코와 데리다의 논쟁을 들어보자. 푸코의 제자 데리다는 스승 푸코를 정면으로 비판했는데, 스승은 제자의 비판(1963년)에 오랫동안 침묵으로 답한다. 무려 9년이 지나서(1971년) 침묵의 언어가 절합(articulation)의 언어로 전환된다.

그리고 다시, 1981년, 데리다가 프라하에서 반체제 인사들의 세미나에 참석했을 때 "마약밀매" 혐의로 체포되었을 때, 푸코는 데리다를 위한 항의청원서 앞부분에 서명하면서 화해의 만남이 이뤄졌다.[59] 이런 논쟁의 뒷애기가 때로는 재미를 넘어 논쟁의 핵심을 이해하게 해주는 열쇠가 되기도 한다.

논쟁은 비판이다. 비판이라는 논술어가 현대성의 세계에 고유하다고 말하기는 어렵지만, 현대성의 문제가 출범한 근대 이래, 논술세계의 중심에 들어선다. 이런 의미에서 현대성의 세계는 비판의 세계이기도 하다.

오늘날 우리는 무엇을 어떻게 비판해야 하는가? 비판으로서의 논쟁을 재검토하는 형식과 내용 그 자체가 이미 논쟁적일지 모른다. 현대성의 자기검토 문제에 치열하게 파고들었던 데카르트는 숲에서 길을 잃었을 때 숲을 벗어나려면 아무튼 한 방향을 향하여 걸어가야 한다고 성찰했다.

이 성찰에는 불확실한 가정들이 숨어 있다.

첫째, 그 방향으로 계속 나아갈 수 있다는, 다시 말해, 그 방향의 나아감이 새로운 길이 — 설사 지름길이 아니라 할지라도 — 되리라는 소박한 믿음이다.

둘째, 마침내 시야에 들어오는 그 숲 밖의 세계가 그의 삶을 보장해 주리라는 믿음이다.

셋째, 길을 잃기 전, 숲 밖에서 혹은 숲 속에서 "길"을 알고 있다는 가정이다. 이런 믿음과 가정이 20세기를 거치면서 급속히 그리고 깊게

59) 디디에 에리봉, 『미셸 푸코 (상)』, 시각과언어, 1995, pp.217-219 참조.

부식당해 왔다. 논쟁을 통해 본 20세기 사상을 재검토하는 이 자리에서 우리가 기대하는 것은, 아마도, 문제를 완전히 해결한 답이 아니라 물음을 올바르게 제기함으로써, 우리시대의 쟁점과 화두가 무엇인지를 인식하는 수준 정도일지도 모른다.

이는 데카르트식 길찾기에서 숨은 확실성이 깊게 침식당했기 때문이기도 하다. "시대의 정신적 상황"을 진단하는 데 철저했던 사상가 게오르크 루카치는 『소설의 이론』(1920년)에서 데카르트의 시대가 저문 다음에 온 칸트식 길찾기에 대해 말한다.[60]

> 별이 빛나는 칸트의 하늘은 순수인식이라는 어두운 밤에 더욱 더 빛나며, 또 칸트의 하늘은 단 한 사람의 고독한 방랑자에게도 — 새로운 세계에서 인간이 된다는 것은 고독해진다는 것을 의미한다 — 더 이상 그가 가는 오솔길을 밝혀주지 못하고 있다.

"영혼 속에서 타오르는 불꽃이 별들이 발하고 있는 빛과 본질적으로 동일한" 시대가 끝나고, "새로운 세계" 속에서 우리는 칸트의 하늘과 그 별들을 보면서 우리의 길에 대한 성찰과 반성을 지금 다시 한 번 생각해 보아야 한다.

이러한 성찰과 반성이 기획으로 선택한 논쟁들 — 사르트르와 모리스 메를로 퐁티의 참여문학논쟁, 비판적 합리주의와 비판이론의 실증주의논쟁, 공동체주의논쟁, 루만과 하버마스의 논쟁, 국가론논쟁, 분석마르크스주의 논쟁, 포스트마르크스주의 논쟁, 푸코와 데리다 논쟁, 가다머와 데리다 논쟁, 예일학파의 해석논쟁 — 에서 다양한 모습으로 다차원적으로 투영되어 있다. 방법으로서의 비판을 제시한 비판적 합리주의와 이를 넘어서려는 비판이론 사이에 일어났던 (신)실증주의논쟁, "의미"(Sinn)(막스 베버)의 위기에 대해 사회적 테크놀로지로서의 사회이론을 제안한 니클라스 루만과 소통합리성 모델로 대답해가는

---

60) 루카치, 『소설의 이론』, 반성완 역, 심설당, 1985, p.41.

위르겐 하버마스(J. Habermas) 사이에 계속되는 논쟁사, 장 폴 사르트르와 모리스 메를로 퐁티 사이에 벌어진 참여문학논쟁과 그 철학적 차이, 마르크스주의의 위기에 대한 반응 또한 심대한 논쟁들로 발전해왔다.

1970년대에 걸쳐 가장 폭넓게 오랫동안 계속되어온 국가론 논쟁, 마르크스주의 방법론 자체를 공격하면서 행위의 합리성을 마르크스주의적 비판의도와 연결시키려는 분석마르크스주의파들을 둘러싼 논쟁, "환경", "반전", "반핵", "여성", "소비" 등의 이슈와 이에 참여하는 신사회운동들에 비추어 마르크스주의의 종말을 선언한 포스트마르크스주의자들을 둘러싼 논쟁, 공동체와 그 정신을 복구하려는 실천적 운동 속에서 벌어지고 있는 자유주의와 공동체주의 사이의 논쟁, 그리고, 포스트모더니즘과 후기구조주의가 확산되면서 다양한 논쟁들이 벌어지고 있다.

앞에서 이미 말한 푸코와 데리다의 논쟁, 미국에서 해체주의의 확산에 가장 영향력 있는 폴 드맨의 검은 전력, 즉 그의 청년시절, 파시즘 변호의 글들이 폭로됨으로써 일어난 포스트모더니즘, 해체주의, 후기구조주의의 정치적 성격에 관한 논쟁, 해석학의 거장 가다머가 프랑스 파리에서 발표한 논고에 대해 데리다가 현장에서 언급한 몇 마디의 논평이 계기가 되어 벌어진 이른바 가다머와 데리다의 논쟁.

이들 논쟁은 모두 1945년 이후에 벌어진 논전들로서, 대개는 상대적으로 우리 지성계에 알려져 있지만 오늘, 시대의 건널목에 서서 이들 논쟁의 의의와 전망을 짚어보아야 하는 만큼의 타당성이 높은 논술들의 논쟁이다.

이들 논쟁의 불꽃을 보면서 우리의 영혼 속에서 타오를 불꽃이 세계의 불꽃과 대화할 수 있기를 감히 기대해 본다.[61]

61) 이 글은 〈인하대학신문〉, 1995년 9월 4일에 게재했던 것인데 각주를 새로 붙였다.

● 서구지성을 이끄는 인문사회계 지성 12인

우리에게 서구란 무엇인가? 서구적인 것을 어떻게 수용해야 하는가? 21세기를 얼마 앞두고 있지 않은 이 시점에서 새삼 이런 거대한 문제를 던져 보는 것은 우리의 정체성 형성에 영향을 미쳐온 서구적인 것을 확인해 보려는 이상의 의미맥락이 있기 때문이다. 세계화, 국제화라는 어휘들이 지시하는 21세기의 밑그림에서 서구적인 것의 세계적 확산 같은 어두운 느낌을 예감하는 감수성이 있다면 그것은 지나친 것일까? 이 확산에 어떻게 저항해야 할까? 1980년대를 마감하고 1990년대에 접어들면서 우리가 체험했던 여러 변화들 가운데 가장 주목할 만한 것은 포스트모더니즘의 도전과 그에 대한 대응을 둘러싼 논쟁 분위기였다. 현대성(modernity) 논쟁이라 부를 수 있는 이 지성 분위기는 우리 지성계에서만 특유한 것은 물론 아니다. 서구에서 먼저 일어난 지성의 논쟁이 한국사회 지성계 속으로 수용되어온 것이다. 서구의 사상을 수용해 온 우리의 태도를 보면서 우리는 대체로 답답한 느낌을 받아온 것이 사실이다. 주로 사상의 겉 표면에 맴도는 몇 가지 특징을 지적하는 수준을 크게 벗어나지 못했기 때문이다. 이런 수준에서 우리는 곧잘 서구 이론들이 우리 한국사회에서 갖는 적실성의 한계를 성급하게 말하면서 수용의 결말을 맺곤 했다.

그리고는 또 다시 새로운 사상과 그 논쟁의 표면으로 떠가거나 때로는 "우리 고유의" 전통과 사상이 있었음을 단순하게 다시 지적하는 짧은 생각이 이어지곤 했다.

단적으로 말해 최근의 이 현대성논쟁은 이런 수준에서 매듭을 또 다시 지어가고 있지 않은가 하는 두려움과 아쉬움이 있다. 특히 이 현대성논쟁은 그동안에 있었던 한 두 사상가만의 논쟁이 아니라는 점에서 우리는 이 논쟁의 의의에 대해 더 깊게 성찰해 보아야 한다.

현대성논쟁은 프랑스 후기구조주의 지성(특히 푸코, 데리다)의 도전에서 출발했다. 따라서 그 처음은 이들의 사상을 논평하는 수준에서 시작했다. 논쟁이 제2단계에 접어들면서 이들 후기구조주의 사상이 제기한 주요 명제들에 대해서 사상적 기본입장을 달리하는 이론가들이 직접적이든 간접적이든 간에 대등하는 모습을 보였다. 예컨대, 언어의 본질 이해 문제, 총체성 (혹은 단편성) 문제, 주체의 죽음 문제, 역사의 종언 문제 등등.

하지만 논쟁의 진정한 의의는 지금까지의 역사에서 당연시 되어온 형식과 내용을 다시 성찰해 보는 데 있다.

역사의 냉엄한 회고와 반성을 통해서만이 미래를 합리적으로 맞이할 수 있는 것이다. 이런 맥락에서 서구 지성은 첫째, 고전으로 간주해 온 사상가들을 재성찰하는 진지한 모습을 보인다. 사회과학분야에서 마르크스, 베버, 뒤르켐 등을 종합적으로 논의하는 지적 정서는 그 한 예이다. 둘째, 잊혀지거나 왜곡되어온 역사적 인물들을 정당하게 평가하여 역사적 자리매김을 바로 잡으려는 움직임이 강하다. 예컨대, 낭만주의와 그 작가들을 정치사회적으로 파시즘과의 친화성이라는 맥락에서 거부해 온 비평태도에서 벗어나 이성의 한계에 대한 비판을 제시한 시각에서 보려는 세력들이 도전적 소리를 내고 있는 것이다. 그리고 셋째, 바로 이런 이유들 때문에 갖가지 이론과 실제의 역사를 재검토하는 논쟁적 분위기가 달아오르고 있다. 공식적인 사료 이외에도 일상생활의 사료들이 이해될 수 있다.

한 세기를 마감하고 21세기를 대비하는 지금, 우리들이 취해야 할 태도는 어떠해야 하는가? 우리의 현대성논쟁이 본격수준으로 성숙되어야 한다고 말할 수 있겠다. 포스트모더니즘을 찬성하느냐 반대하느냐 하는 수준을 이제는 빨리 벗어나야 한다. 적어도 우리의 그리고 우리와 관련된 이론과 실제의 역사를 진지하게 재성찰해야 한다. 적어도

20세기의 역사만이라도 냉엄한 회고와 반성을 거쳐야 한다.

이런 맥락에서 우리시대의 대표적 지성이면서도 상대적으로 우리 지성계에서는 아직도 정당하게 평가받지 못하고 있는 서구 인문 사회 과학자들[한스 블루멘베르크(Hans Blumenberg), 줄리아 크리스테바(Julia Kristeva), 아그네스 헬러(Agnes Heller), 마누엘 카스텔스(Manuel Castells), 라인하르트 코젤렉(Reinhart Kosellleck), 로날드 드워킨(Ronald Dworkin), 니클라스 루만(Niklas Luhmann), 로베르토 보비오(Noberto Bobbio), 제프리 알렉산더(G. Alexander), 페터 뷔르거(Peter Bürger), 아라스테어 맥킨타이어(A. Mcintyre), 만프레트 프랑크(Manfred Frank)]을 소개하고 논평하는 일은 의미 있고 중요하다.

회고해 보면, 우리는 세계의 지성들을 수용할 때 우리의 주체적 관점에서 균형 있게 이들을 자리매김하지 못했던 것이 사실이다. 주로 미국을 중심으로 일단 걸러진 지성들, 그 가운데에서도 일부를 수용해 왔던 것이다. 더 정확하게 말하면, 세계 곳곳에서 독자적인 독창적인 지성들이 적지 않게 있지만, 미국에서 일단 존중받지 못하면 우리의 현실을 분석, 이해하는 데 의미가 있음에도 불구하고 우리도 역시 그 지성들을 정당하게 논평하지 않는 경향이 짙었다. 우리는 앞으로 우리 자신의 시각에서 타자들의 문화와 지성을 비판적으로 수용하는 본격적 대응방식과 실현을 기대하면서 우선 여기에서 그 방향 같은 것을 잡아보기로 한다.

첫째, 미국을 중심으로 하는 서구와 서구적인 것의 이해를 넘어서자는 제안이다. 서구 각 국가의 대표적 지성들을 균형감 있게 받아들이자는 것이다. 특히 아무리 넓게 잡아도 미국, 영국, 독일, 프랑스에 과도하게 집중되어 있는데 시선을 과감하게 넓혀볼 필요가 있다.

둘째, 사상과 이론을 수용할 때 철저하자는 제안이다. 이 점은 고전일 경우 특히 강조되어야 한다. 우리는 데카르트, 홉스, 로크, 루소, 칸트, 헤겔, 마르크스, 베버, 뒤르켐, 훗설 등등 어느 하나 완벽한 전집번역도 없는 부끄러운 실정이다. 대표저작 한두 권에서 끝나서는 안 되겠다. 물론 번역과 함께 본격 연구도 성숙되어야만 한다.

셋째, 우리 당대의 지성흐름과 더 적극적으로 대화하자는 제안이다. 여러 논평경로를 거쳐 대표적 표준지성으로 굳어진 다음, 그것을 답습하는 수준을 넘어서서 표준지성화 과정에 적극 참여하는 주체적 자세가 중요하다는 것이다. 살아있는 당대의 지성들에 대한 논평과 수용이 절실하다. 이번 기획은 이 세 번째 제안에 조응하는 한 예인 셈이다.

현재 활동하고 있는 지성이되, 서구에서 주목받고 있으면서도 한국 지성계에서는 상대적으로 소홀히 다루거나 주목하지 못한 서구 인문사회과학자들을 연구하고 수용하려는 기획은 시기적절하며, 걸맞은 것이다. 자극과 도전이 되리라 기대된다.[62]

62) 이 글은 〈인하대학신문〉, 1994년 8월 22일에 게재되었던 글이다.

포스트모더니즘의 도전, 어떻게 볼 것인가

1. 탈역사론과 탈현대주의의 선택적 친화성

탈현대주의는 1968년의 끝에서 성장해온 새로운 형식의 음성이다. 1968년, 이 해를 기점으로 혁명적 좌파의 뜨거운 목소리가 줄어들며 잡다한 우파들이 다시 용기를 얻는다. 탈현대주의는 그 기원이야 이보다 더 오래된 것이지만 활력을 얻어 짙게 가시화되기 시작한 것은 이런 새로운 보수주의의 정서가 짙어가던 무렵부터이다. “급진적 부정” 혹은 “위대한 거부”의 시대로 특징지어졌던 그 1960년대의 태양이 저물면서 침침한 어두움의 정서를 타고 탈현대주의가 검은 소리를 내어온 것이다.

“서구포스트모더니즘 논의의 전개과정”을 지면이 매우 제한된 이곳에서 압축해 볼 수 있는 성질의 것은 아니다. 대단히 복잡하고 다차원적이기 때문이다.

1960년대 보수주의 사회과학은 기술관료제 명제를 앞세웠다. 현실적인 동향은 기술관료제이며 정당성이나 문화지평은 무의미하다는 이 보수주의의 음성이 탈현대주의와는 선택적 친화성을 맺고 있다. 이론구조적인 차이가 없지는 않지만 역사적 사회적 변동을 책임질 실천주체가 있다는 사실을 부인하는 것은 메시지를 전달한다는 점에서도 일치하지만 역사의 근본적 변화 가능성 자체를 회의한다는 점에서도 서로 다르지 않다. 또한 현재의 사회를 기술관료제의 확산으로 진단하는 그 논리는 여전히 근본적으로 달라진 점은 없다.

2. 『계몽의 변증법』이냐 계몽의 해체냐?

탈현대주의가 부상하면서 탈현대주의와 초기 비판이론 간의 유사성과 차이에 대한 논의가 큰 쟁점으로 전개되기도 했다. 주로 비판이론에서 긍정적인 정서를 느끼는 지성들이 이니셔티브를 쥐고 탈현대주의에 앞서서 아도르노, 벤야민 등의 초기 비판이론이 탈현대주의의 비판내용을 이미 선취했음을 밝혀내면서도 초기 비판이론의 독특성을 더욱 개진시켜가려는 움직임이 있다. 초기 비판이론과 탈현대주의의 비교는 다음과 같이 정리될 수 있다.

첫째, 두 입장 모두 "모던한" 문명과정을 기술적 도구적 합리화의 전개 혹은 확산으로 이해한다. 이런 합리화과정은 사회적 지배의 기술적 수단을 완성해가는 것을 의미하면서도 개인을 강제 속에서 일체화해가는 것을 뜻한다. 지배의 증대와 동일성의 형성은 도구적 합리화라는 하나의 동일한 과정으로 이해된다.

둘째, 모더니티에 나타난 도구적 합리화 과정이 확산되는 가운데 인간의 주체성이 억압당하는 측면을 분석한다. 탈현대주의와 초기비판이론은 주관성과 몸을 규제하는 이 합리화과정의 합리성을 다르게 정초해서 비판하기보다는 주관성과 몸의 자유 공간의 파괴에 대한 비판에 주목한다.

셋째, 헌법국가, 형식민주주의, 전통의 해체에 따른 동일성의 형성 등을 편성시키는 『계몽의 변증법』에 관심을 표명한다. 계몽의 비합리적인 기초를 밝히는 데에 초기비판이론과 탈현대주의는 일치한다. 후자는 궁극적으로 계몽의 해체로 넘어간다. 그리고 선진산업자본주의의 통합 형태에 대한 진단에서 초기비판이론과 탈현대주의는 전체주의 성향을 부각시킨다. 규율, 통제, 조작, 순치 등을 통해 사회구성원들을 지배에 조응하게 하는 차원을 분석하려 한다.

모던한 주체의 기능 상실을 비판하면서도 초기비판이론과는 달리 탈현대주의는 주체를 재구성할 여지를 처음부터 인정하지 않는 태도를 보인다. 탈현대주의는 이어 이론의 홍수 속에서 의미를 구성해가는 주체 그 자체를 해체시키는 반면에 아도르노 등의 초기비판이론은 주관성의 제도 형태에 대한 역사적 비판을 발전시킨다. 탈현대주의와는 근본적으로 다르게, 적어도 아도르노 등의 초기비판이론에서는 사회변동을 담당해낼 주체 이론이 살아 있다는 점에서 필자는 우선 긍정적으로 본다. 주체에 대한 그의 비판이론은 두 부분으로 구성되어 있다. 그 하나는 인간학의 시각인데, 근대적 주체의 형성 과정을 억압 속에서 동일성이 되는 것으로 읽으면서 주체의 반성·성찰력이 일면화하는 그 과정을 비판하는 부분이다. 다른 하나는 이 억압과정과 내재적으로 연관된 사회심리학적인 것인데, 자연으로부터 받은 인상의 다원성을 상상력 높게 받아들일 수 있는 만큼 주체는 자유를 얻는다고 주장하는 부분이다. 자아 동일성이 미학적 범주로 나타난다. 아도르노의 초기 비판이론은 모던한 주관성의 해체가 아니라 재구성을 위한 비판의 척도를 제시한다.

3. 탈현대주의와 신비판이론 사이의 논쟁

탈현대주의 논의는 비판이론을 비판적으로 계승해온 하버마스의 『현대성의 철학적 담론』의 출간과 더불어 철학적으로 사회이론적으로 본격화된다. "의식철학"의 한계를 넘어서려는 두 길이 구별된다. "소통행위이론"으로써 의식철학을 비판하고 합리성의 재구성을 시도하는 하버마스는 탈현대주의를 다음과 같은 맥락에서 비판한다.

첫째, 탈현대주의의 뿌리가 어디인가를 확인하면서 탈현대주의의 역사적 계보를 추적하고 비판한다. 탈현대주의는 니체의 이성비판에서 강한 해체의 상상력을 얻어내고 있다. 『계몽의 변증법』과 니체 사이에 있는 차이를 분석해내는 일은 탈현대주의의 정체성을 확인하는 전제가 된다. 니체와 크게 다를 바 없이 탈현대주의는 "역사적 이성을 궁극적으로 내던져 버리고 이성과는 다른 것으로서 신화의 땅에" 발을 내딛는다.

하버마스는 합리성의 토대를 세계 개념에서 발견하고 비합리주의의 늪에 빠지지 않으면서도 반형이상학적 이성개념을 모색한다.

둘째, 탈현대주의가 가장 고심하여 해체의 대상으로 삼는 부분이 "총체성"이다. 헤겔주의의 "총체성"을 극복하는 방향이 총체성 일반을 포기하는 탈현대주의의 그것만은 아니다. 다양한 유형의 총체성이 논의되고 있다.

셋째, 탈현대주의가 사회적인 것의 심층을 인정하지 않기 때문에 사회이론에 핵심적인 이데올로기비판의 맥락이 흩어져 버린다. 신비판이론은 계몽의 기획을 핵심으로 삼으면서 표피적 수준에서의 진리에 내재하는 심층적인 허위를 비판하는 이데올로기비판 발상을 지속시켜 나가려 한다. 그것은 진리의 보편화 가능성을 주장하는 이론을 시사하기도 한다.

탈현대주의 논의가 전개되면서 그것의 보수적 정체성이 쟁점으로 부각해 왔다.

4. 가다머와 데리다 논쟁

서구에서 탈현대주의가 넓게 확산되기 시작한 1980년대 초, 해석학을 비판적으로 발전시켜온 가다머와 해석의 마피아로 불리우는 해체주의파의 "두목" 데리다 사이에 논쟁이 일어난다. 이 논쟁은 일어날 수밖에 없는 내용을 지니고 있는 듯하다.

탈현대주의가 해석학처럼 "해석"의 문제에 집중되어 있다고 해도 과언이 아닐 것이기 때문이다. 서구탈현대주의의 논의전개과정을 검토하는 맥락에서 가다머, 데리다 논쟁은 특히 주목해볼 가치가 있다. 우선 이 논쟁은 언어의 개방성을 전제로 한다는 같은 지점에서 출발하면서도 여러 가지 점에서 근본적 차이를 보여준다. 첫째로 이 논쟁에서 부각된 것은, 언어의 성격을 이해하는 차이다. 탈현대주의의 탄생과 확산에 참여한 데리다는 언어를 근본적으로 대화적으로 이해하지 않는 반면에 그 해석학을 지켜가려는 가다머는 언어의 대화적 성격에 주목하고 그것에서 해석의 정당성 문제를 제기한다. 데리다류의 탈현대주의가 정당성 문제를 배제하여, 자유로운 텍스트 놀이와 그 생산을 일종의 효율성이론에 따라 변화하는데, 가다머의 해석학은 전통을 도입하여 정당한 해석의 권위를 부여하려 한다. 탈현대주의는 이 논쟁에서 밝혀지고 있듯이 독백의 논리가 텍스트주의라는 이름 아래 은폐되어 있다. 그러므로 자유주의에서 핵심적인 영역인 "사적인 것"은 사실 새로운 형식의 옷을 입고 감추어져 있는 것이다.[63]

5. 탈현대주의의 정치적 성격

탈현대주의를 표방하거나 그에 친밀감을 느끼는 지성이 정치적으로 자유주의 혹은 그에 근접한 무엇을 주장하려는 인상을 진하게 주는 것이 사실이다. 하지만 탈현대주의가 전통적인 자유주의와는 달리 자신의 정치적 성격을 통합된 모습으로 전달하지는 않는다. 클라우스 폰 바이메(Klaus Von Beyme)가 『20세기 정치이론』에서 밝히듯이 단편화된 모습들이 산발적으로 그려지고 있는데, 대체로 다음과 같이 압축해 볼 수도 있겠다.

첫째, 권력의 실제와 이론에서 탈본체화 전략을 앞세워서 권력의 규범적 기초를 성찰하고 반성할 지평을 포기한다. 탈현대주의에서 권력은 제도도 아니며 구조도 아니며 단지 "복합적인 전략적 상황"이다.

둘째, 탈현대주의는 초기프랑크푸르트학파처럼 기술관료제의 확산이 획일성(전체주의)을 결과시킬 가능성을 두려워한다. 그리하여 산업사회이론의 범위에서부터 "자료은행에로의 자유로운 출입"(료타르)을 주장한다.

---

63) 물론 내가 가다머의 해석학이 부각시키는 "전통"명제가 설득력 있다고 주장하려는 것은 아니다. 하버마스가 가다머와의 논쟁에서 밝히고 있듯이 전통을 비판하고 반성할 이데올로기 비판적 발상이 필요하다.

셋째, 탈현대이론은 이미 정착된 다원주의를 그야말로 일관되게 유지시키고 유포시킨다. 조화 외 어떤 질서를 가정했던 고전적 다원주의와는 달리 진정 "공약불가능성"을 기본개념으로 삼는다. 급진 회의론에 따라 인식 그 차원에서부터 다원성을 전제로 삼고 있는 탈현대주의는 고전적 다원주의에서 볼 수 있는 다원성을 인정하는 메타성(보편적 이익)을 부인한다. 다원주의의 이 급진화는 인식의 무질서에서 성장한다.

넷째, 혁명이론의 종말 또한 선언된다. 전체 사회의 전형은 생각할 수 없다. 패러다임의 전환이 일어난다. 신사회운동도 체제에 대한 변화를 가져다주기는 하지만 부분적일 따름이다.

다섯째, 다원주의이론을 급진화함에 따라 다수원리가 동요받는다. 탈현대주의의 국지화전략은 여론과 그 정당성에 대한 관심을 줄여간다.

여섯째, 정당성 이론의 종말이 선언된다. 막스 베버는 의미의 위기에서 정당성 이론을 발전시킨다. 체제의 정당성이 의문시되었을 때 정당성이론이 성립한다. 하지만 베버와는 달리, 탈현대주의에서는 정당성 이론에 대한 탐색이 포기되며 "절차를 통한 정당화"(니클라스 루만)만이 관용될 수 있다. 물론 그 절차도 메타수준의 논리가 배제된 수준의 것이다.

6. 맺는말

탈현대주의 논의, 바꾸어 말해 "모던, 포스트모던 논쟁"은 탈현대주의의 이론과 실제가 설득력이 없다는 판단을 내린다고 하더라도 계몽주의 시대의 "신구파논쟁"처럼 정말 거대한 논쟁으로서 우리의 현재를 확인하기 위해 과거를 총체적으로 반성하게 한다. 이는 고전을 재해석하며 잊혀지거나 무시되어온 작가와 작품을 복구하는 최근의 새로운 지적 분위기에서도 간접적으로 확인할 수 있다.[64]

---

64) 이 글은 〈단대신문〉, 1992년 5월 26일자에 게재된 글이며, 서규환, 『정치적 비판이론을 위하여』, pp.90-98에 실었던 것이지만, 이번 단행본에도 필요해 보여 재수록했다.

● 이론도 이미 현실이다

『현대성의 정치적 상상력』(서규환 지음 / 민음사)(이하 〈현대성〉으로 줄인다)에 대해 평한 유팔무 교수의 긴 글[65]을 잘 읽었다. 유 교수는 책의 내용과는 무관하게 칙칙하고 어두운 뉘앙스와 냉소적 이미지로써 나의 책을 억압하려 한다. 나는 여기에서 서평자의 이런 전략을 더 깊게 탓하지는 않겠다. 유 교수의 글은 길이에 비하면 비판점은 정말 단순하다. 정리해보자면 다음 4가지 정도이다.

△나의 설명 방식·기준·근거 등이 불투명하다는 비난 △나의 대안과 전략이 단편적이고 상징적이라는 비난 △국내문헌 인용에 인색하다는 비판 △내가 지성주의에 빠져있다는 비판 등이다. 독자들이 먼저 알고 있겠지만 첫 번째와 두 번째의 비난에 대해서는 반론해야 할 가치조차 느끼지 않는다. 유 교수는 설득력 있는 논거도 없이 성급한 판단만 내리고 있기 때문이다. 나는 이를 권위주의 서평이라 부른다. 세 번째와 네 번째 비판에 대해서는 무엇인가 말해야 겠다는 필요성을 느꼈다. 책을 잘못 읽고 오해의 늪에 빠지는 유 교수를 보면서 이제 간단하고 직접적인 표현으로써 나의 학문태도와 사상을 밝히는 것도 의미있겠다고 생각했다. 사고의 복합성을 죽이는 위험을 감수하더라도 단호하게 말하겠다.

1) 일차문헌과의 직접 대결 : 국내지성계에 대한 나의 불신은 사실 깊다. 나는 일차문헌(원전)과 직접 대결한다. 〈현대성〉에서 국내문헌이 거의 없었던 이유는 간단하다. 외국문헌일지라도 이차문헌은 독창

---

65) 유팔무, “서평: 방대한 이론 지성주의적 접근” 〈한겨례신문〉, 1993년 10월 6일.

성 있는 해석이 아니면 인용하지 않으려 했다. 국역 일차문헌도 원문과 대조하고 오역을 바로잡아 인용했다. 〈현대성〉에서 다루고 있는 주제들은 유 교수도 지적했듯이 사실 국내에서도 뜨거운 쟁점들이다. 국내 논의는 서구이론들을 수용하는 과정에서 일어나고 있다. 철저한 본격 비판이기를 바란다면, 뿌리(서구이론) 그 자체를 비판해야 하지 않겠는가. 또 내가 국내지성을 직접 비평한 글도 여럿 있다는 점을 굳이 밝혀야 하나.

2) 이론의 중요성 : 나는 이론을 중요하게 생각한다. 이론도 이미 현실이다. 그러나 상대적으로 국내학계에서의 이론연구수준은 정말 조야하다. 이론을 너무 거창하게 생각할 필요는 없다. 누구에게나 세상을 보고 읽는 눈이 있다. 이론은 이 눈과 같은 것이다. 문제는 이 눈이 잘못되어 세상을 잘못 보고 읽는다는 것이다. 그렇다면 잘못된 눈을 먼저 바로 잡아야 하지 않겠는가. 그래서 나는 위기비판의 위기를 지적하고, 이 심각한 위기를 비판했다. 비유를 들겠다. 의사는 환자를 고치는 사람이다. 그러나 의사는 환자의 병을 더 악화시킬 수도 있다. 진단과 처방이 잘못되었기 때문이다. 이론과 사상의 위험은 이러하다.

나는 이론이 현실을 단순하게 반영한 것으로 이해하지 않는다. 이론은 실제가 변함에 따라 변화한다. 하지만 곧게 순응하지 않는다. 오히려 이론과 사상의 변화가 실제를 변화시키기도 한다. 이론은 현실의 복사가 아니다. 나는 이론 사상계만을 "독립된, 폐쇄적 역사회로를 거치고 있는 것으로 가정"한 적은 없다. 오히려 그런 가정을 적극 부정했다. 혹시 유 교수의 현실주의라는 것이 마르크스레닌주의의 속류 유물론에 가까운 것인가.

3) 독창적 이론 : 〈현대성〉은 나의 독창적 이론이다. 서구의 어느 이론을 번역, 소개하는 글이 아니다. 나의 이론이 이론사적으로 어떠

한 새로운 위상을 차지하는지를 정면에서 밝히기 위해 유형론을 적극 활용했다. 유형론 그리기 그 자체도 나의 고유한 상상력이다. 또한, 새로운 개념들을 독자적으로 만들어 냈다. 열린 간접적 총체성, 비판적 위기학, 풀빛정치, 비판시민사회 등이 그 예들이다. 새로운 사상은 새로운 언어와 더불어 탄생되는 법이다. 지면이 제한된 여기에서 이 모두를 설명할 수는 없다. 열린 간접적 총체성 개념에 대해서만 짧게 말한다. 나는 서구좌파로부터 많은 것을 배우지만, 정통마르크스주의 이론과 실제를 부정, 비판한다. 타자를 배제하는 그것의 닫힌 총체성 때문이다. 허무주의도 비판했다. 제3의 길이 필요했다. 대화와 합의에 기초한 열린 총체성 사상이 그것이다.

4) 문제 해결의 학문 : 우리는 어디에서 어디로 나아가고 있는가? 이렇게 질문을 던진 까닭은 역사를 보는 이론과 사상이 현재 잘못되어 있다는 나의 판단 때문이다.

요컨대 숲은 보지 않고 개별 나무들만 보고 있다는 것이다. 역사의 숲을 보기 위해 나는 철학, 문학과 예술의 작품 및 문예이론, 사회과학 등을 역사적으로 읽었다. 밝히고 싶은 내용이 하나 더 있다. 대사상가들이 어떻게 대사상가가 되었을까. 천재였기 때문에? 아니다. 진리탐구방법이 처음부터 달랐기 때문이다. 개별 분과학에서 시작하지 않았다. 학제적이었다.

사상과 이론은 의미 있는 논쟁과 대화 속에서 발전한다. 여기에는 타자에 대한 성실하고 정확한 이해가 필수적이다.

유 교수는 〈현대성〉의 이론사적 위상을 애써 무시하려 한다. 유 교수는 화가가 4~5년 동안 심혈을 기울여 그려온 그림들을 전시한 전람회를 휙 스쳐 지나며 수박겉핥기식으로 보고서는 무당의 춤이 없다고 비판하고 있다.[66)]

66) 〈한겨레신문〉, 1993년 10월 13일에 게재된 글이다. 각주를 새로 붙였다.

● 서구좌파의 위기

소련과 동유럽의 페레스트로이카는 서구 좌파 이념의 동요를 불러 일으킨 측면이 있다. 그러나 좌파의 정치 패러다임 그 자체를 완전히 새롭게 창조시켜야 하는 위기는 분명 아니다. 동구의 동요와 서구의 비판, 그 변증법적 관계를 밝힌다.

1. 시대를 어떻게 진단할 것인가

고르바초프는 얼마 전 유럽문화의 한 중심인 런던 길드 홀에서 "신뢰의 힘이 증대되고 있다"라는 제목으로 연설하면서 이렇게 말했다.

> 책임져야 할 선택과 운명적인 큰 문제를 해결해야 한다는 부담이 현세대 정치가들의 어깨에 지워져 있습니다. 그리고 그들 중 어느 누구도 그 짐을 회피할 도덕적 권위를 가지고 있지 않습니다. 소련에서 우리는 스스로가 이 일을 시작했습니다. 4년 전인 1985년 4월 우리는 가장 어려운 문제에 직면해서 선택을 했습니다. 그리고 그에 대해 정직하고 솔직한 답변을 하려고 노력했습니다. 우리는 우리 자신의 경험, 고유한 역사, 주위의 세계와 그 속에서의 우리의 위치를 이해하고자 했습니다. 우리는 의연하게 경직된 도그마, 습관적인 도식과 상투수단을 극복하는 길로 들어섰습니다. 그 결과 페레스트로이카와 신사고, 그에 기반을 둔 대내외정책이 시작되었습니다. 이것이 소련과 같은 나라에서 언급된 만큼 그것은 도처에서 비상한 관심을 불러 일으켰고, 국제환경과 세계의 현실적인 정치상황에 반영되었습니다. 우리의 페레스트로이카를 논의하기 위해 수백

권의 책, 수천부의 논문, 공식보고와 학위보고, 세미나, 학술회의, 라디오·텔레비전방송에서의 토의가 이루어졌습니다. 우리의 페레스트로이카에 대한 관심은 오늘날에도 수그러들지 않았습니다.[67]

고르바초프의 이 지적은, 지금도 여전히 살아있는 말이다. 유럽 학계도 페레스트로이카에 대해 깊은 관심을 가지고 있는데 두 가지로 구별해서 논의할 수 있겠다.

그 하나는, 비교정치학적 맥락의 것으로 소련과 동구권을 분석하고 이해해 온 그 평범한 일상적 시각이다. 이른바 "현실의 사회주의"에서 일어나고 있는 사회적 변동은 물론 그 급진성 때문에 학계의 관심이 보다 증폭된 모습으로 나타나고 있지만, 비교정치학의 패러다임 그 자체의 변화보다는 현실 사회주의라는 대항 영역에 많은 학자들이 최근 깊은 관심을 보이고 있는 측면을 말한다. 고르바초프도 지적했듯이, "페레스트로이카가 현재 어떠한 상황이고, 앞으로 어떻게 진행될 것이며, 그 전망이 어떠한가"를 분석, 평가하는 학문 연구에 힘을 쏟는 학자들의 수가 양적으로 증대하고 있다는 당연한 사실을 지적할 수 있다. "현실의 사회주의"의 현재를 분석하고 그 미래를 전망하기 위해 그 어두운 역사를 조명하는 연구가 그 어느 때보다도 증폭하고 있는 변화를 읽을 수 있다.

2. 현실의 변화가 이념논쟁에 미친 영향

다른 하나는 "페레스트로이카"로 상징되는 "현실 사회주의"의 급진적 변동이 서구의 지성계, 특히 인문사회학계의 이념 논쟁에 어떠한 변화를 주고 있는가를 이해하는 맥락도 있다. 좀 더 구체적으로 말해, 다양한 정치이념이 긴장과 갈등을 일으키는 가운데 유럽은 성숙해가고 있다고 말할 수 있다면, 현실의 사회주의 내에서 일어난 이러한 급

67) 〈쁘라보단〉, 1989년 4월 8일자.

진적 변화가 서구의 이념논쟁에 미칠 가능성을 진단해 보는 것도 흥미있는 시도이다.

아주 단순하게 진단하는 자라면, 우파의 승리와 좌파의 위기를 주장할 것이다. 이렇게 주장할 수 있는 근거는, 페레스트로이카가 사실상 역사적으로 좌파(스탈린주의)의 한계에 대한 비판으로 나타나고 있는 데 있다. 그렇지만, 서구정치 이념의 실태와 그 전망을 이렇게 소박하게 논의할 수준의 것은 아니다.

페레스트로이카 이전에도, 말하자면 "혁명의 1960년대"를 보내면서 서구의 지성들은 각 입장에서 이미 날카로운 비판과 깊은 성찰을 성숙시켜 오지 않았는가. 필자의 논지를 먼저 명백하게 밝히자면 이렇다. 즉, 페레스트로이카에 의해 서구 지성계에도 어떤 변화가 일어나고 있는 것은 분명한 사실이나, 그것이 서구 지성 자체의 근본적 패러다임 변화를 뜻하는 것은 아니라는 주장이다. 요컨대, 기존 패러다임들을 약화시키거나 강화시키고 있을 뿐이라는 것이다.

여기에서 우선 우리는 1970, 80년대를 통해 가장 주목할 만한 서구 우파내의 지성 변화를 신보수주의의 확산으로 확인하여 그 한계를 비판하고자 한다. 그 다음, 서구 좌파의 위기를 페미니즘, 기본권운동, 평화운동, 대안운동, 환경보호운동 등으로 전개되는 이른바 신정치 문제를 중심으로 고찰하면서 그 전망과 미래를 조명해 보고자 한다.

서구 좌파의 현주소와 그 동태를 다루는 여기에서, 이렇게 사회운동이라는 집합모델을 부각시키는 까닭은 그동안 서구에서 제도화된 정치로서 정착한 사회민주주의가 경험해 온 위기의 내용이 무엇이었는가를 미리 시사해 두려는 의도 때문이다.

사실 시대를 진단하는 모델에도 다양한 종류가 있겠으나, 자신의 철학과 일치하는 개별 맥락에서 시대를 진단했던 야스퍼스(Jaspers)의 모델과 다른 한편으로 이론과 실천을 매개 지우려는 비판적 "사회운동의 가능성과 그 한계"라는 집합맥락에서 시대진단의 지성적 책임을 시도했던 루카치의 모델로 대변할 수도 있겠다.

내가 여기에서 취하고 있는 입장은 전자보다 후자에 가까운 것이라고 말할 수 있다. 그렇다고 해서, 유럽의 현 지성계에서 살아 움직이는 전자와 유사한 개별주의적 시대진단을 단순하게 무시해 버리거나 논의할 대상에서 아예 제외시킨다는 뜻은 결코 아니다. 오히려 집합맥락의 시대 진단이 보다 높은 설득력을 얻기 위해서는 개별맥락의 시대진단을 분석의 대상으로 삼아 비판하지 않으면 안 될 것이다. 그것이 집합행동으로 표출할 이론적 근거 자체를 비판하고 있기 때문이고 또 사회운동은 저항에 대한 저항도 포함해야 하기 때문이다.

3. 급진성의 얼굴을 한 보수주의가 고개를 치켜들고 있다.

서독 빌레펠트(Bielefeld)대학 문학부 문예학 교수이면서 서독 지성을 대표하는 잡지의 하나인 월간 〈메르꾸르〉(Merkur)의 편집장으로 활동하고 있는 보러(Karl Heinz Bohrer)는 1979년 시대진단을 내리는 가운데 다음과 같이 적었다.[68]

> 문화혁명은 급진좌파적인 시민들의 결합이었고 토대의 의도를 엄격히 말해, 살려내려 한 것은 아니었고…… 또, 1968년에 공산주의자들도 파리의 학생들이 제창하는 붉은 유토피아를 받아들인 것도 아니었다. 이제야 "급진적 부정"의 시대로 불려왔던 그 1960년대가 정말 끝난 것이다. 유로커뮤니즘도 이미 유령으로 진단받아 그 세력이 미약하다.

"1968년의 꿈"은, 1978년을 고비로 뒤로 물러나고 진정한 개혁과 유토피아의 이상을 상실해 버린 비관론적 분위기로 대체되었다는 진단이다. 미래에 대해 적어도 사회의 지평에서는 어떠한 책임 있는 약속도 할 수 없는, 꿈을 잃어버린 시대를 알리는 이 침울한 진단은, 이제

---

68) Karl Heinz Bohrer, "Die drei Kulturen," in: J. Habermas(Hg.), *'Geistige Situation der Zeit', 2. Band: Politik und Kultur*, Frankfurt am Main: Suhrkamp, 1979, pp.636-669, 여기에서는 p.639.

"돌방석"의 미학이라는 이름으로 더 급진화되고 있다. 그것은 프랑스, 미국 등에서 지금도 더욱 그 세력을 확산시켜 가고 있는 후기구조주의 혹은 탈현대주의(Post-modernism)와 크게 다른 것은 아니다. 파시즘의 악몽을 아직도 떨쳐 버리지 못하고 있는 독일의 일상생활에서도 독일 낭만주의의 "생산적" 측면을 보러가 먼저 용기 있게 재생산해왔다는 그 사실이 다르다면 다른 점이다.

4. 신보수주의의 세 가지 뿌리

이러한 신보수주의의 흐름에 앞서 이 물결을 한결 더 세차게 만든 흐름들을 세 가지로 구별해 볼 수 있다. 그 하나는 신보수주의 흐름에 편승해 다시 날개를 펴놓고 있는 칼 슈미트(Carl Schmitt)의 결정주의이다. 슈미트는 법률학에서보다는 정치이념사나 정치사회학에서 출발하였다고 볼 수 있는데, 정치적인 것을 본질적인 것으로 이해하는 것을 거부하고, 기능적으로 접근했다. 이른바 적과 동지의 구별에서도 핵심적인 그의 정치개념은 정치의 내용과 목표에 관해서는 어떠한 내용 있는 설명도 하지 않았다. 결정주의의 내용 없는 이 형식주의는 그 이념사적 뿌리를 회의론에 두고 있다. 그런데 내용과 분리되어 있다는 그 형식은 순수 형식으로 남아 있을 수 없고, 논술 밖에서 끊임없이 다가드는 검은 폭력의 내용에 저항할 수 없는 한계가 있다. 정상적인 맥락의 위기를 맞이했다고 해서 비정상적인 예외에서 내용을 채우기를 기대하는 이러한 비합리주의가 검은 보수성의 한 물결이었다.

둘째는, 서독 사회학자 랄프 다렌도르프(Ralf Dahrendorf)의 제도주의의 흐름이다. 막스 베버의 용어로 말해서 "의미의 위기"에 대응하는 시도의 하나로써 다렌도르프는 고전적 의미가 행위에 자연스럽게 준거점을 제시해 주지 않은 채 각 개인을 자유와 자발성을 무정부 상태로 확산시킬 위험을 막기 위해 산업사회에서 필연적으로 나타나는 이익(산업)갈등을 형식적인 수준에서 제도화할 수 있기를 기대했다. 이

"갈등의 제도화"는 제도화 또는 조직화되기 어려운 여러 갈등과 갈등력 없는 긴장을 이론화의 수준에서 이미 배제하고 있다는 점에서 그 한계는 역시 뚜렷하다.

셋째의 흐름은 후기계몽주의(Nachaufklärung)이다. 문화적 가치나 전통 관련성을 맺지 않는 기술관료주의나 과학주의적 법칙성을 앞세우는 이 흐름은 특히 서독 사회학자 헬무트 셸스키(Helmut Schelsky)가 대표했다. 「현실을 찾아서」(1965)에서 셸스키는 다음과 같이 규범성과 기술성간의 관계를 차갑게 정리했다.[69]

> 현대기술은 정당성을 필요로 하지 않는다. 이 현대기술로써 "지배되고 있다". 현대기술은 …… 기능하기 때문이다. 오늘날 국가의 주인은 "결정하는자"나 "지배하는 자"가 아니라 분석하고, 구성하며, 기획하고, 현실화하는 자들이다. 이러한 공간에서는 규범적인 의사형성이라는 의미에서 정치란 원칙상 빠져 버린다.

정치를 형식합리성의 시각에서 이해하고 기술의 수준으로 협소화시키는 이 기술관료주의 발상은 생활세계를 구체적으로 영위해 가는 실천주체의 정당성을 이론적으로 무의미하게 만든다.

이러한 흐름들에 공통된 특징은, 현재의 사회문제들의 원인을 "무분별한 대중들"의 책임으로 돌리고, 미래의 사회적 기획을 근본적으로 깊은 회의의 눈으로 보며, 이론과 실천의 변동에서도 정치 참여를 축소시키려는 경향이다. 이러한 보수성 내용에 근본적 변화를 시도하지 않으면서도 보수주의는 새로운 형식의 보수주의, 신보수주의를 확대시키고 있다.

신보수주의는 자본주의의 모순을 인정하는 급진성을 보여주면서도 그것을 문화적 영역에 국한하는 데 그 보수성의 특징이 있다. "자본주

---

69) Claus Offe, *Strukturprobleme des kapitalistischen Staates*, Frankfurt am Main: Suhrkamp, 1972, p.110에서 재인용.

의의 문화적 모순"(다니엘 벨, Daniel Bell)을 선언한 신보수주의는, 막스 베버가 자본주의 합리성을 설명한 그 논리로 늘 되돌아가고 있다. 막스 베버는, 자본주의 사회를 합리성의 원리에 근거하여 설명하였다.

5. 경제는 사회주의, 정치는 자유주의, 문화는 보수주의

자본주의 경제질서는 자유노동, 사적소유, 축적에 근거하는데 이에 상응하는, 다시 말해, 이 경제질서가 요구하는 기능과 모순되지 않게, 캘빈주의 종교문화에 내재한 경제윤리가 고유하게 작용했다는 것이다. 자본주의 세계는 이렇게 성립하자 곧바로 이 종교적 모티브에서부터 해방되어 경제와 문화가 서로 분리되어 간다는 논리를 전개했다. 베버의 문화비판은 고삐 풀린 자본주의 경제성으로 부를 수 있는 것에 대한 진단인데, 자본주의 경제는 자신을 성립케 한 그 비경제적인 모티브에 모순되게까지 고유한 논리를 전개한다는 것이다.

신보수주의도 위기의 원인을 경제와 국가기구의 기능양식에서가 아니라, 문화 영역에서 정당성 문제를 분석하려고 한다. 유럽의 지성에도 깊은 영향력을 미치고 있는 벨의 "자본주의의 문화적 모순"은 프로테스탄티즘 윤리와 함께 자본주의는 발전하지만 이 가치규범을 완전히 소모시키는 자기파괴적 모순성을 내재하고 있다고 베버의 합리성 이론을 해석하고, 이 모델에 따라 후기산업사회를 문화와 사회 간의 균열로 파악했다.

문화비판으로 특징지어지는 신보수주의 지성은 정치, 경제, 문화가 각기 완전히 자율적인 영역으로 독립해 간다고 전제한 다음, 각 영역들에 관한 서로 모순된 입장을 표명하기를 주저하지 않는다. 예컨대 독일의 시사 주간지 〈디 차이트〉(Die Zeit)지 1989년 12월 29일자에서 개재했던 "대토론, 1989년 동구혁명"에 참여했던 벨은 다음과 같이 주장했다.

이제 이데올로기에 대해서 잠시 언급해 보겠습니다. 저는 우리들이 사회주의, 자본주의, 사회민주주의 등과 같은 개별적인 개념들에 조금 심하게 몰입하고 있는 것이 아닌가 하는 생각을 합니다. 어떤 한 사회를 관통하는 단 하나의 축이 가동되면 곧 우리는 이러한 상태를 규정하기 위해 단 하나의 개념만을 취하곤 합니다. 저는 수년 전에 이런 태도에 반대하면서 저 자신은 정치적 기본태도로 볼 때 경제문제에서는 사회주의자이고 정치분야에서는 자유주의자이고 문화분야에서는 보수주의자라고 말한 바 있습니다. 이것은 결코 우스갯소리로 한 말이 아니었습니다. 그렇게 말한 이유는 제가 보건대 다양한 영역들이 딱 맞아 떨어질 정도로 똑같지 않기 때문에 본질적인 축이란 것은 존재하지 않는다는 생각에서 였습니다.

6. 사회이론의 종말

그렇지만, 신보수주의의 주요흐름들이 문화를 사회의 토대로 보는 일종의 문화주의를 유포시키는 경향을 보이는 지적 분위기는 흥미롭다. 우리는 이 문화주의 경향을, 특히 1980년 이래 더욱 강한 영향력을 행사해 온 탈현대주의 나르시시즘, 탈 획득적 교육심리학주의에서 확인할 수 있다.

첫째, 탈현대주의는 모더니즘과 구조주의운동이 서로 다른 방향에서 확인한 언어의 위기, 말하자면 언어의 본질은 사물을 재현할 수 있는 것이 결코 아니라 회의론적 언어관에서 탄생했다. 특히 모더니즘이 부정할 수 있는 자신의 에너지를 탕진했을 때, 즉 부르주아의 멜랑콜리한 시간이 끝나고 권태의 시간이 누적될 무렵부터 포스트모더니즘은 언어의 위기 앞에 무릎을 꿇고 허구와 유희하는 쪽으로 나아갔다. 멕시코의 초현실주의 시인 옥타비오 파스(Octavio Paz)는, 『흙의 자식들 외: 낭만주의에서 아방가르드까지의 현대시』[70](1974)에서 모더니즘

70) 옥타비오 파스, 『흙의 자식들 외: 낭만주의에서 전위주의까지』, 김은중 역, 솔,

의 비극적 몰락을 이렇게 표현했다.

> 오늘날 …… 현대(Modern) 예술은 부정할 수 있는 힘을 점차 잃어가고 있다. 그 거부는 몇 해 전부터 의례화된 반복에 불과하게 된 것이다. 저항은 절차의 문제 수준으로 바뀌어 버렸고 …… 부정은 창조적인 것을 내포하지 않고 있다. 여기에서 내가 말하려는 것은 우리가 예술의 종말을 체험하고 있다는 것이 아니라, 현대 예술이념의 종말을 체험하고 있다는 것이다.

모더니즘 혹은 "현대성"이 언제 죽었는가 하는 시기 문제보다 이에 대한 저항으로 나선 탈현대주의가 제시하는 사회이론적 함의가 무엇인가 하는 문제가 우리의 관심사이다. 그것은 사회이론의 종말이다. 탈현대주의에서 사회이론을 발견하기 어려운 까닭은, 그것이 사회적인 것의 위기를 극복하는 대안으로 사회적인 것의 종말, 다시 말해 사회적인 것을 기호론적으로 처음부터 인정치 않기 때문이다.

주지하듯이, 이 탈현대주의는 솔제니친의 『수용소군도』가 폭로한 현실 사회주의의 민주주의적 빈곤에 힘입어 마르크스주의의 죽음을 선언한 프랑스의 신철학파와 깊은 관련을 맺은 바 있다. 급진성의 얼굴을 한 이 보수성이 탈현대주의를 전개시킨 한 줄기이기도 하다. 신보수주의 가운데서도 이 탈현대주의는 사회이론에서 출발하지 않았기 때문에도 그렇겠지만 문화, 특히 미학적 범주를 확산시키는 극단을 나타낸다. 자신의 비사회적 텍스트주의를 프랑스의 탈구조주의자 자크 데리다(Jacques Derrida)는 이미 『문자학에 관하여』(1967)에서 "텍스트 밖에 아무것도 없다"고 명제적으로 선언한 바 있다. 이 싸늘한 텍스트주의는 자율성과 책임을 성숙시킬 실천 주체를 배재시키고, 전통의 재구성을 표상하는 비판적 역사의식을 마비시키며, 사회에서 살아 움직이는 구체적 총체성을 반성하기를 그만두면서, 행복한 미래의 기획,

---

1999으로 번역되어 있다.

해방의 유토피아를 꿈꾸지 않고 다만 고독한 멜랑콜리에 스스로가 빠져들 뿐이다.

둘째, 나르시시즘 이론이 크게 부상했다. 이는 정신병리학이나 정신분석학에서 현대사회의 사회화 과정을 관찰하는 가운데 성립한 용어였는데, 현재의 사회를 지배하는 퍼스낼러티는 이제 오이디푸스 콤플렉스로 파악할 수는 없고, 나르시시즘이라는 새로운 인성 특성으로 이해해야 한다는 주장이다. 전통적 정신분석학의 눈으로 보면, 나르시시즘은 정신적 질환의 하나였으나, 현대사회의 문화적 성격이 변동함에 따라 "나"의 문화적 구성은, 나르시시즘으로 편성된다는 것이다.

7. 자본주의와 나르시시즘의 충돌

현 세대의 사회성격이 변동하여 이제 사회는 "아버지 없는 사회"(알렉산더 미첼리히 Alexander Mitscherlich)가 아니라 "부모 없는" 사회로, 말하자면 자아의 동질성을 집합적 수준에서 이해할 수 없는, 정도가 보다 급진화된 사회로 특징지어진다고 한다. 나르시시즘을 "타락한 경쟁적 개인주의 문화"로 시사하면서, 역사학자 크리스토퍼 라쉬(Christopher Lasch)는, 『나르시시즘의 문화』(1979)에서 자본주의와 나르시시즘의 충돌을 이렇게 밝히고 있다.[71]

> 비록 낡은 금기로부터의 해방이 그에게 어떤 성(性)적인 안정도 가져다 주지 못하지만 성에 대한 나르시스트의 태도는 엄격하다기보다는 관대하다고 볼 수 있다. 다른 사람들로부터의 자격 인정과 칭찬을 요구하는 데는 매우 경쟁적이지만, 새로운 나르시스트는 무의식중에 경쟁을 억제할 수 없는 파괴의 충동과 연관시키고 있기 때문에 그것을 불신한다. 그러므로 그는 자본주의 초기발전 단계에서 맹위를 떨친 경쟁의 이데올로기

---

71) 크리스토퍼 라쉬, 『나르시시즘의 문화』, 최경도 역, 문학과지성사, 1989, pp.14-15.

를 거부하며, 심지어 스포츠와 게임에서 그것이 제한적으로 나타나는 것도 불신하고 있다.…… 이러한 나르시스트는 부분적으로 과거에 대한 관심이 별로 없기 때문에 미래에 대해서도 흥미를 갖지 않는다.

나르시시즘 이론가들은 자본주의가 요구하는 개별적 경쟁이라는 노동윤리가 현대의 후기산업사회의 퍼스낼리티에서 어떻게 빠져 나가버리는가를 단순하게 관찰하는, 책임 없는 기술에 그치지는 않는다.

라쉬는 후기산업사회 문화적 위기를, 그것의 정치경제적 기능조건과 결합할 수 없는 새로운 문화적 모티브가 그 자신의 논리에 의해 생산되는 데 있다고 보았던 다니엘 벨과는 다르게, 후기자본주의는 이미 생산관계에 걸맞은 기능을 행사하는 사회인물 성격을 만들어 왔다고 보는 것이다. 그것은 물론 그가 나르시시즘적 성격으로 부르는 퍼스낼러티이다. 역으로 한마디로 말해, 집합적 역사의식의 몰락을 말한다.

셋째, 매슬로우(Maslow)의 사회심리학, 혹은 로렌스 콜버그(Lawrence Kohlberg)의 인지발달이론과 깊은 이론적 관계를 맺으면서 발전되고 있는 가치변동연구가 있다. 특히, 정치문화이론가 잉글하트(Ronald Inglehart)의 『조용한 혁명, 서구 공론에서 가치와 정치스타일의 변동』(1977년)[72]이래, 예컨대 생태론적 운동, 평화운동, 대안운동, 페미니즘 운동 등으로 나타나는 "신정치"(New Politics)가 이 가치변동연구와 깊은 관련을 맺고 있는데, 논쟁점은 좌·우파 의미론은 이 신정치로 인해 종말을 고할 것인가 하는 문제이다.

8. 계급화된 정치에 대한 도전

이 발상은 근본적으로 서구의 정치경제적 바탕을 이미 배경으로 하는 욕구변동에 관한 이론이라는 점을 먼저 지적해두어야겠다. 산업사회가 요구하는 물질적, 군사적 안정욕구가 일단 충족되면, 탈획득점

72) 로날드 잉글하트, 『조용한 혁명』, 정성호 역, 종로서적. 1983.

욕구가 발생하여 새로운 정치의 공간이 열린다는 이 가치변동이론은 계급이익 대신에 인류의 보편적 가치를 주창하는 페레스트로이카만큼이나 좌·우파 의미론에 이론적, 실천적 충격을 주고 있다. 즉 "계급정치"에 대한 도전을 의미하기 때문이다. 이 가치변동연구는 엄격히 말해, 좌우 이념스펙트럼과 서로 복잡하게 뒤얽혀 있으므로 우선 여기에서는 『새로운 사회운동, 제도 정치의 틀에 대한 도전』(1985)에서 신정치와 구정치를 비교해 선명하게 비교해 주고 있는 클라우스 오페(Claus Offe)의 도식을 소개해두고 싶다.

〈표 1〉 정치패러다임

	구정치 패러다임	신정치 패러다임
행위자	사회경제적 그룹이 그 집단의 이익 속에서 집단으로서 행동하고 분배를 둘러싼 갈등에 참여한다.	사회경제적 집단이 그러한 집단으로서 행동하지 않고 귀속성 있는 집합체를 위해 행동한다.
이슈	경제의 성장 및 그 배분, 군사안정과 사회안정, 사회통제	평화, 환경, 인간적 권리, 소외 없는 노동형태를 확보함
가치	사적소비의 보장과 자유, 물질적 진보	중앙집중화된 통계에 저항하는 인성적 자율성과 동일성
행동양식	(가) 내적으로: 공식조직체, 규모가 큰 대의제 결사체 (나) 외적으로: 다원주의나 조합주의에 의한 이익매개, 다수원리 경쟁정당제	(가) 내적으로: 비공식성, 자발성, 분화의 수준이 수평적이거나 수직적이거나 낮다. (나) 외적으로: 거의 부정적 어휘로 표현된 요구에 근거한 저항정치

9. 신정치가 제시하는 제3의 길

서구 좌파의 미래는, 이러한 신정치를 얼마나 열린 비판정신으로 수용해내는가에 달려있다 해도 과언은 아닐 것이다. 물론, 좌파의 사회운동이나 정치에서 핵심이었던 노동운동이 이제 끝났다거나 무의미하다는 뜻은 아니다. 오히려 노동운동의 해방적 성격과 그 전략이 전형

(Transformation)되어가고 있다는 것이다. 서구 마르크스주의의 위기를 비판이론으로 극복하려는 오페는, 이 맥락을 이미 「정치지배와 계급구조, 후기자본주의사회의 분석」(1968)에서 날카롭게 인식한 바 있다.[73)]

> 국가에 의해 규제되는 자본주의 하에서는 더 이상 전면적인 계급갈등이 사회변동을 이끌어 가는 추진력의 핵이 될 수 없다는 관점이 유력해진다. 그 자리에, 생활영역들 사이의 불균형이라는 수평적 불균형 유형이 겹쳐지고 있다. 그럼에도 불구하고 고전적 자본주의 단계에서 억압받던 집단이나 계급이 여전히 (생산력의 조화로운 발전을 가로막고 전 생활영역에 걸친 자유의 증대를 가로막는) 체제의 구조적 결합의 주된 희생자일 것이라는 점은 충분히 예측할 수 있는 일이다. 왜냐하면, 차등적 배분과 수평적 불균등의 결과가 경제적 저소득층에 집중될 것이 틀림없기 때문입니다.

신정치는 프로그램을 제시할 때, 사회의 조정매체로써 자유주의 전통이 우선시하는 시장에 저항하고, 고전적 마르크스주의에서 등한시했던 관료주의 문제에 도전하며, 탈중심화된 다양한 연대성 네트워크, 자율성과 책임의식을 향상시킬 공동체운동을 부각시키고 있다. 신정치가 제시하는 "제3의 길"은, 전통적 의미에서 본 정치논술의 좌·우 의미론을 동요시키고, 따라서 이에 대한 이론적 논쟁도 일어나고 있다. 신정치를 이론화하는 정치학자 키첼트(Herbert Kitschelt)가 밝히고 있는 바에 의하면, 이에 대한 반응은 크게 네 가지로 구별할 수 있다.

첫째는, 현대정치 논술의 좌·우 의미론이 신정치에 적실성이 없다는 입장이 있다. 이 비적실성이론은, "우리는 좌파도 우파도 아니고 전선 속에 있을 뿐이다"는 정치 슬로건에 잘 표현되어 있다.

둘째는, 경제적 기준에서 본 좌·우의 의미론은 여전히 중요하지만

---

73) 클라우스 오페, 『국가이론과 위기분석』, 서규환·박영도 역, 전예원, 1988, pp.101-133.

신정치는 새로운 비유물론적 이슈에 반대하지는 않는다는 연속성이론이 있다. 이 이론적 입장은, 신정치는 후기유물론적(Post-materialism) 가치를 받아들이면서도 전통적인 좌파의 경제 재분배 프로그램을 여전히 지지한다고 주장한다.

셋째는, 각 개인이 좌파와 우파와 연결시키는 정치 의미의 다원화가 일어난다는 다원화이론이 있다. 이 이론은 좌·우 정치의미론이 전통적인 것과 새로운 것이 함께 공존할 수 있고 어느 한편이 다른 한편을 대체하리라고 믿지 않는다.

그리고 전형이론이 있다. 이 이론은 신정치의 좌파성을 논증하는데, 정치논술의 좌·우 의미론은 구조정치 논쟁에서 중요한 동체로 작용할 것이지만, 좌·우 의미론은 전통적 의미를 대신하여 새로운 의미를 얻을 것이라고 주장한다. 신정치를 보는 이 네 이론이 어떻게 서로 차이가 나는가를 〈표 2〉를 통해 제법 선명하게 식별할 수 있을 것이다.

후기유물론을 바탕으로 하는 이 신정치의 좌파성과 그 강도는 서구에서조차 이론의 문제만은 아니다. 각 국가의 역사적 정치문화와 관련한 경험의 문제이기도 하다.

〈표 2〉 신정치의 이데올로기와 좌우 의미론

(O=그렇다. X=그렇지 않다)

		I	II	III	IV
		비적실성 이론	연속성 이론	다원화 이론	전형이론
1	좌·우파 균열은 신정치에서 뚜렷하다	X	O	O/X	O/X
2	신정치는 좌파이다	X	O	O	O
3	신정치는 좌파 경제프로그램을 지지한다	X	O	O	X
4	신정치는 후기유물론적 가치를 지지한다	O	O	O	O
5	후기유물론은 좌우 이데올로기의 기준이다	X	O	O	O
6	반(反)자본주의는 좌우 이데올로기의 기준이다	X	O	O	X
7	정책수준은 좌우 이데올로기의 기준이다	X	X	O	X

10. "신정치"는 서구 좌파의 미래

서구 좌파는 이 도식에서 시사를 얻을 수 있겠지만, 신정치를 이론화하고 실천해가는 과정에서 두 가지의 과제를 풀어야 할 것이다. 그 하나는 신정치를 우파화하려는 보수주의의 저항에 저항해야 하는 과제이다. 다른 하나는 낡은 정치패러다임이 해체, 혹은 재구성되어 가면서 좌파내의 균열이 일어나는데, 이를 극복할 새로운 이념과 그 실천운동을 전개해야할 과제이다.

자유주의가 선진복지국가의 위기에 원인으로 제시하는 하나는, 이른바 "통치불가능성" 혹은 "과부하 상태의 국가"라는 논술이다. 오늘날 서구 시민들은 정당들이 서로 경쟁하고 이익집단들이 또한 그렇게 갈등하는 가운데, 대중매체들이 이 경쟁과 갈등 등을 증폭시켜서도 그렇기는 하지만, 국가에 대해 "너무 지나치게" 많은 것을 요구하고 있다는 엄살이다. 이러한 진단, 그러니까 "약한 작은 정부"를 여전히 주장하기 위해 시민들의 요구를 "적절하게" 줄여가는 다양한 정책개발을 시도하고 있는 것이다.

이러한 사회통제의 맥락에서 가치변동연구가 보수주의 이론가들에 의해 왜곡되는 경향이 발생하곤 한다. 물론, 보수주의 쪽에서도 국가에 대한 요구를 줄이는 대신, 혹은 이와 더불어, "국가의 역할"을 강화시키는 행정적, 정치적 대안(예컨대, 행정기구의 합리화, 신조합주의정책)도 마련하고 있다. 그러나 이 경우에도 공론의 지지, 민주주의적 정당성을 처음부터 원칙으로 제시하지 않는 보수성은 별반 다름없다. 정치는 여기에서 제도화된 틀 내에서 일차적으로 인정되고, 제도 밖의 정치성은 이 제도정치의 자료일 뿐이다.

진보성을 정치적 실천의 차원에서 담지해내려면, 신정치는 이러한 "보수주의 위기이론의 르네상스"에 저항하면서도 제도정치 영역과 비제도정치 영역에서 다양한 좌파와의 연대를 기획해야 한다. 신정치는 제도정치, 예컨대 경쟁 정당제도 내에서도 운동을 해야 하지만, 제도

정치와 경쟁도 계속해야 한다. 오페는 신정치의 과제를 이렇게 명제화하고 있다.

"신정치 패러다임을 표상하는 제세력이 대단히 눈에 띄는 세력을 보유하고 있기는 하나 그 주변적 성격을 초월할 수 있는가 없는가, 다시 말해 낡은 구정치 패러다임을 극복할 수 있는가 없는가 하는 문제는 신중간계급, 구중간계급, 신사회운동 내의 주변부문들 사이에 나타나는 내적 균열과 불일치를 어떠한 방식으로 해결할 수 있는가에 달려 있다고 해도 과언은 아닐 것이다."

이 전망과 기대의 시각에서 오페는 다음 도식에서 보듯 논리적으로 세 가지 연대를 식별하고 있다. 이러한 논리적 유형론을 기초로 정책 제안과 내용을 구별하는 깨끗한 도식을 또한 소개하고 싶다.〈표 3〉

〈표 3〉 정치균열과 연대가능성

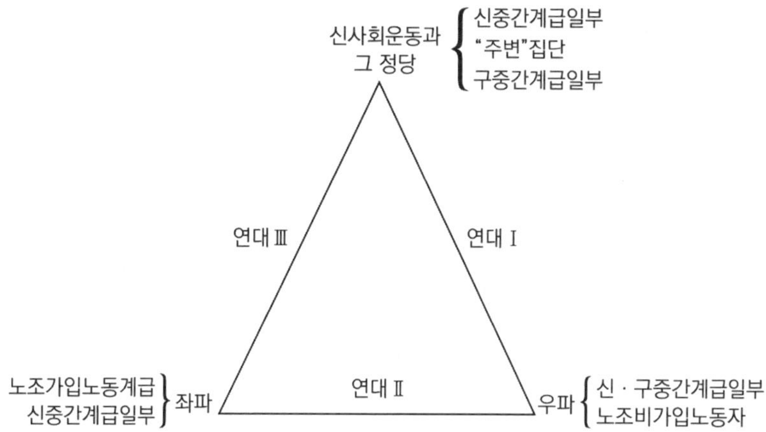

서구의 좌파는 신정치를 움직여 가는 인권운동, 페미니즘, 평화운동, 환경보호운동, 대안운동에 제3의 연대형태를 선택하여 적극 참여할 때만 이념과 실제의 위기를 극복할 수 있을 것이다. 이 참여의 과정에서 노동계급의 정치와 그 조직은 자신을 한 차원 높게 성숙해야 하고, 사회운동은 제도정치에 참여하기를 주저하지 말아야 하면서 자신의 뿌

리인 비제도정치를 망각하지 않는 성찰을 또한 견지해야 한다.〈표 4〉

〈표4〉 사회운동의 쟁점과 연대형태

<table>
<tr><th rowspan="2"></th><th rowspan="2">연대</th><th rowspan="2">선택성 강조점</th><th colspan="4">운동이슈</th></tr>
<tr><th>페미니즘과 인간권</th><th>평화</th><th>환경보호</th><th>대안</th></tr>
<tr><td rowspan="2">I</td><td rowspan="2">자유 보수주의 우파 + 신사회 운동</td><td rowspan="2">구중간 계급 (긍정 준거)</td><td>· 도색문화 퇴치 운동
· 여성을 위한 가족중심 사회정책
· 여성과 소수자의 특수역할을 상징적으로 인정</td><td>· 의례적 방어 전략
· 자립방어전략 호소</td><td>· 현상보호주의
· 공업지구설정 +자연공원지 구확보
· 시장메커니즘을 통한 환경 규제</td><td>· 공동체를 지지하여 사회서비스의 자구책을 편다</td></tr>
<tr><td colspan="4">일반적 특성: 전근대적 공동체 가치를 상징적으로 강조하고, 관료주의와 규제를 비판하며, 중앙집중화와 복지국가 평등화를 시도한다.</td></tr>
<tr><td rowspan="2">II</td><td rowspan="2">자유 보수주의 우파 + 사회 민주주의 등의 좌파</td><td rowspan="2">주변 집단 (부정 준거)</td><td>· 노동시장 유연성과 동원성을 증대
· 여성과 소수자의 권익증대</td><td>· 초국가적 지역방위, 방어 정책에서 핵 억제의 전략</td><td>· 환경보호증진 하이테크성장 산업으로 새로운 에너지 정책을 편다</td><td>· 주변집단에 게임시직을 제공하는 정책을 증진시킴</td></tr>
<tr><td colspan="4">일반적 특성: 새로운 사회운동의 내용을 적극적으로 활성화시키고, 그 수단을 불법으로 몰아붙이며, 목적이 비합리적이거나 무책임한 것임을 강조한다.</td></tr>
<tr><td rowspan="2">III</td><td rowspan="2">사회민주 주의좌파 + 신사회 운동</td><td rowspan="2">신중간 계급 (긍정 준거)</td><td>· 취향있는 생활과 분담체계
· 생산생활과 가정생활에서 노동의 재분배</td><td>· 일방적 군비 축소의 제안 (조건적)</td><td>· 산업정책에서 제3세계와 관련한 환경기준을 내포시킴</td><td>· 협동, 노동시장의 보호를 지지
· 경제민주주의</td></tr>
<tr><td colspan="4">일반적 특성: 신사회운동의 주장과 전통적 노동계급의 이익과 관심의 양립가능성을 증대한다.</td></tr>
</table>

11. 서구 좌파의 위기는 어디에 있는가

소련과 동유럽의 페레스트로이카를 분석하고 전망하는 시각은 실로 다양한데, 우리는 좌파이념의 동요라는 문제를 중심으로 크게 네 가지 유형으로 구별할 수 있다고 본다.

첫째는, 스탈린주의로부터의 이탈을 시도하고 있으나 단지 일시적 후퇴라는 시각이 있다. 특히 페레스트로이카가 실패할 가능성에 깊이 주목하는 견해에서 주로 나타난다.

둘째는, 스탈린주의의 종말에는 의심을 가지지 않으나 여전히 현실 공산주의를 움직여 온 마르크스레닌주의로 부터의 이탈은 아니라는 시각이 있다.

셋째는, 스탈린주의는 물론 마르크스레닌주의도 부정하고 있다는 시각이 있다. 공식적으로 고르바초프가 레닌주의를 비판하지 않는 것은 전략의 수준에서 공론의 의식수준을 고려한 까닭이라는 것이다.

그리고 사회주의 그 자체마저 끝내 부인할 것이라는 견해도 있다. 엄밀히 말해, 그 전망에서 어느 견해가 날카롭게 진단했는가는 앞으로 두고 볼 일이다.

여하튼간에 현재 "현실 사회주의"의 이러한 총체적 변동은 서구에 어떤 자극을 주어, 예컨대 우파를 강하게 하고, 좌파의 기세를 더욱 억누르는 분위기를 낳을 수도 있을 것이다. 하지만 좌파의 정치패러다임, 그 자체를 완전히 새롭게 창조시켜야 하는 위기는 아니다. 서구 마르크스주의 그 자체가 위기와 비판의 변증법으로 특징지어지는 것이지만 예컨대, 루카치, 그람시, 블로흐, 프랑크푸르트학파, 르페브르, 골드만, 사르트르, 메를로 퐁티, 알튀세, 볼페학파, 신비판이론 등이 이미 사적 유물론을 재구성하는 이론적 실천에 참여해 왔기 때문이다. 적어도 이론적으로는 페레스트로이카로 인한 서구 좌파이론의 새로운 질적 변화는 없는 것 같다.

그람시의 『옥중수고』에는 다음과 같은 위기이론적 논술이 있다.[74]

> 위기는 다름 아니라 낡은 것이 이미 죽어가는 반면 새로운 것이 탄생될 수 없는 사실에 있다. 공백기에는 각종 다양한 병적 징후가 나타난다.

---

74) A. Gramsci, *Selections from the Prison Notebook*, New York: International Publishers, 1971, p.276.

그렇다. 하지만 서구좌파의 "위기"를 보는 우리는 여기에 탄생된 위기비판이론이 공론에 잘 매개되면서 수용되지 못한다면 위기는 극복되지 않는다는 점을 부기하고 싶다.[75]

75) 이 글은 『월간 옵서버』, 1990년 11월호에 실린 글인데 각주를 새로 붙이고 가볍게 다듬었다.

● 『비밀파일』속의 황장엽 사상

1. 사회주의의 거친 새로운 탐색

황장엽이 겨냥하는 독자가 누구인가? 무엇을, 누구를 대상으로 삼아 이 같은 글을 집필했는지, 정말 분명치 않다. 대상초점이 왔다갔다하고 있다. 대상초점이 누구이든지 간에, 그의 논점은 분명하다.

> 오늘 발전된 자본주의 나라들에서는 자유경쟁과 독점의 확대를 계속 주장하는 신자유주의와 자유경쟁의 제한을 요구하는 케인스주의가 대립되어 있다. 신자유주의는 신식민지주의적 약탈을 계속 강화하며 자본주의 나라들 사이의 경쟁을 계속할 것을 요구하는 것인데, 이러한 주장을 받아들일 수 있는 여지가 전혀 없는 것은 아니다. 그러나 크게 보면 그것은 자본주의의 멸망을 촉진하는 길이며, 더 나아가 제3차 대전을 가져오게 하는 위험한 길이다. 이에 비하여 케인스주의는 자본주의의 명맥을 연장시키는 데 이바지할 수 있는 길이며, 본질에 있어서 사회민주주의의 길과 상통하는 것이라 평가할 수 있다. 앞으로 신자유주의와 케인스주의 사이의 투쟁이 계속될 수 있으나 대세는 케인스주의 편으로 기울어지게 될 것이다. … 셋째 가능성은 계급투쟁의 원리가 아니라 인간 중심의 사회주의 사상에 기초하여 새로운 사회주의 나라들이 출현하여 자본주의로부터 사회주의에로의 역사적 전환이 빨리 실현될 수 있다는 것이다. 사회주의에로 나가는 길을 밝혀주는 지도사상은 이미 출현하였다. 주체사상은 마르크스주의의 결함을 극복하고 사회주의에로 가는 올바른 길을 밝혀주는 지도사상이다. 문제는 새로운 지도사상에 기초하여 어떻게 재

건할 것인가 하는 데 있다.[76]

자본주의에서 사회주의에로의 이행에 관해 논의하면서 세 가지 길을 확인하고, 판단을 내린다. ①신자유주의, ②케인스주의, ③주체사상이 그것이다. 여기에서 분명하게 논점을 밝히자면 다음과 같다.

첫째, 서구에서의 쟁점이 지금 ①과 ②는 아니다. 이제 겨우 끝난 낡은 쟁점에 그는 묶여 있다. ①보다는 ②에 편들고 있으나, ②에 대한 대안적 발상이 다루어지고 있다.

둘째, 그가 ③주체사상을 자본주의에서 나아가는, 진정한 대안으로 생각하고 있다는 점이다. (즉, 사회주의 내에서의 대안이 아니라)

그리고 셋째, 그는 역사가속화 테제를 다시 반복하는 모습을 보인다. ("빨리"라는 어휘에 주목할 것)

황장엽은 사회주의에로의 역사적 전환을 거의 필연으로 확인하고 이를 "빨리" 실현할 지도사상을 스스로가 제시했다고 믿고 있다. 황장엽은 사회주의 사상의 흐름 속에서 새로운 탐색을 시도하고 있는 것으로 스스로 확인하고 있는 것이다.

2. 마르크스주의에 대한 비판에 대하여

1) "마르크스주의자들"은 누구를 지칭하는 것인가? 어떻게 "마르크스주의자들"을 비판하는가?

> 마르크스에게는 정치계급이나 문화인 계급의 개념이 없었다. 그는 오직 물질적 부를 생산하는 계급만을 인정하였으며, 그 가운데서 생산수단을 가진 자와 못 가진 자가 대립되는 것으로 보았던 것이다.[77]

76) 『황장엽 비밀파일』, 조선일보사, 1997년 『월간조선』 5월호 별책부록, pp.299-300. 이하 출처 없이 페이지만 밝히는 것은 모두 이 책을 인용한 것임.

77) 황장엽 1997: 209.

자본주의는 경제를 발전시켰으며, 상대적으로 정치와 문화가 뒤떨어지는 결과를 초래하였다.[78)]

황장엽이 "마르크스주의"라 부르는 그것의 실체가 무엇인지, 엄밀히 말해, 분명하지 않으나, 마르크스레닌주의나 이와 유사한 "정통마르크스주의"를 지칭하는 듯하다. 황장엽은 이 마르크스주의를 비판하는데 많은 지면을 할애하고 있다. 마르크스주의에의 비판에는 "1989년 동구대개혁논리"가 강하게 나타나고 있다. 하지만 마르크스주의의 일반적 요인 모두를 그가 부정하고 있지는 않다. 마르크스주의에서 무엇을 살리고 무엇을 죽이는가? 이를 도식적으로 정리해 보자면, 아래와 같다.

〈표 5〉 황장엽의 마르크스주의 비판

죽이는 것	살리는 것
계급범주(계급투쟁)(계급주의)	집단우월성(개개인에 대한)
PT독재	·
경제주의	·
계급주의	집단주의
·	진보사관
·	일당제
·	진화론

이 책에서는 "마르크스주의"를 비판하고 있다. 그런데 황장엽이 말하는 마르크스주의자들은 구체적으로 누구인지 분명하지 않다. 마르크스, 엥겔스, 레닌, 스탈린 등을 동일하게 마르크스주의자로 부르고 그것을 비판하고 있다. 서구정치이론사에서는 적어도 마르크스를 엥겔스 이후와 구별하려는 강한 전통이 있다. 마르크스는 엥겔스 이후의 마르크스주의자들과는 달리, 경제결정주의에 빠져 있지 않다는 것이다.[79)] 문제는 무차별적으로 마르크스주의자로 부르고, 그것을 비판하

78) 황장엽 1997: 211.

79) 허버트 마르쿠제, 『이성과 혁명』, 김종호 역, 박영사, 1976, p.346이하 참조할 것.

는 그의 논술 전개에서 그의 "사상가"로서의 품격이 의심스러워진다는 점이다. 더 구체적으로 살펴보자.

(1) 마르크스주의의 무엇을 죽이는가?

첫째, 마르크스주의의 핵심인 계급 범주를 그는 비판하고 있다. 계급주의를 비판하고, 계급투쟁 중심성 테제를 그는 배격한다. 그러나 그는 개인에 대한 집단의 우월성을 여전히 주장하고 있다. 계급주의를 부정하지만, 계급주의 이면에 있는 집단주의는 여전히 남아 있다. 그의 이 집단주의 주장은 그가 왜 자유주의를 부정하는가를 설명해주는 열쇠이다. 자유주의는 집단주의가 아니라 개인주의의 철학이기 때문이다.

둘째, 그는 마르크스주의의 역사유물론의 토대인 경제주의를 비판한다. 마르크스주의가 사회와 역사를 설명할 때 적용해 온 이른바 토대상부구조론에서 벗어나려 한다. 사회와 역사의 토대는 "경제"가 아니라 "사상"이라 보는 관점이 강하게 흐르고 있으나, 경제발전이 있고서야 문화와 정치도 있다는 언급이 곳곳에 나타나 있기도 하다. 논리 일관성이 없는 것이다.

셋째, 그는 정통마르크스주의의 핵심인 프롤레타리아트 독재론을 부정한다. 이 부정은 계급주의와 경제주의를 부정하는 그의 논리와 같은 선상에 있다. 프롤레타리아트 독재론을 비판할 때, 그는 민족주의를 강조하는 경향이 있다. 말하자면, 민주주의와 독재를 대비시키고, 독재를 비판하며 민주주의를 찬양하는 것이다.

> 마르크스주의의 가장 큰 과오는 정치면에서 계급투쟁과 무산계급 독재이론에 매달려 민주주의를 무시한 것이다.[80]

존재론적으로, 개인과 그 창의력을 무시할 수는 없다. 개인과 개인

---

80) 황장엽 1997: 300.

주의는 다르다. 집단을 우선시하는 황장엽의 사고는 개인과 그 창의력을 설명할 수 없다. 그리고 현실에 있어서는 개인화해가는 경향이 더욱 짙어지고 있다.

(2) 황장엽은 마르크스주의 전체를 부정하지도 않는다.

마르크스주의의 유산 일부를 그는 상속해가고 있다. 첫째, 이미 말했지만 집단우선주의를 그는 여전히 주장하고 있다.

> 개인의 생명보다 비할 바 없이 더 귀중한 생명이 다름 아닌 사회적 집단의 생명이다. 사회적 집단의 생명이 있기에 인간은 개인의 생명으로서는 상상도 할 수 없는 위력을 발휘하여 세계의 주인, 자기 운명의 주인으로서 영원한 발전의 길을 걸을 수 있는 것이다.[81]

계급은 집단범주의 하나이다. 집단이 계급 범주에 따라 구성된다는 견해에 대해서는 반대하지만, 집단이 개인에 비해 우선한다는 견해를 바라고 있지는 않다. 문제는 그렇다면, 황장엽이 말하는 "집단"을 구성하는 범주가 무엇인가 하는 의문이다. 그는 그 결정적 의문에 대해 아무런 답도 제시하고 있지는 않다. 집단구성논리가 밝혀지지 않는 한, 집단 "강조"와 집단주의는 공허한 "기호"에 불과하다.

둘째, 그는 여전히 19세기 마르크스주의 내에서 전형적 요소인 진보사관을 믿고 있다.

> 인류역사는 우여곡절을 겪으면서도 선이 악을 이겨내고 정의가 부정의를 이겨왔다는 것을 보여주고 있으며, 인간이 더욱 더 이성적이며 도덕적인 존재로 발전되어 왔다는 것을 보여주고 있다.[82]

---

81) 황장엽 1997: 83.

82) 황장엽 1997: 87.

이 같은 진보사관은 이미 유럽에서는 비판된 지 오래다. 진보사관 내에서의 믿음은 헤겔주의에 강하게 나타나 있는 것으로, 역사결정주의의 믿음에 다름 아니다. 따라서 경제주의로 나타난 역사결정주의를 비판하면서도 황장엽은 여전히 19세기 역사주의 사고로부터 완전히 벗어나 있지는 못하다. 더구나 예컨대 생태학적 문제들이 근본적으로 부각되면서 진보사관은 근본적으로 도전받고 있다는 점에 유의했어야 했다.

셋째, 황장엽은 마르크스주의와 친화력을 갖고 있는 19세기 진화론적 사고를 반복하고 있다. "인간도 동물상태에서부터 장구한 기간에 걸쳐 진화하여 왔다."[83]는 진화론적 사고를 그는 견지하고 있는 것이다.

> 동물로부터 사회적 존재인 인간이 진화 발전되었다는 것을 인정한다면 동물세계와 전혀 다른 인간사회가 처음부터 출현하였다고 보는 것은 비변증법적이다. 동물세계로부터 인간사회로의 이행은 아직 계속되고 있다.[84]

이 같은 진화론적 사고의 문제는 사실상 동물에서 인간으로 진화해 왔는지 여부가 아니라, 유기체론적 사고의 틀 속에서 사회의 문제를 바라보고 있다는 데에 있다. 전체 유기체론적 생명에 배타적인 개인들은 제거되어야 한다는 주장을 그는 여전히 이어갈 것이다. 하지만 사회가 유기체라는 그 생각은 단지 비유에 불과하다. 이미 잘못된 것으로 판명된 비유이다.

넷째, 마르크스주의 정치이론과 실제에서 또 다른 중심인 일당제를 그는 포기하지 않는다. 자유민주주의 테제를 움직이는 다당제 모델, 경쟁정당모델을 그는 수용하지 않고 있는 것이다. 현대 정치는 정당정

---

83) 황장엽 1997: 125.

84) 황장엽 1997: 200.

치와 함께 발전해 왔다는 점에서 볼 때, 그의 일당제론 유지는 주목해야 할 대목이다.

황장엽은 19세기 낡은 유기체론사상에 묶여 있다. 오늘날 발전된 사상은 사회를 하나의 유기체로 보는 이 19세기의 생물학적 사고로부터 멀리 떨어져 있다. 사회는 하나의 폐쇄적 질서에 따라 움직이지 않고, 다원적 질서에 따라 그리고 우연성 범주 속에서 열려 있다.[85)]

황장엽 사상에 가장 큰 문제는 그가 일당제를 여전히 주장하고 있다는 점이다. 일당제 주장은 19세기 폐쇄적 사회유기체 사상에의 믿음과 무관하지 않아 보인다. 하나의 질서가 있다면, 그 질서에 조응하는 정치질서가 있어야 한다는 논리일 것이다. 하지만 일당제론 주장은 반박할 가치조차 없는 비현실적 반논리일 뿐이다.

2) 마르크스와 마르크스주의

(1) 마르크스는 "경제주의"와 "계급주의"를 주장했는가?

> 초기 사회주의자들은 철저한 민주주의자들이었다. 사회주의를 위하여 민주주의가 필요한 것이 아니라 민주주의를 철저히 실천하기 위하여 사회주의가 필요하였던 것이다. …… 초기의 사회주의 사상인 민주주의적 사회주의에서는 혁명의 주체가 누구인가 하는 것이 똑똑치 않다. …… 마르크스주의는 두 가지 기둥을 이론적으로 정당화하기 위하여 유물론과 변증법을 이용하였다. 물질이 정신을 규정한다는 유물론적 명제를 사회역사적 현상에 적용하여 물질생활이 정신생활을 규정하며 인간의 사회적 존재가 사회적 의식을 규정한다는 명제를 내놓았다. 이에 기초하여 생산력에 생산관계가 상응한다는 유물사관 공식을 만들어 냈다. 정치 생활, 사상문화 생활은 경제생활로부터 파생된 것이고 경제생활에 의하여 규정된다고 보았다.[86)]

85) 칼 포퍼, 『열린사회와 그 적들Ⅱ』, 이명현 역, 민음사, 1997 참조.

인간의 사회적 존재가 사회적 의식을 규정한다는 명제를 어떻게 이해할 것인가? 황장엽은 여기에서 이 명제를 정통 마르크스레닌주의의 구체적 선언으로 읽는다. 하지만 마르크스 사상의 해석사를 훑어보면, 마르크스가 오히려 경제주의를 비판한 데 앞서 있었음을 알 수 있다. 역시 그의 독법은 대단히 낡은 것이다. 마르크스는 "사회적 존재"를 데카르트의 고독한 존재로서의 개인을 넘어서는 상호소통하는 새로운 모델로 제시했다(부다페스트학파의 글들을 참조할 필요가 있다).

(2)

> 마르크스는 사회생활에 유물론의 원리를 적용하여 사회에서 물질적인 것과 정신적인 것을 갈라놓고 사회생활은 본질적으로 물질적인 것이며, 정신적인 것은 물질적인 것으로부터 파생된 것, 또 그의 반영으로서 물질적인 것에 의해 규정된다고 보았다. 그는 경제를 물질적인 것으로 보고 문화와 정치는 정신적인 것으로 보았다.[87]

"마르크스"의 유물론을 잘못 이해하고 있다. 경제결정주의에 근거한 상하부구조론으로 그의 유물론은 이해하고 또 비판한다.[88]

(3)

> 마르크스주의자들이 저들만이 현명하고 새 사회를 건설할 수 있는 능력을 가진 사람이라고 생각하면서 과거 사람들을 깔보고 우쭐거린 결과는 사회주의의 위업을 망치는 결과밖에 가져온 것이 없는 것이다. 이 점에서 마르크스나 레닌도 인류사적 견지에 서지 못했으며, 겸손치 못했다고 평가하지 않을 수 없다. …… 자본주의 정치문화 가운데서도 3권분립주의 같은 것은 신중히 검토하고 비판적으로 계승시켜야 할 것이었으며,

86) 황장엽 1997: 74.

87) 황장엽 1997: 243.

88) 콜레티, 『마르크스주의와 변증법』을 참조할 필요가 있다.

> 다당제 의회민주주의도 비판적으로 검토하고 거기서 응당한 교훈을 찾아야 할 것이었다. 자본주의 사회의 정치적 역량도 무조건 다 숙청할 것이 아니라 개조하여 이용할 수 있는 것은 다 이용하도록 하는 것이 필요하다. 고립된 개인으로서는 자기 운명의 주인으로 될 수 없고, 자주적으로, 창조적으로 운동할 수 있는 사회적 집단만이 자기 운명의 주인이 될 수 있다.[89)]

마르크스가 과연 그때까지의 성과를 낮게 평가했는가? 황장엽의 말과는 정반대로, 마르크스는 성과를 높이 평가하고 있다. 사실 마르크스의 전체 저작에서 정치적 글은 많지 않지만, 청년 마르크스의 경우 시민민주주의 성과를 높이 평가하고 그것을 넘어서려 한다는 점은 분명했다.

(4)

> 포이에르바하는 종교를 인간의 본성에 맞는 것으로 개조하려고 하였으며, 마르크스는 종교 자체를 부정하는 방향으로 나아갔다. 마르크스주의자들은 종교를 인간 본성에 맞게 개조하려고 한 포이에르바하의 기도를 비웃었지만, 그것은 탁견이라고 평가해야 할 것이다. 물론 인간의 본성에 맞게 종교를 철저히 개조한다면, 그것은 벌써 신중심의 세계관이며 따라서 그것을 종교라 말할 수 없다. 포이에르바하는 인간 중심의 세계관을 내놓지 못하였다. 그의 인간학은 집단주의 생명관에 기초하지 못하였으며, 세계에서 차지하는 인간의 특수한 지위와 역할을 밝히지 못하였다. 마르크스주의 역시 종교를 부정하였을 뿐, 인간 중심의 세계관을 내놓지 못하였다. 마르크스주의가 주장한 사회주의는 인간 중심의 사회주의인 것이 아니라 경제 중심의 사회주의이며 마르크스주의 세계관은 인간 중심의 세계관이 아니라 물질 중심의 세계관, 경제 중심의 세계관이었다.[90)]

89) 황장엽 1997: 252.

90) 황장엽 1997: 214.

"마르크스는 종교 자체를 부정하는 방향으로 나갔다." — 이 해석 역시 오해이다. 마르크스의 「헤겔법철학비판, 서론」에서의 "아편" 비유를 잘못 이해하고 있다. 아편을 필요로 하는 사회적 모순을 극복해야 한다는 의미였다. 물론 종교의 미래에 대해서 그가 어떻게 대처했는가는 별도의 문제이다.

(5)

> 마르크스가 인간에 의한 인간의 착취와 압박을 반대하여 투쟁하여야 한다는 것은 옳다. 그러나 그가 이 투쟁을 계급이 계급을 반대하는 투쟁으로, 더구나 그것이 노동계급의 영도 밑에서 진행되어야하며 그 투쟁이 폭력에 의거해야만 한다고 주장하는 것은 잘못이다.[91]

마르크스는 폭력을 찬성했는가? 마르크스를 오해하고 있다. 크루트 뢰트거스(Kurt Röttgers)가 「폭력에 관한 담론사에 대한 해석」에서 섬세하게 밝히고 있듯이,[92] 폭력이 그의 혁명 이론에서 본질적이라 보기 어렵다.

(6)

> 마르크스는 물건을 직접 생산하는 데 투하되는 육체적 힘에 대해서만 생각하다 보니 지식노동과 관리노동, 상업노동이 가치를 창조한다는 데 대하여서는 관심을 돌리지 못하였다.[93]

마르크스의 노동가치이론을 잘못 이해하고 있다. 마르크스의 경우,

---

91) 황장엽 1997: 260.

92) Kurt Röttgers, "Andeutungen zu einer Geschichte des Reden über die Gewalt," in: O. Rammstedt(Hrsg), *Gewaltverhältnisse und die Ohnmacht der Kritik*, Ffm, 1974, pp.157-234.

93) 황장엽 1997: 57.

사용가치와 교환가치를 포괄하는 가치, 말하자면, 총체적 사회관계 속에서 노동가치가 이론화되고 있다.

(7)

> 마르크스에게는 정치계급이나 문화인 계급의 개념이 없었다. 그는 오직 물질적 부만을 생산하는 계급만을 인정하였으며, 그 가운데서 생산수단을 가진 자와 못 가진 자가 대립되는 것으로 보았던 것이다.…… 그는 노동계급 역시 경제계급이지 정치계급이 아니며, 따라서 노동계급 자체가 사회의 정치와 문화를 담당할 수 없다는 것을 알지 못하였다. 공산당의 저명한 지도자로서 노동계급 출신은 한 사람도 없다. 노예가 정권을 잡은 일도 없다.[94]

"마르크스에게는 정치계급이나 문화인 계급의 개념이 없었다." — 이 역시 오해이다. 서구의 네오마르크스주의(밀리반트, 풀란차스)의 연구성과가 보여주듯이, 마르크스의 정치 저술은 체계적이지는 않지만, 개념이 결여되어 있지는 않다.

현실정치적으로 볼 때 황장엽이 마르크스와 마르크스주의를 얼마나 정확하게 이해하고 있는지는 부차적일지 모른다. "사상가로서의 황장엽"이 어떤 수준에 있는 인물인지 가늠할 수 있는 척도일 수는 있다. 전체적으로 볼 때, 황장엽은 속류 마르크스주의 사상이라 부르는 그것을 마르크스의 사상으로 보고 있으며, 또한 그것을 비판하고 있다. 1989년 "동구 대개혁 논리"에서 마르크스주의를 비판하는 그 논리를 답습하고 있는 듯한 모습을 보인다. 그것은 서구에서와는 달리, 소련 관영 마르크스레닌주의가 주도해왔던 사상에 대한 비판이 있을 뿐이다.

요컨대, 황장엽의 마르크스 이해는 대단히 조야한 수준에 머물러 있다. 이것은 그의 사상실체가 어떠한 수준의 것인지 짐작케 한다.

---

94) 황장엽 1997: 209.

3. 황장엽 사상의 실체

1) 그의 역사관은 어떠한가?

우리가 관심 있게 보는 것은 황장엽 자신의 "사상"이다. 그가 품고 있는 사상의 실체는 무엇이고, 우리는 그것을 어떻게 논평해야 하는가? 황장엽의 역사관은 근본적으로 서구적이다. 간단히 압축해서 말하자면, 황장엽에서 역사는 "신중심→인간중심"으로 변모해왔다는 것이다. 물론 마르크스주의를 이해하는 과정에서 서구의 사상사를 검토하는 과정에서 이렇게 되는 것이 아니라 단지 그가 이렇게 주장하고 있는 것이다. 그러나 그는 마르크스주의를 비판하는 관점에서 서구에서 발전한 그 마르크스주의의 배후에 신을 확인하고 있는 것이 분명하다. 물론 그 "신"은 유일신이다. 서구사상에서는 근대에 "신"을 대체하는 새로운 중심이 들어선다. "자연법" 사상이 그것이다. 신의 목소리는 자연 속에 질서로 존재하며, 인간 속에는 이성으로 존재하고, 인간의 이성은 자연의 질서를 분석하여 간접적으로 신의 존재를 알 수 있다는 논리가 나타난다. 이와 같은 입장을 흔히 "인간주의(휴머니즘)"라고 부른다. 예컨대 데카르트의 유명한 명제적 표현, "나는 생각한다. 고로 존재한다"는 표현은 이 휴머니즘의 전형이다. 이 휴머니즘은 서구에서 대략 1800년부터 역사성의 범주가 도입되면서 크게 낭만주의 전통과 헤겔주의 전통으로 나누어 발전해 갔다.

신중심에서 인간 중심으로의 변화란 이와 같이 서구사상사에서 일반적으로 확인되는 것이고 따라서 단순한 지적이다. 보다 근본적인 물음은 "인간"이 무엇인가, "인간"을 어떻게 이해할 것인가이다. 20세기 후반 프랑스의 후기구조주의 흐름이나 독일의 비판이론의 흐름이나 모두 이 물음에 대한 답에서 상이하게 나아가고 있다.

황장엽의 역사관은 근본적으로 "서구적"이다. 아마도 이것은 마르크스주의 사상을 믿어온 그의 사상 때문으로 보인다. 문제는 한국사회가 이와 같은 서구적 역사관을 가지고 역사적으로 발전해 오지도 않았고, 또 그렇게 이해될 수도 없다는 단순한 사실에 있다. 한국사회의 역사를 고려한 사상사적 고려가 없다는 것이다.

2) 진화론적 과정과 인본주의

황장엽은 강한 진화론을 편다. 인간의 유적 특성을 진화론적으로 가정한다.

> 동물로부터 사회적 존재인 인간이 진화발전되었다는 것을 인정한다면 동물세계와 전혀 다른 인간사회가 처음부터 출현하였다고 보는 것은 비변증법적이다. 동물세계로부터 완전한 인간사회로의 이행은 아직도 계속되고 있다.[95]

정말 인간이 동물로부터 진화발전되었는지 다시 한 번 물어보지 않을 수 없다. 인간의 시원에 관해서는 여전히 논쟁이 이어지고 있는데, 황장엽은 강한 진화론을 단순하게 단정하고 있다.

3) 그렇다면, 그가 말하는 인본주의란 무엇인가?

그는 우선 동물세계와 인간사회를 대비시킨다. 동물세계는 폭력의 세계이고 인간사회는 이성의 세계라고 그는 특징짓는다. 이 특징지움에서 우리는 황장엽의 "인본주의"가 무엇인지 짐작할 수 있다. 곧 "이성의 세계"인 것이다. 이성을 강조하는 그것보다 동물과 그 세계를 오로지 폭력의 세계로 보는 그 시각이 더 심각한 문제가 있다. 동물의 세계는 자연의 질서가 지배하는 세계이고, 따라서 폭력행사는 자연의 질서에 따른다. 배부른 사자는 가까이 있는 토끼를 죽이지 않는다. 인

95) 황장엽 1997: 200.

간의 세계가 과연 이성의 세계라 말할 수 있을 만큼 비폭력적인가? 그가 인간중심을 외치는 것보다 그 외침이 동물세계를 "위험하게" 강조하고 있다는 데 문제가 더 심각하다고 말해야 한다.

황장엽이 "인간중심"을 어떻게 이해하는지 조명하지는 않지만 시사를 얻을 대목이 없지도 않다. 그는 실존주의를 "인간중심" 사상으로 이해하고 있는 것이다.[96] 사르트르가 연상된다. 물론 그는 실존주의를 개인주의적 휴머니즘으로 이해하고, 그것을 배격한다. 그러나 그것은 황장엽의 "인간중심"이라는 것이 무엇을 가리키는지 짐작하게 하는 대목이다. 역사에서의 주의설(voluntarism)을 강조하는 대목이다. 이는 경제주의에의 그의 비판과도 맞닿아 있는 것 같다.

실존주의가 구체적으로 누구의 실존주의인지 밝히고 있지 않아서 단정하기는 어렵지만, 만약 사르트르의 실존주의라면 이 역시 재검토되어야 한다. 사르트르에게서도 주체이론이 복합적이기 때문이다.[97] 비록 사르트르가 상호주관성의 승인(인정) 이론을 성공적으로 정립시키고 있지는 못하지만 개인주의적 주관성을 넘어서고 있음은 분명하다.

인본주의(휴머니즘)를 주장하는 논리는 오늘날 복잡해졌다. 이론적으로, 인간의 실천에 앞서 있는 어떤 무엇을 확인하려는 시도들이 있기 때문이다. 예컨대 사르트르의 인본주의적 마르크스주의에 대항하여 나온 구조주의적 마르크스주의의 경우가 바로 그러하다. 중요한 것은 이 구조주의적 마르크스주의가 반인본주의를 "이론적으로" 주장하고 있지만, 그 목표는 여전히 인간이 주인이 되는 인본주의를 지향한다는 것이다.

요컨대, 황장엽은 인본주의를 너무 단순하게 이해하고 있는 조야함을 보여준다. 인간들의 실천행위를 제한하는 조건들을 분석하고서야 인간의 자유로운 행위가 가능하다면, 단순한 수준에서 인본주의를 주

96) 황장엽 1997: 160. 참조.

97) 악셀 호네트, 『인정투쟁 : 사회적 갈등의 도덕적 형식론』, 문성훈 외 역, 동녘, 1996, p.261.

장할 수 없음은 분명하다. 아마도 황장엽의 인본주의 주장은 역사적으로 경제결정주의론에 대항하는 수준에서만 그 소극적 의미를 얻을 수 있을 것 같다.

4) 그가 말하는 인도주의의 실체는?

황장엽은 인도주의의 두 형태를 구별한다. 자본주의 사회에서는 개인주의가, 사회주의에서는 집단주의가 인도주의를 각각 대변한다.

〈표 6〉 황장엽의 인도주의 형태

	인도주의 형태
자 본 주 의	개 인 주 의
사 회 주 의	집 단 주 의

> 개인주의에 기초한 인도주의를 완전히 구현한 것이 민주주의가 지향하는 목표라면 집단주의에 기초한 인도주의를 완전히 구현한 것이 사회주의가 지향하는 목표라 볼 수 있을 것이다. 보다 더 단순화하여 말한다면, 개인의 생명을 존중할 것을 요구하는 것이 개인주의적 인도주의라면 개인의 생명과 함께 그것들의 결합체인 집단의 생명을 존중할 것을 요구하는 것이 집단주의적 인도주의이다. 개인의 자주성을 다같이 존중할 것에 대한 평등의 원리를 구현한 것이 민주주의라면 평등의 원리와 함께 집단을 사랑할 데 대한 동지적 사랑의 원리를 구현한 것이 사회주의라 볼 수 있다.[98]

황장엽이 말하는 인도주의란 무엇인가? 엄밀히 말해 분명하지는 않지만, 대체로 말해서 인간의 생명존중과 같은 것이다. 짚고 넘어갈 내용은, 그가 민주주의와 사회주의를, 인도주의를 실현하는 양식의 관점에서 대비시키고 있다는 점이다. 민주주의보다는 사회주의를 우월시

98) 황장엽 1997: 33.

하는 것은 그의 사상을 대변하는 핵심의 하나이다. 따라서 그는, 궁극적으로는, 사회주의자이지 민주주의자가 아니다. 이런 궁극적인 관점에서 황장엽의 수사법을 이해하여야 한다. 예컨대, 「계급투쟁과 무산계급 독재이론은 파산했다.」라는 글은 다음과 같은 말로 끝맺고 있다.

> 사회주의는 계급본위인 마르크스주의에 의하여서가 아니라 민주주의에 기초한 인도주의를 철저히 구현해 나가는 방법으로만 실현될 수 있을 것이다.[99]

이 문장은 앞의 이 주장에 비추어서 해석해 본다면, 논리적으로 모순되는 듯이 보인다. 아마도 자본주의 ― 그 실체는 민주주의이다 ― 다음에 필연적으로 오는 사회주의라는 관점에서 이 문장의 의미를 읽어야만 이해될 수 있다. 그는 사회주의 실현의 전 단계로서 민주주의를 인정할 뿐이다.

황장엽은 여기에서 자본주의와 사회주의의 차이를 개인주의와 집단주의의 대비를 통하여 밝히려 하는 매우 특이한 논리를 전개한다. 집단주의에 기초한 사회주의의 실체와 그 운영의 논리가 어떠할까. 집단주의적 사회주의는 아마도 여전히 개인의 기본권을 무시해버리는 전체주의 정치 논리와 멀리 떨어져 있지 않아 보인다. 개인보다 집단을 우선시하기 때문이다. 따라서 황장엽은 민주주의를 얘기하고 있지만 자유민주주의의 기본권조차도 인정하지 않는 반민주적 논리를 포기하고 있지 않다. 또한 오늘날 자본주의적 민주주의 국가들을 움직이는 원칙이 개인주의만은 아니다. 오히려 시장과 국가와 공동체가 서로 복합적으로 뒤얽힌 네트워크가 현대사회를 움직이고 있다고 보아야 한다.

---

99) 황장엽 1997: 141.

5) 사회를 하나의 생명체로 비유할 때의 위험성

“사회적 존재로서의 인간”이라는 그의 명제가 이 책 여기저기에서 반복되고 있고, 반복되는 그의 생각에서 핵심의 위치를 차지하는 것 같다.

> 인간은 개인적 존재인 동시에 집단적인 사회적 존재이다. 지금까지 생명은 개인만이 가지고 있다고 생각되었다. 사람의 생명과 생명이 결합되어 사회적 집단으로서 생명을 가진다는 데 대한 이해가 없었다. 만일 개인만이 생명을 가진다면 개인은 다 죽음을 면할 수 없는데 어째서 민족은 죽지 않으며, 인류는 계속 번영할 수 있는가.[100]

그는 사회를 생물학적 유기체로 비유하던 19세기의 유기체론을 여전히 반복하고 있다. 사실, 유기체로서의 사회라는 생각은 그가 말하고 있는 때와는 달리, 오래된 것이고, 그가 비판하는 마르크스주의 사상에 흐르는 기본이기도 하다. 이 사회를 하나의 생명체로 보는 이 시각은 그의 “집단 강조”로 이어진다.

> 개인의 생명보다 비할 바 없이 더 귀중한 생명이 다름 아닌 사회적 집단의 생명이다. 사회적 집단의 생명이 있기에 인간은 개인의 생명으로서는 상상도 할 수 없는 위력을 발휘하여 세계의 주인, 자기의 운명의 주인으로서 영원한 발전의 길을 걸을 수 있는 것이다.[101]

진정, 사회가 생명체인가? 사회를 하나의 유기체적 생명체로 보았던 것은, 19세기 유럽에 팽배해 있었다. 생명체 비유가 주는 비판구성의 사상에 대해서는 특히 자유주의 정치맥락과 포퍼(Karl R. Popper)를

---

100) 황장엽 1997: 81.
101) 황장엽 1997: 83.

참고할 수 있다. 사회를 하나의 생물학적 유기체로 보는 그의 이 사상은 그의 주체사상의 핵을 이루는 것으로 보인다. 전체 유기체몸을 움직이는 사상의 중추로서의 "당"이 결국 결정적이라는 것이다. 이는 전체주의 사상과 떨어져 있지 않다.

이와 같이 황장엽 사상의 저변을 구성하는 핵심은 서구에서 19세기에 확산되었던 사회 유기체론이다. 황장엽은 이 유기체론에서 출발하고 있다. 이는 낡은 가설에 불과하다. 오늘날의 지배적인 사상은 사회를 근본적으로 "열려" 있는 것으로 보는 것이다. 그러나 황장엽은 폐쇄적 사회 유기체설에 근거하면서, 사상이 오늘날 중요해졌고, 이 사상을 지배할 당을 주장하고 있다. 사상들이 있고, 진리가 근본적으로 열려 있다면, 다양한 사회적 제도들 사이의 대화가 핵심이라고 말해야 한다. 사상을 지배하는 일당제가 핵심에 세워져 있다면, 그것은 전체주의 사상을 반복하는 것에 불과하다.

6) 이기주의에서 이타주의로

그가 "사랑"을 도입하는 맥락은 이타주의를 주장하려는 의도 때문이다. 종교적, 도덕적 생명으로서 이타주의를 요청할 수 있음을 부인하기가 어렵지만, 이타주의가 현대사회에서 어떻게 발전될 수 있는지, 사회과학적으로 논증해야 하는 부담이 남아 있다.[102)]

인간은 근본적으로 이타적 존재인가? 그렇다면, 왜 이기(주의)적 인간들이 존재하고 있는가? 서구사상사를 살펴보면, 자기유지와 연민의 정이라는 두 충동에 관한 논전을 볼 수 있다. 이 쟁점에 관한 깊이 있는 논의가 없다면, 이타주의 주장은 공허할 뿐이다.

개인의 이기주의에서 개인의 이타주의로 변화를 꿈꾸는가. 이기주의든, 이타주의든 간에, 그것은 개별인간들의 행위를 가리키는 것이다. 그렇다면, 그의 "집단"우선 명제와는 모순되지 않는가. 이것도 명백하

---

102) 황장엽 1997: 83-84.

지 않다.

설사 집단이 개인에 우선한다는 주장을 받아들인다 할지라도, 집단을 구성할 수 있는 선택권은 어디에 있는가? 황장엽에게 있어서는 기존집단이 잘못되었을 때 그 집단에서 빠져나올 수 있는 권리가 없다는 것인가? 나아가서 그 집단을 해체할 수 있는 권리는 없다는 것인가? 황장엽은 집단을 구성하는 권리에 대하여 간과하고 있다. 집단과 집단 사이에 갈등이 일어날 경우에는 어떻게 대응해야 하는가. 황장엽은 이런 중요한 핵심 논거에 대해 깊이 성찰하지 않고 있다.

7) 황장엽의 전체주의 비판

전체주의를 그가 어떻게 비판하는가? 민주주의적 자본주의론자들에게, 전체주의에의 비판은 다음 두 차원에서 확인될 수 있다. 그 하나는 사회사적인 차원이고, 다른 하나는 인식론적 차원이다. 황장엽이 그 어느 차원에서 전체주의를 비판하고 있는가? 엄밀한 의미에서 사회사적 차원이라고 말하기는 어렵지만 이와 가까운 것 같다. 더 가까이 다가서 보면, 그의 전체주의 비판은 독재적 인물에의 비판에 초점을 맞추고 있다. (다시 말해, 전체주의 사회의 제도편성에 비판을 가하고 있지 않다.) 그는 개인선전을 주로 비난하고 있을 뿐이다.

황장엽은 자본주의 정치 내에서는 독재가 없다는 명제를 제시하고 있다.

> 자본주의 정권은 독재가 아니라 자유와 평등을 표방한다. 경제적 특권으로 하여 실질적인 평등이 보장되지 않는 것은 사실이지만 독재정권이라고 말할 수 없다. 자본주의 정치에서는 어느 당도, 어느 개인도 독재할 수 없게 되어 있다.[103]

103) 황장엽 1997: 254.

황장엽의 자본주의 이해수준을 보여주는 또 하나의 전형이다. 자본주의 사회에서 "독재"의 다양한 형태들에 대한 연구들은 이미 수없이 나와 있다. 여전히 변함없는 권위주의와 엘리트주의를 황장엽은 여기저기에서 전개하는 모순된 모습을 보이기도 한다. 황장엽은 민주주의를 강하게 주장하면서도, 독재를 변호하는 진술을 전개하고 있다. 그가 즐겨 사용하는 비유는 "어린아이와 예방주사"이다. 좀 길게 인용해 본다.

> 독재와 민주주의에 대하여 옳은 인식을 가질 필요가 있다. 독재는 문자 그대로 권력을 독차지하고 대중에 의거하지 않고 혼자서 결재한다는 것을 의미한다. 독재는 언제나 나쁘고 민주주의는 언제나 좋다고 보아서는 안 될 것이다. 어린아이들이 예방 주사를 안 맞겠다고 억지를 쓸 때 그들의 의사를 존중히 여기는 것이 어린아이를 보호하는 일로 되지 않는다. 이런 때는 강제로라도 예방 주사를 놓아주어야 한다. 사람들의 사상문호 수준이 낮고 인민대중에서 자주적이며 창조적인 생활을 보장할 수 있는 물질적 조건이 성숙되지 못한 상태에서 민주주의를 주장하면서 대중의 의사를 따라가는 것은 좋지 않다. 과학분야에서 탁월한 학자들이 독창적으로 새로운 과학적 발견을 하여 과학발전에 크게 이바지할 수 있는 것처럼 정치분야에서도 탁월한 정치적 능력을 소유한 정치가가 출현하여 독재의 방법으로 사회 발전의 요구에 맞게 정치를 할 수 있으며, 또 그러한 정치는 진보적인 것으로 평가해야 할 것이다.[104]

칼 포퍼의 『열린사회와 그 적들』을 들먹일 필요도 없이, 독재와 전체주의를 변호하는 전형적 수사법이 여기에서 다시 반복되고 있다. 모든 독재의 목적은 독재가 아니다. 적어도 독재 그 자체를 주장하는 독재자는 없다. 민주주의를 실시할 수 없다는 민중(대중)들의 무지를 논거로 제시하여 독재자들은 민중들이 바른 판단을 내릴 수 없도록 사회

104) 황장엽 1997: 231-232.

와의 커뮤니케이션을 폭력적으로(강압적으로) 단절시키는 것이다. 독재가 나쁜 것은 독재가 지속되기 위하여 인간의 "이성적" 소통(J. Habermas)을 지속적으로 차단하기 때문이다.

"어린아이와 예방주사"라는 은유를 사용하여 황장엽은 "독재"를 변호하고 있다. 민주주의 사회에서는 성인이면 누구나 평등하다는 것을 기본원칙으로 삼는다. 서로 소통하면 합리적 합의에 도달할 수 있는 능력이 성인이면 누구에게나 있다고 전제하는 것인데, 황장엽의 이 비유는 이를 정면에서 부정하는, 감추어져 있는, 독재이론가에 불과하다.

8) 유일당제의 사회주의

"나는 유일당제를 포기하지 않는다."[105] 이 문장은 『황장엽의 비밀파일』에서 핵심의 하나이다. 이 점에서 그는 여전히 정통마르크스주의자로 남아 있다. 황장엽은 다당제 의회민주주의를 긍정하는 모습도 보이지만,[106] 그것은 궁극적으로, 다당제 의회민주주의를, 사회주의를 탄생시키려는 산파정도의 역할로 보기 때문으로 추론된다. 즉, 자본주의를 거쳐, 더 정확히 말하면, 자본주의를 고도로 발전시킨 다음에서 사회주의가 가능하다는 식의 논법을 전개하고 있다는 점이다.

> 개인의 민주주의적 권리를 옹호하는 정치문화의 발전에 의거하여 집단주의에 기초한 인간의 정치적 요구를 실현하는 데로 넘어가는 것이 정상적이다.[107]

"일당제" 주장과 이 주장은 어떻게 연결될 수 있는지, 의문이 생긴다. 황장엽의 정치사상을 단적으로 보여주는 곳이 이와 같은 일당제론이다. 일당제론에 대한 엄청난 문헌들이 이미 나와 있음에도 불구하

105) 황장엽 1997: 37.
106) 황장엽 1997: 224.
107) 황장엽 1997: 224.

고, 이렇게 일당제를 주장하는 이론적 · 실제적 근거가 무엇인지 오직 궁금할 뿐이다. 민주주의 정치에서는 새로운 정당을 새롭게 구성할 수 있는 진리를 포함하고 있고, 이는 결정적으로 중요하다. 정당들 간 경쟁을 통하여 민주시민들은 자신의 선택권을 행사할 수 있다.

9) 자본주의를 잘 이해하고 있는가?

황장엽은 자본주의를 단순하게 이해하고 있다.

> 자본주의 사회는 개인주의에 기초한 경제발전을 위주로 한 사회이다.[108]

"시장"을 중심으로 하는 초기 자본주의 시기에서도 엄밀히 말해서 개인주의에 기초했다고 단언할 수는 없지만, 복지국가모델에서는 국가와 공동체, 그리고 시장의 혼합양식이 특징이다.[109]

10) 폭력에 대하여

정치적 지배에는 폭력(강제력)과 동의(설득)가 작용한다. 황장엽은 후자에 보다 강한 강조를 두고 있다. 황장엽은 이 책 전체에서 폭력을 비판하고 "사상"을 강조한다. 이는 이탈리아 정치사상가 안토니오 그람시가 말하는 헤게모니이론을 연상시킨다.

황장엽은 폭력에 대하여, 이론적으로 "정치적으로" 상호균열되는 모

---

108) 황장엽 1997: 224.

109) 황장엽의 논술에서 제법 충격을 주는 대목들이 있다. 그 하나가 제2차 세계대전을 평가하는 맥락이다. "전체주의가 민주주의에 의하여 패망되었다는 것은 그것이 민주주의보다 낡은 사상이라는 것, 즉 봉건사상과 통하고 있다는 것을 말하여 준다. 제2차 대전에서 자유민주주의가 전체주의를 타승(타도하여 승리함)한 것은 자본주의가 봉건주의를 타승한 것과 맞먹는 의의를 가진다."(p.43) 제2차 세계대전에서 그는 국가들 사이의 전쟁보다는 이념의 대립, 사상의 대결을 읽는다. 전체주의에 대한 자유민주주의의 승리라는 주장이다. 그렇다면, 한국전쟁은?

습을 보인다. “폭력이 처음부터 정권과 결부되었다”, “폭력을 부인하는 것은 정치자체를 부인하는 결과를 가져온다”[110]고 주장하는가 하면, 다른 곳에서는 정치의 항구성을 인정하고 있다. 곧 정치의 항구성 명제는 폭력의 항구성을 승인하는 것이다. 폭력 없는 사회를 한편에서는 주장하고, 다른 한편에서는 부인하는 것이다. 자유주의 정치이론에서는 — 막스 베버(Max Weber)이래로 — “폭력 없는 사회”라는 유토피아를 설정하지 않고, 현실주의 정치이론을 주장하는데, 황장엽은 자유주의 정치사상의 비관주의를 슬그머니 수용하는 셈이다. 폭력의 존재와 정치의 존재는 황장엽의 글에서 나란히 나아간다.

> 사회생활에서 폭력의 존재를 무시하는 것은 결국 폭력에 의거하지 않을 수 없었던 정치의 역할을 거의 무시하는 것이나 다름없다. 오늘까지지도 정치가 폭력과 밀접히 결부되어 있다는 사실을 놓쳐서는 안 되며 비폭력화를 위한 투쟁이 동물세계의 잔재를 청산하고 사회를 인간화하기 위한 투쟁, 인간을 사회화하기 위한 투쟁에서 가장 간절하고도 중요한 과업이라는 것을 인정하지 않으면 안 될 것이다.[111]

폭력은 동물적인 것인가? 오히려 “왜곡된 문명성”이 폭력을 불러 오는 것이 아닐까? 동물의 세계에서는 정말 “전쟁”이 없지 않은가? 인간의 세계에서만 처절한 전쟁이 있다. 따라서 “인본주의”, “휴머니즘”, “인간중심주의” 그 자체를 평가하자면, 결코 긍정적인 것만은 아니다.

> 사회주의는 사람들이 주인으로 되는 사회이기 때문에 목적의식적으로, 이성적으로 건설하여야 한다. 폭력은 인간적 방법이 아니라, 동물적 방법이다. 인간의 우월성은 폭력에 있는 것이 아니라, 의식, 이성에 있다. 폭력은 이성을 옹호하는 수단으로 되어야 한다. 이성방법으로 인간적인 사

110) 황장엽 1997: 23.
111) 황장엽 1997: 200.

회를 건설하여야 한다.[112)]

폭력에 대하여 황장엽은 모순된 견해들을 보이고 있다. 자유주의 정치사상가인 베버에 따르면, 정치란 강제력(폭력, 즉 국가의 강제력)을 독점적으로 행사하는 정당성의 문제로 등장한다. 황장엽은 한편에서는 사회주의 정치이론을 전개하고 있지만, 다른 한편으로는 조야한 자유주의 정치이론으로 휩쓸려 들어가고 있다. 우리가 일반적으로, 일상적으로, 국가가 행사하는 강제력을 폭력이라 부르지 않는 특별한 이유가 있는 것이다. 그것은 현실주의 원칙에따라 국민들이 승인하는 강제력으로서 법치국가의 구성원칙이다.

11) 사상의 독재

황장엽은 사상의 중요성을 말한다.

> 정치는 본질상 사람을 관리하는 사업이다. 사람을 관리하는 데는 법에 의거한 폭력도 필요하고 경제적 이해관계도, 사람들의 행동을 조정하는 것도 필요하지만, 가장 중요한 것은 사상적으로 이끌어 주는 것이다.[113)]

흥미로운 점은, 그가 "정치사상권을 대표하는 권한을 독립시키자"[114)]고 제안한다는 사실이다. 민주주의적 자본주의 체제에서 보면, 이 제안은 때늦은 발상일 수 있다. "사상의 자유" 등 기본권의 맥락에서 이미 보장된 — 적어도 형식상으로는 — 내용이기 때문이다.

황장엽은 (정치)사상발전을 강조하고, 이를 위해 입법, 행정, 사법기관 이외의 독립된 권력기관으로, 곧 "네 번째 권력"으로 인정하자는 주장을 제안하면서 다음과 같이 말한다.

112) 황장엽 1997: 237.

113) 황장엽 1997: 237.

114) 황장엽 1997: 41.

> 참다운 사회주의사상의 향도 없이 사회주의 사회를 건설할 수 없다. 사회를 발전시키기 위하여서는 사상발전의 자유로운 길을 열어 놓아야 하며 사상발전과 대중의 정치사상 수준을 높이는 사업이 선행되어야 할 것이다. 이 문제를 해결하자면 정당을 정치적 권력기관으로 만들지 말고 정치사상 기관으로 만들어야 하며 정치사상을 연구보급하고 인민대중의 정치적 생활문화 수준을 높이는 작업을 책임지는 국가의 네 번째 독자적인 권력기관으로 만드는 것이 필요할 것이다.[115]

정치사상의 기관은 황장엽에게 있어서 (사회주의)당에 다름 아니다. 그렇다면, "사상발전의 자유로운 길"이 정말 존재할 수 있는지, 의심스럽다. 사상발전을 당이 관리 · 지배한다면, 사상은 진정 발전할 것인가? 사상의 시대에서 사상을 여전히 당이 지배한다면, 여전히 그것은 당의 독재인 셈이다. 사상들의 존재, 사상을 생산 · 매개 · 수용하는 제도들과 인물들의 다양성을 승인하지 않고서는 사상의 발전을 기대하기란 어렵다.

4. 맺는말

『황장엽의 비밀파일』에서 비밀은 밝혀졌다. 황장엽의 사상은 사회주의의 그것이고, 사회주의에로의 이행을 재검토하는 수준의 내용이라는 것이다. 그가 마르크스주의자로 부르는 그것은 마르크스레닌주의에 다름 아닌 것으로서 오늘날 서구 마르크스주의에서 이미 폭넓게 깊이 논의되어 더 이상 논의할 가치가 없는 수준의 것이다. 그는 많은 지면을 마르크스레닌주의에 대한 비판에 할애하고 있는데, 이는 그의 지적 배경이 무엇이었나를 간접적으로 설명해주고 있다. 서구의 마르크스 연구학에서는 마르크스를 19세기에 등장한 거장의 대열에서 이

115) 황장엽 1997: 41.

해 · 분석하고 있다. 니체, 뒤르켐, 프로이트, 베버 등과 같은 고전으로 보는 것이다. 마르크스에 대한 엄밀한 문헌학적 검토조차 없는 조야한 판단이 곳곳에서 나타나는 것은 그의 전체 사상 수준을 의심스럽게 만든다.

황장엽은 마르크스주의(마르크스레닌주의)를 비판하면서, 자유민주주의 체제를 움직이는 많은 부분을 인정하는 듯한 모습을 보이고 있지만, 그것은 궁극적으로 사회주의에로의 이행을 위한 전략적 — 혹은 그의 역사관에 따른 — 사고이다. 그의 핵심사상은 "사회주의가 민주주의보다 앞선다"는 것이다.

1) **애매한 독자** : 정치적 성격이 강한 글일수록, 특정한 독자들을 염두에 두고 있다. 『황장엽의 비밀파일』의 독자들은 누구인가. 황장엽이 누구를 대상으로 이 『비밀파일』을 집필했는지 분명하게 밝힐 필요가 있다. 아마 북한 독자들을 대상으로 이 글을 집필했다고 한다면, 황장엽은 사회주의 대개혁의 논리를 급진적으로 이끌어가는 인물로 나타날 것이다. 하지만, 북한이 이런 종류의 글이 출간될 수 있을 정도로 자유로운지 의심스럽다. 북한의 독자들을 대상으로 했다면, 북한이 사상적으로 자유롭거나 아니면 볼 수도 없는 독자들을 위해 글을 쓰는 무의미한 행동으로 해석되어질 것이다. 이와는 달리, 남한의 독자들을 위해 이 같은 글을 썼다면, 황장엽은 남한의 학문수준이나 정치상황을 예리하게 포착하고 있지 못하다는 비판을 받을 것이다.

2) **『황장엽 비밀파일』의 이해를 넘어, 아니 『황장엽 비밀파일』을 정확히 이해하려면 황장엽의 삶과 사상 전체를 이해해야 한다** : 국내에 알려져 있는 몇 가지 글들만으로는 충분히 황장엽의 사상을 확인했다고 보기 힘들다. 따라서 황장엽의 전체 저술을 확인하고, 정리할 필요가 있다. 그의 삶 전체를 조망해야 한다는 것이다.

3) **북한 정치사적 변화 속의 황장엽을 이해해야 한다** : 이렇게 정리하면, 황장엽의 사상궤적을 역사적으로(시간대별로) 구별하고 논평할 수 있는 길이 열릴 것이다. 오늘의 황장엽을 정확하게 판단하기 위해서는 어제의 황장엽을 정확하게 분석해야 한다. 그렇게 하면, 그의 미래를 예측할 수 있을 것이다.

4) **도전은 황장엽의 사상이 아니라, 황장엽의 서울 도착이라는 정치적 의미에서 온다** : 국내 어느 대학의 공개심포지엄에 황장엽이 공식적으로 참여하여 토의를 한다고 가정해보자. 서구사상사에 정통해 있는 국내학자들의 논지를 그가 이해하기 어려우리라 추측되며, 따라서 그가 제시하는 논거는 "자본주의"의 체제적 모순에 관한 "고전적" 비판을 반복하는 수준을 넘기 어려우리라 추측된다. 그의 의미는 정치적 사건 이상일 수가 없다는 것이다. 사상의 도전을 두려워할 이유가 전혀 없다. 염려할 것은 황장엽의 서울 도착의 정치사적 의미이다.[116)]

---

116) 이 글은 『황해문화』, 제19호, 1997년 여름호에 실렸던 것인데 가볍게 다듬었다.

제3부 신세계질서와 리더십

● 신세계질서에 대한 소고

1. 위기와 불안, 불투명의 시대

세계는 불안하다. 이 세계의 불안은 현 단계를 위기로 규정하는 목소리가 좌파, 우파 그 어느 한편에서 다른 한편을 공격하는 가운데 터져 나오는 것만이 아니라는 데 있다. "좌파의 위기"가 좌파 지식인 내에서 넓은 공감대를 얻어가면서도 다른 한편으로는 우파 역시 위기를 스스로 인정하는 현상이 일어나고 있는 것이다.

신세계질서의 실체와 그 운동논리는 엄격히 말해 투명한 것이 아니다. 이른바 냉전의 논리가 끝나가고 있다는 진단이 넓게 설득력을 얻고 있으면서도, 포스트 냉전의 신세계질서의 정체를 확고하게 규정하고 전망하려는 시도는 아직은 거의 불가능할 만큼 지극히 어려운 과제일지도 모르겠다.

20세기 후반기, 그리고 21세기 초반인 지금까지 이념의 동향은 좌파도 우파도 위기를 말하고 있다는 점을 특징으로 한다. 소련과 동구권의 개혁으로 상징되는 20세기 후반, 그리고 현 전환기는 무엇보다 냉전의 종말로 특징지어지고 있다. 그리고 그 뒤에는 "이데올로기의 종언"(Bell)이 강하게 작용하고 있었다. 여기에서 우리는 마르크스레닌주의의 위기, 아니 그 죽음이 20세기 후반, 그리고 현 21세기에 지니는 의의를 좀 더 자세하게 짚어볼 필요가 있다. 또한 이와 직접·간접으로 관련을 맺고 있는 맥락으로서 20세기 후반기를 특징지었던 사회보장국가의 위기 혹은 보수주의 르네상스를 점검할 필요가 있다. 소련 및 동구권의 대개혁은 보수주의를 강화하는 사건임에 분명하다.

1) 좌파의 위기

마르크스주의는 실제의 측면에서도 위기를 맞이하고 있다. 선진산업사회 내부에서뿐만 아니라 사회주의진영 내부에서 실제적 위기에 직면해 있다. 선진산업사회 내부에서의 위기는 두 가지 차원에서 논의될 수 있다. 첫째, 이른바 프롤레타리아트의 계급혁명론의 기초인 양극화 모델이 주장하는 바와는 달리 적어도 선진산업 사회에서는 중간계급 혹은 신중간 계급이 사회 저변에 넓게 확산되는 경험 현실에 주목하면서 자유주의 지성은 물론이고 서구 좌파 지성 내에서도 프롤레타리아트가 사회혁명의 주체라는 고전적인 명제를 부인하는 분위기가 일어난 것이다. 둘째, 노동 시장 밖에 있거나 노동 시장에 연결된 가계 밖에 있는 이른바 "주변" 집단들이 크게 성장했다는 사실이다. 이러한 프롤레타리아트 계급혁명론의 퇴색한 마르크스주의가 서구 좌파 지성에 발아하기 시작한 시점은 마르크스주의를 좌파 내에서 정면으로 부정하고 있는 이른바 포스트 마르크스주의의 등장 이전으로 거슬러 올라갈 수 있다. 아마 제2인터내셔널의 수정주의 논쟁까지 갈 수 있을 것이다.

그러나 무엇보다도 동유럽 공산체제와 소련의 붕괴야말로 마르크스주의가 직면한 결정적 위기이다. 20세기를 거치면서 우리가 경험하는 공산주의는 그 형태와 내용이 다양하다는 점을 인식해야 한다. 크게 다음 세 유형으로 식별할 수 있다.[117)]

(1) 관료적 공산주의 (스탈린주의)
(2) 혁명적 공산주의 (모택동, 카스트로, 호지명)
(3) 개혁공산주의
  ① 테크로크라트적 개혁노선

117) 박호성, 「소련의 사회주의는 어디로 가고 있는가」, 김세균 · 이수훈 외 공저, 『변혁기의 제3세계 사회주의』, 나남, 1992, pp.314-322를 참조하라.

② 민주적 개혁노선

붕괴의 순서는 기존의 스탈린주의적 공산정권에 저항했던 동유럽 공산주의인 "(3)"유형에서 "(1)"로 옮겨갔다.[118] 동구대개혁 일반의 특징을 짧게 요약해보면 다음과 같다. 첫째, 마르크스레닌주의의 진보사관과는 거의 정면에서 충돌되는 형태로 나타났다. 즉 혁명적 진보이론 형태를 띠고 있지 않다. 둘째, 공산주의 레짐의 붕괴가 일종의 도미노 현상을 보였는데, 이를 거의 예견하지 못했다. 셋째, 그 연관관계가 국제적 성격을 띠고 있다.

물론 여기에서 주의해야 할 점은, 독일통일 맥락에서 구동독의 특수성을 잊지 않아야 한다는 것이다. 동독사례의 특수성은 ① 민족국가 혹은 국민국가이기보다는 "노동자 농민국가"였다는 점, 즉 유물론적 경제 메커니즘이 주도해온 국가였다는 점, ② 제2차 세계대전 이후 성립한 동구권에서는 유일한 분단국가였다는 점, ③ 폴란드, 헝가리, 체코 등과 비교해 보았을 때 "재야"(Opposition)가 허약하게 발달해 있었다는 점, 달리 말해 정치적으로 다원주의의 역사가 짧다는 점 — 경제적으로 "보다 나은 독일"(besserer Deutschland)이 그들의 캐치프레이즈였었다 — 등이다.

남아 있는 공산주의는 비유럽 지역의 공산주의 체제인 "(2)"유형인데(중국, 북한, 쿠바), 다음 두 각도에서 변화를 예시할 수 있다.

① 내적으로 공산주의 체제에 대한 비판적 자기 성찰이 증대될 것이다. 다시 말해, 동유럽 공산주의체제와 소련의 붕괴를 획기적인 자기 점검의 계기로 삼을 가능성이다.

② 물론, 내적인 자기 정화 노력은 쉽지 않을 전망이다. 공산주의

---

118) 박호성에 따르면, 동유럽 공산주의가 가장 먼저 붕괴된 이유는 대략 세 가지 요인 때문이다. ① 부르주아적 요소의 철저한 극복이 선행되지 못했었다는 점, ② 민족적 전통과 특수성이 거의 완벽히 무시된 획일적 공산주의 체제가 일방적으로 강요되었다는 점, ③ 따라서 그러한 체제를 강박한 외부세력이 동요하거나 약화될 때 그러한 외부로부터 이식된 공산주의 체제는 더 이상 지탱할 기력과 명분을 지니지 못하게 된다는 점이 그것이다. 박호성 1992: 320.

진영의 중심인 소련이 붕괴되고 자본주의 체제로의 편입 압력이 더욱 가속화될 가능성이 높기 때문이다. 특히, 내부의 혁신 요구에 부응하기 위해서 혹은 생존 그 자체를 위해서 자본주의 세력의 개방 압력을 어느 정도 수용하지 않을 수 없다. 그런 점에서, 국제관계에 대한 방향 전환이 복합적으로 일어날 것이다.

2) 보수주의의 르네상스

20세기 후반과 현 21세기 초를 특징짓는 또 다른 하나가 신보수주의의 흐름이다. 일단 여기에서 이 흐름을 강화시킨 전후 보수적 사유를 짧게 짚어보자면, 다음과 같다.[119]

(1) 주관성의 확대와 사적 이익의 확대사이의 균열을 "전통의 복구"를 통해 메우려는 리터의 이론.

(2) 일반성 / 보편성 / 규범성의 상실이 현대사회를 지배하고 있다는 진단 속에서 "정치적 결단"(칼 슈미트)을 강조하고, 정당성 범주를 배제한 법치국가를 대안으로 제시한 포르스토프.

(3) 겔렌 / 셸스키 등의 테크노크라시 명제로서 과학적 합리성을 추구하는 새로운 엘리트주의.

이들의 공통된 속성은, 전통을 단순하게 강조하고, 형식적 / 절차적 민주주의를 고집하거나, 엘리트주의를 일관되게 강조하면서, "대중"의 정치참여, 사회운동의 저항을 위험시한다는 점이다. 신보수주의는 이러한 늪에서 자라왔는데, 한편으로는 국가의 능력을 증대시키려는 전략과 다른 한편으로는 국가개입을 줄이려는 전략을 취하는, 말하자면 균열된 인상을 주고 있다. 짧게 요약하자면 다음과 같다.[120]

---

119) 서규환, 『현대성의 정치적 상상력』, 민음사, 1993에서 「제3장 신보수주의의 늪 - 위기 비판의 위기」, pp.83-104를 참조하라.

120) 서규환 1993: 90.

〈표 7〉 신보수주의의 속성

	진단	예측	치유책	
행동	시민의 탐욕	정당체제 내에서의 양극화	요구의 축소	①시장의 활성화 ②교육의 강화 ③전문화
구조	체제 조정력의 미비	정치운동	체제 조정력 증대	④행정합리성 증대 ⑤신조합주의

신보수주의의 흐름들 가운데 문화를 토대로 보는 지적 분위기를 살펴볼 필요가 있다. 그것은 변화의 실천주체를 이해하는 방식과 관련되기 때문이다. 대체로 세 가지 이론으로 대별된다.[121)]

① 포스트모더니즘(죽은 주체, 순간성, 반총체성)
② 나르시시즘
③ 탈물질론(Postmaterialism)

특별히 주목해 볼 대목은 ③ 탈물질론이다. 보수주의에서는 신중간계급의 가치변동에 주목하여, 이들의 가치관을 정치의미론과 무관하거나, 반좌파적으로 해석하려 한다. 하지만 이는 현재 경험연구를 통해서 검토되어야 하는 이슈이다. 새로운 좌파 쪽에서 이들의 가치변동을 자신의 쪽으로 끌어들이려는 노력과 그 성과를 참조해 보면, 그들의 가치와 태도가 결코 우파적이라고만 할 수는 없다. 최근의 "시민사회" 이슈를 둘러싼 좌우파 논쟁이 이를 잘 반영하고 있다.

여하튼간에, 신보수주의의 정치이론적 특징은 보수주의와 별반 다를 바 없이 다음과 같이 요약될 수 있다. 신보수주의가 〈통치 불가능〉 명제를 제시하여 자유주의를 방어하는 데, 주로 다음과 같은 세 가지 관점이 함께 작용한다.

첫째, 현대사회는 기능적으로 분화되고 가치다원주의가 지배하는 까닭에 하나의 통일성 있는 공적 의사형성은 불가능하다. 현대사회는

121) 상세한 것은 서규환, 「서구좌파의 위기」, 본 책 제2부를 참조하라.

기능적 복합성과 문화적 다양성 때문에 정치적 결정을 내릴 때 많은 부분에서 민주주의의 원칙을 따르지 않게 된다. 따라서 민주주의 질서가 가능하려면 대의제, 폭력의 분할, 소수자의 보호, 정치에 법률을 정해 스스로 제한하는 등 헌법상의 보증들이 필수적이다. 엘리트의 민주주의론은 민주주의 정치를 법치국가 모델에 따라 제한하는데, 그 이유는 한마디로 말해 대중에 대한 불신 때문이다. 대중은 전제에 쉽게 기울어지며 비합리적 충동에 쉽게 빠져든다는 것이다.

둘째, 슘페터가 말하는 〈방법으로서의 민주주의〉라는 개념이 여전히 이어지고 있다. 현대 민주주의에서는 정치적 의사결정 과정에서 엘리트들이 주도한다. 즉 〈인민에 의한 통치〉 대신에 〈인민이 인정하는 통치〉라는 개념이 등장한다. 이러한 엘리트 민주주의론에서 민주주의란 인민을 지배할 사람들을 받아들이거나 아니면 거부할 수 있는 가능성을 인민이 가지고 있다는 것을 의미할 뿐이다. 슘페터에서 〈인민의 의지〉는 독립적인 실체가 아니다. 〈인민의 의지〉를 나타내는 것은 사실에서는 정치엘리트들이 공적 영역에서 행사하는 여러 기능들 가운데 하나일 뿐이다. 엘리트들 사이에 경쟁이 있고 그 중 어느 것을 선택할 수 있다는 것이다. 하지만 선택 그 자체를 선택하는 것이 아니라 제한된 선택 가능성이 있을 뿐이다.

셋째, 〈민주주의의 경제이론〉이 있다. 기업가가 소비자들과 맺는 관계에서 정치가가 유권자들과 맺는 관계를 은유적으로 설명하려 한다. 정치가는 뽑히고자 할 때 유권자들의 선호와 이익을 존경해야 하지만 이것에 앞서 그 정치가는 근본적으로 개인적 차원에서 우선 출세욕이나 권력추구에 몰입되어 있을 것을 전제로 한다. 〈인민의 주권〉도 이러한 〈민주주의의 경제이론〉에서는 소비자로서의 주권성일 뿐이며, 〈인민의 자유〉도 소비자가 (기업들이 시장에 내어놓은) 여러 상품들 가운데 선택할 수 있듯이 (서로 경쟁하는) 정당이 내어놓은 여러 정치 상품들 가운데 선택하는 자유이다.

문제는, 이와 같은 보수주의 혹은 자유주의가 단순히 “사회주의”를 압도해 버리는 식으로 21세기가 전개될 것인가 하는 의문이다. 적어도 유럽에서는 단호하게 말하여 그렇지 않다고 나는 전망한다. 그 이유는 다음과 같다.

첫째, 서구 좌파는 소련 및 동구 대개혁 이전에 현실 사회주의(Real Socialismus)를 비판하면서도 서구 마르크스주의의 비판적 성찰력을 높여왔기 때문이다.

둘째, 서구 좌파 정당의 탄력성 있는 유연성을 또한 지적할 수 있다. 계급정당에서 국민정당으로의 변형이 그 한 예이지만 최근 새로운 세계관으로서의 녹색 세계관을 유연하게 수용하려는 움직임도 보이고 있다.

셋째, 여러 형태와 내용의 신사회운동이 활력을 얻고 있다. 특히 이들 신사회운동의 신정치세력은 자유주의의 한계를 근본적으로 비판하고 있다.

2. 신세계질서, 그 특징이 무엇인가?

다니엘 벨은 「새로운 세계질서의 태동」(1977)이라는 논술에서[122] 다음과 같은 유용한 분석 모델을 제시하고 있다.

〈표 8〉 세계질서의 대결상태

		대결 상태	내용 및 성격
1	동서대결	미국(NATO) · 소련(바르샤바조약기구)	이데올로기적+정치적
2	서서대결	미국 · 독일 · 일본	경제적
3	남북대결	OECD · 제3세계	경제적+이데올로기적
4	동동대결	소련 · 중국	이데올로기적+정치적

122) 다니엘 벨, 「새로운 세계질서의 태동-세계질서의 구조적 위기 분석」, 『2000년대의 신세계질서』, 서규환 역, 디자인하우스, 1991, pp.35-58.

10여년이 지난 다음 「1990년대 - 21세기의 윤곽」(1990)이라는 논고에서[123] 벨은 이 분석 모델의 유효성을 다시 한 번 확인하고 있는데, 주목할 만한 가치가 있다.

> 이 대결 축들은 유용한 설명틀이었고, 지금도 어느 정도는 쓸 만하다. 어떤 시기에 어느 대결축이 현저하게 드러나는가를 보면, 처음에는 동서대결의 축이 다른 모든 것을 지배했음이 분명하다. 모든 것이 동서로 배열되었던 것이다. 서서대결이란 기실 한 점 희미한 구름에 지나지 않았고, 어떤 사람들은 그런 대결이 존재하지도 않는다고 생각했다. 그에 비하면 남북 사이는 상당히 삐걱거렸고, 동동관계는 매우 긴장이 감돌았다. 오늘날 냉전은 대체로 끝난 것으로 보인다. 서서, 특히 일본과 미국 간의 경제 대결은 점점 심화되어가고 있다. 그러나 지금 한국, 대만 등의 여러 동아시아의 "호랑이"들이 부상하여 이 경쟁에 끼어들고 있다. 지금 남북 사이에는 별 기미가 없고, 동동 역시 한동안 조용하다.[124]

벨은 이렇게 여러 가지의 세계질서의 변화를 말하고 있는데, 나는 여기에서 두 가지 점에 주목하고 싶다. 그 하나는 "동서대결", 다른 말로 표현하면 냉전의 종언이며, 다른 하나는 서서 대결의 맥락이다. 후자는 이른바 미국하강명제와도 관련이 있다.

1) 동서냉전의 종언, 그 의미

여기에는 두 지평이 뒤얽혀 있다. 그 하나는 "이데올로기" 지평이며, 다른 하나는 현실 "정치적" 지평이다.

---

123) 다니엘 벨 1991: 17-33.

124) 다니엘 벨 1991: 20. 최근 국내외 언론들은 한국이 이들 "호랑이"대열에서 제외되고 있음을 보도하는 우울한 기사를 내보내고 있다.

(1) "이데올로기의 종언"

이 명제는 단순하게 이해되어서는 안된다. 이데올로기의 부재가 아닌 것이다.[125] "이데올로기의 종언" 명제는 오해를 불러일으키는 명제이다. 벨 스스로 최근 다시 이 명제의 의미를 밝혀야 할 만큼 그러했다. 이데올로기의 종언은 이데올로기들의 공존을 예고하는 내용을 담고 있다. 하지만 벨과 벨의 명제를 지지하는 자들의 숨은 의도는 "자유주의"의 완전한 승리를 설득하려는 것이다. 하지만 "좌파" 혹은 사회주의의 완전한 몰락은 성급한 예언이다. 나는 여기에서 무엇보다도 냉전의 종식에 앞장섰던 고르바초프의 말 가운데 한 구절을 옮기고 싶다.

> 8월의 (소련)쿠데타 실패 후 나는 하나의 질문에 대한 답변을 요구받고 있다. 그것은 공산주의는 사멸했는가, 아니면 아직 살아있어 앞으로 부활할 수 있는가라는 것이다. 나는 이 질문에 대해 확신을 갖고 대답할 수 있다. 확실히 사멸한 것은 스탈린형의 모델이다. 이 모델은 당초부터 무모한 모험이었다. 스탈린은 민주주의, 인권, 인간의 기본적 요구를 짓밟는 것으로 통치했으며 사회주의 사상을 배신하고 사회를 붕괴시켰다. 스탈린형 모델은 죽었다. 신에게 감사해야 한다. 그러나 나는 이와 똑같은 정도의 강한 확신을 갖고 이 모델의 죽음이 사회주의 자체의 죽음과 관련되는 것은 아니라는 것을 명확히 해두고 싶다. 사회주의 사상은 건재하며 새로운 모델을 찾아내는 노력, 理想을 되살려 내기 위한 새로운 형태의 모색이 행해지고 있다. 이 새로운 모델의 기초에는 당연히 人道上의 원칙과 함께 민주주의의 원칙이 가장 높은 위치에 놓여야 한다. 가장 인상적인 것은 이 새로운 형태의 모색이 우리나라뿐만 아니라 자본주의 제국을 포함 전세계에서 행해지고 있다는 것이다. 상호간에 크게 다른 관점에서 출발하면서도 여러 세력이 사회주의 사상과 모순되지 않는 그 무언가를 실현하려 노력하고 있다. 또한 역으로 사회주의 사상 덕분에 일치된 관점을 쉽게 찾아낼 수도 있게 됐다.[126]

---

125) 다니엘 벨 1991: 214-215.

동서대결, 냉전의 종언이 곧바로 한반도에서도 적용되는 것으로 이해해서는 안 된다. 또한 냉전의 종언이 곧바로 모든 사회주의 혹은 좌파의 종언을 말하는 것도 아니다. 새로운 대결 축이 가능하다.

(2) "현실정치적" 지평

동서냉전의 와해에는, "이데올로기" 문제(마르크스레닌주의 대 자유주의) 이외에도, "소련"의 경제적 위기가 그 원인으로 작용한다. 그렇다면, 소련이 실패한 원인은 무엇인가? 그것은 다음과 같이 요약될 수 있다.

첫째, 계획경제의 실패이다. 계획 그 자체가 문제인 것은 아니다. 오히려 계획의 비합리성이 문제이다. (구)소련의 경제체제는 "합리적 계획" 경제였다기보다는 동원경제였다.

둘째, 관료주의 정치이다. "시민사회"를 배제함으로써 관료주의의 폐해가 심화되었다. 노멘클라투라(Nomenklatura)의 특권이 그 대표적인 예이다.[127] 다양한 형태의 소유제도를 주장하는 고르바초프의 말에 주목할 필요가 있다.[128]

셋째, 민족분규[129](방만한 제국) 역시 또 하나의 원인이다. 2차 대전을 거치면서 유일하게 영토를 확장한 나라가 소련이었다. 각 공화국의 경제가 제멋대로 만들어져서 분쟁의 소지가 있었다.

2) 서서대결의 새로운 국면, 미국하강명제

(1) 이론적 배경 : 국제정치와 포스트모더니즘

---

126) 〈동아일보〉, 1992년 2월 24일자.

127) 물론, 여기에는 "소유"의 문제를 단순하게 접근한 마르크스레닌주의에 그 핵심적인 책임이 있다.

128) 〈동아일보〉, 1992년 2월 24일자 참조.

129) 다니엘 벨 1991: 22를 참조하라.

국제정치적 현실보다 국제정치의 이론에서 포스트모더니즘을 앞세운 "신보수주의"의 바람이 강하게 불고 있다.[130] 포스트모던 국제정치학은 크게 보아 두 가지 특징을 보인다.

그 하나는 국제정치를 주도하는 것은 강제력이기보다는 합의나 동의 혹은 "헤게모니"라 주장하는 경향이 짙다는 것이다.[131] 다른 하나는 "국민국가"라는 범주가 현대국제정치에서는 중요하지 않게 되었다는 것이다. 그 비중이 점차 줄어들고 있다고 한다. "국민국가가 소멸하고, 국경과 주권을 초월한 초국가적 행위자 및 제도들" 그리고 "초국가적인 이유들"이 오늘날의 국제관계에서 매우 중요해졌다는 주장이다.[132]

국제정치학에서는 포스트모더니즘이 자신의 논거로써 두는 것은 "후기산업사회의 논리"와 무관하지 않다. 사실, 후기산업사회논리가 가시화되는 현상은 짙어지고 있지만 이 논리 뒤에서 작용하는 정치경제적 관계 역시 중요하다. 특히 국제관계에서는 두말할 나위가 없다. 이런 맥락에서 포스트모던 국제정치학은 설명력이 빈곤하다고 비판받았다. 구체적으로 말하면, 예컨대, 구소련 및 동구권에서의 "민족"국가 재건 시도를 적절하게 설명하지 못한다. 또한 EC통합의 원인을 사회과학적으로 설명하지 못한다. 포스트모던 국제정치학이 논거로 삼으려는 그 초국가적 이익보다는 각 국민국가의 국익추구가 유럽 내에서 여전히 중심으로 작용하고 있기 때문이다.

포스트모던 국제정치학이 등장하면서 국제관계를 보는 시각이 근본적으로 동요하고 있고, 이에 따라 심각한 논쟁 분위기가 일고 있다. 이 맥락을 다음과 같은 문제틀로써 정리해보고 싶다.

---

130) Robert Keohane, *After Hegemony, Cooperation and Discord in the World Political Economy*, Princeton, N. J.: Princeton University Press, 1984 ; Joseph S. Nye, Jr., *Bound To Lead: The Changing Nature Of American Power*, New York: Basic Books, 1991 등을 참조하라.

131) 그람시의 문화적 마르크스주의로부터 영향을 받아 강제력, 군사력과 같은 강성 권력보다는 이른바 연성 권력이 중요하다고 주장한다.

132) 이삼성, 「동아시아에서 미국의 역할과 한국 민족주의」, 『창작과 비평』, 제79호, 봄호, 1993, pp.226-254. 여기에서는 pp.230-231 참조.

① 무엇이 국제관계를 움직여 가고 있는가?

i) 정치경제

ii) 헤게모니

② 현재 국제관계를 움직여 가는 단위는 무엇인가?

i) 없다.(국경 없는 교류)

ii) 블록

iii) 국민국가

②의 i)은 현실적으로 설득력이 없다고 판단된다. 이 판단 아래 ①과 ② 두 범주를 교차시키면, 다음과 같은 도식을 얻을 수 있다.

〈표 9〉 국제관계 변화

ⓐ →

	정치경제	헤게모니
국민국가	㉮	㉯
블 록	㉰	㉱

↓ⓑ

신세계질서를 특징짓는 것은 변화가 ⓐ와 ⓑ에서 일어나고 있다는 사실이다. 하지만 국민국가 간 정치경제를 배제하는 수위까지는 이르지 못할 것이라고 본다. 이러한 논의 맥락에서 중요한 것은 이른바 미국하강명제를 둘러싼 논쟁이다.

(2) 미국하강명제를 둘러싼 논쟁

미국 헤게모니 하강 명제를 주장하거나 지지하는 이론가들의 견해를 종합해 보면 다음과 같다.

첫째, 초강대국간의 대결이 감소하면서 세계의 지도자로서의 미국의 역할이 퇴색된다. 냉전의 종언이 그 이유이다.

둘째, 일본이 경제력, 특히 중심적인 하이테크 부문에서 중흥하고 있다. 여기에는 일본이 군사비용을 과다하게 지출할 필요가 없었고 그

대신이 하이테크분야에 집중할 수 있었던 상대적인 이점도 있었다.

셋째, 미국은 저투자와 낮은 생산성을 경험해 왔다.

넷째, 범죄, 마약 등의 문제가 심화되고 있다.133)

이 명제를 둘러싼 논쟁의 내용을 짚어보면 대략 다음과 같다.

첫째, "㉮"의 관점에서도 미국하강명제에 반박하는 논술이 있다.134) 1980년에서 1989년까지 총국민생산의 평균성장률은 미국 3.0%, 일본 3.9%, 유럽공동체 2.5%, 구독일 2.7%로 경제적 차원에서 미국의 하강을 뚜렷하게 목격하기 어렵다.

〈표 10〉 1980년대 산업생산 증가율 비교135)

산업생산	1980년 / 1989년
미국	28.8%
독일	14.5%
일본	41.8%

〈표 11〉 기업의 이윤율(자본수익률) 비교

	1975-1979	1980-1986	1987-1991
미국	17.0%	16.5%	19.7%
일본	14.2%	13.6%	15.4%
독일	13.3%	12.4%	14.2%

1990년대 미국이 1980년대의 침체에서 벗어나 소위 신경제 호황

---

133) 다니엘 벨 1991: 30-31; 홍규덕, 「미국 외교정책의 과제」, 『사회비평』, 제7호, 1992, pp.59-88. 여기에서는 pp.61-62.

134) 세계 총 생산에서 미국이 차지하는 몫은 1975년에서 1988년 사이에 25%→26%로 늘어났다. Nye, 1991, 참조.

135) 1980년의 산업생산과 1989년 산업생산을 비교함으로써 주요 국가의 산업생산 증가율을 비교했다. 이국영, 「신국제질서와 국민국가 성격의 재조명」, 『사회비평』, 제7호, 1992, pp.44-45.

(New Economy Boom)을 누렸다는 평가가 지나치게 과장된 측면이 있긴 하지만,136) 미국의 경제력 하락을 입증, 조명하려는 시도는 적어도 수정받아야 한다. 미국의 경제력이 상대적으로 약화한 것은 분명하지만, 이로부터 미국의 경제적 주도권 상실, 더 나아가 헤게모니 상실을 도출해내는 것은 타당하지 않다.

둘째, 국제체계에서 헤게모니적 지위는 경제력을 전제로 하지만 그 자체로서만 보증되는 것은 아니다. 미국의 군사적 우위뿐만 아니라 도덕적 우위 역시도 고려되어야 한다.

셋째, 특히 국민국가의 위상과 관련해서, 반하강 명제 이론가들 사이에는 국민국가의 국제정치적 의미가 상실되어감을 논거로 삼는 입장을 주목해 볼 필요가 있다. 이들의 주장은 요약하면 이렇다.

① 군사력에서 핵무기 등 현대무기가 상대적으로 우위에 있다고 해도 그 파괴력이 실로 가공하리만치 엄청나기 때문에, 군사력 우위의 실질적 비중이 감소한다.

② 국민국가 헤게모니론이 기술과 조직의 관점에 근거하고 있다면, 이런 관점에서 미국하강명제를 주장하는 것은 의미가 없어지고 있다는 주장이 있다. 경제 시스템이 국제적으로 긴밀해지며, 서로 다른 국민국가들의 다른 기업들 간의 협력 필요성이 더욱 필요해진다.

③ 경제가 블록화하여 개별 국민국가들 사이의 경쟁을 점차 무의미

---

136) 1990년대 대부분의 유럽국가들이 고실업, 저성장의 늪에서 탈피하지 못하고 있는 것과는 대조적으로 미국 등 일부 국가들은 1980년대의 침체에서 벗어나 경제 호황을 구가하는 양상을 설명하기 위해 OECD를 중심으로 제기했던 개념이 "신경제"였다. 재정경제부 · 한국개발연구원, 『새천년의 패러다임 : 지식기반경제 발전전략』, 1999, pp.4-5. "신경제" 옹호론자들은 컴퓨터 기술의 비약적 발전으로 생산성이 계속 증가하면서 임금상승률보다 높은 생산성 증가율을 실현하였고, 인플레이션 없는 지속성장의 기틀을 마련했다는 점에서 과거 경제 패러다임을 탈피했다고 주장한다. 반면, 신경제 개념 자체뿐만 아니라 경제 호황의 원인 및 지속성 여부를 둘러싸고 반론도 만만치 않았다. 무엇보다도 "신자유주의 국제질서 강화를 통해 얻은 금융자본의 패권적 지위로 전세계 경제를 미국으로 환류시키는 메커니즘"에서 미국 경제 호황의 가장 큰 이유를 찾기도 한다. 김영식, 「실리콘밸리의 벤처, 한국적 벤처 그리고 노동자」, 『진보평론』 5호, 가을호, 2000.

하게 한다. 하이테크 국가들 사이에 긴밀한 협력관계가 일어난다.

④ 다국적 기업이 발전하고 있다.

앞에서도 이미 밝힌 바 있지만, 전통적으로 보았던 그 국민국가의 정치경제 범주가 도전받고 있음은 분명하다. 그러나 그 도전의 한계 역시 명백하다.

신세계질서를 전망할 때 이렇게 미국하강명제 논쟁을 중심으로 전개된 내용을 도식화해보면 다음과 같다. 아래 내용은 군사력과 경제력에 기초를 두는 이른바 강성권력 현실주의 국제정치이론에 대한 반응을 중심으로 한 것이다.

〈표 12〉 미국하강명제 논쟁

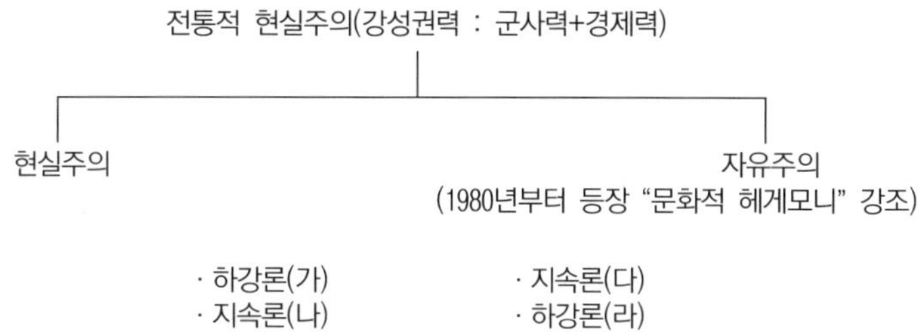

(가) : 미국은 더 이상 세계질서의 패권국가가 아니다.

(나) : 상대적으로 미국의 강성권력이 약화되긴 했으나, 여전히 최강국이다.

(다) : 연성권력의 시대가 도래하여 미국은 연성권력을 주도하고 있다.

(라) : 연성권력의 측면에서도 미국은 최강국이 아니다.

나는 지속론 반하강 명제를 지지한다. 하지만 그 논거는 국민국가를 기본으로 하면서도 문화적 요소가 그 이전 시대보다 중요해지고 있다는 사실이다.

3. 맺는말

신세계질서를 전망하는 예측은 다양한데, 다음과 같이 이념형을 그려볼 수 있다.

① 새로운 형태의 국제평화가 달성되리라는 예측
② 동서대결의 종식이 서(미국)의 헤게모니로 해결되어 간다는 예측
③ 국제질서의 분쟁 포커스가 "동서"에서 남북으로 이행해 간다는 예측
④ 제2차 세계대전 이전과 유사한 수준에서 강대국들 사이의 갈등이 재현되리라는 예측

어느 예측이 설득력이 있는가? 엄격히 말해, 답할 수 없는 성질의 질문이다. 현 단계의 정세를 감안한다면, 핵심적 쟁점으로 떠올라 있는 만큼이나 ②가 상대적으로 설득력이 높은 것 같다. 이를 동아시아 질서의 미래와 관련해서 살펴볼 수도 있다.

일본의 경제력 및 군사력 증대에 대한 관심이 일면서 이것이 이슈화되기도 했다. 물론, 동북아 국제질서의 축이 미국과 중국을 중심으로 재편되고 있다는 주장이 설득력을 얻고 있다. 그렇지만, 여기서는 서서대결의 맥락에 초점을 맞추었다. 대략 두 가지 시나리오로 요약할 수 있다.

시나리오(가) : 미 · 일 협력 지속 축을 중심으로 하는 시나리오
시나리오(나) : 일본중심 축의 시나리오(여기에는 미 · 일간의 경제전쟁을 전제로 한다.)

시나리오(가)가 시나리오(나)에 비해서 그 현실성이 현 단계에서 더 높다고 판단한다. 그 이유는 다음과 같다. 첫째, 중국을 견제하려는 측면, 둘째, 독립국연합을 견제하려는 측면, 셋째, 전후 줄곧 맺어온 전

통적 협력관계의 측면이 존재하기 때문이다. 이렇게 보면, 미·일간 경제 갈등은 시나리오(가) 수위 아래에서 전개되리라 전망된다.[137)]

137) 이 논고는 1993년 3월 16일「신세계질서와 한반도」라는 제목의 한국언론연구원 초청 강연원고였는데,『인하대학교 사회과학연구소 논문집』, 제19집(2003년 12월)에 내용을 수정하지 않고 논문형식에 걸맞게 표현을 다듬어 발표했던 것이다.

침묵 속의 새로운 "입언"(立言)?

- 후진타오 시대의 중국의 이념

1.

후진타오[138]는 2004년 9월 19일 제16기 중앙위원 4차 전체회의[139]에서 강택민이 쥐고 있었던 중앙군사위 주석직을 넘겨받았다. 호금도 체제가 더욱 굳건하게 자리잡게 된 것은 분명하다. 강택민이 막후에서 실질적 권력을 행사하는 것이며, 호금도시대는 현대중국의 제4대 정치 시대가 아니라 3.5대의 시대라는 세간의 평가가 일단 크게 뒤흔들리는 사건이었다. 이제야말로, 적어도 진정 공식적으로 "호금도의 시대"인 것만은 틀림없는 것 같다.

호금도시대의 정치이념이 무엇이고 어떻게 될 것인가? 이에 대해서 논의하려는 이 자리에서, 우리는 "호금도는 누구인가?"하고 묻지 않을 수 없다. 그것은, 정치세계를 규정하는 것이 경제적 사회적 구조만은 아니라고 판단하기 때문이다. 최고권력직에 있는 자가 누구인가에 따라 역사가 달라졌다는 것은 대체로 역사에서 배우는 지혜이다.

정말 호금도는 누구인가? 한국에서 2002년 호금도가 중국 총서기 겸 국가주석이 되면서, 호금도에 대한 관심이 돌연히 높아졌다. 한국어로 그가 누구인지 알 수 있는 책들이 나와 있다.

---

138) 후진타오=湖錦濤=호금도.

139) 이하, "16기4중전회"로 약칭한다.

· 양중미, 『후진타오』, 한국경제신문, 2002.
· 기 에이리키, 『중국의 리더 후진타오』, FKI미디어, 2002.
· 마령, 『후진타오를 알면 중국이 보인다』, 시인의마을, 2003.

그렇지만, 언론과 정가, 그리고 외교계에서는 그가 누구인지, 알 수 없다고 말하고 있다.[140] 1992년 10월 19일 제14차 중국공산당대회 기자회견장에서 강택민 당시 총서기는 호금도를 가리키며, "이 젊은이는 불과 49세"라고 소개했다. 그는 무려 3단계나 건너 뛰어, 정치국 상무위원으로 발탁되었다. 그 자리에서 통역하고 있던 외교부의 한 관리는 당황한 나머지 호금도가 여자인 줄 알고, "young woman"이라 통역하는 해프닝까지 일어났을 정도였다. 외신기자들은 "Who's Hu?"를 연발했다.

거대한 대륙 중국의 당, 정, 군을 대표하는 직위를 맡고 있는 지금도, 그가 베일에 가려 있기는 마찬가지인 것 같다. 물론 어느 정도 베일이 벗겨져서, 그의 진면목의 부분들이 살짝 살짝 보이기는 하지만.

바로 이러한 면이 호금도의 리더십 스타일에서 하나의 특징인 것 같다. 혁명원로의 자녀들이 주도하는 이른바 태자당(太子黨)과 강택민을 중심으로 결집된 이른바 상해방(上海帮=상하이방)의 권력투쟁 속에서 권력의 정상에 오르기까지, 그는 자신의 목소리를 내지 않고 몸을 낮추었다. 강택민에게 각별한 예의를 갖추며, 복종하는 태도를 유지해 왔다. 예컨대, 2001년 유럽 5개국 및 미국 등 3개국 순방 때에도 강택민주석을 고려하여, 당시 국가부주석이었던 그는 연설을 하지 않는 겸양의 정치를 보였다. 호금도를 두고, "낮은 소리의 대가"(低調大師)라 부르는 사람들이 많아졌던 것이다.

---

140) 〈한국일보〉, 2004년 9월 20일자.

당 총서기겸 국가주석이 되면서, 호금도의 리더십 스타일을 특징짓는 것은 이것만이 아니었다. 이른바 외유내강형 리더십의 전형이라는 평가가 이어졌다. 몇 가지 사례를 들어보자.

· 1989년 3월 5일 서장(西藏=시장) 자치구 당서기 시절, 티베트 독립 시위를 진압하는 과정에서, 그는 계엄령을 선포하고 헬멧 차림으로 시위진압을 진두지휘하여, 강한 정치적 이미지를 각인시켰다.
· 1995년 5월 미국이 유고의 베오그라드 주재중국 대사관을 오폭하자, 그 날 밤 텔레비전에 직접 출연하여 "야만적 범죄행위"라는 표현으로 미국을 비판했다.
· 2003년 4월 사스파동 때, 강택민 전주석의 군부가 이를 은폐한 사실을 밝혀내고 폭로하는 단호한 결단력을 과시했다.

2.

호금도는, 강택민이 권좌에서 실질적으로 물러났던 2004년 9월 19일 이전까지 그리고 지금까지는 강택민 시대의 3개대표론 그 자체를 부정하지 않고 있다. 3개대표론이란 무엇인가? 중국공산당 16차대회에서, 중국공산당은 당강령을 개정했다. "중국공산당은 마르크스레닌주의, 모택동사상, 등소평이론과 3개대표 중요사상을 자신의 행동지침으로 삼는다"는 것이 그것이었다. 여기에서 3개대표란, "중국공산당이 선진생산력의 발전요구, 선진문화의 전진방향, 광대한 인민의 근본이익을 대표한다"는 것이다.

· **선진생산력**을 대표한다는 것은, 중국공산당의 이론, 노선, 강령, 방침과 각종 사업, 생산관계와 상부구조를 생산력 발전에 조응하도록 조정한다는 것이다.
· **선진문화론**을 대표한다는 것은, 중국공산당의 이론, 노선, 강령, 방

침과 각종의 사업을 사회주의 정신문명건설의 요구에 조응시킨다는 것이다.

· 광대한 **인민의 근본이익**을 대표한다는 것은, 모든 정책과 사업은 인민의 요구를 고려해 정해서 실행하고, 이해가 얽힌 각종 업무를 합리적으로 처리하며 대중에게 경제, 정치, 문화적 이익을 준다는 것이다.[141]

3개대표론은 다음과 같은 세 단계를 거쳐서 오늘에 이르고 있다.[142]

1) 첫 번째 단계는 2000년 2월에서 2001년 6월까지이다. 2000년 2월 말 강택민 중앙군사위주석이 광둥성(廣東省)의 까오져우시(高州시)를 시찰하는 계기로 3개대표론을 처음으로 제시하였다. 중국언론은 이 3개대표론을 제2의 남순강화[143]에 비교하면서, 대대적인 선전활동을 전개하기 시작했다. 그 후 5월 14일, 3250여 개의 사영 · 개인기업과 여기에서 일하는 1억 3천만 명은 당의 지지기반에 결집할 필요성이 제기되었다. 이것은 기존의 삼강(三講)교육의 성과를 공고히 하고 확대하기 위한 것이었다. 이어 6월 28일 당 중앙회의에서 4개재인식론(四個再認識論)을 제기했다. ① 사회주의 발전의 역사과정에 대한 인식, ② 자본주의 발전의 역사과정에 대한 인식, ③ 인간의 사상에 대한 사회주의 개혁실천의 영향에 대한 인식, ④ 당면한 국제환경과 국제정치 투쟁이 가져온 영향에 대한 인식이 그것이다.[144]

---

141) 이희옥, 『중국의 새로운 사회주의 탐색』, 창비, 2004, pp.193-194.

142) 이희옥 2004: 194.

143) 등소평은 보통 산뚱성 취푸에서 겨울휴가를 마치고 북쪽순례를 하였는데, 북쪽순례를 포기하고 개혁개방의 정신적 고향인 남쪽으로 발길을 돌렸고, 이곳에서 시장노선에 대한 파격적인 지지를 선언하였다. 이를 제1의 남순강화라 부른다. 이는 중국현대화노선의 "가장 좋은 교재이며, 유력한 무기"로 평가된다. 이것은 14전대회 회의정신에 반영되었으며, 15전대회에서는 중국공산당의 지도이념으로 공식화되었다.

144) 이 과정에서, 강택민은 2001년 1월 10일 새로운 이론을 구축하는 데 전적으로 마르크스레닌주의의 고전이론에 의존할 필요는 없다고 언급(선언)한다.

2) 두 번째 단계는 2001년 7월에서 그 해 11월까지이다. 이 시기는, 강택민이 당 창건 80주년 대회에서 행한 연설이 그 기점이 된다. 지식인과 여론의 반향이 예상외로 저조하다고 판단한 강택민은 정식으로 3개대표론을 정식화하였던 것이다. 그리하여, 전국적으로 3개대표론을 학습하는 운동이 심화되어 갔다.

3) 세 번째 단계는 2002년 11월 제16전국대표대회[145] 이후이다. 16전대회에서 3개대표론을 마르크스레닌주의, 모택동사상, 등소평이론과 같은 당의 주요 지도사상으로 당규약에 반영하였고, 당원들은 3개대표론을 학습해야 한다는 것을 구체적인 조문으로 명시하였다. 17전대회에서 강택민이 발표한 "전면적인 소강사회의 건설과 중국특색의 사회주의 건설의 신국면"이라는 제목의 선언을 보다 구체적으로 알아보자. 과거 5년의 공작과 13년간의 경험, 3개대표이론 중요 사상의 전면적 관철, 소강사회 전면적 건설의 분투 목표, 경제건설과 경제체제 개혁, 정치건설과 정치체제 개혁, 문화건설과 문화체제 개혁, 국방고가 군대건설, "일국양제"와 조국의 완전한 통일 실현, 국제상황과 대회공작, 당의 강화와 개선 등 10개 부분들로 나누어 발표된 내용들에서, 다음과 같은 중요 기본 틀이 제시된 것이다.

① 등소평의 이론을 지도사상으로 견지하여, 부단히 이 이론의 창신에 노력한다.

② 경제건설을 중심으로 견지하며, 발전적인 방법으로 당면문제를 해결한다.

③ 개혁개방정신을 견지하며, 사회주의 시장경제체제를 부단히 개선한다.

④ 4개기본원칙(=공산당영도, 프롤레타리아트독재, 마르크스레닌주의, 모택동사상)을 견지하며, 사회주의 민주정치를 발전시킨다.

⑤ 물질문명 및 정신문명을 두 손에 쥐고 함께 추진하는 정신을 견지하며, 법치주의와 덕치정치를 실현해간다.

---

145) "전국대표회의"를 이하, "전대회"로 약칭한다.

⑥ 사회안정이 모든 것에 우선한다는 방침을 견지하며, 개혁발전과 안정의 관계를 정확히 처리한다.

⑦ 당이 군부에 대해서 절대적인 영도권을 견지하며, 중국특색의 엘리트군을 양성하는 길로 나아간다.

⑧ 단결정신을 견지하며, 단결역량과 부단히 중화민족의 응집력을 증강시켜 나간다.

⑨ 독립자주 및 평화적인 외교정책을 견지하고, 세계평화를 수호하여 공동발전을 촉진시킨다. 그리고 당 영도의 강화, 개선 방침을 견지하여, 당이 새롭고 위대한 공정을 건설해 나간다.[146] 2004년 수정헌법에도, 이것은 그대로 반영되었다.

3.

모택동의 사상이 혁명을 지도했고, 등소평이 건설을 지도하는 이론을 당 지도 이념으로 올려놓았다면, 강택민의 3개대표론은 당의 이념을 구성하는 하나의 새로운 지도이념으로 자리잡게 된 것이다. 강택민은 모택동, 등소평에 이어서 대정치인들의 궁극적인 목표인 "입언(立言)"에 성공했다.

그렇다면, 호금도는 어떻게 할 것인가? 호금도는 입언의 정치를 할 것인가? 한다면 그 내용은 어떠한 정치적 이념이 될 것인가?

지금까지는, 호금도는 자신만의 이념을 명시적으로 제시하지 않고 있다. 강택민시대를 특징지었던 것, 즉 근대화와 민족주의를 결합하여 추구했던 정치노선을 벗어나지 않고 있다. 처음에는 등소평의 술병에 강택민의 포도주를 담았듯이, 호금도는 강택민의 술병에 호금도의 포

146) 박광득, 「후진타오 시대의 중국-Search for China of Post-Jinag Zemin(Hujintao)」, 『사회과학연구』, 10권 제2호, 대구대학교 사회과학연구소, 2002, p.3.

도주를 담고 있는 것이다. 그렇지만, 호금도는 한계 내에서 변화를 보이고 있다. 그는 3개대표론에서 강조점을 이동하는 방식을 취한다. 2003년 7월 1일 3개대표론 학습강화 등에서 이를 확인할 수 있다.[147)]

첫째, 이론적 위치에 대한 해석이다. 호금도는 마르크스레닌주의, 모택동사상, 등소평이론의 새로운 발전으로 3개대표론을 해석한다. 곧, 중국특색의 사회주의 사상노선, 발전방향, 발전단계와 발전전략, 근본임무, 발전동력, 의존역량, 국제전략, 지도역량과 근본목적 등에서 이론적 성과를 거둔 것으로 그는 평가했다.

둘째, 이론의 목표에 대해서이다. 호금도는 3개대표론은 "전면적인 소강(小康=샤오캉)사회 건설"[148)]이라는 국가의 거시적 목표를 실현하려는 것이라 해석했다. 다시 말해, 중화민족의 위대한 부흥을 위한 물질적 기반을 구축하려는 것으로 해석했다.

셋째, 이론의 본질에 대해서이다. 호금도는 국리민복을 위한 민생정치가 이론도입의 본질이라 해석했다.

넷째, 이론의 방향에 대해서이다. 이론을 실천하는 과정에서, 마르크스주의를 발전시키기 위해 노력해야 한다는 것이다. 특히, 이론과 지도의 결합, 객관적 세계 개조와 주관적 세계 개조의 결합, 이론의 발전과 결합이 중요하다고 해석했다.

본질적인 면에서, 호금도는 강택민의 이론과 다르지 않다. 호금도는 민생정치에 보다 강한 강조점을 둔다는 점에서 차이가 있다. 흔히 인용되는 호금도의 다음 말은 이를 웅변하고 있다: "민심의 향배는 정당과 정권의 성쇠를 결정하는 근본요소이며(…), 권력의 주체는 인민이

---

147) 이희옥 2004: 196 이하 참조.

148) 샤오캉사회는 등소평시대 중국의 국가목표로서 제시된 캐치프레이즈인데 1인당 국민소득이 800달러에 달하여 의식주의 어려움 없이 생활하는 사회를 말한다. 이 샤오캉사회 단계 이전에 "등 따숩고 배부른 단계를 온포(溫飽)단계라 한다." 박광득 2002: 14 각주 5. 2000년 말 전인구의 74.84%가 샤오캉 수준에 이미 도달했으며, 이 수준에 조금 못 미치는 인구수도 12.82%라는 통계가 보도되었다. 그에 따라 샤우캉사회 건설 대신에 "전면적 샤오캉사회건설"이 제기된 것이다. 이희옥 2004: 203.

어야 하고, 인민사이에는 인정이 오가야 하며, 인민들이 잘 사는 나라를 만들자."[149)]

4.

호금도 체제는 개혁개방정책을 계속 추진해나갈 것이다.[150)] 그렇게 볼 수 있는 근거들은 다음과 같다. 첫째, 강택민 시대의 개혁개방정책 이념을 호금도체제가 계승하고 있다는 점이다. 둘째, 공학적 전문성을 갖추고 있는 인물들이 체제의 중심으로 진입하고 있다는 점이다. 셋째, 중국은 이미 세계무역기구(WTO)에 가입함으로써, 개혁개방정책의 대조를 이루었다는 점이다.

호금도 체제의 미래는 호금도가 당내 헤게모니를 장악할 수 있는가에 달려 있다고 해도 과언이 아니다. 중국정치는 인치에 의해서 지배되고 있는 경향이 여전히 굳건하다.[151)]

호금도는 강택민의 퇴진과 함께 국가중앙군사위원회 부주석[152)]에 서재후(徐才厚=쉬차이허우)[153)]을 앉혔다. 한국의 언론들은, 홍콩과 서

---

149) 이희옥 2004: 197에서 재인용.

150) 유희문, 「기고-후진타오 경제운용」, 〈중앙일보〉, 2004년 9월 24일자. 유희문은, 호금도주석과 온가보(溫家寶=원자바오)는 도농간, 지역간, 계층간 개발격차의 해소와 사회불균형을 해소하려는 균형성장정책을 펴나간다고 논평했다.

151) 한인희, 「중국 정치에 있어서 "상하이방"의 존재와 역할」, 『중국학연구』제23집, 2002. 참조. 이 자리를 빌려, 이 논문을 알려준 인하대 김천권 교수에게 감사의 인사를 표한다.

152) 중국의 중앙군사위 부주석은 모두 3명이다. 신임 서재후부주석 외에 궈보슝(郭伯雄) 해방군상무부총참모장과 차오강촨(曹剛川) 국방부장관이 맡고 있다.

153) 서재후는 누구인가? 인민해방군 총정치부 주임인 그는 요령성(=랴오닝성) 출신으로 정통 군관료이다. 1943년 6월 요령성의 와팡텐이라는 시골 마을에서 출생했다. 1963년 8월 인민해방군에 입대했다. 1968년 12월까지 하얼빈 군사공정학원에서 전자공학을 공부했으며, 1971년 공산당에 입당했다. 1972년 지린성 군구 정치부 간부처 간사를 거쳐, 부처장을 역임한 다음, 1984년 선양군구 정치부 군중공작부 부장을 승진했다. 이어 육군 제16집단 군정위원(1990년)과 인민해방군 총정치부 부주임(1994년), 지난군구 당위서기(1996-1999년)

방언론을 참조하여 대개는 의외의 인사라고 논평했다. 홍콩과 서방언론은, 강택민이 물러날 경우, 그의 오른 팔이었던 증경홍(曾慶紅=쩡칭훙)이 중앙군사위원회 부주석직에 오를 것이라 전망했으나, 예상을 깨고, 서재후가 전격 발탁되었으며, 이는 권력구도의 변화가 아니냐고 진단하고 있었다.

우선 증경홍이 누구인지 알아보자. "그는 자신의 아버지 증산(曾山)과 화동방의 비호 아래, 1979년 국가계획위원회 주임 여추리(余秋里)의 비서가 되었고, 여추리와 증산은 매우 밀접한 관계를 맺고 있었다. 이것은 이후 비서방의 탄생과도 깊은 관련이 있다. 증경홍의 부친 증산은 홍군 장정시기에 주은래와 진운과 인연을 맺게 되었다. 또한 증산은 당원로 진운과 함께 모스크바에 간 적도 있다. 진운은 코민테른 대표로, 증산은 공부를 하러갔다. 1952년 증산이 재경위원회의 부주임일 때, 진운의 지도를 받았던 인물이기도 했다. 해방 이후, 증산은 화동지역에서 수십 년을 근무하였다. 화동방의 기라성 같은 인물들, 진국동, 왕도함, 호교립 등이 그의 부하였다. 진국동은 재위부주임이자 화동군정위원회 재정부장, 왕도함은 교통건설청 부청장이자 황동군구 공업부장, 호교립은 화동군구정보처장이자 화동국사회부부장 및 화동국조직부장이었다. 이러한 인맥은 이후에, 진국동은 상하이시 제1서기, 왕도함은 시장, 호교립은 시당위 제2서기, 인대상위원회주임을 담당하기도 하였다. 증경홍의 모친인 등육금(鄧六金)은 장정에 참가한 27명의 홍군전사가운데 하나였으며, 1949년 화동국에 개설한 간부 자체의 보육원 원장으로 100여명의 간부자식들을 가르쳤던 인연은, 증경홍에게는 하나의 자산이었다. 증경홍의 인맥은 매우 광범하다. 따라서, 강택민은 증경홍의 정치적 자질과 인맥을, 자신의 권력을 확보하는 데 이용하였다고 할 수 있다. 1989년 강택민이 중앙으로 자리를 옮겼을 때, 오로지 증경홍만을 데리고 갔다. 상당한 기간 동안, 강택민은 베이

등 주요보직을 맡은 뒤, 1999년 중앙군사위원회 위원으로 발탁되면서, 본격적으로 중앙정치무대에 등장했다.

징방의 분위기에 짓눌려 있었고, 이를 해결한 것은 증경홍의 역할이었다. 증경홍은 세 가지 측면에서 재능을 발휘하였다. 첫째, 그는 강택민이 살아있을 때와 같은 그림자를 갖도록 도와주면서, 당의 결의와 문건의 형식을 빌려, 대내외에 '제2세대 영도에서 제3세대 지도자로의 권력 이전이 이미 완성되었다'는 점을 선포하였다. 이러한 문건은 등소평의 지위약화를 노린 것이며, 강택민이 등소평의 영향력에서 벗어나, 독립적으로 정치를 열기 시작했음을 의미하는 것이었다. 둘째, 반부패 척결이라는 점을 이용하여, '상하이방'과 대결하였던 '베이징방'의 진희동을 제거하였으며, 이로써 '상하이방'의 영향력이 확대되도록 하였다. 셋째, 그가 강택민의 정적이었던 교석을 '15대'에서 정계에서 축출하였다는 점이다. 중국에서 이렇게 고난도의 정치운영을 할 수 있는 인물은 증경홍 한 사람뿐이다."[154]

호금도는 바로 이런 증경홍을 제쳐두고 서재후를 선택했다. 이 선택은 호금도의 정치력이 어느 정도인지를 가늠할 수 있는 일종의 사건적 행위라 볼 수 있다. 증경홍을 선택하지 않을 수 있다는 것은 곧 강택민의 그늘에서 벗어나고 있다는 예시인 셈이다. 호금도는 2004년 9월 1일 강택민이 "후진타오가 이 자리에 오를 능력이 충분히 검증됐다"는 편지를 쓰지 않을 수 없게 분위기의 압력을 행사해 왔다. 호금도는, 등소평이 군사위 주석을 사임했던 결단력을 높이 평가하는 말을 공언하는 방식으로, 강택민의 사임을 종용하는 정치적 지혜를 발휘했다. 물론, 그는 당내외에서 새로운 시대를 요구하는 세력들을 규합하고 활용하는 저음의 정치를 구사했다.[155]

현대 중국은 사상의 국가이다. "사회주의"(혹은 공산주의)라는 말이 여전히 살아있다. 정치 이념을 해석하는 권력이 중국을 지배하는 권력이다. 현대 중국에서, 고전적 마르크스주의의 이론들이 권력을 구성하

154) 한인희 2002: 16-17.

155) 이희옥, 「후진타오식 리더십」, 〈중앙일보〉, 2004년 9월 20일자.

는 핵심고리 중 하나인 것은 바로 이러한 맥락에서 이해될 수 있다. 모택동, 등소평, 강택민 등은 고전적 마르크스주의를 재해석하는 방식과 함께, 중국을 통치하는 방식을 규정해 나갔다.[156] 예컨대, 1980년대 등소평은 사회주의 초급단계론을 이론적으로 해석하여, 개혁사회주의의 실천을 주도해나갔다.

이념적 노선들의 차이가 세력을 규합하는 핵심의 하나이다. 호금도 체제를 반대하는 세력들이 있으며, 이들 세력과의 전선에서 상해방과 청화방의 전략적 갈등 및 연대 가능성을 예상할 수 있다.

5.

호금도는 **자신의 "입언"**을 공식적으로 상정할 것인가? 나는, 그 시기를 정확하게 점칠 수는 없으나, 그의 임기 동안 자신의 "입언"정치를 실현할 것으로 생각한다. 좀 더 정확하게 말하자면, 호금도는 개인적인 정치적 야망 때문이 아니라, 현대 중국사회의 구조적 변동에 내재하는 일종의 구조적 경향성 때문에, 새로운 입언을 제안하지 않을 수 없다고 판단한다.

그 근거는 무엇인가. 첫째, 현재 강택민의 3개대표론은, 이미 중국의 현실을 담아내기에는 그 정치적 의미론이 제한되어 있기 때문이다. 이미 2003년 11월 15일 폐막된 16기 3중전회에서, 1978년 11기 3중전회에서 제기한 개혁개방체제를 4반세기만에 거의 완전한 시장경제체제로 변모시켰고, 국유기업이 집중해 있는 동북지역을 향해 계획경제의 마지막 보루를 해체할 것을 요구했으며, 사회주의 시장경제 대신에 사실상 완전한 시장경제로 나아갈 것을 호소했다. 더욱이, 계획이라는 말 대신에, 한결 느슨하고 단기적인 의미의 규획(規劃)이라는 표현을 쓰고 있었다. 강택민의 3개대표론이 적어도 공식적으로 지속되고 있는 가운데 일어나는 이러한 변화를 두고, 이희옥은 이렇게 썼다.

---

156) 이러한 맥락에서, 뛰어난 분석을 보여주고 있는 이희옥, 2004를 참조하라.

그러나 3개대표론 학습열기가 높아진 이후, 모든 행위를 "3개대표"로 해석하면서, 이 구호는 그 진의를 잃고 있다. 예컨대, 도시의 번영, 새로운 기술의 확대, 새로운 영화의 상영, 일부 관리의 빈민방문, 경찰의 희생정신 등을 3개대표론 실천 사례로 설명하는 풍조가 만연해 있다. 이렇게 되면, 3개대표론은 어떤 집권당이라도 주장할 수 있는 추상적 관념이며, 공산주의나 사회주의 이론과는 아무런 관련도 없다. 이는, 현재 중국이 당면한 이념의 위기를 해결하는 데 큰 도움이 되지 않을뿐더러, 오히려 공산주의 이념의 종말을 의미하는 것으로 평가되는 이유이다.[157)]

둘째, "적색자본가"는 당정의 묵인, 아니 그 지원 속에서 탄생했고, 급속하게 확대되고 있다. 사기업가들이 공산당에 입당하는 것을 공식적으로 허용할 수밖에 없었던 현실적인 이유가 있었다. 기존의 당원들이 당원 신분을 가진 채 비공유부문에 종사하는 경우가 늘어났고, 거래비용을 줄이기 위해, 사기업을 운영하면서도 이를 숨기고 입당하는 사례들이 광범위하게 늘어났던 것이다. 공산당 16전대회에서 사기업가들의 공산당 입당 허락을 공식적으로 인정한 것은 그 동안 비공식적 입당을 묵인하였던 것을 공식화하고 제도화하였던 것에 불과하다.[158)] 그리고, 공산당이, 이 공식화방안을 채택하는 배경에는 숨은 고려도 있었다. 모든 사기업가들을 입당하게 하지 않고 선별한다는 것이다. 이른바, "선진적" 사기업가들의 입당을 허용한다는 것이다. 200백만명 이상의 기업가들 가운데 2~3% 정도의 기업가만 받아들인다. 실제로, 공산당은 공산당의 강령과 노선을 받아들일 의지가 있으며, 공산당의 조건에 부합하는 우수한 자질을 가진 사람들을 대상으로 오랜 조사를 거쳐, 조직의 비준을 거쳐서 허락했다. 그리고, 동시에 기능의 기반을 확대하는 전략을 실행했다.

---

157) 이희옥 2004: 206.

158) 이희옥 2004: 204 이하.

좀 더 자세하게 말하면, 사영기업주가 운영하는 사영경제에 대한 중국의 정책 변화는, 다음과 같이 크게 세 차례를 거쳐 일어났다.[159] 첫째, 1983년 초 이른바 〈1호 문건〉에서 "견고하게 소멸시키고, 즉각적으로 통제하라"는 방침에서, "사영경제를 제창하지 않고, 공개적으로 선전하지 않으며, 과도하게 억제하지 않는다"는 방침으로 전화했다. 둘째, 1987년 〈5호 문건〉에서, "사영기업의 존재를 인정하고, 관리를 강화하며, 이점을 살리고 폐단을 억제하며, 점차적으로 이끌어간다"는 방침을 정하고, 이를 법제화했다. 그리하여, 사영기업은 합법적 생존공간을 얻게 되었다. 그리고, 셋째, 1997년 15전대회에서, 비공유제가 사회주의 시장경제의 "중요한 구성부분"이라고 규정하면서, 사기업이 합법적인 경제적 지위를 얻었다. 그리고 보다 더 핵심적인 것으로서, 사영기업주의 공산당 입당이 허용된 점이다. 자본가는 적색자본가로서, 사회적 지위를 얻을 수 있게 된 것이다. 적색자본가는 내재적으로 형용모순이 아닌가. 상황이 변하면 모순은 어느 하나를 배제하려 할 것이다.

셋째, 그리고 무엇보다 이와 같은 정책변화는 중국사회의 계급구성에 변화를 몰고 오고 있다. 중국공산당의 주축이었던 노동자, 농민 계급의 사회적 지위가 급속히 하락하고 있으며, 그 자리에 새롭게 형성된 중간층이 늘어나고 있다. 대체로, 중국에서는 다음과 같은 순서로 10대 계층 — 국가와 사회의 관리자(당정 행정관리직), 관리직(대·중형기업의 사업주가 아닌 중·고위수준의 관리간부), 사영기업주, 전문직·기술자, 사무원, 개체상공업, 서비스업 종사자, 산업노동자, 농업노동자, 무직·실업·반실업자 계층 등 — 을 분류하고 있다. 이들 계층은 조직자원과 경제자원의 배분상황에 따라, 다시 상층, 중상층, 중중층, 중하층, 저층 등 5개 등급으로 구분된다. 농민과 노동자 계층은 대부분 중중하 이하에 속하고, 이 중에서도 50%이상은 중하층이나 저

159) 이희옥 2004: 201.

층으로 분류된다. 이런 가운데, "소강"대신에 "중산"이라는 말이 유행하기 시작했다. 주로, 행정관리, 전문기술자, 서비스업종사자, 점원, 화이트칼라, 교직자 등으로 구성된 중산계층은 안정된 수입을 바탕으로 자동차, 휴대전화, CD플레이어, VCR, 게임기, 카메라 등 선진자본주의의 소비 형태를 향유하고 있는, 향후 5년간 약 2억 명의 인구로 늘어날 것이라는 전망이 나오고 있다.[160]

넷째, 아직 필자는 호금도가 어떠한 인물인지, 확연하게 알고 있지는 못하지만, 앞에서 우리가 알아본 몇 가지 사실만으로도, 그가 유약한 인물은 아님이 확실한 것 같다. 분명, 그는 "유약한 베이징오리"(limp Peking duck)가 아니다.[161] 호금도는 은인자중하면서, 등소평에 의해 일찍이 제4세대 지도자로 천거된 이후에도, 위험이 득실거리는 중국 정치판에서 신중하게 처신하면서, 10년 이상을 버텨, 지금의 지위에 오른 정치적 노련미를 입증하지 않았는가.[162] 그런 호금도의 관할 아래 있었던 중앙당교에서, 극비리에 독일, 프랑스, 북유럽에 사회주의이론가들을 파견하였다고 한다. 특히, 독일 사민당이 개혁을 단행하고, 지지기반을 확대한 경험을 중점적으로 연구하였다는 것이다.[163] 이렇게 말한다고 해서, 호금도 체제의 새로운 입론을, 독일식 사회민주주의를 곧게 도입하리라고 전망하는 것으로 오해해서는 안 되겠다.

---

160) 이희옥 2004: 202-203.

161) 분명, 호금도가 모택동의 카리스마에 견줄만한 카리스마가 없는 것은 분명하다. 박광득 2002: 8. 카리스마를 통해서 권좌에 오르는 문제가 아니라, 권좌 그 자체의 위력을 간과해서는 안 될 것이다.

162) 한인희 2002: 20.

163) 더 자세한 설명을 위해서는 이희옥 2004: 207을 참조하라. 흥미로운 점은, 이희옥이 강택민의 3개대표론을 실질적으로 고전적 마르크스주의를 부정하지 않는 맥락으로 논술을 전개하면서도, "3개대표론은 미래를 향해 열려 있는 이론이다"고 말하고 있다는 점이다. 이희옥 2004: 207. 독일사회민주주의 쇄신 프로그램을 3개대표론 속에 담아내기는 거의 불가능할 것이다.

다섯째, 고전적 마르크스주의의 입언들, 구체적으로 말하면, 이른바 4개견지론 — 곧, 마르크스레닌주의·모택동사상의 견지, 공산당지도의 견지, 사회주의의 견지, 프롤레타리아트의 견지 — 을 그대로 두고, 더욱 다원화되어 가는 중국사회를 안정적으로 통치할 수 있는 길이 분명하지 않다는 점이다.164)

호금도체제가 출범하자, 중국인들은 그것을 온(穩)-신(新)-난(難), 이 세 문자로 표현했다. "온"이라는 것은, 권력이양과정이 폭력사태 없이 제도화되었다는 것이다. 그 동안 중국 지도부의 교체는 갈등과 불협화음, 그리고 숙청을 몰고 왔었다. 강택민에서 호금도로 정권이 이양되는 과정은 "부드럽게" 전개되었다. 아마도, 이번 강택민의 중앙군사위 주석직 사임은 이 "온"을 완전히 실현하는 것으로 평가될 만하다. "신"이라는 것은, 그 동안 중국공산당 지도부는 공산당 내에서의 연공서열에 따라, 정권이양이 이루어졌으나, 호금도는 이른바 연경화에 의하여 개혁 개방 정책의 가속화를 추진할 개혁성향의 젊은 엘리트였다는 것이다. 이 점 역시 실질적인 호금도 시대에서 더욱 확연하게 드러날 것이다. 그리고, "난"이라는 것은, 지난 시대의 부정적 유산을 처리하는 어려움을 가리키는 말이다. 부정부패, 실업 및 빈부격차, 지역간불균형,165) 예측불허의 양안문제, 에너지문제,166) 외교문제167) 등등. 호금

164) 박광득은 호금도 집단지도체제를 구성하고 있는 인물들의 성향에 주목하여, "과거 사회주의식 통치 스타일을 그대로 표방할 가능성"에 무게를 두고 있다. 그는 이렇게 말한다. "후진타오체제는 나름대로의 법치 통치로 나아갈 것을 천명하고, 그에 대한 대대적인 당정개헌이나 공산당선언의 폐기 등 노력을 하고 있다고 보이나, 이들 집단지도체제가, 우리가 이해하고 있는 것과 같은 민주주의자라고는 볼 수 없다는 것이다. 이들 대부분은 공산당이란 조직 속에서 성장한 인물이고, 중국파벌정치 속에서 길들여진 인물이기 때문에, 누구보다도 공산당의 속성을 잘 파악하고 있고, 살아남기 위한 처세술이 누구보다도 탁월하기 때문에, 아무리 민주적인 제도와 법을 강구한다고 하더라도, 그들의 정치형태는 과거 사회주의식 통치 스타일을 그대로 표방할 가능성이 있다는 것이다. 이것이 후진타오 집단지도체제의 한계라고 볼 수 있다." 박광득 2002: 8.

165) 김홍규, 「등소평시대 중앙-지방관계: 재정부문에서의 정책의도, 감찰, 보상 및 인사의 동학」, 『한국정치학회보』, 제38집 2호, 2004년 여름호, pp.355-377. 유

도는 바로 이 시점에서도 "난"을 해결해야 하는 과제를 안고 있는데, 그것은 단순히 "실용주의적" 정책 수준을 넘어서는 문제들인 것 같다.[168]

희문, 2004. 참조.

166) 주재우, 「중국의 에너지정책과 동북아협력문제」, 『국제정치논총』, 제44집 1호, 2004, pp.211-233.

167) 원동욱, 「중국 환경외교: 역사, 원칙, 실제」, 『국제정치논총』, 제44집 2호, 2004, pp.119-144.

168) 2004년 9월 25일, 원고를 탈고했고, 2004학년도 인하대 사회과학연구소와 행정대학원이 공동주최한 추계학술세미나(중국 원가계, 2004년 10월 17일)에서 발표한 미출간원고이다.

● 21세기 세계와 한국정치개혁

- 21세기 한국정치지도자의 자질, 대타협의 뉴리더십

1. 대통령 후보 논의의 시점

한국사회는 어디로 가고 있는가? 그리고 어디로 가야 하는가? 후자에 답하기 위해서는 먼저 전자에 답해야 한다. 사회현실은 규범주의에 따라서 움직이기 보다는 주어진 현실의 제약조건을 분석하고 그것을 넘어서는 실천주체의 능력에 따라 변모하기 때문이다. 이 시점에서, 무엇에 주목해야 하는가? 이 시점의 "시대사적 특징"에 관해 잠시 짚어 볼 필요가 있다.

첫째, 21세기를 시작하는 대전환기의 시점이다. 우리의 일상에서는 1년을 새로 시작하는 연말연시에도 과거를 반성하고 미래의 계획을 세우는 등, 반성과 비전을 체험한다. 하물며, 천년을 넘기는 거대한 시점에서야 그 반성과 비전이 진지하고 근본적일 수밖에 없다.

둘째, 권위주의의 잔재를 청산해야 하는 개혁시대를 살고 있다. 더 구체적으로 말하면, 개혁은 여전히 미완성이라는 것이다. 문민 정부의 캐치프레이즈가 "개혁"임은 분명하다. 문제는 문민 정부가 우리 사회가 요청하는 개혁들을 모두 요청했는가에 있는데, 개혁의 미완성을 지적하고 비판하는 견해가 압도적인 것 같다.

셋째, 대선을 몇 달밖에 남겨 놓지 않은 시점이다.

오늘 내가 제기하는 "21세기 한국정치지도자의 자질"(대통령자질론) 논의는 그 자체가 쟁점이 되고 있다. 대통령이 당내 대통령 후보 논의를 금지시켰기 때문이다. 아직 대통령 후보 논의 시점이 아니라는 것이다. 그렇다면, 논의 시점은 언제여야 하는가? 엄밀히 말하자면, 후보 논의 시점 그 자체를 결정할 수 있는 권한은 대통령의 고유권한이라 보기는 어렵다. 우선, 대통령을 선택할 수 있는 권리는 국민의 기본권이기 때문이다. 국민의 선택에는, 선택에 필요한 정보와 논술의 선택을 포함하는 것은 지극히 당연하다. 둘째, 현재의 대통령의 업적 평가와 차기 대통령 후보 논의는 시간적으로 연관된 것이기 때문이다. 그리고 무엇보다도, 이 시점 그 자체가 대통령 논의가 될 시점이기 때문이다.

권위주의 정치를 청산하는 논의 분위기 속에서는 "예측 가능한 정치", "투명한 정치"에의 요구가 높았었고, 지금도 높다. 그런데 대통령 후보 논의 금지는 바로 이러한 요구와는 정반대로 예측 불가능한 불투명한 정치의 어두운 늪 속에서 자라는 성질의 것으로 보인다. 김영삼 통치스타일을 두고 지명관 교수는 다음과 같은 예리한 지적을 한 바 있다. 길지만 인용할 가치가 있다.[169)]

"돌발적인 공격, 비밀주의, 기습적인 결단은 제2제정의 국시에 속하는 것이었고, 또한 나폴레옹 3세의 특징이었다." 이 문장은 발터 벤야민(Walter Benjamin)의 철학적 단편이라고 할까. 경구라고 할까. 그러한 글들을 모은 「센트럴 파크(Central Park)」라는 글에서 인용한 말이다. 나폴레옹 3세는 1848년에 대통령이 되고 52년에는 스스로 황제의 자리를 차지했지만 1870년에 보불 전쟁에 패함으로써 권력을 잃었다. 대통령의 "정치스타일"이니 또는 깜짝쇼니 하는 말을 들으면 나는 언제나 이 벤야민의 말을 생각하게 된다. 여기에 더해서 벤야민은 「보들레르에 있어서의 제2제정기의 파리」라는 글에서 좀 더 자세하게 설명하고 있다. 나폴레옹 3세의 이러한 정치스타일은 사실은 그가 정치적으로 성장해 온 사회환경과 관계가 있다는 것이다. 그 환경이란 구체적으로 마르크스가 1850년에 비판적으로 지적한 데 따르면 "프랑스인이 라 · 보엠(la boheme)이라고 부르는, 애매하고 흩어져 있는 부평초

169) 지명관, 「정치유감」, 『20세기 나라의 길』, 1994년 4월호, pp.5-6.

와 같은 무리"에 의해서 이룩된 환경이었다. 이러한 무리에 대한 마르크스의 분석은 아주 예리했다.

"그들의 생존은 불안정했고, 개별적이었으며 자신들의 활동에 의하기보다는 차라리 우연에 좌우되었고 그들의 생활은 불규칙했으며, 그들의 유일한 고정적인 집합소라는 것은 포도주를 마시는 값싼 주점 — 음모가들의 밀회장소 — 이었다. 그들은 기성정부를 타도한다는 눈앞에 있는 목적 이외에 어떤 다른 목적을 가지고 있지 않았다"는 것이다. 더 길게 인용할 필요가 없을 것 같다. 마르크스는 그의 입장에서 그들은 그렇게 살아가면서 노동자의 계몽이나 교육은 심하게 "경멸"한 것이라고 했다. 그리고 벤야민은 보들레르도 역시 그런 제2제정기의 파리에 살면서 "정치"라고 하면 그렇게 밖에 이해하지 못했다고 지적했던 것이다. 나는 길게 김영삼 대통령의 정치스타일이나 그를 중심으로 한 핵심세력에 대해서 논할 자료를 가지고 있지 못하다. 다만 지적하고 싶은 것은 프랑스인들이 나폴레옹 3세의 통치 밑에서 "라 · 보엠"이라고 불리었던 무리의 성격이 혹시 그가 정치가로서 억압을 받으면서 성장해 온 과정에 따라다니기 쉬웠던 풍토가 아니었을까 하는 것이다. 그것은 불가피한 상황이었다. 그러나 이제는 어떻게 그것을 극복하는가 하는 문제를 결코 소홀히 할 수 없다. 마르크스가 "그러한 정치풍토에서는 사람들이 보스의 지시에 따라 몰려드는 무리와 음모술수를 다하는 지도자로 구분되며, 마땅히 있어야 하는 계몽이나 교육, 정치사상의 형성도 기대하기 어렵다"고 말한 것을 귀담아 들어야 할 필요가 있지 않을까 생각한다. 그런 풍토라면 직감적인, 또는 직관적인 임기응변식 대응은 있어도 정치에 대한 비전이 생길 리가 없을 것 같다. 이것은 오랫동안 여야를 막론하고 한국정치세력을 지배해 온 상황이었다. 민주주의와 문민정치를 표방하는 새시대라면 그것을 극복하지 않으면 안 된다."

이 맥락을 정리해 보면 다음과 같다. 첫째, "국민들이 깜짝 놀랄 후보"라는 말 뒤에 흐르는 그 정치논리는 "예측가능하고 투명한 정치"를 요청하는 탈권위주의적 민주적 시민들의 요구와 정면에서 배치된다는 것이다. 둘째, 21세기의 장기적인 비전을 정립하기 위해서는 대통령 후보 논의를 본격 수준으로 올려 "2인자가 있는 정치"구조로 전환시켜야 한다는 것이다. 그리고 대통령 후보 논의의 심화는 대통령 자질을 검증해 보는 기회를 부여할 것이다. 불투명한 안개 속에서는 앞을 멀리 볼 수도 없으며, 위험을 사전에 막아낼 수도 없다. 앞으로 나아갈 수 없다.

2. 후기 개혁시대의 대타협의 뉴리더십

1) 정치적 리더십 논의, 무엇이 문제인가?

대통령의 정치적 리더십에 관한 논의들을 훑어보면, 대체로 다음과 같은 특징들을 식별할 수 있다. 첫째, 이상적 지도자의 자질을 명시적이거나 암묵적이거나 간에 제시하려 한다는 점이다. 둘째, 정치적 리더십 스타일에 초점을 맞추는 경향이 짙다는 점이다. 셋째, 구체적인 사회변동을 치밀하게 분석하지 않은 채 소박한 당위론을 제시하고 있다는 점이다.

물론 이상적 지도자상과 더불어 논의되는 지도자의 자질, 스타일 같은 논의가 무가치하다는 것은 아니다. 정치의 구조적 제한조건 속에서도 열린 가능성의 공간에 위치한 정치행동의 장에서 그 같은 논의는 상대적으로 좁기는 하나 정치의 방향을 가늠하게 하는 측면들도 없지 않다. 이러한 점에서 정치지도자라면 마땅히 갖추어야 할 덕목들을 다시 한 번 강조한다해도 그렇게 나쁘지는 않아 보인다.

(1) 미래의 비전을 제시하는 냉엄한 역사의식
(2) 사회정의를 구현할 강한 민주사회의식
(3) 복합적인 사회구조를 분석, 이해할 폭넓은 전문지식

(4) 타이밍을 놓치지 않는 용기 있는 결단력

(5) 철저한 자아 관리력

실천론적인 문제는 이런 덕목들을 모두 갖춘 이상적인 인물을 "아직" 발견하지 못하는 가운데 정치지도자를 선택할 때 발생한다. 참으로 이 때, 우리는 무엇을 해야 하는가? 첫째, 당연한 논리지만, 이상의 인물과 현실의 인물 사이의 선택이 아니라 현실속의 구체적인 인물들, 더 정확히 말하면 실질적인 후보들 가운데 선택이 이루어지도록 실질적인 경쟁 후보들을 냉엄히 비교, 분석하는 일이다. 각 후보들의 부정적인 측면만을 부각시킴으로써 전체적으로 정치 냉소주의나 허무주의 혹은 정치적 무관심을 확산시킨다면 개혁의 미래는 먼 미래 밖으로 나가버릴 것이다.[170] 둘째, 정치지도자가 실시해야 할 정치적 리더십의 방향과 범위를 먼저 정책의 논리에서 탐색해 보는 일이다. 여기에서 내가 주목하여 성찰해보고 싶은 맥락은 주로 후자에 관한 것이다.

2) 새로운 리더십? 새로운 점이 무엇인가?

권위주의 시대를 특징지었던 "위로부터의 정치적 리더십"과는 다른 내용과 논리가 적어도 시사되어야겠다. 우리의 현단계는 개혁의 미완성을 완성시켜가야 하는 후기 개혁 시대이다. 그것은 "밑으로부터의

---

170) 대통령 후보 논의는 당연히, 대통령 후보를 선택하는 제도에 관한 자세한 논의를 포함해야 하지만 여기에서는 이 논의를 제외한다. 국민들은 현실적으로 각 정당이 후보로 내세운 그 후보들 가운데 어느 누구를 선택할 수밖에 없다. 국민들이 정말 희망하는 그런 후보가 그 후보 리스트에 없을 때, 그 국민들의 선택은 실망스러울 것이 분명하다. 그러한 점에서 각 정당이 후보를 선택하는 그 제도에 대해서도 국민들은 관심을 가져야 한다. 그 제도가 민주주의적이 되도록 영향력을 행사해야 한다. 선택하지 않을 대통령 후보를 가려내는 시각도 이런 맥락에서 고려되어야 한다. 첫째, 생애과정에서 후보와 그 배우자가 범죄를 저지르거나 비윤리적 · 비도덕적 사건에 동조한 인물이어서는 안 된다. 둘째, 생애과정에서 심리학적 · 정신분석적으로 심각한 콤플렉스를 겪지 않은 인물이어야 한다. 셋째, 국민들의 건전한 상식을 넘어서는, 국민들의 정서를 해치는 정도의 "부자"여서는 안 된다. 넷째, 육체적으로 병약해서는 안 된다. 대통령의 업무량이나 강도는 강한 육체적 건강을 요구하기 때문이다.

정치"를 배제하는 것이 아니라, 적극 활성화시키는 정치적 리더십을 가리킨다. 참여를 지향하는 새로운 리더십을 주장하는 배경 혹은 근거를 거칠게나마 밝혀보자면 다음과 같다.

첫째, 권위주의 개혁의 "의도하지 않은 결과"가 시민사회에 나타나 권위주의 개혁의 논리에 대해 저항하는 정서와 세력 사회 저변에 대단히 확산되어 있다.[171] 둘째, 후기산업사회의 사회적 논리가 가시화되고 있다. 경제적으로 "인적 자본"의 비중이 높아짐에 따라 인간의 창의력과 자발성을 북돋울 탄력 있는 개방정치가 필요하다. 셋째, 시민들의 문화에 대한 요구가 날로 증가하고 있는데, 문화란 그 본질상 "위로부터" 주입되는 것이 아니라 스스로 성숙할 수 있는 토양을 제공받는 정도의 개입이 필요하다. 요컨대 뉴리더십은 리더십의 근본논리를 위협하는, 위로부터의 정치적 리더십이 발휘하는 범위를 최대한 줄

171) 이 맥락에서 강문구 교수의 논평은 시사적이다.
"김영삼 정부는 박정희 정권이나 전두환 정권처럼 경제성장의 효율성을 사후 정당화의 필요성에서 강조하거나 전시해보여야 할 의무를 가지진 않는다. 또한 김영삼 정부는 노태우의 6공 정부와는 다르게 국가주도의 영향력을 강화시켜 온 특징을 갖는다. 다시 말하자면 김영삼 정부는 소위 '개혁드라이브'를 통해 권력구조를 재편하고 시민사회를 주도하고자 해왔다. 여기서 다시 딜레마가 생긴다. 민간정부주도 개혁은 시민사회 영역을 또 다시 위축시키고 형해화시키는 결과를 가져온 것이다. 시민사회가 주장하고 관철시켜야 할 개혁의 내용들이 민간정부에 의해 주도되는 현실 속에서 시민사회는 고유한 독립적 영역을 유실하고 그 위상의 위기를 맞이하게 된다. 이런 맥락 속에서 최근 진행되어 온 '시민사회논쟁'에서는 시민사회를 더 이상 대안의 의미를 함축하는 영역이나 운동으로 인정할 수 없다는 주장이 나오게 된 것이다. 즉, 권위주의 체제하에서는 비록 위축되고 축소되었지만, 그 위상은 분명하게 인정받았던 시민사회/시민사회운동이 자유화와 민주화 과정을 거치면서 외양적인 영역의 일정한 확보에도 불구하고 오히려 그보다 더 중요한 위상과 역할의 추락을 경험하게 되었다. 권위주의 체제하에서 국가가 강력하고 억압적일 때에는 발현되지 못하고 움츠려 있을 수밖에 없었던 시민사회/시민사회운동은 민주화 과정에서 확보된 공간속에서 기지개를 켜보려 하자마자 '민간정부'의 외양적으로 유사한 개혁조치에 의해 그 존립근거가 협소하게 되든지, 아니면 유연한 정치력을 행사하려는 지배블록에 의해 견인되고 포섭되는 지경에 이르게 된 것이다. 필자는 이를 시민사회/시민사회운동의 이중적 질곡이라 부른다." 강문구, 「한국의 민주화 이행과 국가·시민사회의 변모 - 시민사회의 발전의 특이성을 중심으로」, 『21세기 나라의 길』, 1994년 11월호, pp.24-25.

여보려는 개혁으로 나타나며, 바로 그 때문에 위기는 그런 개혁정책에 내재하는 측면도 있다.

3) 어떤 위기론인가? 이 문제도 일단 짚고 넘어가야겠다.

위기론을 유형화하는 이론적, 실천적 관점도 다양하겠지만, 여기에서는 다음 두 위기론으로 구별해 보고 싶다. 그 하나는 돌발위기론으로 부르고 싶은 유형으로 1) 예견하지 못한 채 돌발적으로 일어났지만, 2) 사회의 흐름에 무거운 비중을 차지하면서도 3) 긴급한 결단을 내려야만 하는 사건을 위기로 규정하는 관점이다. 다른 하나는 "사건"을 발생시키는 차원을 합법 사회를 구성하고 있는 문법의 차원에서 접근해가는 유형으로서 구조위기론으로 부르고 싶은 것이다. 위기관리를 말하는 사회과학적 의의는 후자에 있음이 분명하다. 왜냐하면 전자는 말 그대로 "예견할 수 없는" 위기라면 그것을 미리 얘기할 논리적 근거가 처음부터 없기 때문이다. 즉 기껏해야 "사건"이 터진 후에야 조급하게 덤벼들 수밖에 없는 수준의 위기관리가 고작이며 위기관리의 이론이 들어설 자리는 그만큼 좁아진다. 후기 개혁과 위기관리의 정치적 리더십은 후기 개혁 과정에서 구조적으로 발생할 수 있는 위기가 있다면, 그 실체가 무엇인지를 분석해내고 또한 그 위기는 진정 극복할 수 있는 성질의 것인지 여부를 판단하고 만약 극복 가능한 위기라면 그 극복전략을 탐색해 보는 역사적이며 구체적인 국가과제를 풀어야 한다. 그렇다면, 대단히 포괄적인 각도에서 구조위기와 관련한 그 과제의 테두리를 그어보자.

4) 세 종류의 위기와 위기관리

21세기 한국 국가정치지도자는 다음 세 종류의 위기를 관리해야 한다.

첫째, 자본주의적 경제와 정치적 민주주의 사이의 긴장관계를 잘 관리해야 한다, 자본주의 사회에서 국가는 자본축적 외부에 위치하여 지속적인 경제성장을 관리하면서 정책의 재정자원을 확보 받으면서도 시민사회로부터 정당성을 보장받아야 하는데 여기에서 항구적인 긴장과 위기가 발생한다. 「제1위기관리명제로 부른다」

둘째, 권위주의를 말끔히 청산하고, 선진복지국가를 향한 정치경제적 개혁에 따를 수 있는 개혁위기를 관리해야 한다. 「제2위기관리명제로 부른다」

셋째, 분단을 극복하면서 또한 통일 이후에 발생하는 분단위기를 관리할 수 있어야 한다. 「제3위기관리명제로 부른다」

제1위기관리명제는 자본주의적 민주주의를 체제로 하는 어느 사회에서나 등장하는 일반적인 성질의 것이므로 여기서는 특별히 상세하게 설명하지 않겠다.[172] 현단계 우리 사회가 주목하고 있는 맥락은 제2와 제3의 위기관리명제인 것 같다. 현재의 국내외 정세로 보아 제2위기관리명제는 어떤 면에서 제3위기관리명제의 전제라 판단할 수도 있겠다. 보다 직접적으로 말하면, 제1위기관리명제를 전제로 하면서 제2위기관리명제를 중심으로 논의를 전개하면서 제3위기관리명제에 대한 몇 가지 생각을 덧붙이고 싶다.

우선 제2위기관리명제에 대해 주요 생각을 밝혀보자.

첫째, 권위주의의 징후들이 남아있다. ① 여전히 정치를 엘리트주의로 이해하는 세력이 남아 있다. ② 중립적이어야 할 "국가기구"가 억압도구로 나타나는 현상이 말끔히 사라지고 있지 않다. ③ 민중이 정치의 장으로 들어서고 있지 못하다. ④ 정치권력의 정당성이 강하지 못하다. ⑤ 경제적 불균등이 크게 개선되지 못하고 있다. ⑥ 국민 경제의 국제관계 의존도가 높다. ⑦ 갈등에 대한 관용의 정서가 성숙단계에 들어서고 있지는 않다.

---

172) 서규환, 『현대성의 정치적 상상력』, 민음사, 1993에서 「제10장 제도정치와 비제도정치의 변증법」, pp.293-316을 참조할 것.

둘째, 그 동안에 시민사회의 "소리"는 크게 성장하여 권위주의의 궤도에로 역류시키려는 발상은 규범적으로 정당하지도 못하지만, 정치정세와 권력관계상으로 불가능해 보이기도 한다. 그 "소리들"을 제도적 틀을 재구성하여 흡수해내지 못할 경우 갈등비용이 대단히 높아져서 보다 심각한 위기의 심연으로 빠져들 가능성이 높다.

셋째, 선진산업국가들이 "보호주의"를 숨기면서 시장개방에의 압력을 가하고 있으면서도 후발신흥공업국들로부터 추격을 받고 있다. 국내적으로도 노동윤리 혹은 직업정신이 근본적으로 뒤흔들리는 심각한 문제가 있다.

넷째, 선진복지국가를 지향한다면, 사회발전 논리와 동력을 과감히 재구성해야 한다.

후기개혁정책은 개혁 이후의 사회가 효율성과 정당성에서 현상태보다 발전되리라는, 어느 누구도 지금보다 나빠지지는 않으리라는 확신을 심어주는 것으로써 순탄한 개혁과정을 추진해 갈 수 있는 것이 아닌 데에 문제가 있다. 개혁추진과정, 즉 이행과정에서 ① 물질적 조건들이 악화되는 시민사회와 국가의 부문들이 불만을 토로하고 갈등을 일으킬 수도 있고, ② "상대적 박탈감"의 논리가 작용하여 위기를 발생시킬 수도 있다. 요컨대, 개혁의 (정치적, 경제적) "비용"문제 때문에도 높은 신화에 근거한 강한 정치적 리더십이 필요하다.

5) 어떻게 개혁의 "비용"을 감당해야 하나?

여기에는 원칙상 다음과 같은 가능성이 있다. 첫째, 개혁 추진 초기에서부터 "경제기적"같은 예견하지 못한, "의도치 않은" 결과가 생겨나는 경우이다. 둘째, 국외로부터 지원을 받는 가능성이다. 이는 개혁이념이나 정서에도 어긋나지만 이로부터 발생하는 비용 — 예컨대, 현상태를 유지하려는 검은 비용으로 생각하는 사람들의 저항 — 을 추가로 지불해야 하는 부담 이외에도 개혁이 "주체준거적"이지 못하고 급변하는 국제정세에 따라 실패할 수 있다. 셋째, 정치적 리더십을 발휘하는 가능성이다. 개혁의 비용을 최소한으로 절감하려 할 때 정치지도자의 정치적 리더십은 중요하다. ① 행정적 효율성을 증대시키는 역할을 행사한다. 개혁정책은 여러 행정부서에 걸쳐 있기 마련이어서 행정부서 간 갈등이 발생할 가능성이 높은데, 이를 조정하여 행정적 효율성을 높일 수 있어야 한다. ② 개혁의 목적합리성이 잘 운용되도록 개혁정책의 환경이 악화되지 않게 한다. 또한 개혁정책이 미치는 부정적인 결과를 가능한 한 줄이도록 노력해야 한다. ③ 시민사회의 참여를 균형에 맞게 잘 활용하는 일이다.

구조개혁의 정치적 리더십은 주체적인 정책을 통해서 발휘된다. 개혁정책도 정당성과 효율성이 그 기준이다. 선진민주복지국가로 전형시키는 후기개혁의 정치적 리더십은 정당성과 효율성을 모두 충족시켜야 하는 무거운 역사적 과제를 떠맡고 있다. 구체적으로 말하면 다음과 같은 세 불행한 시나리오를 가능한 한 피해야 한다. ① 개혁과 정치적 민주주의의 현상상태를 유지하는 시나리오, ② 개혁을 포기하고 정치적 민주주의의 현상태를 유지하는 시나리오, ③ 정치적 민주주의를 철회하고 그 대신에 권위주의 방식으로 개혁을 달성하는 시나리오.

포스트권위주의 시대가 요청하는 정치적 리더십의 대안은, 정치적 민주주의의 조건을 유지하면서 개혁의 목표를 달성하는 모델을 얻는 것이다. 우리는 아마도 이 대안모색 과제를 개혁의 합리성 문제로 정리해 볼 수 있을 것이다.

포스트권위주의 시대에서 개혁의 합리성은 있는가.[173] 포스트권위

173) 막스 베버(Max Weber)는 지배유형을 전통적 지배, 카리스마적 지배, 합리적·법적 지배로 구별하였다. 여기에서 이론적으로 논의해 볼 맥락은 합리적·법적 지배에 관해서이다. 합리성이 어떻게 얻어지는가가 오늘날 논쟁적이기 때문에, 합리성에 관한 논의를 더 해볼 필요가 있다. 합리성의 하나의 형이상학적 근거중심이 있음을 더이상 믿을 수 없는 한, 관료제적 합리성과 테크노크라트적 합리성은 충분한 것이 못된다. 이 맥락을 하버마스는 지속적으로 논증해 오고 있다. 하버마스, 『소통행위이론 I』, 서규환 외 역, 의암출판, 1995. J.

주의 시대는 정치의 궁극적인 원천으로서 이미 동원화되기 시작한 시민사회와 정치화를 예상해야 한다. 이 시민사회의 정치화 때문에 개혁의 정치적 리더십은 법적 제재나 부의 배분이라는 고전적인 정책수단 이외에도 시민들의 적극적인 합의를 얻어야 하는 또 하나의 결정적인 과제를 풀어야 한다. 후기 개혁 정책은 시민사회로부터 정당성을 얻어 내려는 그 과정에서 개혁 정책의 효율성을 위협할 가능성이 있다. 그 위기는 다음 두 차원으로 구별해 볼 수 있다. 그 하나는 후기 개혁정책이 후기 개혁정책들에 관련된 이해관계와 모티브, 권력관계 등이 이질적이어서 이를 하나로 동시에 통합해낼 수 있는 메커니즘을 얻지 못하여 발생하는 위기이다. 이때 후기 개혁 정책 세력은 ① 분산을 느끼는 사람들을 "매수"하거나, ② 정치적 갈등을 감수하는 "과감한" 결단력을 보이거나, ③ ①과 ②를 어느 선에서 절충하는 방안이 있다. 포스트관료주의 시대에서는 ①의 경우 "매수" 비용이 상대적으로 높아지고 있어서 재정부담이 지나치게 높아지고, ②의 경우 갈등 세력의 도전이 거세어서 정치적 갈등으로 확대되는 것을 통제할 수 있는 수준을 넘어설 가능성이 높다. ③의 경우도 그 총체적 갈등강도에서는 ①과 ②의 경우와 크게 다르지 않다.

다른 하나는 후기 개혁정책을 시민사회와의 거리감을 거의 완전히 줄여서, 말하자면 처음부터 시민사회를 후기 개혁정책에 적극 참여하게 하는 방안이다. 이 경우 신보수주의 경향의 정치학자들이 지적하는 "과부화된 국가", "시민의 탐욕", "욕구의 폭발" 등의 위험이 발생할 수 있다.

6) 구조개혁과 저항의 유형

후기 개혁정책이 예상해야 할 개인적, 집합적 행동양식은 다음과 같이 유형화될 수 있다.

Habermas, *Faktizität und Geltung*, Ffm, 1992. 참조.

〈표 13〉 후기 개혁정치 유형화

	제도적	비제도적
개인적	· 개인적 적응 (가)	· 아노미 · 폭력행사 · 자살 · 기타 (나)
집합적	· 정당 · 사회단체 · 노조 (다)	· 저항운동 · 불법파업 (라)

후기 개혁정치에서 문제되는 유형은 (나), (다), (라)이다. (다) 그리고 (나)와 (라)가 "불필요하게" 크고 높은 "음성"으로 나타나는 까닭은 부분적으로는 (다) 자체가 성숙하지 못하고 있기 때문이고, 부분적으로는 저항운동의 새로운 내용과 형식 때문이기도 하다. 나는 이런 맥락에서 전자의 예로 이른바 "갈등의 제도화"를, 후자의 예로는 이른바 "신사회운동"을 들고 싶다.

(가) "갈등의 제도화"는 산업사회의 이익갈등을 규제하는 명제로서 널리 논의되고 있다. 우선 자본과 노동이 어떤 조건아래에서 "갈등의 제도화"에 참여하는가를 파악하는 일이 중요하다. 갈등의 제도화가 성공하려면 다음과 같은 사회적 조건들이 필요하다.

첫째, 사회협약이 배타적이지 않아야 한다. 특히 민중부문의 구성이 대단히 다양한 상태에서 노조가입 노동자들만 참여했을 때 여타 민중부문이 저항할 수 있다.

둘째, 노조는 포괄적이고, 조직력이 높아서 정치적 영향력이 클 때만 사회협약 같은 갈등의 제도화에 참여하려 한다.

셋째, 공공부문 종사자들은 사회협약에 참여하지 않을 가능성이 높다. 그들은 개혁으로부터 직접 위협을 받지도 않고 있고, 이득도 얻지 않고 있기 때문이다. 개혁은 재정지출절감안을 포함하고 있을 때가 많아서 공공부문에 위협이 된다. 강한 대타협의 정치적 리더십이 필요한 또 하나의 이유는 여기에 있다. 계급갈등을 제도화시키기 위해서는 노동계급의 조직력과 정치력이 증대될 필요가 있는데, 자본계급과 다른 사회부문들의 저항 때문에 국가의 정치적 리더십이 개입하지 않는다면, 노동계급의 조직력 강화나 정치적 증대로 어려워 보이기 때문이다.

(나) 뉴리더십이 요청되는 까닭은 이른바 "신정치" 영역 때문이기도 하다. 환경, 여성, 반전, 반핵, 대안 등의 이슈를 중심으로 하는 운동은 그 기본성향이 비제도정치를 적어도 한 축으로 삼고 있어서 구정치적 리더십 원리가 제대로 작동하기가 어렵다. 이를 신정치 영역과의 유연한 개방정치를 펴면서 이들 영역을 개혁해 나갈 새로운 정치적 리더십이 필요하다.

(다) 이 맥락에서 특별히 주의를 기하고 싶은 내용은 구정치의 핵심갈등을 해결하는 과정에서, 즉 위기를 관리하는 과정에서 신정치적 위기가 전이되어 나타나는 메커니즘이다. 예컨대, 대도시에서 나타나는 노동력재생산 위기를 극복하기 위해 거대 신도시를 건설하는 경우에 발생하는 공간저항운동 등이다. 요컨대, 뉴리더십은 "위기관리의 위기"를 관리해야 하는 심층적 분석과 통찰을 필요로 한다.

3. 대타협 뉴리더십, 그 구체화를 위하여

진정 민주주의적 복지국가를 지향하는 개혁을 희망한다면, 국가의 역할이 막중하다는 사실을 냉정하게 인식해야만 한다. 그러한 만큼 강한 정치적 리더십이 요구된다. 요컨대, 정치적 리더십의 "강-약"문제는 권위주의와 민주주의의 구별문제와는 다르다는 주장이다. 강하면서도 민주적인 정치적 리더십이 우리 시대의 논리이다. 강한 정치적 리더십이란 개혁해야 할 주요한 내용들을 "시장"에만 떠넘기지 않고, 국가의 차원에서 관리하는 정치력을 발휘해야 함을 말한다. 후기 개혁정책은 어떤 의미에서 기존 규칙을 "넘어서는" 정치이다. 행정의 관료제적 형식 합리성의 범주를 넘어서서 사회의 요구에 반응하는 실질 합리성에 호소하는 것이 개혁정책의 특성이고, 여기에서 정치와 행정의 경계선이 흐려지면서 위기가 나타난다. 평상시의 정치-행정관계가 전도되기도 한다. 기존의 법규칙에 따라 행정의 요구에 반응하는 정치의 논리가 약화되면서 행정은 정치에 의존하는 정도가 높아진다. 일단 이 행정의 정치화 때문에 정치적 리더십이 필요하다. 개혁정책은 관료제적 형식규칙을 완전히 배제하지는 않지만 — 그렇게 할 수도 없다 — 그것을 넘어서서 새로운 권력관계를 창조해 나가는 정치이다. 국가와 시민사회의 관계가 권력의 면에서 재구성된다는 것이다. 정치적 리더십은, (1) 정치, 행정 관계의 전도에서 발생하는 저항을 흡수해내고, (2) 시민사회에서 관련부문들을 긍정적으로 조정하고 동원화하면서도, (3) 동시에 저항과 갈등을 해소해야 한다.

포스트권위주의 시대는 시민사회가 개혁에의 요구가 강하다는 특징이 있다.[174] 이 시민사회의 정치화는 개혁국가에 대한 새로운 도전이면서도 가능성이다. 새로운 도전인 까닭은 국가가 시민사회를 배제하고서는 개혁정책을 성공적으로 완성해내기란 거의 불가능하기 때문이다. 새로운 가능성으로 보는 까닭은 개혁정책과 관련된 자들이면서 그 수용주체인 시민사회가 동원화되고 있어서 개혁정책 그 자체에 대한 저항을 줄일 가능성이 상대적으로 높기 때문이다.

1) 경제위기를 극복할 경제철학적 합의도출이 필요하고, 이를 실현할 대타협의 리더십이 요청된다. 무엇보다 우선, 사회저변에 깊게 흐르고 있는 근거 없는 낙관주의를 청산해야 한다. 1960년대 이래 한국사회는 양질의 유휴노동자원 · 유리한 국제환경(외자 및 기술차입환경과 대외 수출여건)을 정부주도형 시장경제 정책으로써 고속경제성장을 달성할 수 있었다. 그러나 최근의 경제위기는 단순하지가 않다고

174) 이 맥락과 관련하여, 서규환, 「"시민사회와 민주주의"에 관한 최근 논쟁」, 『이론』, 제5호, 1993년 여름호, pp.228-262. 참조할 것.

진단하는 목소리가 높다. 말하자면, 경제위기가 일시적 성격의 것이 아니라, 구조적이라는 진단이 설득력을 얻는 것 같다.

첫째, 냉전시대의 종언에 따라 선진국들 사이의 경제경쟁이 가속화되면서 국제경제의 지역적 블럭화가 나타나고, 후개발개도국이 급성장하여 한국경제를 위협하고 있다.

둘째, 정부중심적 수출주도형 고도경제성장을 가능케 하였던 "경제외적" 요소들이 현저하게 해체되고 있다. 구체적으로 말하자면, 예컨대 "잘 살아보세"라는 국민적 합의도출이 느슨해지거나 완전히 풀어지고 있다. "즐기고 보자"라는 일종의 쾌락주의가 사회저변을 급속하게 파고들고 있다.

셋째, 권위주의의 자리에 민주주의가 들어서면서, 내가 과잉자율화라고 부르고자 하는 현상이 일어나고 있다. 민주주의를 학습하는 과정에서 일어나는 수준 이상의 집단간·지역간 이기주의의 만연을 말한다.

넷째, 그리고 각종 선거의 실시가 정치윤리를 압도해 가면서 사태가 더욱 악화되고 있다.

2) 시장경제 철학은 우리 현실에 맞게 구체화되어야 한다. 시장경제를 말한다고 해서 자유주의 시장경제만을 곧바로 연상한다면 적어도 사회과학의 수준에서는 지나치게 단순한 것이다. 적어도 순수한 시장은 존재하지 않는다. "보이지 않는 손"이라는 "형이상학적 이성의 질서"의 있음을 믿는 것에 다름 아니었다. 하지만 그 믿음이 설득력을 잃어버렸다. 실제로, 자유주의 시장경제는 인간의 이성과 합리성을 특정하게 이해하는 지평을 전제로 하고 있고, 그것은 건전한 사회제도와 윤리관, 그리고 공정한 경쟁질서의 확립을 의미한다. 이에 대한 강한 철학적 도전이 일어나는 가운데, 자유주의 시장경제 모델의 결함에 대한 비판이 강하게 표출되어 왔다. 따라서 사회적 시장경제를 주요소로 하되, 우리의 현실에 맞게 변형시켜내는 지혜가 필요하다. 후발산업화

과정을 밟아온 국가들의 경우(독일과 일본 등) 자유주의 시장경제보다는 사회적 시장경제가 그 특징이었다는 점을 기억할 필요가 있다. 물론 사회적 시장경제 모델도 다양하다. 여기에서 "사회적인 것"이 어떠해야 하는가가 쟁점이 된다. 나는 이에 대해 강한 실용주의 전략을 제안하고자 한다. 그것은 첫째로, 형이상학 이후의 국민적 합의도출을 가능케 한다고 보기 때문이다. 둘째로는 "사회적인 것"이 구체적 사회적 현실을 떠난 것일 수가 없기 때문이다. 다시 말해, 한국의 역사적 현실에 맞게 변형될 수 있어야 하기 때문이다. 이 사회적인 것을 규정할 주체는 적어도 현시점에서 분명해 보인다. 국가와 공동체이다.

요컨대 실용주의적 사회적 시장경제 모델을 위한 대타협의 리더십이 요청된다. 이를 구체적으로 설명하자면 다음과 같다.

(1) "확고한" 진리체계에 호소할 수 없으므로, 상황에 따라 변화요청을 촉진해 갈 수 있는 신뢰를 구축해야 한다. 그렇게 되기 위해서는 정치지도자는 강한 윤리적 도덕적 인물이지 않으면 안 될 것이다. 윤리적이지 않고서는 국민들로부터의 신뢰를 얻기 어렵기 때문이다.

(2) 개별 "정권"의 수준을 넘어서는 장기적 전망의 국가발전목표이므로, 폭넓은 포용력을 갖추어야 한다. 강한 대국민 호소력을 지니고 있어야 한다. 경제적으로도 윤리 고양이 사회적 비용을 극소화할 수 있다는 사실을 국민들에게 인식시켜야 하는데, 문제는 윤리적 삶의 고양이 단기적으로 실현될 성질의 것이 아니라는 데 있다. 이 맥락을, 갈등이론적으로 말하자면, 여야간, 노자간 갈등들이 증폭하여 장기적 전망의 국가발전목표가 실현되지 못할 가능성이 있다는 것이다. 따라서 여야의 화합을 얻어내고, 노・자의 대립과 갈등을 매개지우는 대타협의 정치적 리더십이 필요하다.

(3) 남북통일을 위해서도 대타협의 리더십이 요청된다.[175] 엄격히

175) 통일에 대한 별도의 심도 있는 주제발표가 필요하다고 판단하고 있다. 여기에서는 지극히 피상적인 단상 몇 가지를 밝힐 수 있을 따름이다. 첫째, 엄밀히 말해 역사적 모델도 없으며, 따라서 이론적 수단이 결코 성숙되어 있지 못하다. 둘째, 그렇지만 독일통일과정과 그 이후를 분석함으로서 상당한 수준의

"이론적" 성찰을 얻어낼 수도 있다. 이를 정리해 내기 위해 먼저 독일통일의 성공요인을 추출해 내어 보자. 1) 현존 사회주의의 대개혁, 2) 브란트의 "동방정책" 이래의 동서독 긴장완화 정책의 지속, 3) 유럽공동체, 4) 서독의 탈파시즘화, 5) 동독 시민사회, 6) 정치지도자들의 협상력.

첫째, 독일통일은 현존사회주의 체제의 대개혁이라는 거대한 물결을 배제하고서는 이해하기 어려운 사건이다. 그 물결은 동구권 국가 가운데 마르크스레닌주의에 가장 강하게 의존했던 동독 체제위기를 자극했으며, 냉전의 종식을 가속화시키는 영향을 미쳤다.

둘째, 브란트의 동방정책은 1982년 콜정부에 와서도 중단되지 않고 계속되었다. 콜정부는 브란트의 동방정책을 블란트-슈미트 시대보다 더 적극적으로 추진해 가는데, 동유럽 국가들이 대외 정책상 소련으로부터의 자율성을 높여감에 따라 그 기반이 보다 튼튼해지기까지 했다.

셋째, 유럽공동체를 향한 서유럽의 정치무드가 성숙되어 있어서 독일의 위협을 유럽공동체라는 거대한 네트워크 속에서 묶어 둘 수 있다는 판단이 적극적인 강한 반대를 제거하지 않도록 자극했다.

넷째, 독일이 전후 정치제도와 정치문화를 민주화시켜온 수준을 높게 평가하여 통일이 타국을 위협할 가능성이 낮을 것으로 판단하는 세력이 강했다.

다섯째, 시민사회의 정치, 시민사회는 그 표피적 수준의 의식만으로는 정당하게 평가될 수 없다는 사실이 동독의 사례에서 뚜렷하게 예증되었다. 1989년 10월 7일 국가수립 40주년 기념일을 정점으로 시민사회 운동이 본격 가동되기 시작했으나, 그 잠재력은 이미 형성되어 있는 것으로 보인다. 독일 통일요인으로 가장 주목해 보고 싶은 것이 시민사회의 정치이다. ㄱ) 동독의 젊은이들이 헝가리, 오스트리아를 거쳐 서독으로 이주하는 사태가 (1989년 9월 초순) 일어나고, 이를 보도하는 서독TV를 많은 동독인들(80%가량)이 시청하여, ㄴ) 동독시민들의 저항은 가열되고, ㄷ) 마침내, 1990년 3월 18일 동독의 자유총선거에 이르게 된다.

여섯째, 콜정부의 외교적 협상력을 또한 들지 않을 수 없겠다. 정부는 "고르바초프가 독일통일의 최대한 장애물이었던, 통일독일의 NATO가입에 대한 반대를 철회하도록 하는 결정적인 계기"를 마련한 이른바 "런던선언"을 얻어냈다는 점이다. 소련이 통일독일이 얻어낸 NATO에 편입되는 것에 반대하지 않는, 아니 찬성하는 이유, 혹은 그 배경은 무엇일까? 즉 콜정부는 어떻게 외교적 협상력을 발휘했는가? ㄱ) 소련의 경제개혁에 독일의 막강한 경제력이 강압요인으로 작용할 수 있다는 점이다. 물론 통일 이전의 동서독은 소련의 체제파트너였다는 점도 여기에 작용했지만, 콜이 소련의 경제개혁을 위해 경제-정치-군사-문화 등 광범위한 영역에서의 폭넓은 협력을 약속했다는 점도 작용했다. ㄴ) 냉전의 종식으로 상징되는 동서관계가 획기적으로 변화했다는 점이다. 이른바 "런던선언"은 이런 맥락에서 단 하나의 진전으로 나타났다. ㄷ) 물론 여기에서 소련 역시 독일의 정치적 민주주의와 정치문화를 높게 평가했다는 사실이 가로 놓여 있기는 하다.

그리고 통일독일이 겪고 있는 "예상하지 못한" 위기를 파악해 보자.

① 예상하지 못한 경제적 문제들이 터지고 있다. 이를 세밀히 관찰해 보면, 동

말하자면, 남북통일의 분명한 하나의 시나리오는 아직 없는 것 같다. 독일통일 논의에서 그 평화적 "흡수통일"을 지향하고 있다면, 적어도 "사회주의적 기치"에 적대적이지 않는 대타협 · 대관용의 리더십이 요청된다. 자본주의적 민주주의 체제에 "흡수"되는 것에 거대한 저항세력이 있다면 흡수통일의 날은 결코 오지 않을 것이기 때문이다.[176] 그리고, "사회주의적 기치"는 사회적 시장경제모델 그 자체에 이미 내재되어 있는 것이기도 하다.

(4) 그리고 21세기는 문화의 시대라고 흔히 부른다.[177] 그렇다면 21세기 정치지도자 역시 문화를 사랑하는 인물이었으면 하는 바람이 있다. 정치경제학적으로 문화의 비중이 높아지지만, 문화가 쉽게 단번에

독 인구는 통일독일에 28%를 차지하지만, GNP에의 기여는 7%에 불과하다. ② 그렇지만, 동독출신들의 소비성향은 서독인구들의 두 배에 달하고 있다. ③ 동독출신 노동자의 노동생산성은 기업정신의 결여, 현존사회주의의 관료주의에 대한 수동성, 숙련성 부족 등으로 서독 노동자의 1/3에 불과하다. ④ 이른바 "통일비용"이 예상수준을 훨씬 넘어가고 있다는 분석이다. 〈조선일보〉, 1992년 10월 20일자. "독일정부는 동독지역에 지금까지 우리의 근 10년 예산에 해당되는 300조원을 퍼부었으나, 경제회복은 요원하다. 통일직후만 해도 2000년엔 동-서 지역 간에 격차가 없는 경제통일이 이루어질 것으로 전망했으나, 그 전망은 이제 불투명해졌다. 2000년까지 동독지역이 서독수준으로 되려면 동독지역이 연평균 15%의 성장을 하는데, 그런 기록은 서독에서도 없었던 기적일 뿐이다." ⑤ 콜과 그 정부는 동독 경제의 급속한 성장을 약속했으나 통일이후 지금까지 그 약속을 현실로 실현시키지 못하고 있다. 1991년초 동독 실업자 수는 거의 80만에 가깝고 이는 동독 노동력의 8.9%에 달하는 수치이다. ⑥ 급속한 통일안을 선택하면서 콜과 그 정부는 서독에 대해서도 심각한 변동이나 조세인상을 실시하지 않겠다는 약속을 했으나, 통일 이후 높아진 통일비용 때문에 이 약속 역시 지키지 못하고 있다. ⑦ 노조가 성장했다. 예컨대, 철노조의 경우 동독에서 조합원이 새로 가입함으로써 250만명에서 350만명으로 성장했다.

176) "사회주의적 기치"를 포용할 수 있는 대타협의 리더십이 요청되는 또 다른 맥락이 있다. 그것은 국제화 · 세계화 경향을 말한다. 국제화 · 세계화란 정부나 시민사회, 혹은 개인의 차원에서 개별 국민국가의 수준을 넘어 범지구적으로 소통이 일어날 수 있음을 의미한다. 그렇다면, 선진산업사회 등에서 "사회당", "노동당" 등등의 사회주의 세력들로부터 적어도 강한 저항을 받지 않아야 한다.

177) 이 맥락과 관련하여 서규환 외, 『옷을 갈아입는 아파트』, 열린세상, 1995. 서규환, 「문화적 사고란 무엇인가」, 본 책 제1부를 참조하라.

발전되지는 않는다. 그 까닭은 문화란 장기적으로 완만하게 발전하는 인성발전과 깊은 관계가 있기 때문이다.

아프리카의 속담처럼 "문화는 사랑처럼 나눌수록 더 크게 자라난다"고 한다면 대타협의 리더십과 문화감수성은 강한 친화력을 지니고 있으리라. 요컨대 문화감수성이 높은 문화대통령의 출현을 21세기는 요구하고 있다.[178)]

---

178) 이 글은 한국정치학회 충청지회/비교지역정치연구분과위원회 기획세미나 및 월례발표회에서 처음 발표했던 것을 계간 『황해문화』, 1996년 겨울호에 실었고, 이후 가볍게 수정하여, 워렌 베니스, 『성공한 리더, 실패한 리더십』, 부록 형식으로 재수록했던 것이다.

제4부 정치비평의 프리즘

제1장 희망의 정치

● 신종플루, 그 비상사태

신종플루 대유행(pandemic)을 직시하자. 감염 증가수가 주춤하다는 판단은 오류인 것 같다. 의심환자에게도 타미플루를 처방하므로 감염자가 계산되지 않을 뿐이다. 환절기를 예상하면, 이미 비상사태가 아닌가. 국가는 군사안보책임뿐만 아니라 국민의 건강과 생명을 보장해야 할 생명안보책임도 있다.

첫째, 질병관리본부는 이른바 "30%룰"을 가정하고, "신종플루 대유행 대비 · 대응 계획"을 세우고 있다. 이 30%룰 가상시나리오는 인구의 30%가 감염된 이후 확산을 멈춘 과거 대유행 사례를 근거로 삼았다. 이 가상시나리오에 의하면, 일단 대유행 단계에 진입하면 8주 정도가 지나야 확산이 주춤해지고 대유행이 마감된다; 이 과정에서 최악의 경우 국민의 18%인 880만 여명이 감염되고, 23만 여명이 입원 치료를 받을 것으로 예측됐다; 발병률은 30%로 1,500만 명 정도가 감염되지만, 실제 600여만 명은 증상 없이 지나간다는 예측이다; 예상 입원환자는 총 23만5천명 정도인데, 대유행 진입 4~5주째 최고 정점에 이를 것이며, 이 기간 동안에 입원환자는 하루 평균 6,600여명으로 계산되었다. 정부는 이 시나리오에 근거하여 현재 타미플루와 백신 등 처방약을 대비하고 있으나 그것조차도 미흡한 실정이다. 게다가 이 가상시나리오를 상회하여 대유행이 확산되면 어떻게 될 것인가. 독일 등은 100%를 가정하고 방책을 세우고 있다는 사실에 주목해야 한다. 이번 인플루엔자는 예전에 경험하지 못했던 신종이 아닌가. 정부는 진정한 최악의 시나리오를 가지고 있어야 한다.

둘째, 정부는 현재 전국에 총 455개 거점병원을 지정했는데, 이들 병원이 정상적으로 환자들을 치료할 수 있도록 적극적으로 조처해야 한다. “신종플루 환자 다녀가면 병원 망한다”는 항간의 말이 돌고 있다고 한다. 의사의 의료윤리에만 호소해서 해결되기에는 사태가 심각하다. 병원에 손실이 일어나지 않도록 정부의 적극적인 조처가 있어야 한다.

셋째, 보건복지가 취약하면 할수록, 빈곤층이 최대 피해자가 된다. 빈곤층은 위생상태가 상대적으로 나쁘고 중노동에 시달리어 질병에 취약한데, 질병에 걸리면 치료비가 다시 부담이 된다. 특히 의료보험 혜택을 받지 못하는 자들은 더욱 치명적이다. 입원해야 한다면 우선 검사비용 부담이 발생하는 것이다. 이들 빈곤층에서 발생한 인플루엔자는 전 국민에게 전염되는 것이다. 정부는 이들 취약층이 치유받을 수 있도록 특별조처를 취해야 한다.

넷째, 정부는 각급 학교에 대한 휴교령 조치, 대규모 스포츠경기나 집회, 극장, 영화관, 대규모 학회나 전시회 등 군집 활동을 제한하는 조치도 실기하지 않아야 한다. 특별히 섬세한 접근이 필요한 곳은, 종교활동과 결혼식, 장례식 등의 영역이다. 당사자들의 적극적인 협조를 지금부터 얻어내려는 정부의 적극적인 노력이 지금 필요하다. 대재난이 일어날 경우, 종교적으로 탈출하려는 군집적 시도는 오히려 강화될 수도 있기 때문이다.

그리고 현 국면은 미국발 금융위기가 깊은 영향력을 발휘하여 한국경제도 경기 침체를 경험하고 있는데 휴교령 등 각종 군집활동을 제한하면 정부의 경기활성화 정책과 충돌하게 될 것이다. 그러나 이 경제적 논리가 국가의 생명안전책임을 억압해서는 안 될 것이다.[179)]

---

179) 〈인하대학신문〉, 2009년 9월 7일.

● 노무현 전대통령 서거를 애도한다

대통령직에서 물러난 뒤 귀향하여, 손수 농사를 짓고, 손녀를 태운 자전거를 타며, 밀짚모자를 쓰고 논두렁에 앉아 막걸리를 나눠 마시는 노무현전대통령 모습. 우리가 꿈꾸는 사회의 한 자락을 읽었다. 그 이미지는 기억 한 구석에 늘 생생하게 있던 시인 신동엽의 "산문시(1)"를 생각나게 했다. "스칸디나비아라든가 뭐라구 하는 고장에서는 아름다운 석양 대통령이라고 하는 직업을 가진 아저씨가 꽃리본 단 딸아이의 손 이끌고 백화점 거리 칫솔 사러 나오신단다. (중략) 반도의 달밤 무너진 성터가의 입맞춤이며 푸짐한 타작소리 춤 사색뿐 하늘로 가는 길가엔 황토빛 노을 물든 석양 대통령이라고 하는 직함을 가진 신사가 자전거 꽁무니에 막걸리병을 싣고 삼십리 시골길 시인의 집을 놀러 가더란다." 그런 대통령이 "저기, 사람이 지나가네"라는 마지막 말을 남기고, 부엉이가 울었던 바위 위에서 하늘로 뛰어 건너갔다.

생명보다 중요한 가치가 어디 있겠는가. 최상의 가치인 생명을 버리고 죽음을 택하는 결단 앞에서 살아있는 자들은, 먼저 각자 자신의 삶에 겸허해야 한다. 그리고 그 죽음의 의미에 대해 성찰해야 한다.

검찰수사에서 권양숙여사가 돈을 받았다는 사실이 확인되자, 노전대통령에게 화살이 돌아갔다. "아내가 한 일을 어떻게 남편이 모를 수 있느냐", "아내에게 죄를 돌린다"는 식의 비난이 쏟아졌다. 부부 사이, 부모와 자식 사이에도 완전히 투명할 수는 없다. 아무리 금슬 좋은 부부라 할지라도 모르는 부분이 있고, 또 애써 알고자 해서는 안 되는 것들도 있다. 가족들 사이에서도 사생활이 있다. 가족주의를 경계해야 한다. 노건평씨는 청년 노무현이 사법고시에 합격하기까지 아버지와 같았던 인물이었다 한다. 그런 "주변"을 "야박하게" 자르지 못하는 "인간적 정리"(김동리)를 고려하고, 대통령의 가족 및 친인척 관리를 철저하게 하지 못한 정책실패의 책임을 공과 실을 종합적으로 평가해야 한다.

그런데, 분명한 것은, 노전대통령의 결백이 아닌가. "미안해 하지마라"는 유언은 이를 말한다. 자신의 결백을 자결로써 밝히려 했던 것 같다. 노전대통령의 마지막 결단은 법적 책임에 대응하려는 행위가 아니라 가족들을 포함한 지지자들의 잘못에 대해 윤리적 책임을 지려는 일종의 도덕적 희생 결단이 아닌가 싶다. 이 죽음에의 결단은, 삶을 비관한 나머지 삶 자체를 부정하는 자살이 아니라 갈등과 대립을 넘어서게 하려는 자기희생적 자결이다. 서거이지 "사거"가 아니다. 유서에서 "원망하지 마라"는 말은 전임대통령에 걸맞지 않은 결례에 대한 원망을 넘어서는 포용하는 정치를 지향하고 있다.

노무현 전대통령은 패배가 충분히 예상되었던 선거구에서 선거를 치르고 패배를 거듭하면서, 그의 이 자기희생적 이미지는 장기적으로는 대선의 승리를 낳게 하는 동력의 하나가 되었다. 그러나 국정운영에서는 노대통령의 순박한 원칙주의는 모든 국면에서 잘 통한 것은 아니었다. 개혁정치는 반개혁세력의 힘을 능가하는 힘이 있어야 성공하는데, 그 힘을 창출하려면 대통령 개인의 도덕적 원칙주의만으로는 충분하지 않는 사례들도 있음이 실증된 셈이다. 그러나 그가 추구했던 정직성, 도덕성, 원칙주의 가치가 손상된 것은 결코 아니다. 또, 참여정부의 비전 "지역균형발전과 참여민주주의" 그 자체가 종언된 것도 아니다. 역사는 장기적으로 재평가 과정 속에서 발전하는 법이다.

국민장 기간은, 국민 모두의 갈등과 상처를 치유하는 지혜를 모으고, 깊게 숙고하는 시간이 되어야 한다. 조문자들을 선별하지 말며 포용과 관용의 지혜를 보여주길 바란다. 감정적으로는 노전대통령을 악평해왔던 정치인들을 받아들이기가 어렵겠지만, 고인을 조문하려는 자들을 문전박대하는 것은 고인의 뜻도 아닌 것 같다.

노전대통령의 마지막 결단은, 전임대통령이 법정에서 재판을 받는 모습 자체를 남기지 않으려는 숭고한 자기희생이며, 자신의 죽음이 대통합의 정치를 열어가는 계기가 되기를, 국민 모두의 열린 마음과 실천을 기대하는 희망을 포용하고 있다.[180)]

180) 〈인천일보〉, 2009년 5월 26일.

● 속물들, 아첨, 변절, 그리고

권위주의시대에 정론직필했던 언론인 송건호씨의 글 「한국보수주의의 병리」(1960년)가 다시 읽힌다.[181)]

한국보수주의 병리의 하나는 정치 중심에 경제적 이권운동이 확고하게 자리 잡는다는 것이다. 경제주의를 높게 세우며, 황금만능주의를 실질적으로 유포시킨다는 점에서, "경제를 살리자"는 구호를 외치면서 서민들의 삶을 외면하는 점에서, 그 병리는 오늘도 변함없다.

또한 좌파를 적대시하는 이념전쟁을 벌리는 냉전사고의 지속에서도 그러하다. 나아가, 그들은 의회주의를 무시한다. 의회 이전의 밀실에서 작동되는 붕당정치를 우선하고 의회정치, 곧 대화와 소통의 합의정치를 적극 발전시키려 하지 않는다.

그리고 또 하나는 바로 "보스에 대한 무조건적 충성"(아부와 아첨) 정서가 지배한다는 것이다. 자유당 치하 12년간 사라진 것은 애국심이요, 홀로 성한 것은 충성심이었다.

충성심이 지나쳐 아부가 성행하고 아부를 위한 이면적인 부패만이 성행하였다. 아부는 극도로 단수가 높아져서 민족의 순결성이 무너지기 시작하였다.

오늘의 한국사회 곳곳에서도 간신들이 날뛰는 인상을 받는다. 아부의 권력위계질서가 확고해지는 것 같다.

이승만 시대에 보스 중심의 주종적 붕당관계가 굳건하게 형성되자, 독재를 예비하는 상태로 접어들었던 역사를 기억해야 한다. 그 징후는 집권세력 내에서 비판의 목소리가 잘 들리지 않는다는 데에서 읽을 수 있다.

이 병리들은 한마디로 속물성이다. 속물성은 최종적으로는 돈을 향한 맹목적 질주다. 물론 속물성에 대한 사이비 비판을 비판해야 한다. 좌절에 뒤따르는 반동적 시대의 낭만주의적 비판에 대한 비판은 그 예

---

181) 2008년 12월 2일, 피디수첩과 와이티엔노조가 송건호언론상을 공동수상했다.

다. 여기에서 속물이란, 황금만능주의에 젖은 나머지 비예술적이고 고리타분하기만한 인간을 말한다: 낭만주의에서 아이러니는 자본주의적 속물성을 극복하는 유일한 장치다. 낭만주의적 "몽상의 베일"은 정신과 시의 합작으로 엮어져 휘황찬란하게 나타나서 일체의 추악하고 저속한 것을 덮어 버리게 하고, 추악하고 저속한 것은 인지할 수 없게 된다.

주관성은 지나치게 자족적이고 자기과시적이어서, 은폐되어 있었던 (현존하는) 시를 발견한 것이 아니라 그 자체가 비(非)시적인 세계를 주관성 내부에서 시로써 도금했을 따름이었다. 루카치가 지적하고 있듯이, 물론 반동적 낭만주의자들은 이를 어렴풋이 알고는 있었지만, 바로 그 때문에 "마치 이러한 주관성이 우주의 궁극적인 존재론적 핵심이라도 되는 것처럼 여기는 착각, 단지 마술적 계기를 가지고 있는 마술로 탈바꿈할 수 있을 듯한 착각, 그리고 자본주의적 산문성의 낭만주의적 극복이 마치 마술에 걸려 있고 마녀의 저주에 빠져있는 듯한 착각이 아이러니적 자의식에 관계없이 생겨날 수 있는 것이다."

반동적 시대의 속물성비판은 아이러니하게도 속물성 속으로 스스로 침전되어 들어가는 것으로 나타난다.

속물성이 쉽사리 극복되지 않는 이유들 가운데 분명 이런 착각도 있다. 청(淸)나라 유월의 『유월잡찬』에 있는 우언이 다시 생각난다. 한 관리가 있었다. 경성에서 외지로 나가게 되자, 은사에게 찾아가 고별인사를 드렸다. 찾아온 제자에게 은사는 다음과 같이 당부한다.

> "외제에서 관직 생활하기란 쉬운 일이 아니라네. 마땅히 언행에 신중을 기하게."
> 제자가 답한다.
> "저는 이미 백가지의 아첨거리를 준비해두었습니다. 사람을 만날 때마다 하나씩 꺼내 주면 별 어려움이 없을 것입니다."
> 은사는 성을 내며 말한다.

"우리들은 모두 정직하고 사심이 없는 사람들로 자부하고 있는데, 어찌 그럴 수가 있단 말인가?"

그러자, 제자가 응답한다.

"이 세상에서 선생님처럼 아첨을 좋아하지 않는 사람이 몇 명이나 되겠습니까?"

그러자, 은사는 고개를 끄덕이고 말한다.

"자네 말도 일리는 있네, 그려."

물론, 청출어람(靑出於藍)의 제자는 '99가지 밖에 남지 않았음'을 잘 계산하고 있었다.

스승의 착각은 제자의 착각 아닌 착각으로 계승되며 그리하여 긴 전통이 되었는지, 돈이 걸렸을 때는 스승마저 배신하고 변절하고 아첨하라는 비책도 들어 있었는지, 이 반동적 시대에, 그것을 알고 싶다.[182]

---

182) 〈인하대학신문〉, 2008년 12월 6일.

● 진보의 과제

미국 대선에서 혜성 버락 오바마가 승리했다.

이 승리에 셰퍼드 페어리(Shepard Fairey)의 뛰어난 선거포스터의 영향력이 막강했다고 한다.

정치광고 시대, 특히 시각정치 시대다. 오바마는 붉은 넥타이를 매고, "진보"를 가슴에, 토대에 붙이고 진지한 표정으로 약간 위를, 진보 공간을 향해 보고 있다. 왼쪽 뺨에는 붉은 색이 뚜렷하다. 진보의 닻을 올린 주체는 민주당만이 아니라 최초로 흑인대통령을 선택한 미국이다. 변화가 예상된다.

그런데 한국에서 진보란 무엇인가. 보수파 한나라당 세력이 다면적인 강한 비판을 받고 있지만, 민주당 등 야당들에 대한 국민지지는 매우 약하다. 특히 민주당은 제1야당으로서 이 위기국면에 폭넓은 지지를 얻어야 하겠지만, 현실은 그렇지 못하다. 흥미로운 사실은, 한나라당 세력에서는 스스로를 "보수적"이라 부르고 차별성을 부각시키고 있는 한편, 민주당세력에서 대체로 이 "진보적"이라는 명명을 그렇게 부각시키지 않는다는 것이다. 한동안 "개혁"이라는 언어를 선호했지만 최근에는 이조차도 희미하다. 균열이 있다. 반성해야 한다.

진보란 앞으로 나아감을 뜻한다. 이런 한에서, 한국은 진보해야 할 과제가 있다. 적어도 되돌아가는 것[반동하는 것]이 아니라, "앞으로 나아가서"[진보하여] 선진국 대열에 당당히 서야 하지 않겠는가. 진보 개념은 국가목표 중심에 있어야 한다.

그러므로 우선 진보 개념을 시대정신에 맞게 구성하는 과제가 있다. 19세기 서구에서 형성된 낡은 닫힌 역사주의나 고전적 역사유물론의 진보 개념에서 벗어나야 한다.

이미 릴케의 시 「진보」가 이를 웅변했다:

> 그리고 다시 나의 깊은 생명은 더 큰 소리를 내며 나달거린다,

보다 넓은 강가를 지금 걸어가고 있는 듯이.
나에게 더욱 친숙해지는 사물들
그리고 모든 이미지들은 줄곧 더 또렷해진다.
이름 없는 것에 나는 더욱 신뢰를 느낀다:
새들과 같이, 나의 감각들과 같이 날아오른다
나는 참나무가지에서 바람 부는 하늘로,
그리고 굴절된 못물의 낮 속으로
작은 물고기 등에 탄 것처럼 잠겨든다, 나의 느낌은.

릴케는 결정주의역사관과는 완전히 다른 사관에서 진보를 이해했다. "이름 없는 것"에 더욱 신뢰를 느낀다는 시어가 이를 표현한다.

진보를 향하는 "삶(Leben)", 즉 생활, 생명은 깊어야 한다. 진보의 강이 넓은 만큼이나 깊고, 그 강의 길에서 진보의 삶은 이름 없는 것을 만나게 되지만, 그것들을 배척하지 않는다. 사물들은 나에게 진보의 강에서 친숙해지고, 모든 이미지들, 형상들은 더욱 더 분명해진다.

그런데 그 진보의 강을 걸어가는 나는 강의 공간에만 있는 것이 아니다. 공간으로 확장된다. 의미들(감각들)과 함께, 의미들의 날개로서, 새가 날아오르듯이, 나는 위를 향하여 날아오른다. 깊이는 수면 아래의 깊이만이 아니라 수직적 공간의 넓이가 확장되는 것을 말한다. 그렇지만, 나의 느낌은 작은 물고기 등에 탄 것처럼 고요하다.

그것은 참나무가지에서 부는 바람이 하늘로 나아가듯이 자연스럽다. 이렇게 릴케를 말한다고 해서, 릴케가 빠져들었던 순수주의적 비합리주의를 예찬하는 것으로 오해해서는 안 된다. 오늘의 진보는 19세기 경제인(homo-economicus)과 경제주의일 수는 없기 때문이다. 그것은 정치, 경제, 문화, 사회를 포괄하는 전인, 르네상스인간의 재탄생을 지향한다.

진보와 변화를 두려워해서는 안 된다. 행복한 진보를 발전의 척도로 삼아야 하고, 총량적 경제성장만이 아니라 고통을 당하는 개별 인간들을 심려해 행복과 인격완성을 증진하는 것도 그 지표가 돼야 한다.

오늘날, 진보 과제는 복합적이다. 자유와 인권, 평등, 여성, 환경, 반전과 반핵, 평화뿐만 아니라, 교육의 과제도 있다. 과학과 지식의 시대인 오늘날 교육이 중요해지는 만큼이나 아이러니하게도 교육 현실은 불평등의 진원이 되고 있다.

누구에게나 교육받을 기회를 균등하게 부여할 진보를 향해 앞으로 걸어가야 한다.

그리고 무엇보다 교육이 그 자체로 고통이 아니라 교육 본래의 의미인 인격도야의 즐거움이 될 수 있도록 교육의 진보가 있어야 한다.

역사적 진보는 인간 자신의 책임이기 때문이다.183)

---

183) 〈인하대학신문〉, 2008년 11월 10일.

●시장경제모델을 재구성하라

미국발 금융위기는 이제 세계경제위기로 전개되는 양상이다. “미국시대”(american century)의 종언을 다시 진단하는 칼럼들이 넘쳐난다. “슈퍼파워” 미국의 위상이 깊게 손상되었다. 하지만, 지금 이 단계에서 그 종언을 단언하는 판단은 설득력이 높지 않다. “슈퍼파워”란, 국민 다수가 행복을 느끼는 국가 품격이 아니라 국제질서에서 강제력을 동원하고 행사할 수 있는 국가력임을 뜻한다. 미국은 ① 가장 강력한 군수산업체들을 운영하고 있으며, 이들 산업체들이 만들어내는 각종 무기를 우방국가들에 판매할 수 있다. ② 현 군사력만으로도 패권국가력에 모자람이 없다. ③ 우리가 미국어를 광적으로 배우면서 모든 에너지를 빼앗기는 동안에 그들은 모국어로 사유한다(그들은 전 세계의 양서를 모국어로 번역한다). ④ 창의적 이공계대학원을 운영하고 있으며, 첨단 고부가가치의 테크놀로지를 개발할 수 있다. 세계질서에서 미국은 (당분간) 강대국으로 남을 것이다.

이 위기에서 어떤 교훈과 지혜를 얻어야 하는가? 단적으로 시장경제모델 재구축에 대한 섬세하고 세련된 접근이라 나는 판단한다. 우선 시장경제라는 용어에 대해 짚고 넘어갈 것이 있다. 한국사회에서는 시장경제를 누구나 예찬한다. 모두들 시장경제론자라 자처한다. 이렇게 “시장경제” 예찬론은 공산주의체제와 그 계획경제에 대한 부정 이상을 말해주는 것이 아니다. 냉전체제의 이데올로기적 언어관행을 넘어서야 한다. 탈냉전시대인 오늘날, 내가 시장경제의 현실주의적 구체화라 부르는 것이 적절하고 적극적인 요청이다.

시장경제의 구체화 전략에서 우리는 크게 “세 가지 모델”(에스핑-앤더슨)을 식별할 수 있다. 첫째는 영미형이다. 국가가 가급적 시장에 개입하지 않고 성장을 추구하는 형으로서 미국, 캐나다, 호주, 뉴질랜드, 영국 등이 여기에 속한다. 둘째는 이 영미형과 대조를 이루는 형으로서 이른바 북구형이다. 유럽형 사회민주주의 전통이 강하며 국가의 분배역할을 중요하게 추구하는 형이다. 따라서 국가의 조세부담률은 50%로서 영미형의 두 배 정도에 달한다. 스웨덴, 노르웨이, 핀란드, 덴마크 등이 여기에 속한다. 그리고 셋째는 이 두 유형 사이에 있는 형으로서 중부 유럽형이다. 요컨대 미국식 시장경제모델만이 현실적으로 있는 것이 아니라는 점과 그 미국형 모델이 가진 치명적인 결함이 작금의 금융위기로 드러났다는 점에 주목해야 한다. 모델을 재구성해야 한다.

현실에서 순수시장경제는 없다. 과학과 테크놀로지가 날로 발전하는 오늘날에는 국가의 역할은 더욱 막중하다. "멜라민 파동" 사례는 그 한 예에 불과하다. 미국식 시장경제에서도 중앙정부와/나 지방정부가 현실적으로 다양하게 작동하는 다양한 시장들의 경제들에 다양하게 개입하고 조정하고 있다. 핵심은 다양하게 작동하는 다양한 시장들의 경제들을 각기 정당하게 파악하는 과제다. 이 과제를 등한시하고 "시장주의"에 기대는 정치적 판단력 방기는 이론적 통찰력의 실패에서 연원하는 것 같다. 고전경제학은 본질적으로 인간을 경제인(homo economicus), 즉 경제적 이익을 합리적으로 최선을 다해 추구하는 개별 인간으로 파악했고, 그런 한에서 독립적 학문으로서 경제학을 제도화시킬 수 있는 명분을 얻었다. 고전경제학의 경제인은 사실상 살아있는 인간이 아니라 경제적 이익을 계산하는 차가운 기계에 다름 아니었다. 하이에크 이후 신자유주의는 새롭게 시장의 계산불가능성을 주장하고, 시장주의를 주창해왔다. 물론, 순수한 시장의 자율조정메커니즘을 맹신하는 근본입장은 일관되었다. 이제 이 시장주의모델의 실패는 분명해 졌다.

사회통계학은 발전하고 있으며, 구체적 시장들에 대한 진단력과 처방력은 19세기 고전경제학시대와는 비교할 수 없다. 국가(정치)의 책임을 방기해서는 안 된다. 순수시장경제가 아니라 시장(경제)과 국가(정치)의 결합양식이 현실적인 다양한 시장경제들을 움직인다. 시장경제를 주장하면서도 우리가 정치적일 수밖에 없는 경제의 민주화를 주장해야 하는 근거는 여기에도 있다. 정치를 살려야 경제도 산다.[184]

● 수치감 상실의 정치, 부끄럽다

또 국회 청문회가 있었다. 청문회는 특이한 소송이다. 죄를 전제하지는 않지만 일반 소송처럼 심문하고 변호하며 그리고 최종적으로 심판한다. 필자는 제도적으로 국회청문회에서 임명동의권으로 격상시킬 필요가 있다고 생각한다. 국회의 승인을 받지 못한 채 임명된 인사는 오직 수치감에 면역될 뿐이다.

청문회의 풍경은 크게 변하지 않았다. 여당위원들은 변호하고 야당위원들은 비난한다. 변화하지 않는 그것은 청문하는 국회위원들이나 청문받는 자들이나 모두 수줍음은커녕 부끄러움조차 아예 모르는 듯한 그들의 얼굴표정이다. 야당에서 여당으로 바뀌자, 아주 자연스럽게 비난자에서 변호자로 변신한다. 사안의 본질은 거의 동일하지만 부끄러운 얼굴표정도 없이 다른 인물로 변절되는 것이다. 부끄러움이 없는 얼굴표정은 청문받는 자들도 마찬가지다. 그들은 당당함을 넘어 심지어는 뻔뻔한 표정이다. 수치심을 상실해버린 시대를 부끄러워할 따름이다.

수치를 느끼면 젊은 여성들은 얼굴을 가린다. 입을 가리며 살포시 웃는 한국여성의 수치 표현력은 얼굴이 내면의 거울임을 체화한 문화력이다. 그것은 고대서양 비너스의 몸을 가리는 동작보다 뛰어난 표현이다. 비너스 동작은 치부에 대한 본능적 반응에 불과하다. 수치감 표현은 주위 시선들이 자신에게 쏠리게 되자 자아 상승이 일어나지만 그 상승에 걸맞게 자아가 아직은 충분하게 성숙하지 않음을 고백하는 겸양 표현이다.

사회학 거장 짐멜(1858-1918)에 의하면, 부끄러운 감정은 불완전한 현실과 이상적으로 존재하는 규범적인 전체 사이의 간극으로 인해 자아의 부각과 위축이 동시에 일어날 때 일어난다. 주체로서 등장하는 그것이 사회인가, 아니면 개인인가에 따라 수치심이 일어나는 구도가

---

184) 〈인천일보〉, 2008년 11월 4일.

잡힌다는 것이다. 개인이 내면적으로 사회의 결점을 제 것으로 수용함으로써 첨예하게 이분화된 의식을 갖게 될 때 수치심이 일어난다. 그것은 정신적 과정이며, 윤리적 의식의 표현이다.

수치심을 잃어버렸다는 것은 사회에 대한 윤리적 책임의식의 실종을 말한다. 그 실종 속에서는 자아의 발전에 대한 전면적인 포기가 있고, 다른 모든 이들도 역시 그러하다고 확고하게 믿는다. 수치감을 상실한 시대에서는 사실 진정한 인간성과 사회의 성숙 그 자체가 포기된 상태가 지속된다. 이 포기의 지속은 자아 밖의 사회나 타자들이 불완전함을 알고 있지만 그것의 개선가능성을 믿지 않는 절대적 비관주의의 귀결이다. 이제 수치심 상실자의 행위를 움직이게 하는 것은 "상부의 지시"뿐이다. 그 속에 세속적 출세와 돈이 있다. 그들은 결코 내면의식, 양심에 따라 자율적으로 행동하지 않는다.

수줍음은 부끄러움의 감정에 못 미치는 초기 현상이다. 수줍음은 자아가 부상하는 상황에 직면하여 스스로 합당하지 못함을 자각하면서 오히려 자아는 위축되면서 발생한다. 수줍음 많은 청년기, 노년 이전의 자아는 성숙을 향한 역동성을 내면화하고 있으면서도 그 능력의 한계, 위축이 일어나는 의식이 강하다. 청년예찬은 수줍음예찬이며, 그것은 자아의 성숙을 향한 역동성을 예감하고 있다.

성숙한 나이가 되었으면서도 "젊은" 얼굴이 있다. 어린 시절, 너무도 수줍어 했던 루소는 사람들 앞에서는 자주 얼굴이 붉어짐을 경험했고, 노년에도 자신의 잘못에 늘 부끄러워했다. 카프카 역시 그러했다. 그의 『소송』 마지막 대목에는 수치감의 유머가 있다. K를 도살하면서 두 사내는 K의 얼굴 위로 몸을 숙이며 K의 죽어가는 그 내면의 모습을 보려 한다.

> 눈이 캄캄해져 왔지만, K는 뺨이 닿을 듯, 얼굴 바로 가까이에서, 두 사내는 최후를 지켜보고 있는 양을 본다: "개 같군!" 하고 K가 말한다; 수치가 자신의 죽음 뒤에도 남을 것만 같았다.

카프카는 수치감을 이렇게 말하면서 죽음 직전, 아니 죽음 이후에서도 성숙해가야 하는 자아를 얘기한다. 『소송』은 냉엄한 즉물적 질서가 지배하는 곳에서도 "비판적 유머"(쿤데라)의 시적 표현들은 새로운 세계를 향해 나아갈 수 있게 하는 창문들이다. 독서의 계절, 이 가을에는 "루소"와 "카프카"를 읽자.[185)]

---

185) 〈인하대학신문〉, 2008년 9월 15일.

● 건국절 담화 유감

지난 8월 15일, 이명박 대통령은 주로 건국60주년담화를 개진했다. 이른바 뉴라이트의 주장을 반복한 것이다. "제63회 광복절"이라는 언어는 작은 활자로 "건국60년"이라는 담화 속에 억눌리어 숨을 몰아쉬고 있었다. 백낙청 교수는 한 일간지에서 "천박한 역사의식"이라 혹평했다. 특별한 역주행이다. 앞으로 달려가겠다는 신호를 달고서는 고속 역주행하고 있다. 참여정부가 좌측 신호등을 켜고 오른쪽으로 갔던 실착이 상기되는 대목이다.

건국절담화의 발생과 그 전개가 사실 이해하기 어렵다. 그 역사의식이 너무도 천박하기 때문에 치밀한 연구와 숙의를 거친 결론인지 의심스럽다. 미국이 독립기념일을 기념하는 것에 착안하여 이를 모방하려 했다는 소문이 있다. 신생국 미국은 이민사회로서 영국에서 독립한 날을 그렇게 기념할 수 있겠다. 한국의 경우는 이와 다르다. 한국은 고조선-통일신라-고려-조선-상해임시정부-대한민국의 유구한 역사를 자랑하며, 건국은 고조선의 시작을 말한다. 필자가 건국절담화에 대해 유감을 표명하는 논거는 다음과 같다.

첫째, 신생국론의 오류다. 학문사적으로 국가 없는 사회라는 말이 등장한다. 1950, 60년대 미국비교정치학이 아프리카 등 이른바 제3세계의 신생국가론에서 등장한 말이다. 이들 국가가 국가가 없는 사회였는지는 여전히 논쟁적이지만, 그 당시의 미국비교정치학의 편견이 없지 않은 판단이었음은 분명하다. 그런데, 대한민국은 국가 없는 사회였는가. 1948년 이전에도 국가의 유구한 역사를 자랑하는 나라가 아닌가. "건국"이라는 말은, 신생으로 국가를 처음으로 만들어 나간다는 것이다. 그러므로 1948년을 건국이라 말할 수는 없다.

둘째, 법적으로 헌법전문에도 명시되어 있는 헌법정신을 모독하는 행위다. "유구한 역사와 전통에 빛나는 우리 대한민국은 3.1운동으로 건립된 대한민국임시정부의 법통"을 계승하고 있다고 헌법은 규정하고 있다. 곧 건국절담화는 위헌행위다.

셋째, 반통일론적 오류다. 1948년 8월 15일을 건국절로 삼는 것은, 분단이 아니라 남한의 단독정부가 아니라 남한만의 국가성립을 국제법적으로 말하는 것이다. 이렇게 되면, 다시 헌법 위반이다. 헌법은 대한민국의 영토를 한반도와 그 부속도서임을 말한다. 헌법은 조국의 평화적 통일을 명백하게 규정하고 있다.

넷째, 정치학적 오류다. 레짐과 국가는 다르다. 1948년에는 새로운 레짐이 성립한 것이지 국가가 처음으로 건설된 것은 아니다. 레짐은 역사적으로 끊임없이 변한다. 상해임시정부는 임시방편의 정부를 말하는 것이 아니라 비상사태의 레짐을 말한다. 정부가 국토 내에 있지 못하고 밖에 있게 된 비상사태지만 국가의 정통성은 굳건하며 결코 그것을 포기하지는 않았다.

다섯째, 역사문제로서 독도문제, 종군위안부문제 등이 건국절담화로 인하여 빠져나가게 된다.

그리고, 이승만대통령 스스로도 건국원년으로 말하지 않았다. 1948년 이전, 그 역시 상해임시정부의 대통령이었다. 1919년 중국 상해에 내각제정부가 수립되자 이승만은 총리에 추대되었다. 그러나 당시 미국에서 활동하던 이승만은 총리 호칭을 거부하고, 대통령으로 행세한다. 그리하여 임정은 대외적으로 임정이 둘 있다는 인상을 주어서는 안 된다는 판단을 내리고 대통령중심제로 개편하여 이승만의 대통령 행세를 합법화했다.

건국절담화에서 드러나는 것은 다면적인데, 몇 가지만 짚어보자. 우선 대통령담화생산과정이 철저하지 못하다는 것이다. 조급하다. 설사, 이승만대통령의 권위를 계승한다고 할지라도 최소한 그 정통성 역사를 철저하게 연구해야 하지 않는가. 둘째, 역사학계의 설득력 있는 강한 비판과 저항의 목소리를 외면한 채 건국절담화를 밀어붙이는 일방통행이다. 소통의 정치는 공허한 메아리에 불과하다. 셋째, 8월 15일이 지난 지금도 여전히 "건국"담화를 반복하는 언론과 학계가 있다는 점이다. 역사의식은 미래를 구성하는 실천임을 명심해야 할 시국이다.[186)]

186) 〈인하대학신문〉, 2008년 9월 7일.

● 정치적 상상력을 발휘하라

촛불항쟁의 미학, 노래하고 춤추다

"사람이 불 앞에서는 잠을 자지만 촛불의 불꽃 앞에서는 잠을 자지 않는다"라고 말했던 자는 가장 시적인 철학자 바슐라르였다. 그의 "촛불"은 렘브란트의 "명상하는 철학자"처럼 홀로 촛불을 켜고 말없이 명상에 빠져드는 고독한 시인의 그것이다. 그는 촛불의 수직성을 예찬했다. "고독한 사람의 책상 위에서 촛불의 불꽃은 수직성에 대한 모든 몽상을 준비한다. 불꽃은 꿋꿋하고 약한 수직이다. 한 번의 입김이 불꽃을 흐트러지게 하지만 그것은 다시 곧바로 선다. 일종의 상승력이 그의 마력을 회복시키는 것이다." 촛불항쟁은 바슐라르가 독일 낭만주의사상가 노발리스의 촛불시학에서도 읽었던 수직성만은 아니다. 수평적으로 또 다른 수많은 촛불들이 광장 안과 밖에서 모여 촛불의 들판을 이룬다. 촛불항쟁의 촛불은 "타인의 고독과 함께 나는 스스로를 혼자 있게, 깊숙이 혼자 있게 하는" 바슐라르의 고독한 시인의 그것을 넘어선다. 수평성이 수직성을 지킨다. 촛불항쟁의 불빛은 김수영의 시에서 풀이다.

> 날이 흐리고 풀이 눕는다
> 발목까지
> 발밑까지 눕는다
> 바람보다 늦게 누워도
> 바람보다 먼저 일어나고
> 바람보다 늦게 울어도
> 바람보다 먼저 웃는다
> 날이 흐리고 풀뿌리가 눕는다

김수영의 "풀"은 수많은 작은 촛불들이고, 촛불항쟁의 촛불은 군무(群舞)의 풀이다. 촛불은 바람이 조금만 불어도 아주 꺼진 듯 보이지만 불씨로써 다시 켜진다.

인천일보 만평

2008년 6월 2일자(월요일) 일간신문의 만평들. 인천일보의 만평이 수작이다. 촛불시위와 대통령을 표현하고 있다. 밖에서는 "물러가라"라는 구호가 외쳐지고 있는데 대통령은 무슨 돈으로 촛불을 사는가 하고 발언한다. 같은 말을 인용한다는 점에서 한겨레신문만평과 다르지 않다. 후자에서는 소가 대통령의 머리를 한방 쥐어박고 있다. 한우다. 한편, 전자에는 대통령의 뒤에서 소가 역시 꿈적도 않고 있다고 소가 칭찬한다. 미국소다. 얼룩이 그것을 표현한다. 한겨레신문은 대통령이 직접 현장을 보고 있음을 표현한다. 높은 곳에서 아래의 촛불시위를 보고 있는 것이다. 그의 복장은 시위진압대의 그것이다. 곤봉을 들고서 시위대를 보고 있다. 반면에 인천일보에서 그는 방안에서 촛불시위를 보도하는 텔레비전을 보고 있다. 아마도 대통령의 발언이 이어질 것만 같다. "이 난장을 이렇게 보도하는 텔레비전의 사장은 누구인가" 하고. 인천일보만평은 대통령 책상위에 전화가 있으나 소통 선이 없다. 그리고 대통령의 집무실에는 책이 없다. 여백에서 총체성을 파악하는 정치적 상상력의 빈곤이 느껴진다.

위기극복과제

정치적 상상력의 빈곤에서 야기된 이명박정부의 문제는 총체적이다. 과제는 다음과 같다. ① 참여정부의 성과를 공정하게 평가하여 국가적 차원에서 승화시켜야 한다. 전면적으로 감상적 차원에서 외면하지 않아야 한다. ② 시대정신을 정당하게 설정해야 한다. "이명박정부"

라는 핵심담화는 개인을 국정의 중심에 세우는 인상을 강하게 주고 있어서 복잡한 오늘에 걸맞지 않은 캐치프레이즈다. ③ 현실적으로 다양한 종류의 시장들이 작동하고 있음을 통찰해야 한다. 획일적 시장주의라는 이념은 시대착오다. "시장의 실패"를 반복할 따름이다. ④ 좌파와 우파를 넘어서 다양한 이념들을 종합하는 정치력을 발휘해야 한다. 뿌리 없는 실용을 포괄적으로 앞세우지 말며, 이념 자체를 부인하지 말아야 한다. ⑤ 일방적 통치로 밀어붙이지 말며 협치(governance)의 정치를 실천해 나가야 한다. ⑥ "정치가 경제의 영혼"(프랑스 철학자 리쾨르)임을 깨달아야 한다. 경제성장이 국가의 영혼인양 정치 자체를 혐오, 부정함으로써 겸양의 정치력을 발휘하지 못하게 되어서는 안 된다. ⑦ 대통령은 주권자인 국민의 의지를 대행하는 하나의 실행자에 불과함을 철저하게 체화해야 한다. ⑧ 인사정책을 정상화해야 한다. 도덕성 높은 인물을 기용하고, 법으로 임기가 보장된 자의 임기를 인정해야 한다. ⑨ 당선을, 곧 공약의 모든 의제(예컨대, 대운하)를 국민이 인정한 것으로 해석해서는 안 된다. 선거과정은 의제를 총괄적으로 선택하는 과정이 아니기 때문이다. 요컨대, 국정운영, 다시 시작해야 한다. 아직 길은 있다. 그러나 새로운 시작은 처음의 시작과 같을 수는 없다. "같은 강을 두 번 건널 수는 없다"(헤라클레이토스).[187]

187) 〈인천일보〉, 2008년 6월 16일.

● 국정운영, 다시 시작하라

이명박정부는 현 정국의 위기를 직시해야 한다. 위기사태임을 논증하는 구체적인 논거에는 이대통령의 국정운영에 대한 지지가 25.4%로 급락했다는 통계도 있다. 위기사태를 외면하고 "괴담"론으로 덮으려 한다면 위기는 오직 심화될 뿐이다. 광우병을 실증적으로 증명하라는 명령은 완전히 건강한 소임을 실증적으로 증명하라는 요청만큼이나 과학성논증을 넘어서는 것이다. 이번 한미쇠고기협상논란에서 짚고 싶은 것은 이 과학이론쟁점이 아니라 이 논란국면에서 드러나고 있는 현상들에 대해서다.

첫째, 정치철학의 빈곤이다. 이명박정부의 실용주의가 무엇인가? 실용을 앞세우지만, 퍼스, 윌리암스, 듀이 등 미국실용주의자들이 비판의 핵심대상으로 삼았던 근본주의에 실용정부는 빠져있다는 것이다. 그것은 경제주의라는 근본주의다. 경제가 해결되면 다른 모든 것들이 자동으로 해결된다는 (무의식적) 사고가 청산되어야 한다. 경제주의가 곧 실용주의는 아니며, "경제살리기"조차 경제적인 범주로써만 달성될 수 없다는 것을 깨달아야 한다. "경제를 살리자"는 구호에 다수가 지지를 보냈던 까닭은 빈부격차의 심화를 극복하는 정책을 살리라는 명령이었지 서민의 삶을 무시하는 경제성장을 고집하는 구시대의 정치는 아니었다.

둘째, 이명박정부의 아마추어리즘이다. 협상의 문을 열기 이전에 최선의 노력을 경주하고 사회 각계의 조언과 지혜를 구했어야 했다. 아마추어는 조급하다. 빨리, 숙고 없이 시작하고 개작을 쉽게 생각한다. 시대정신으로서 Festina lente("빠르게 느리게"라는 뜻의 이탈리아어)를 주장했던 이탈리아 소설가 칼비노가 소개한 중국의 우화를 이명박정부에게 소개한다. 왕은 화가에게 게를 그려줄 것을 주문한다. 화가는 5년의 기간, 집, 그리고 12명의 보조원이 필요하다고 답한다. 5년이 지났지만 화가는 아직 시작도 하지 않았다. 왕이 묻자, 5년이 더 필요하다고 화가는 답한다. 왕은 화가의 긴 느림을 수락한다. 10년이 지난 다음, 화가는 붓을 들고 단숨에 일필휘지로 게를 그렸다. 지금까지 없었던 최상의 완벽한 게 그림이었다. 게는 돌고래와 닻처럼 Festina lente의 도상이다.

셋째, 도덕성문제는 정책수행능력의 핵심임이 더욱 분명해지고 있다. "일만 잘하면 된다"는 발언은 판단오류다. 이명박대통령의 인사들에 대한 국민들의 불신이 깊은 만큼이나 이 혼란국면에서 그들의 말에 신뢰를 보내지 않는다는 것이다. 도덕성 높은 인사들을 대통령 중심에 배치해야 함을 깨달아야 한다.

넷째, 주권개념의 부상이다. 주권개념은 근대적 기획이고 세계화시대인 오늘날에는 더 이상 그 타당성이 없다고 판단하는 주권개념폐기론자들이 설득력이 없음을 이 쇠고기협상논란은 논증하고 있다. 생명주권을 주장해야 하는 논거들은 복합적이다. 생태계는 전지구적 유통으로 교란되고 있다. 생태계가 적응해나가는 시간보다 빠르게 인간에 의한 유통과 전파가 일어나고 있다. 미국산황소개구리가 한반도에 상륙하여 한국의 뱀마저 잡아먹는 생태계의 혼란(chaos)이 일어났다. 이 역시 세계화에 대한 주권적 성찰력의 빈곤 때문이다. 주권성은 강화되어야 한다. 그리고 주권성의 본질은 일국적이다. 이중국적허용은 주권성을 부식시킨다.

다섯째, 이 협상논란은 우리시대의 본질, 즉 정치가 생명을 살해할 수 있음을 드러내고 있다. 말하자면 생명정치의 시대. 프랑스 철학자 푸코가 지적했듯이 지난 수천 년 동안 인간은 생명을 지닌 동물이면서 덤으로 정치적인 삶을 누릴 능력까지 갖고 있다는 아리스토텔레스의 시대는 끝났고, 현대적 인간은 생명 자체가 정치에 의해 문제시되는 존재가 되었다. 음식을 공장에서 기계처럼 만들어내는 시대의 유전자공학은 "나쁜" 유전자를 제거하는 정치로 나갈 수 있다. 이탈리아 정치철학자 아감벤은 바로 생명정치의 동학을 무엇보다 20세기 전체주의의 폭력을 이해하는 열쇠라고 설파한다. 생명의 본질을 파악하는 인간의 윤리적 판단이 이 생명정치시대보다 더 중요했던 때는 없었다. 이제 다시 정치는 의술이라는 수사학이 부상한다.

정치는 의술이다. 정치와 생명은 밀접하다. 의술의 최선은 예방정치이지 발병 뒤에 치유하는 것은 차선정치다. 대통령은 정치가 예방의술이 될 수 있게, 지금, 국정운영을 다시 시작해야 한다.[188]

188) 〈인천일보〉, 2008년 5월 12일.

● 대선후보 문화예술분야 공약 논평

대선공약과 언론보도를 보면, 경제나 교육에만 모든 에너지를 몰입하는 인상을 받는다. 문화와 예술의 발전이 주변적이지 않고 본질적임을 직시해야 한다. 세계일보는 각 후보에게 문화, 예술 분야의 공약을 요청하였다. 우리는 회신해온 공약자료를 중심으로 대선공약을 비교분석하고 평가했다. 우선, 회신해온 각 후보의 공약자료들을 양적으로 비교해 보았다. 뚜렷한 차이가 있었다. 이명박후보는 4.3쪽, 정동영후보는 6.3쪽, 이인제후보 1.1쪽, 권영길후보는 29쪽 정도였다. 양이 질을 결정한다고 단정할 수는 없지만 판단의 척도의 하나임은 분명하다. 권영길후보만이 문화, 예술 분야의 정책개발에 적극적이었고, 다른 후보들 모두 문화, 예술 공약개발에 대해 소홀히 대하고 있었다. 진정, "과연 문화, 예술을 위한 대선 공약이 있기는 한가"하는 의문이 제기될 법하다. 문화, 예술의 시대에 문화, 예술의 빈곤을 염려하지 않을 수 없다.

21세기는 문화의 시대라 말한다. 문화의 가치는 다면적이다. 첫째, 철학적으로 인간은 문화적 존재라는 측면이 있다. 둘째, 세계화의 시대에서는 주체적이고 자긍심 높은 문화의 가치는 더욱 중요해지고 있다. 한국문화는 중국문화의 아류도 아니며 근대서구문화의 단순한 모방문화도 아님을 보여주어야 한다. 세계사회 속에서 당당한 문화국가의 이미지를 창출해야 한다. 문화패러다임을 주장하는 목소리가 높아지는 까닭도 여기에 있다. 셋째, 고부가가치의 경제 발전을 위해서도 시대정신으로서의 문화적 사고는 핵심적이다. 이제는 디자인이 경제의 영혼이다. 이 영혼의 심장은 문화와 예술이다. 그리고 문화의 시대에 걸맞은 문화적 행위양식, 문화양식의 변화에 주목해야 한다.

현 상태를 어떻게 진단하고 있는가?

진단은 곧 처방과 대안제시로 연결되므로 공약평가에서 핵심적이다. 각 후보 모두 우리시대가 문화, 예술의 시대임을 인정하고는 있다.

하지만 공약의 구체내용에서는 분명한 차이가 있었다. 이명박후보는 노무현정부가 "문화, 예술을 자신들의 정치적 기반 확대의 수단으로 전락"시켰으며 이른바 "코드인사로 문화예술계에 특정한 가치만을 강조하는 이념적 편협성"을 낳았다고 진단했다. 따라서 처방은 창의적인 문화, 예술의 발전을 위해 정부가 적극 지원하되, 개입, 간섭하지 않는 정책을 펴겠다고 밝혔다. 문화, 예술에 걸맞은 정책방향의 원칙론을 재확인하는 수준이다. 정동영후보는 현 상태에 대한 진단의 축을 기본적으로 첫째 문화, 예술을 향유하는 계층간 불균등과 둘째 문화, 예술을 생산하는 창작자들의 열악한 창작여건, 그리고 문화콘텐츠산업에서 핵심기술과 전문인력의 부족, 유통구조의 비선진성에 두고 있다. 이인제후보는 문화가 엘리트에만 편중되어 있다고 진단했다. 매우 단순하며 추상적이다. 권영길후보는 진단과 처방의 내재적 연관을 고려하면서도 가장 구체적이고 체계적이며 섬세하다. 첫째 문화 분야에서도 양극화 현상이 빚어지고 있으며 "문화향유의 평균적 후퇴"가 일어나며, 둘째 신자유주의적 정책 확대에 따라 문화예술계의 근간이 왜곡되고 있고, 셋째 문화고유가치를 인식하지 못하여 "문화부는 재경부의 문화섹션"이 되고 있으며, 넷째 문화정책이 "한류"라는 표면적 현상에 매달리고 있어서 문화토양육성에 소홀하며, 다섯째 지방분권화는 문화를 가장한 건설사업이 확대되고 있고, 그리고 문화예술인들의 82%가 월소득 1백만원 이하일 정도로 열악한 처지라는 점 등을 진단했다.

1. 주요 정책공약

1) 문화예술 예산규모 : 공약의 차별성은 우선 문화, 예술 분야에 편성할 예산 규모에서 식별할 수 있다. 2008년도 국가예산안에서 문화-관광분야 예산은 3조 859억원으로 1.2%정도다. 이명박후보는 전체예산에서 문화 예산은 2%를 넘기지 않으며, 낭비예산(연간 20조로 계산)을 10% 줄여 문화 예술과 복지에 쓸 수 있다고 공약했다. 정동영후보

는 2012년까지 문화-관광예산을 1.5% 수준까지 제고하겠다고 공약했다. 이인제후보는 이에 대한 공약이 아예 없었다. 권영길후보는 국가재정대비 2%대의 문화예산을 편성하겠다고 공약했다.

2) 문화민주주의 : 문화접근 통로, 문화 소통로를 만드는 과제가 있다. 대도시 중심, 특히 서울 중심주의를 넘어서서 전국 모든 도시에서 문화를 즐길 통로를 뚫어야 한다. 또한 상류층 중심의 문화, 예술을 넘어서서 가급적 모든 국민들이 문화를 향유할 수 있게 해야 한다. 이명박후보는 초중고교의 문화예술교육을 현재 29%에서 100%로 확대하고, "문화예술교사제도" 도입, 전국 국공립박물관 무료관람제의 점진적 확대 실시를 공약했다. 그러나 대도시중심의 현 상황을 극복할 구체공약은 매우 약했고, 체계적이지 않았다. 정동영후보는 문화소외를 해결하기 위해 "지역밀착문화예술복합도서관('문화예술지식사랑방') 1천곳" 조성, 문화 소외계층의 문화 향유권을 보장하기 위해 "찾아가는 문화예술" 지원을 확대하며, 도시지역 저소득층에게는 1년에 최소 1편 이상의 영화, 음악, 연극 등 각종 공연을 관람토록 "문화바우처"제 도입 등등을 공약했다. 이인제후보는 2011년까지 OECD 기준에 달하는 "가족문화카드제"를 공약했다. 언명은 있으나 구체전략은 없었다. 권영길후보는 "연5일 문화휴가제" 실시, 문화예술교육의 공고육화, 공공"문화시설 무료입장제 및 입장료상한제", 2015년까지 각읍면동에 작은도서관 1개씩 및 도서관 자료구입비국고지원(문화재정 1% 매년 투여), 음악분야를 통합적으로 진흥시킬 기관으로 음악진흥위원회 설립, 전국시-도에 시네마테크 1개씩 설치, 운영지원 등등 이외에도 구체적이고 현실적인 정책대안들을 공약했다.

3) 문화예술생산정책 : 기존의 문화, 예술의 자원들을 보존하고, 확산시키고, 새로운 창작의 여건을 만들어 주는 정책이 필요하다. 이명박후보는 문화예술전문교육자를 양성하기 위한 "문화예술교육대학원"

설립, 한-중-일 아시아문화산업협력체계 구축, 문화예술계의 종합전문가 양성, 문화예술인공제회 설립을, 정동영후보는 기초예술의 창작기반 활성화(문화비소득공제제도 도입, 기업의 문화접대비 손비인정 확대 등), 세계7위 문화콘텐츠산업강국 실현을, 이인제후보는 "문화산업의 국가전략 산업화 추진", "예술진흥"을, 권영길후보는 2만명의 문화예술매개 인력 추가고용, 문화예산의 1%를 문화예술인 복지에 투입하고 문화예술인을 위한 실업급여제(앵떼르미땅제) 도입, 문화유산정책 체계개편 및 재정확대(문화재청 예산 2배 확대), 고문헌 총괄기구 설립, 남북문화교류의 창구 구축 및 남북문화협정 체결 등을 공약했다. 권영길후보를 제외하면, 각 후보 모두 문화산업분야에 공약을 집중하고 있는 느낌을 받는다. 물론 그것도 각 후보별 차이가 있다. 대중문화-예술뿐만 아니라 고급(본격)문화-예술도 고려되어야 한다. 문화산업의 논리만을 추종하여 고급(본격)문화-예술을 발전시키는 방안이 죽어서는 안 된다. 후자는 전자의 하부구조로서 기능하므로, 문화산업발전을 위해서도 본격문화예술을 육성해야 하는 까닭이다.

4) 행정개혁 : 문화, 예술을 담당할 정책주무부서, 당국에 대한 정책적 대안은 무엇인가? 권영길후보만이 이 맥락에 주목하고 있다. 문화부문 공직에 대한 중앙/지방 공무원 개방형임용제의 확대(20%에서 40%로), 공공문화시설의 장을 비롯, 직원들을 문화예술분야의 전문직으로 공채 등 구체적인 정책대안을 공약했다.

2. 문화예술공약에도 집중해야

종합적으로 권영길후보만이 공약의 품위를 보여주고 있으며, 그 아래 정동영후보, 이명박후보, 이인제후보의 순으로 성적순을 정할 수 있다. 정책개발에서 서로 경쟁하는 선거과정이 중요하다. 자유민주주의 체제에서 경쟁민주주의를 제도화하는 까닭도 정책 공약은 국민에게 직접 약속하는 정치적 공언이기 때문이며, 선거과정에서 제시된 공약한 정책들의 경쟁을 통해서 당선된 대통령은 국민 전체에게 득이 되는 정책들을 선택적으로 종합할 수 있기 때문이다. 말하자면, 우리가 각 후보에게 정책경쟁, 정책선거를 주문하고, 또 유권자들에게 이에 주목할 것을 요청하는 까닭은 정책게임은 나의 승리가 곧 너의 패배가

〈표 14〉 문화예술분야 주요 공약

이슈 \ 후보	이명박	정동영	이인제	권영길
예산규모	◦ 2% 이하 ◦ 낭비예산(연20조)을 10%로 줄여 활용	◦ 1.5% 수준 (2012년까지)	–	◦ 2%대
문화 민주주의	◦ 초중고교의 문화예술교육확대 (현 29%→100%) ◦ 문화예술교사제 ◦ 국공립박물관 무료 관람제	◦ 지역밀착문화예술복합도서관 1천 곳 조성 ◦ 찾아가는 문화예술 지원 확대 ◦ 문화바우처제 도입	◦ OECD기준 가족문화 카드제 (2011년까지)	◦ 연5일 문화휴가제 ◦ 문화예술교육의 공교육화 ◦ 공공문화시설 무료입장제 및 입장료 상한제 ◦ 읍면동에(2015년) 작은도서관 설치 자료구입비 지원 (매년 문화재정 1%) ◦ 음악진흥위원회 ◦ 시네마테크 설치
문화예술 생산정책	◦ 문화예술교육대학원 ◦ 한-중-일 아시아문화산업 협력체계 구축 ◦ 문화예술종합전문가 ◦ 문화예술인공제회	◦ 기초예술창작기반활성화(문화비소득공제 등) ◦ 세계7위 문화콘텐츠 산업 강국 실현	◦ 문화산업의 국가전략 산업화 추진	◦ 문화예술매개인력 추가고용(2만명) ◦ 문화예술인 복지 (문화예산 1%) ◦ 문화예술실업급여 ◦ 문화유산정책 체계개편·재정확대 ◦ 고문헌 총괄기구 ◦ 남북문화교류창구 구축 및 협정체결
행정개혁	–	–	–	◦ 문화부문 공직 개방형임용제 확대 (현20%→40%)

되는 영합(zero sum) 게임이 아니라 국민 전체의 승리로 나아가게 하는 비영합게임인 때문이다.[189]

〈표 15〉 공약의 구체성 및 완성도 평가

후보 / 평가	이명박	정동영	이인제	권영길
문화민주주의	2	3	1	4
문화예술생산정책	2	3	1	4
행정개혁	0	0	0	4
종합평가	2	3	1	4

189) 〈세계일보〉, 2007년 11월 6일.

● 아리랑공연관람, 무엇이 문제인가?

7년 만에 남북정상회담이 다시 열린다. 대선국면과 겹치는 미묘한 시점이다. 하지만, 남북정상회담의 대의는 정파적 의구심을 넘는 본질적인 것이다. 대의는 한반도평화, 남북공동번영, 화해와 통일이라는 3대원칙이 다시 확인하고, 그것을 더 구체적으로 제도화해 가는데 있다. 이번 회담은 회담이 계속된다는 사실 그 자체도 역사적 의미를 가진다. 또, 국방장관도 동행하여 평화정착을 구체적으로 제도화해 나가려 한다는 점, 좀 더 세부적으로 비무장지대(DMZ)와 북방한계선(NLL) 지역을 평화지대화하는 선언 방안이 검토되고 있다는 점, 해주 경제특구 계획안 등 남북경협방안이 또한 매우 중대한 의제로 논의된다는 점, 그리고 상징적인 이벤트가 예고되어 있다. 노대통령이 걸어서 분단한계선을 넘어가며, 이를 전세계로 생중계한다는 점, 노대통령과 김위원장이 한라산의 물과 흙과 백두산의 그것을 합류하여 기념식수한다는 점, 그리고 노대통령이 아리랑공연을 관람한다는 점. 나는 여기에서 대북정책의 기본원칙에 대해서 말한 다음, 주로 아리랑공연관람을 둘러싼 논란에 대해서 얘기하고자 한다.

대북정책은 장기적 전망 속에서 구상되고 실행해 가야 하는 성질의 것이다. 정책 분석과 실행에서 흔히 간과되기 쉬운 것은 시간성범주다. 각 경제행위마다 곧바로 즉각적인 손실을 냉정하게 계산하여 경제행위의 합리성을 따질 때도 있지만, 당장에는 손실로 나타나지만, 장기적으로는 경제적으로도 이득으로 귀결되는 합리성도 있다. 인도적 지원의 이름으로 "무조건적 퍼주기"의 반경제적 합리성은 국민을 설득하기 어렵다. 경제적 합리성의 시간성 범주로 국민들을 설득해야 하며, 할 수 있어야 한다.

참여정부의 기본입장은, 이른바 북한압박전략을 반대하고, "선접촉+후변화" 전략, "선평화 +후인권" 전략이다. 북한을 봉쇄하고 압박하여 궁지로 몰아넣으면 북한주민의 인권은 오히려 악화될 수 있으므로, 화해와 협력의 전략을 통해서 북한의 개혁, 개방을 더욱 적극적으로 유도할 수 있으며 북한 주민들의 생활수준과 권익을 증진시킬 수 있다는 것이다.

북한압박전략은 북한의 중국의존도를 더욱 높이게 할 위험이 커지고 그렇게 되면 한반도의 세력균형이 본질적으로 훼손되어 복구불능 상태에 빠질 수도 있다. 남북대화의 단절 없는 흐름이 이 시점 특히 중요하다. 작금의 한반도를 둘러싼 국제정세, 특히 중국의 동북공정전략 강화, 일본의 대북정책 입장과 미일동맹의 강화, 러시아의 신군사전략 등에 대해 섬세하고도 장기적인 안목과 정치적 지혜를 초당적으로 발휘해야 한다. 한반도 통일문제는 여야의 정파적 차원을 넘어서는 "민족사적" 과제임을 인식하여 여야의 긴밀하고 내밀한 대화와 상호협조가 필요하며, 사회 각계의 미래지향적 합의도출도 있어야 한다.

아리랑공연관람, 무엇이 문제인가? 정치레짐의 차이를 상호인정하고 존중한다는 기본원칙과 아리랑공연 그 자체를 작품으로 인정하는 것과는 차원이 다른 문제다. 아리랑공연을 관람할 수는 있지만, 그것의 내용평가는 오로지 관람자의 몫이다. 원자화된 각 개인들이 마치 기계부속품처럼 움직이지만 그 전체를 그들 각자는 결코 볼 수 없고 오직 관람석에 앉아 있는 그만이 온전하게 볼 수 있다는 점에서 집체적 매스게임은 전체주의를 단적으로 표현하는 것으로 비판받아왔다. 그 전체적 공간 속에서 모든 시선들은 오직 "왕의 장소"(푸코)로 환원/집중되어야 한다는 강박 속에서 자유의 공간은 없다. 아리랑공연이 문제되는 것은 본질적으로 그 서사적 내용의 일부보다는 왕의 장소로 모든 것이 환원/집중되어야 하는 그 전체주의적 정치철학이다. 참여정부는 아리랑공연을 사전 검열하고 매우 거슬리는 내용의 일부를 삭제해 달라는 협상을 벌렸다고 한다. 작품 관람이 곧 작품의 내용을 모두 인정하는 것은 결코 아니다. 수용미학자 야우스가 논증하였듯이, 수용자의 판단이 창작자의 의도와는 별도로 존재한다. 아리랑공연 사전검열과 일부 삭제요청은 더 강한 비판을 받을 수 있다. 그렇게 공작된 아리랑공연 실황에 노대통령은 비난의 목소리를 던질 것인가, 아니면 환호의 박수를 칠 것인가, 아니면 침묵할 것인가. 발언할 수도 침묵할 수도 없을 때 딜레마에 빠질 수 있다. 참여정부는 이 딜레마에 빠지지 않을 지혜를 발휘할 최종적인 준비를 해야 할 것이다.[190)]

190) 〈인천일보〉, 2007년 10월 1일.

● 후보검증, 이제 시작이다

한나라당은 청문회의 형식에 대해서도 고민했으리라. 청문회 장소를 국민적 지지를 받고 있는 백범 기념관으로 정하는가 하면, 청문회 무대도 섬세하게 연출했다. 당의 색채, 파랑색을 기본 색조로 하면서 한반도와 "국민 앞에 당당히"라는 캐치프레이즈를 표현했다. 특히 무대의 배경 한반도 지도에서 국토 독도를 분명하게 표현하는 섬세함도 눈에 들어온다. 국민들은 이미지의 정치에 대해서도 잘 읽어야 한다.

이런 검증청문회는 처음부터 딜레마에 빠져들기 쉽다. 질문이 너무 예리하게 파고들면, 두 캠프간의 과잉경쟁, 질 낮은 싸움을 한탄하는 비난을 받을 것이고, 너무 무디게 논박하면, 판을 미리 짜고 하는 의도된 연극판이 아닌가 하는 진정성을 의심을 받기 쉽다. 그러므로 이 비난과 의심을 넘어서는 품격 높은 청문회 운영이 절실하지만, 실질적으로는 그렇게 쉽지는 않다. "성공이냐 실패냐"는 식으로 단순하게 판단하지 말아야 한다. 이 제도의 미래적 가치에도 주목해야 한다.

이번 청문회는 전체를 강하게 명령할 오케스트라 지휘자는 없었지만 난장판 격투는 아니었다. "면죄부청문회", "맹물청문회", "부실청문회" 등으로 평가절하하는 논평은 첫째, 검증 질의서가 미리 각 후보에게 전달되었다는 논거를 부각시킨다. 질의가 즉흥적으로 제기되어야만 진솔한 답변을 얻을 수 있는 것이 아니냐는 것이다. 둘째, 리허설을 거친 준비된 무대공연 형식은 그렇다고 할지라도, 검증위원회에게 조사권이나 수사권이 인정되어 있지 않았다는 점 또한 강조한다. 앞으로 제도 개선이 필요하지만, 현재 그대로도 의미는 있다.

첫째, 박근혜와 이명박, 이 두 후보와 관련된 의혹들이 무엇인지 총체적이고 체계적으로 국민들이 알게 되었다는 점이다. 둘째, 이미 쏟아진 답변들은 궁극적으로는 말의 질서를 벗어날 수 없다는 점이다. 독일 카셀학파의 거장 프리츠 슈체가 잘 논증한 바, 거짓을 밝히려는 질문의 행렬에서 말문을 닫을 수는 있으나 계속 거짓말을 이어갈 수는 없다는 것이다. 그렇다. 이제 체계적인 총체적인 질의의 말문이 열렸다. 국민들은 의도치 않은 실수를 용서할 수는 있으나 진실왜곡은 결코 용납하지 않을 것이다. 오늘의 한국은 독일 사회학자 막스 베버가 요청했던 "단단한 널빤지를 강하게 그리고 서서히 뚫는 열정과 균형감각"을 가졌을 뿐만 아니라 자신의 행위와 말에 진솔한 용기 있는 정치인을 요청한다.[191]

191) 〈세계일보〉, 2007년 7월 20일.

● 참여정부평가와 신정부의 과제

한 시대가 끝나고 있다. 참여정부의 시대가 저물고 있고, 신정부의 불도저가 시동을 걸었다. 시작은 중요하고 결정적이다. 그리스어로 시작은 아르케(arche)인데 원리(principium)를 의미하기도 한다. 시작은 현재와 미래를 결정할 원리를 내재한다. 시작은 반이다라는 일상의 격언이 있지만, 정치적 시작은 어쩌면 그 이상이다. 고대의 정치철학자 폴리비우스는 "시작은 단지 전체의 반이 아니라 끝을 향해 뻗어나가는 것이다"고 말한 바 있다. 그런데, 이명박 당선자의 시작은 어떠한가. 그는 전두환 권위주의정권의 시녀였던 국보위 위원의 경력을 지닌 인물을 당내의 반론에도 불구하고 인수위 위원장으로 지명하는 인사권을 밀어붙였다. 인수위는 정부 각 부처로부터 신정부의 정책방향에서 보고하라고 명령하며 각 부처의 공무원들을 밀어붙인다. 그것은 한마디로 참여정부의 공과 실을 공정하게 평가하려는 겸양의 태도라기보다는 "점령군"의 위압적 자세에 가깝다. 잘못이다. 지금이라도 시작의 정치철학을 철저하게 천착해야 한다. 그들로부터 "실패한" 참여정부의 진솔한 목소리를 경청해야 한다. 그리고 철저한 원인분석과 건전한 비판이 생산적인 미래를 안내한다. 참다운 시작은 과거에 대한 공정한 평가와 함께 있다.

1) 참여정부 5년, 그 거시경제적 지표는 그렇게 나쁘지 않다. 연평균 4%대의 경제성장, 국민소득 2만불, 코스피지수 2천 등이 그것을 논증하고 있다. 참여정부의 실패는 중산층과 그 이하 계층의 상대적 박탈감에 있다. 이른바 양극화 현상이 심화된 것이다. 국민지지가 낮아진 까닭은 또 있다. 참여정부의 추상적 이미지와 구체적 정책이 균열되어 있었다. 이미지는 상대적으로 평등을 우선시하는 좌파정치로 표현되었던 반면에, 구체적 정책들은 반좌파적이고 우파적이었고, 그 결과는 양극화심화였다. 이른바 보수언론들은 거의 한 목소리로 이미지

에 초점을 맞추어 "좌파정부의 무능"을 반복했다. 균열 사이로 배신감을 느낀 지지세력들이 빠져 나갔고, 밖에서 들어오는 세력들은 거의 없었다. 흥미로운 것은 이번 대선에서 이명박후보 슬로건의 해석문제다. 그는 "경제를 살리자"는 슬로건으로 당선자가 되었다. 그 의미는 무엇인가. 중산층과 그 이하에게 경제성장의 수혜가 있기를 기대하는 것이 핵심이다. 그 속에는 일자리창출, 비정규직문제해결 등의 요청도 있다. 여기에 새로운 균열이 있다. 이당선자의 이미지는 우파이지만 국민의 요청은 우파적이기보다는 좌파적이다. 이 균열 사이로 지지자들이 빠르게 빠져나갈 수 있음을 직시해야 한다. 고대사회에서는 배신자를 살인자보다 더 엄하게 처벌했지만, 배은망덕, 배신에 대한 대응은 늘 엄한 법이다. 사회학의 거장 짐멜은 "심지어 내적인 신의의 결여마저도 배은망덕보다는 더 쉽게 용서할 수 있다"고 썼다.

2) 개혁은 혁명보다 어렵다는 말이 있다. 개혁정책들은 저항세력이 낳기 마련이다. 저항의 크기가 다를 뿐이다. 참여정부는 국가균형발전이라는 비전을 가지고 개혁을 단행했지만 거대한 저항을 경험하지 않을 수 없었다. 개혁논리를 철저하게 파악하지 못했고 대국민설득 정책에서 실패했다. 서울의 저항세력들을 설득하지도 못했을 뿐만 아니라 지방들에서 지지세력을 창출해내지도 못했다. 국가균형발전 개혁은 임기 5년 내에서 그 성과가 가시화되기 어렵고, 그런 만큼 저항에 대한 섬세한 설득정책을 미리 마련했어야 하는 성질의 장기적 과제였다. 신정부 역시 국가균형발전비전 그 자체를 잘 계승하여 성과를 가시화해야 할 것이다. 서울중심주의에서 다중심주의로의 패러다임전환은 우리시대의 국가과제다.

3) 참여정부의 실패는 노대통령의 "교양 없는" 말에도 그 원인이 있었다. 국민에게 진솔하게 친근하게 소통한다는 의도 그 자체는 매우 좋은 것이지만, 대통령은 품위 있게 담화해야 하는 책임이 있다. 흥미

로운 것은 이대통령당선자 역시 이미 그의 이런 저런 "위험한" 말들이 문제로 제기되었다는 사실이다. 유머있는 말 그 자체는 좋지만, 대통령의 말은 곧 국가의 공식적 담화임을 체화해야 한다. 말은 쓰고 버리는 수단이 아니라 우리가 거주하는 정신의 세계다.

시작이 일방적 독백이 아니라 소통하는 말의 정치이기를 새해에 월요논단을 열면서 기대해본다.[192]

---

192) 〈인천일보〉, 2007년 1월 7일.

● 강한 의회주의를 기대한다

2006년 2월 18일 열린우리당은 임시전당대회에서 정동영을 의장으로, 김근태, 김두관, 김혁규, 조배숙을 최고위원으로 선출했다. 정의장의 당면 과제는 우선 선출과정에서 빚어졌던 당내의 갈등과 상처를 치유하는 일이다. 승리의 잔치상을 받을 것이 아니라 사회적 통합을 실현하기 위해 당내의 통합을 실천해야 한다. 김근태 등 최고위원들은 물론 떨어진 후보들과도 적극 대화하고 소통하는 리더십이 필요하다. 또 하나의 당면 과제는 5.31지방선거에서 선거 전략과 전술을 품위 높게 구체화하는 일이다.

그런데 우리의 기대는 이런 성질의 것을 넘어선다. 이른바 "민주화 이후의" 민주주의를 실질적으로 제도화하는 과제를 말한다. 첫째, 대통령과 당의 역할 관계 변화이다. 노무현대통령은 스스로 집권초기부터 줄곧 제왕적 대통령의 이미지를 해체시켜 왔고, 국가주의의 실질적 해체가 깊게 진행되었다. 이제 당과 의회는 더욱 민주적이되 능동적인 역할을 행사해야 한다. 일반적으로 집권 후반기에 접어들면 대통령의 통치력이 크게 위축되는 경향이 있다. 그렇다면 당의 역할은 이전과 달라야 한다. 대통령과 긴밀하게 소통하되, 정당정치를 주도해나가야 한다.

둘째, 정당의 본격 역할을 내실 있게 다져야 한다. 의회라는 언어투쟁의 장에서 사회(국민)와 국가를 매개시키는 역할, 국가와 사회의 비전을 제시하는 역할, 정부의 권력을 견제하는 역할, 정치지도자를 육성하는 역할 등을 실질화해야 한다. 이런 맥락에서 이번 전당대회에서 눈길을 끄는 맥락이 있다. 열린우리당의 신강령채택이다. 정의장은 수락연설에서 "먼저 빵을 만들고 나중에 분배하자는 선성장-후복지 개념으로는 결코 선진국으로 갈 수 없다"고 말하면서 "시장에 모든 것을 맡기는 신자유주의 모델과 전통적인 복지국가 모델을 넘어서는, 사회적 통합과 고용 있는 성장이 우리의 정책비전"이라고 신강령의 핵심을 강조했다. 구체적으로 신강령은 2008년에 국민소득 2만불 시대를 열고 본격적인 선진국 진입을 국가적 목표로 한다고 선언하고 있다. 신강령은 "사회통합적 시장경제"라는 새로운 정치언어를 중심에 세우고 있다.

사실 열린우리당과 참여정부는 언어투쟁에서 실패했다. 한나라당은 당의 안과 밖에서 보수와 뉴라이트라는 언어 정체성이 분명한 반면에, 열린우리당은 언어정체성의 위기 속에 있었다. 밖에서는 진보와 뉴레프트라고 부르지만 당내에서는 이를 받아들이지 않으면서도 분명한 정치언어가 없었던 것이다. 새로운 언어 전선을 세우고, 말의 정치경쟁 속에서, 한국의 정당정치가 성숙하길 기대한다.

셋째, 강한 의회주의를 제도화할 것을 기대한다. 의회가 현대사회의 복합성을 매개하는 데 한계가 있지만, 민주주의의 핵심은 의회라는 정치 장이다. 칼 포퍼의 열린사회론은 진리가 불확정적임을 논증하는데, 이는 법의 정치성을 시사하는 것이다. 의회를 중심 매개로 하여 민주적인 정치적 결단이 내려져야 한다. 예컨대 헌법재판소가 의회를 대신하여 정치적 결단을 내리게 해서는 안 된다. 민주국가는 법치국가이며, 오늘날 법은 정치적이다. 강한 의회주의를 제도화해야 하는 근본과제가 있다.

그리고 이런 과제들을 해결하려면, 무엇보다 열정과 신뢰를 회복해야 한다. 열린우리당과 참여정부에 대한 지지도가 떨어졌던 이유는 신뢰와 이를 구축하는 열정이 없었기 때문이다. 현실정치는 이성(logos)과 열정(pathos)과 신뢰(ethos), 그리고 이를 종합시키는 기예(art)이다.[193]

193) 〈국민일보〉, 2006년 2월 20일.

● 눈물의 정치와 역사적 사고

1. 감성정치 논란, 무엇이 문제인가?

21세기는 감성과 이미지의 시대라 명명하는 논술이 지배하고 있다. 냉정한 수학적 사고나 합리적 계산과 논리가 지배하던 시대는 종언되고, 인간들의 느낌과 정서에 호소하는 감성과 이미지를 중심으로 하는 문화적 사고를 강조하는 분위기가 흐르고 있는 인상을 받는다. 이는 각종 광고, 특히 텔레비전 광고에서 분명하게 확인할 수 있는 사실이다. 감성과 이미지를 강조하는 "상품미학"(볼프강 하우크)이 중요해지고 있는 것이다. 정치 밖의 시장에서 바로 이런 경향이 짙어가는 가운데, 이번 총선과정에서는 정치시장에서도 감성과 이미지에 호소하는 전략이 매우 강했다.

나에게서 정말 흥미로운 점은, 이번 총선과정, 그리고 그 후 총선에 대한 평가에서 이른바 "감성정치만 난무했다"고 비난하는 논술들이 줄을 이었다는 것이다. 감성의 시대에 감성에 호소하는 것이 왜 문제가 되는가? 정치에서 정치가들이 눈물을 흘리고, 삭발을 하고, 단식을 하고, 삼보일배를 하는 등등의 행위들에 대해서 비난하는 까닭은 무엇일까? 그 이유는 이성적이고 합리적인 판단을 내릴 수 있는 정책제시와 그 대결이 아니라 "감정"에 호소하는 때문이라 생각하는 이들이 매우 많은 것 같다. 그렇다면, 감정에 호소하는 그 자체가 비난의 대상인가? 그렇다고 생각하는 이들은 아마도 감정을 이성과는 반대되는 무엇으로 판단하는 것 같다. 감정이 배제된 냉정한, 합리적인 정책제시만이 정치세계를 지배해야 한다는 주장이다. 나는 이 주장이 선거전과 관련된 정치현실에 대해 정곡을 찌르고 있는 것이 아니라 "감성적"으로 접근하는 것이 아닌가 하는 의심을 느끼고 있다. 우선, 정책에 대한 평가는 정책을 제시하는 구체적 사람들에 대한 평가와 분리될 수 없기 때문이다. 정책의 실현가능성은 정책당사자들의 실현 의지와 능력에 달려 있지 않은가. 오늘의 정책 제시는 내일의 정책당사자들의 품격 안에서 그 실질적 의미를 담고 있다. 정책은 늘 인간들의 정책이다. 또한, 감성에 호소하는 정치 그 자체를 비난할 수 없는 까닭은, 인간의 조건(condition humaine)을 파악하는 입장과 관련이 있다. 나의 입장은 인간은 이성과 감정의 복합적인 총체적 존재이지, 감정이 없는 이성적 존재는 아니라는 판단에서 시작한다. 그리고 정치세계에서는 감정과 이성은 분리되지 않고 결합되어 표현된다. 이런 한에서 "감정정치"는 이성정치의 다른 표현이라 말할 수 있다. 거의 모든 정치적 표현은 감정을 담아내는 수사법에 대해서 이성적으로 숙고한 결과로서 나타나는 법이다. 그러므로 눈물의 정치가 있다면, 그 눈물의 실체적 의미를 분석하여 판단하는 일이 중요하다.

2. 악어의 눈물

눈물의 정치가 등장하면 "악어의 눈물"이라는 반격이 이어지곤 한다. 악어는 먹이감을 사냥할 때 눈물을 흘린다고 한다. 악어의 눈물은 약자의 눈물이 아니라, 야수 악어가 물에 빠진 연약한 토끼를 잔혹하게 먹어치우는 과정에서 그 마지막 눈물이라는 것이다. "악어의 눈물"은 정치적 대결 상황에 따라 다양하게 해석된다. 그 눈물은 연약함의 이미지를 현시하여 동정을 구하려는 것이 아니라, 약자를 먹어치우겠다는 야수의 명백한 최종적 예고라는 해석이 그 예이다. 이 해석에도 악어의 그 눈물은 그래도 남아있는 연민 같은 것을 포함하고는 있다는 변종 해석도 가능하다. 그렇지만 생물학적으로 악어의 눈물은 이제 명백하게 밝혀져 있다. 악어는 눈물샘의 신경과 입을 움직이는 신경이 같고, 먹이를 삼키기 위해서는 그래서 눈물을 흘린다는 것이다. 악어의 눈물은 이제 그 실체가 밝혀진 셈이다. 인간의 순수한 눈물만을 경험했던 자가 악어의 눈물을 처음 보았다면 아마도 그 눈물마저 순수하게 느꼈을지 모르겠다. 그는 악어의 생물학적 해부학을 몰랐기 때문이다. 악어를 과학적으로 알고 있는 자만이 악어의 눈물을 객관적으로 이해하고, 그 실체적 진실을 간파한다.

3. 정치적 인간과 그 눈물

정치적 인물의 눈물 역시 그 실체를 밝히는 일이 중요하다. 악어의 눈물과는 다르게 인간의 눈물은 그 의미론이 생물학적 차원을 넘어 나아간다. 우리는 여기에서 정치인들이 흘리는 눈물의 진실성에 대해서 의심하는 자들이 있음을 잘 알고 있다. 정치적 인물의 눈물이란, 대개는, 진실되게 눈물을 흘리는 것이 아니라 "쇼"를 하고 있다는 것이다. 그리하여 연출된 가식의 눈물이라 판단하고, 그것을 비난하는 분위기들이 모여든다. 연기된 가식에 속지 말자는 여론이 일어난다. 그렇지만 정치인의 눈물이 진실된 눈물인지, 연출된 가식의 그것인지에 대해서는 그 정치인을 제외하고서는 아무도 확정적으로 판단할 수는 없다. 개인의 의도를 확정적으로 판단할 수 있는 방법은 없다.

그렇다면, 어떻게 해야 하는가? 규범적으로 우리는 공적 세계에서 정치적 인간들의 눈물은 모두 정치적 눈물이라 해석해야 한다. 정치적 인간은 연기하는 존재가 아닌가. 전략적 사고는 연출적 사고가 아닌가. 쟁점은 연출인가 아닌가 여부가 아니라 어떠한 연출인가이다. 유권자들의 의지와 요청을 반영하는 연출인가, 아니면 자신의 이익실현을 감추기 위한 가장인가를 통찰해내는 일이 관건이다. 더구나 기획이 분명한 선거광고에서는. 정치적 눈물이 수용자(유권자)들에게 어떻게 해석되어 받아들여지는지를 분석하고 파악해야 한다. 정치적 눈물은 정치적 언어이다. 그 실체가 분석되고 해석되어야 한다.

4. 무엇을 어떻게 해야 할 것인가

유권자들의 감성에 호소하는 정치적 눈물이 중요하게 작용할 수 있게 된 맥락은 이미지를 중심으로 하는 시각정치의 확대, 심화 때문인 것 같다. 시각적인 것의 정치가 우리시대를 지배하고 있다. 앞으로 감성과 이미지라는 모호한 메시지를 담아내는 이 시각적인 것의 정치는 정치계 안팎에서 확대, 심화될 것이 분명해 보인다. 그렇다. 선거전에서도, 오늘날의 유권자들은 일차적으로 정치광고에서 "정치인 P가 눈물을 흘렸다"는 문장을 지면으로 읽는 독자들이라기보다는 정치인의 눈물을 흘리는 장면을 전략적으로 활용하는 선거전을, 텔레비전 등 시각매체에서 직접 보고 있는 시청자들일 가능성이 높다. 이번 총선에서도, 선거를 매개하는 공론은 감성정치를 "감성적으로" 단편적으로 지적하는 수준을 넘어서질 못했다.

그렇다면, 무엇을 어떻게 해야 할 것인가. 나는 여기에서 두 가지 과제를 제안하고자 한다. 첫째는 시각적인 것이 감성과 이미지를 중심으로 담고 있는 그 정치적 언어를 학문적으로 분석하고 이해하려는 시각정치학을 발전시켜야 한다는 것이다. 학교에서 지금까지 우리들은 산문, 소설, 시 등에 대해서는 학습할 수 있었지만 사진, 영화 등 시각적인 것에 대한 본격적인 교육을 받아보지는 못했다. 대학과 대학원에서도 시각적인 것을 연구하는 교과목들을 개설하고 지원해야 할 것이다. "눈물"들이 본질적 정책들을 가려 볼 수 없게 만드는 그 장막을 걷어내고 그 실체를 비추어내는 비판적 투시를 통한 비판적 공론의 발전이 절실하다.

둘째는 비판적 공론의 활성화를 위해서 역사적 사고를 발전시켜야 한다는 것이다. 예컨대 눈물정치는 눈물의 이미지에 호소하는 전략인데, 이런 이미지들은 역사적 사고를 억압하는 경향이 있다. 시각적인 것의 이해가 어려운 까닭은 바로 이 때문이다. 그러므로 눈물의 이미지가 끌어당기는 마력에 흡수당하지 않으려면, 눈물을 흘리는, 다시 말해, 이미지를 전략적으로 활용하려는 자들이 구체적으로 생애사를 통해서 걸어온 역사적 궤적을 망각하지 않으려는 노력이 필요하다. 비판적 공론을 책임지고 있는 자들이 해야 할 과제는, 바로 그 눈물과 그 이미지의 전개 뒤로 희미해지고 있는 그 정치적 인물의 역사를 망각하지 않게 하는 것이다. 짧은 선거과정에서 필요했던 것은, 긴 역사를 망각하지 않는 역사적 사고의 강화였다.[194]

194) 〈고대대학원신문〉, 2004년 5월 3일.

● 시민사회의 역할과 책임

시민사회는 공적인 것을 다루는 국가영역과 사적인 영역인 사회 사이에 위치하는 중간영역이다. 현대사회에서는 시민사회의 역할과 책임이 날로 중요해지고 있다. 공론을 반성하고 매개시키는 그 시민사회의 지평은 특히 그러하다. 이를 나는 비판시민사회라 부른다.

몇 가지 중대한 이슈가 논박의 불길 속에 휩싸이며 달아오르고 있다. 이들 이슈 가운데 6.27 지자제 선거와 굴업도핵폐기에 대해서 우리는 주목하지 않을 수 없다. 지역사회에서도 비판시민사회의 역할과 책임이 실로 막중하다.

지방자치는 "민주주의의 학교"이다. 이미 민주정치를 할 수 있는 민주시민들이 있고서야 지방자치를 시도할 수 있다기보다는 오히려 지방자치를 통한 참여의 확대 속에서 시민들의 민주주의 능력이 향상된다는 뜻을 내포한다. 민주주의는 대화와 타협의 정치이며, 대화와 타협은 이해관계와 견해의 일치에서 시작하는 것이 아니라 오히려 그 불일치에서 출발한다. 지방자치를 통해서 나와 다른 타자들의 존재를 승인하고, 민주주의를 진정 실현할 수 있는 지혜를 성숙시킬 수 있다.

행정구역개편 문제가 급속히 공론의 장 한가운데로 진입하면서 정치적 균열이 넓고 깊어지고 있다. 행정구역개편의 필요성을 전혀 인정하지 않으려는 사람은 없는 것 같다. 대립의 전선은 지자제 선거 이전에 행정구역 개편 논의를 먼저 하자는 제안과 이 개편 논의 테이블에 아예 앉기를 거부하는 태도사이에서 그어지고 있다. 후자는 전자의 제안에 대해 지자제 선거를 연기하려는 것이 아닌가 하는 의심을 표명한다. 반면, 전자는 지자제 선거 이후에는 이른바 지역 이기주의 때문에 행정구역개편이 불가능하다는 논거를 제안한다. 엄밀히 말하자면, 지자제 연기설은 앞으로 시간이 지나가면 저절로 판명날 성질의 것이지만 공론의 무거운 압력만 보아도 연기를 선택하기는 어려울성 싶다.

정치의 생산, 매개, 수용에는 항상 다음 세 범주를 고려해야 한다.

첫째는 그 정책과 관련된 사실 내용을 객관적으로 정확하게 파악하는 객관 사실성 분석이다. 둘째는 그 정책과 관련된 사회적 권력관계와 그 변동양상을 분석하는 사회권력성 이해이다. 그리고 셋째는 적절한 시간을 고려하는 정책타이밍이다. 이 맥락에서 보면, 어느 범주에서나 핵심을 예리하게 분석하고 제대로 판단하고 있다고 보기는 어렵지만 특히 선행정구조개편론은 무엇보다 정책타이밍을 놓쳐버렸음을 지적하지 않을 수 없다. 열쇠는 행정적 합리성을 증대시키려는 행정구역개편론을 실현시키기 위해서 국민지지를 얻어내려는 노력이다.

우리가 이 자리에서 정말 짚고 넘어가고 싶은 맥락은 이번 행정구역개편의 경우 지역이기주의 논거에 관해서이다. 비난받아야하는 그 지역이기주의란 무엇인가? 아마도 자신(들)에게는 이익을 가져다주지만 국가 전체를 위해서는 손해를 끼치는 방안을 선택하거나 국가 전체를 위해서는 이득이 되지만 자신(들)에게는 손해가 되는 방안을 선택하는 것이리라. 원칙적으로 말하면, 민주주의에서 국가의 모든 정책은 전체를 위해 부분을 희생시킬 수 있는 정당성을 갖고 있지 않다.

굴업도핵폐기장 선정 사태에 대해 우리는 깊은 우려와 관심을 가지며 주시한다. 지역이기주의라는 얇은 논술어로서 건전한 시민사회의 저항을 억압하려 해서는 안 된다. 정부가 "지역이타주의" 같은 그 무엇을 기대하고서 핵에너지정책을 생산·매개·수용시키려 하지는 않았으리라. 아니, 지역이타주의라는 말이 어디 있기는 한가.

쟁점은 지역이기주의냐 지역이타주의냐가 아니다. 합리성의 형식과 내용이다. 현대사회의 합리성은 행정당국이 독점할 수 있는 성질의 것이 아님은 사회과학의 상식이 된 지도 오래다. 시민들과 시민사회와의 적극적 대화를 통해서만이 행정의 합리성을 증대시킬 수 있다. 선진산업사회의 핵에너지정책사를 훑어보면 핵에너지 정책에서는 해당 시민의 지지가 결정적임을 쉽사리 알 수 있다. 이번 굴업도 사태의 심각성은 무엇보다도 인천시민들과의 참다운 대화를 처음부터 배제한 사실에 있다.[195]

● 시민운동의 동력, 어디에 있는가

두산페놀사태는 우리에게 심각한 충격을 주어 아직도 그 여운이 생생하다. 이 사태를 계기로 그동안 무관심하거나 침묵해온 시민들도 분노의 소리와 저항정신으로 환경운동의 대열에 용기 있게 참여하고 있다. 환경운동은 산업주의의 진행속도가 가속화하면서, 현대 시민운동의 가장 중요한 내용의 하나로 간주되고 있다.

생명의 근원의 하나인 물을 살인하는 이 야만적 사건이 일어난 원인이 어디에 있는가를 분석하면서도 현실감 있는 대안과 전략을 제시해야 하겠다.

첫째, 법률적으로만 보면, 당연히 이 사건의 직접적인 책임이 두산에 있다. 그러나 진지한 시민운동은 이 같은 폭력적 사건으로 상징화되는 환경파괴의 원인을 보다 근원적이고 넓은 비판적 시각에서 냉엄히 판단할 필요가 있다. 역사성을 상실한 이성을 맹목적으로 믿는 현대문명사관 그 자체가 가장 중요한 오류이다. 자연을 극복해야 할 대상, 심지어 적으로만 이해해온 서구의 폐쇄적 합리주의, 그 진보사관이 우리의 의식 깊은 곳에 굳게 자리잡고 있는 한, 자연이 죽고 인류가 참혹한 종말을 경험할 대비극 시나리오는 현실적 역사가 될 것이다. 인류에게 화려한 문명의 혜택을 베풀어준 목적합리성과 그 이성은 다르게는 생명과 건강을 파괴하는 야만의 거친 원리이기도 하다는 이 역설적인 사실에 이제 우리 모두 날카롭게 주목해야 한다. 문명과 문화 원리에 위대한 대전환이 열린 합리성에 따라 지금 일어나야 한다는 명제이다.

둘째, 이렇게 문명의 장엄한 대전환을 실현하려는 새로운 비판사상운동을 넓고 깊게 전개하면서도 자본축적의 논리가 환경운동의 흐름을 차단하는 구조적 제한조건을 민주주의에 따라 초월하려는 비판과 실천을 망각하지 않아야 한다. 두산이 페놀을 방류케 된 배경에는 흔

195) 『황해문화』, 1995년 봄호, 권두언을 수정 보완한 글이다.

히 지적하는 "도적적인" 기업윤리의 상실만 있는 것은 아니다. 실정법상 공업폐수를 방류했을 경우, 처벌받는 비용이 환경보호설비를 철저히 갖추고 면밀히 감시, 운영하는 비용보다 현저히 낮다는 이유도 있다. 자본주의에서 기업은 "경제적" 합리성과 "합리적" 경쟁을 현실적인 기업윤리로서 거의 절대명령으로 받아들일 수밖에 없고, 국가 역시 자본축적원리를 배제할 수 없다. 따라서 시민운동은 자본주의국가가 자본축적에도 자신의 정당성을 얻고 있다는 냉엄한 현실을 비판, 성찰해야 한다는 명제이다. 사회운동은 필연적이고 필수적이다.

셋째, 우리가 자본주의사회에서 국가가 자본의 환경파괴행위를 감시하고 통제하는 데에는 엄밀히 말해 한계가 있다고 논술한다고 해서, 근대화 정책 이후 우리 정부가 환경문제의 심화에 책임이 없다는 뜻은 전혀 아니다. "양적 성장"을 추진해온 성장주의정책은 공간적 불평등을 심화시켜 도시의 초집중화를 초래시킨 책임이 있다. 근본적인 정책변화는 선거에서 국민지지의 향방에 달려 있다는 명제이다.

넷째, 시민운동이 이슈에 따라 다양하게 또한 불연속적으로 전개되고 있는데, 시민운동들은 서로 유기적인 연대를 맺어 행복한 사회를 이루려는 지속적인 실천운동을 전개해야 한다. 소비자보호운동(예컨대, 유명백화점 사기세일사건), 반핵운동(예컨대, 안면도사태), 페미니즘운동(예컨대, 가족법개정), 인권운동(예컨대, 양심수석방운동), 그리고 환경운동이 서로 연대하여 세력을 증폭시켜야 한다.

다섯째, 시민운동이 소박한 형태로 "소비"영역만을 고집해서는 안된다. 죽은 자연을 잠시 회생시키려는 것이 아니라면, 산 자연 속에 행복한 생활을 희망한다면, "생산"영역 그 자체를 비판해온 실천운동을 도외시하거나 배제하지 말아야 한다. 더 구체적으로 말하자면, 시민운동과 노동운동이 서로 연대해야 할 필요성이다. 이 대연대를 실현시키기 위해서는 시민운동도 노동문제에 대한 관심을 높여야 하며, 노동운동 지도자들 역시 낡고 닫힌 "역사철학적" 세계관의 굴레에서 해방되어 구조적으로 변화된 우리의 현실을 열린 눈으로 직시해야 한다.

생산과 소비를 이분법으로 구분짓는 그 자체가 지양되지 않는 한, 환경문제도 노동문제도 해결되지 못할 것이라는 명제이다.

여섯째, 대연대가 계속 발전한다면 변화된 사회현실에 걸맞은 참다운 "진보"정당을 또한 기대해 볼 수 있다는 명제이다. 사회운동은 정당으로 성장하는 것이 최종목표가 될 수는 없지만, 사회와 국가의 민주주의를 실현해 가는 과정에서 정당이 출범하여 원내에 진출한다면 의미 있는 역할을 수행할 것이 분명하다. 그렇지만 정당의 출범이 반드시 사회운동을 해체하는 논리를 뜻하지는 않는다. 사회운동은 제도화된 정치를 재구성해줄 실질적인 생명력이기 때문이다.

끝으로, 다양한 형태의 여러 층위의 이기주의를 초월한 계몽과 교육이 필요하다는 것이다. 개인, 가족, 집단, 국민, 국가 등의 층위에서 이기주의가 만연해 있고, 다르게는 지역이기주의 또한 시민운동의 활력성에 심대한 제약요인이다. 예컨대, 두산페놀방류사태에 항의하는 시민운동에 두산 노동자들과 그 노조는 독창성 있게 참여해야 한다. 또한 "갈 곳 없는" 산업폐기물이 우리 모두의 생명이 달린, 강, 바다, 산으로 어둠을 타고 갈 수밖에 없다면, 그것은 마침내 우리 자신에게 되돌아온다는 냉엄한 진실을 깨달아야 한다.

시민운동의 미래, 이 일곱 가지 명제에 달려 있다.[196]

---

196) 〈한대신문〉, 1991년 4월 9일자.

● "희망의 정치"를 소생시켜야 한다

야권이 통합이라는 큰 정치를 연주하기 위해 각 정치집단이 자신의 사리의 음성들을 절제하는 관용의 미덕을 우리에게 보여주고 있는 희망 있는 분위기가 일고 있다.

지도체제정비, 지역구조직책 등 산적된 문제들이 없지 않지만 이만큼의 야권통합도 어느 일부인사의 일시적인 노력이나 역사적 우연의 산물은 결코 아니다. 제150회 임시국회가 보여준 파행적 국회운영이 그 사건적 원인이겠지만, 3당합당에 의한 민자당 출범이 구조적 원인을 제공했다. 거대여당 민자당 출범은 국민이 선택한 여소야대 의회편성을 완전히 전도시킴으로써, 의회 내에서의 저항의 논리와 그 세력을 거의 무의미하게 만들었고, 이에 따라 국민들 사이에서도 의회 자체에 대한 회의와 혐오가 넓게 고조되어간 것이다.

이번 야권통합에서 주목할 특징은, 첫째 야당 국회의원들이 의원직 총사퇴를 결의하였고, 둘째, 비제도 정치권에 속하는 통추회의와 제도권 정치를 펴온 야당들이 서로 손을 잡았다는 사실이다.

우선, 제도권의 반대세력과 비제도권(재야)의 저항세력이 서로 수렴할 수 있었던 구체적인 구심점이 무엇인가에 대해 깊이 숙고해 볼 필요가 있는 것 같다. 이는 통합된 야권의 정치이념적 성격이 앞으로 어떻게 가시화될 것인가 하는 문제를 전망해 보는 관점에서도 짚고 넘어가야 할 의문이다. 비제도권 정치가 참여하고 있는 새로운 정당이 건설되고 있기 때문에 정당의 진보성 문제가 자연스럽게 부각하는 것이다. 좀 다른 각도에서 바꾸어 말하면, 제도권 정치가 "촉매의 역할"을 행사하여 탄생할 새로운 정당이 비제도권의 욕구, 이익, 관심, 의사 등을 실질적으로 반영하고 매개시킬 수 있는 능력을 성숙시켜갈 수 있을 것인가? 통추회의가 야권통합 과정에서 자신의 역할을 표현한 "촉매" 혹은 "산파"의 은유를 곧이곧대로 받아들인다면, 평민당과 민주당이 야권통합의 실질적 주체로서 근본적, 질적 변화 없이 보수성을 지속시켜 간다는 것을 뜻한다. 정말 그렇다면 야권통합은 기존 야당통합 수준으로 축소할 위험이 있는 것이다.

최근 동아일보사가 실시한 "파행국정전화여론조사"(1990년 7월 16일자)는 "국민의 정당불신, 정치불신 여론이 급격히 높아가고 있음"을 보도한 바 있다. 각 정당 지지도를 구체적으로 살펴보면, 민자당 11.4%, 평민당 16.0%, 민주당 13.5%, 지지하는 정당이 없다 59.1% 등과 같다. 정당 그 자체에 대한 국민들의 불신이 이같이 높은 까닭은 무엇일까? 여당 민자당을 지지하지 않으면서도 야당들 가운데 어느 하나도 높게 지지하지 않는 중요한 이유는, 첫째 기존 야당들이 지역당적 성격을 띠고 대중성의 넓은 공감대를 얻지 못하고 있고, 둘째 기존 야당이 자신의 전통적 정당 이미지인 보수성의 옷을 벗지 못했기 때문으로 보인다. 어느 정당도 지지하지 않은 이 다수가 무엇을 선택하는가에 따라 한국정치의 나아가는 항로가 잡혀진다 해도 과언은 아닐 것이다.

민주연합추진위원회(민연추)가 분열한 배경을 회고해 보면, 야권통합의 전면에 서서 적극 참여하고 있는 그 재야세력이 대내외적으로 어떠한 위상을 가져야 하는가에 대한 예시를 간접적으로나마 얻어낼 수 있을지도 모르겠다. 민연추 내에서 민중당(가칭)을 우선 출범시키려는 이른바 선창당파가 선통합에 반대하는 운동론적 근거를 세 가지로 요약할 수 있다. 민중의 정당을 창당하지 않은 채 야권통합운동을 전개할 경우, 첫째 기존 야당들의 보수성을 희석시킬 수 있는 가능성이 상대적으로 줄어들고, 둘째 야권통합운동과정이 보여주는 불투명한 진보성 때문에 민중이 주체로 나설 가능성도 희박해지며, 셋째 보수야당들의 통합력에 대한 짙은 비관론이 그것이다.

야권통합의 결실이 비제도정치권의 비생산적인 분리를 파생시키는 오류를 저질러서는 안 될 것이다. "산파"나 "촉매"는 허약한 실천언어이다.

비제도정치를 제도정치로 이행할 여지를 배제해서는 안 된다. 정당정치의 틀에 참여할 길이 완전히 막힌 비제도권 세력의 일부는 정당성 없는 과격한 행동주의로 나아갈 소지가 그만큼 높아진다. 또 제도정치권은 비제도정치가 제도정치로 전형할 수 있는 길을 열어 놓아야 한다. 요컨대 비제도정치는 사회의 민주주의를 성숙시키면 성숙된 제도정치에 참여하여 자신을 지양시키는 이상적 논리를 내재적으로 지니고 있지만, 현실론적으로 보면 현대사회의 문제 복합성을 민주주의에 어긋나지 않고 완전히 해결할 수 있는 제도정치를 현단계에서 기대하기란 사실상 어렵다. 그러므로 제도정치가 민주화하더라도 비제도정치를 배제할 수 없고 또한 그렇게 해서도 안 된다. 오히려 비제도정치의 민주화가 필요하다.

야권통합을 위해 기존 야당들은 의원직 총사퇴를 단행하고 비제도정치를 운영해 온 재야세력과 더불어 원외투쟁의 전선에 섰다. 우리 국회사에서 3번째에 해당하는 이번 의원직사퇴는 합법성을 논거로 하는 "대화의 정치"로 끝내 재고된다 하더라도, 민주주의는 다수원리에 의해 자라지만 다수의 횡포 때문에 죽을 수도 있다는 평범한 상식을 새삼 주목케 했을 뿐만 아니라 의회정치의 위기를 단적으로 알려주는 상징적 사건이기도 하다.

야권통합운동이 전개하는 의원직사퇴에 이은 원외투쟁은 의회의 기능 상실 아니, 그 왜곡에도 불구하고 의회의 과격한 부정이 아니라 오히려 의회 본래의 모습을 되찾으려는 폭력을 배제한 정당한 노력임이 분명하다. 그리고 원외투쟁이 내포한 특성에 비추어, 야권통합운동에 참여하고 있는 재야세력은 의회 밖 광장에서 열린 확실한 실천력을 행사하고 역량 있는 운동력을 보일 것이지만 총선 후 예상되는 의회주의 내에서도, 닫힌 의회 속에서도 그렇게 할 수 있는가는 불투명하다.

이러한 불투명한 미래의 전망을 떨쳐 버릴 수는 없지만 앞으로 제도정치와 비제도정치 사이에서 어려운 곡예를 벌여야 할 재야세력이 적극 동참하여 연주하는 야권통합이 들려주는 의의는 크다 아니할 수 없다. 첫째, 국민적 정서의 통합으로 망국의 고질병으로 굳어져가던 지역감정을 해소할 실마리를 얻었다. 둘째, 야당들의 통합으로 결합의

돌파구를 잃어버린 야당들이 서로 손을 잡고 나아갈 수 있는 길이 열렸다. 셋째, 제도권과 비제도권의 통합으로, 비제도 정치권이 정치의 제도화에 참여하는 공간이 넓어졌다. 넷째, 평화적 정권교체를 또한 희망할 수 있는 가능성이 생겼다.

참으로 정치의 희망을 끝내 소생시키지 못한다면 "희망의 정치"는 다만 절망의 위기를 심화시킬 것이다.[197)]

---

197) 〈한대신문〉, 1990년 7월 26일.

제2장 비판적 역사의식

● 이제 안익태의 애국가를 국가로 부르지 못한다

> 독일 시기 안익태의 비밀스러운 과거는 봉인되어 꼭꼭 숨겨져 있었다. 일독회의 존재도, 일본인 에하라의 역할이나 〈에텐라쿠〉, 〈만주국 축전곡〉의 존재도 철저하게 침묵되어야 했다. 그 대신 슈트라우스와의 오랜 친분관계는 필요 이상으로 강조되어야 했고, 〈코리아 판타지〉와 〈강천성악〉의 존재가 더욱 부각되어야 했으리라. 별로 중요하지 않은 악보와 프로그램은 보존되었지만, 최고 음악적 캐리어를 증명하는 독일시기 음악회 프로그램이나 홍보용 팸플릿, 특히 이 시기 〈교쿠토〉나 〈만주국 축전곡〉과 밀접한 관련이 있어 보이는 자작곡 〈코리아 판타지〉의 악보 등이 사라진 것도 이런 맥락에서 이해할 수 있을 것이다. 또한 안익태의 자필 정보를 항상 그대로 믿을 수 없는 혼란스러움은 전쟁 후 일본제국과 관련된 흔적이 드러나지 않도록 사실들을 부분적으로 왜곡하고 비역사화한 것과 관련이 있어 보인다. 이 시기는 그의 생애에서 잊혀지고 숨겨져야 하는 잃어버린 시간이었다.

이 진술은, 안익태에 관한 사료들을 발굴하여 그동안 알려져 있던 내용과는 어떻게 다른지를 밝힌 이경분박사의 획기적인 사회사연구서 『잃어버린 시간 1938-1944』(2007년)에 있는 말이다. 이 저술이 그의 생애와 음악사상에 대해서 밝히고 있는 주요 내용은 다음과 같다.

첫째, 안익태는 이른바 1939-1944년 사이의 독일 시기 동안, 〈코리아 판타지〉를 지휘하지 않았으며, 그의 대표작도 아니었다. 대표작은 〈에텐라쿠〉(Etenraku)였다. 그는 1942년 홍보용 팸플릿에서도 자작곡 〈에텐라쿠〉, 〈교쿠토〉 및 일본 황국 기원 2600년 기념 위촉곡인 이탈리아, 헝거리, 독일 작곡가의 일본 작품을 레퍼토리로 내세웠다. 일본 음악가로서의 이미지를 높이려 했던 것이다.

둘째, 안익태가 독일에서 지휘활동을 지원했던 주체는 그의 전기에서 늘 강조되었던 슈트라우스가 아니었다. 안익태에게는 빈 연주회, 베를린 연주회가 중요했는데, 그 기획자는 일독회(日獨會, Deutsch-Japanische Gesellschaft)였고, 이 일독회를 통해서 그는 슈트라우스와 가까워지는 계기를 얻었다.

셋째, 안익태는 12년간 슈트라우스의 제자였다("1938년 제자설")고 주장했으나, 신빙성이 떨어진다. 그리고 1942년 안익태 홍보용 팸플릿에도 "슈트라우스의 제자"라는 문구가 없었는데, 1943년 2월 빈 연주회 프로그램에 등장하게 되었다. 이 과정에는 만주국 고위 관료 에하라 고이치가 큰 역할을 했다. 안익태의 〈만주국 축전곡〉은 슈트라우스가 베를린의 에하라 집에 체류했을 때 이 대가의 조언을 받았던 작품이며 "슈트라우스의 제자"라는 문구를 공식적으로 사용하게 되는 계기를 마련했다.

넷째, 슈트라우스는 사정이 생겨 자신이 갈 수 없는 연주회에 안익태를 대신 보냈다고 알려져 있으나, 슈트라우스가 아니라 동경음악학교 스승인 고노에일 가능성이 크다. 고노에는 〈에텐라쿠〉를 비롯하여 비슷한 레퍼토리를 가지고 있었고, 지휘 스타일도 비슷한 안익태를 대타로 생각했던 것이다. 그 후 그는 고노에의 경쟁자로 부상하는 인정을 받게 된다. 안익태가 1943년 베를린 필하모니 여름 연주회에서 고노에를 대신하는 사실이 이를 증명한다.

다섯째, 안익태는 이렇게 성공하는 과정에서 적극적으로 독일 나치와 일본 관료들에게 협력하고 연주회를 제안했다. 그는 1943년 2월 빈에서 〈만주국 축전곡〉을 다시 지휘할 수 있도록 직접 일본 대사관 관료에게 부탁하거나, 1943년 4월 함부르크 연주회를 위해서 일독회 총무에게 자발적으로 제안하고 감사의 편지를 쓰는 등 최선의 노력을 기울였다.

여섯째, 〈코리아 판타지〉를 제2차 세계대전 중 독일에서 지휘했다고 하는 1954년 버전의 자필 정보는 신빙성이 없고, 〈강천성악〉은 〈에텐라쿠〉와 같은 주제 선율을 가지고 있으며, 세종조의 멜로디를 주선율로 했다는 1960년 런던 필하모니 연주회 프로그램의 정보도 오류이다.

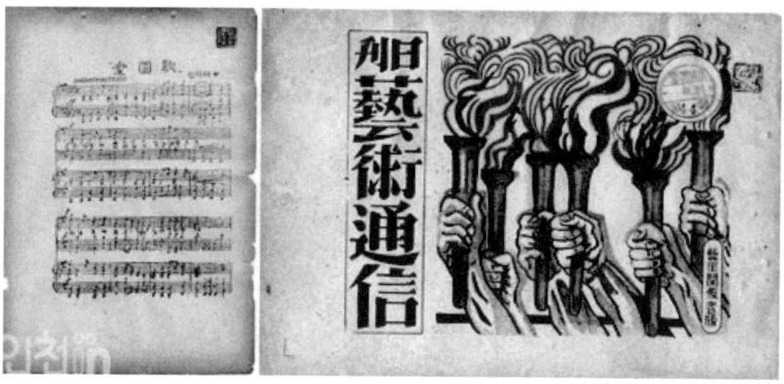

1945년 11월 21일자 〈예술통신〉의 표지(오른쪽)와 여기에 실린 안익태 작곡 〈애국가〉의 악보.

우리는 이 모든 내용 가운데 특별히 그의 일독회활동과 그의 작품 〈강천성악〉에 대해서만큼은 지면이 제한된 이곳이지만 얘기하지 않을 수 없다.

1. 일독회, 어떤 단체인가?

우리는 일독회가 어떠한 조직체였는지를 특별히 주목해야 한다. 일독회의 독일 측 인사들은 적어도 문화예술의 측면에서 적극적인 나치 인사들이었다. 특히 일독회의 총무들이 단순한 나치당원이 아니었고, 대부분 나치 친위대나 돌격대 소속 대원이었다. 이 일독회의 활동상은 일본 제국주의가 독일파시즘을 적극 수용하거나 답습했다는 사실을 논증하는 결정적 사료의 하나인 까닭이다. 일독회가 주최하는 연주회로 얻을 수 있는 것은 금액으로 환산하기 힘든 정치적인 프로파간다에 목적이 있었다. 그 프로파간다 효과는 다음과 같았다.

> 첫째, 일본 대사를 비롯하여 동맹국의 일본 손님들과 나치당, 국방부의 간부들이 모여 교제하고 일본 음악과 독일 음악의 교류를 통해 동맹국 간의 유대감을 과시할 수 있다. 둘째, 나치당과 나치 정부의 관료들은 국민의 어려움을 돕기 위해 노력하고 있다는 메시지를 줄 수 있다. 셋째, 독일 혼자서 외롭게 적군과 싸우고 있는 것이 아니라 먼 동양의 일본도 함께하고 있다는 암시를 독일 국민들에게 각인시켜 전쟁을 승리로 이끌자는 의지를 전달할 수 있다. 넷째, 연주회 표를 구입한 국민들에게 이러한 행사를 통해 빈민국제사업 정책을 지지하고 있다는 자부심을 줄 수 있다. 이것은 국민들의 참여로 자신들의 정책이 역동적인 나치 "운동"이 되기를 바라는 나치 지도부의 의도에도 부합하는 것이다.

일독회는 일본이 독일 파시즘을 수용하는 이데올로기국가기구에 속했다. 안익태는 이 일독회의 행사 연주회를 직접 제안하는 적극성을 보인다. 그는 자신의 음악이 전쟁 프로파간다로 활용되는 것을 철저하게 인정했던 셈이다. 그는 일독회를 통해서 일본과 독일의 나치 핵심 인사들과 교류하며 슈트라우스를 알게 된다.

일독회와 깊이 관련되어 전개된 안익태의 음악활동은 일본 대사관에 보고되었으며, 나치의 핵심 괴벨스의 선전국의 통제를 받았다. 독일 파시즘에서는 모든 외국인 연주활동은 원칙적으로 선전국의 사전 허가를 받아야만 했다.

안익태도 1943년 7월 24일, 제국음악협회의 회원으로 등록되었다. 이는 그가 독일에서 한두 번 연주하는 초청 음악가가 아니라, 독일 나치제국을 위해 정식으로 음악활동을 하는 직업 음악가임을 공적으로 증명해 주는 결정적 사료이다. 외국인으로서 제국음악협회 회원이 되려면 그 절차가 매우 까다로웠다. 안익태의 회원 증명서에는 "정치적으로 부정적인 보고가 없음"으로 기록되어 있으며, 이는 그가 일본 대사관이나 일독회 소속 나치 간부의 확실한 추천이나 신뢰가 있었을 것으로 추측하게 한다.

일독회는 독일에서 나치를 적극적으로 변호하는 조직체였고, 이 일독회에서 적극적으로 안익태가 활동했다는 사실은 안익태가 매우 적극적인 친일파이면서도 동시에 독일 파시스트였음을 증명한다.

2. 강천성악(降天聲樂), 어떤 음악인가?

〈에텐라쿠〉는 어떠한 음악곡인지 주목해야 한다. 안익태의 작품 〈강천성악〉과 이것이 그 주선율이 같기 때문이다.

1942년 6월 4일과 6월 24일 사이에 작성된 일독회 문서를 이경분박사는 확인하고 있는데, 이 문서에서 고노에의 〈에텐라쿠〉에 대해 다음과 같이 기록하고 있다.

> 에텐라쿠 - 8세기 고대 일본 궁정음악을 고노에 히데마로가 대오케스트라로 편성함.
> 에텐라쿠는 "하늘에서 내려온 음악"[강천성악]이라는 뜻이며, 8세기쯤 중국에서 전해온 듯하다. 한 황제의 작곡이라고 알려져 있지만 역사적으로 신빙성이 있는지는 증명되지 않았다. 천년이 넘도록 일본천황의 궁정 연주회에서 연주되는 축제 서곡이다. 큰 북과 작은북, 하프의 반주로 조용히 흐르는 멜로디는 6성부이며, 대나무로 만든 "소"라는 악기와 하모니를 이룬다. 이런 효과를 통해 이 음악은 세기 전환기에 서양음악에서 나타나는 음색과 비슷한 점을 보인다. 천년 이상 일본 천황의 궁정에 보존되어왔던 하모니 — 불협화음이 많다 — 가 오늘날까지도 변하지 않고 그

대로 이어지는 것이다. 이것을 편곡한 고노에는 원래의 형식은 그대로 유지했으며 현대 악기로 전환시킬 때에도 고대 악기가 가진 음향적 측면에서 원곡을 살렸다.

고노에의 〈에텐라쿠〉와 안익태의 〈강천성악〉이 주선율에서 같다는 사실은, 안익태의 음악사상이 어디에 있었는지를 짐작하게 하는 대목이다.

3. 안익태의 〈애국가〉는 음악학적으로 좋은 작품이기는 한가?

작품성 그 자체에 대한 비판도 중대하고 다면적이지만 중요한 몇 가지를 짚어보면 다음과 같다.

첫째, 한국음악적 선율이 결여되어 있다. 한국어법에 맞고 한국정서가 스며들어 있어야 하는데 그렇지 못하다는 것이다.

둘째, 안익태는 "동해물과 백두산이 마르고 닳도록" 부분부터 서양음악 기법에 따라 약강약강의 음보를 적용하여, 국가에 필요한 우렁찬 기상이 죽어있다는 비판도 있다.

셋째, 약강약강의 음보는 가사를 왜곡되게 분절하는 오류마저 범하고 있다. "동, 해물과 백, 두산이" 식으로 한국 말 고유의 어법에 어긋나게 굴절, 분절시킨다는 것이다.

안익태의 삶과 행적, 음악사상이 이와 같은 정도의 심각한 친일성과 친나치성을 내포하고 있으며, 그의 〈애국가〉가 작품성마저 의심받고 있음을 분명하게 알게 된 이상, 어떻게 안익태의 〈애국가〉를 국가로 노래할 수 있겠는가? (그의 음악작품 전체를 모두 가치 없는 것으로 판단해야 한다고 주장하려는 것이 아니다. 오해가 없길 바란다. 한국음악사에서 그의 음악은 중요한 위치를 차지하고 있지만, 중대한 결함이 있는 자의 작품을 국가로 정할 수는 없다고 주장할 따름이다.)

혹시, 50년이 넘게 안익태의 〈애국가〉를 국가로 불러온 그동안의 역사를 생각하여 앞으로도 계속 국가로 부를 수밖에 없지 않느냐고 반문하는 자가 아직도 있을지 모르겠다. 이 탄식어린 변론은 설득력이 없으며 잘못된 판단이다. 한국이 걸어갈 장대한 역사 앞에서 이 50년이 넘는 정도의 시간은 아주 짧은 순간임을 알아야 한다.

그러므로, 국가를 다시 정해야 하며, 다시 제정될 때까지는 다른 노래를 국가로 부르는 것이 마땅하다.[198)]

198) 인천인, www.incheonin.com, 2010년 8월 6일.

● 영웅을 생각한다

천암함 순직 군인들을 "영웅"이라 칭하고 영원히 기억하자고 주창한 국무총리와 조선일보, 한국방송 등의 언론들을 보고서 새삼 나는 "영웅"에 대해 생각하게 되었다.

어떠한 인물을 우리는 영웅이라 부르는가? 아니, 불러야 하는가? 영웅이라 말하기 위해서는 몇 가지 요건들이 있음을 우리는 잘 알고 있다. 첫째 역사의 중대 국면에서 비범한 지혜를 발휘하고, 둘째 목숨을 거는 용기 있는 결단과 실천행위를 통해, 셋째 위대한 성과를 거두었을 때 우리는 영웅이라 부르고 칭송한다. 이 기준에 비추어 보면, 천안함 순직 군인들은 영웅이라 부를 수는 없다. 정부의 발표대로 어뢰로 난파되었다면, 그들은 국가의 허술한 안보에 의해 발생하게 된 희생자들이다. 정부는 안보 책임자들을 곧게 문책하고 이들 희생자들과 국민에게 깊이 사죄해야 한다. 영웅이 아니라 희생자들을 영웅이라 과잉 칭송하는 것은 그들을 오히려 모욕하는 것으로 이해될 수 있다.

특별히 여기에서 논개(1574-1593년)에 대해서 생각한다. 논개는 임진왜란이라는 국가의 중대한 위기국면에서 장차 일본 차세대 지도자 반열에 오를 정도의, 젊은 일본 장교의 상징인 일본 장군 게야무라 로쿠스케를 살해하면서 자신의 목숨을 던지는 용기 있는 실천을 결단했고, 그 결과는 당시 조선에 전환점을 이루게 했던 것이다. 논개는 영웅이었다.

논개에 대해서 새삼 관심을 가지게 된 까닭은, 사실은 인천출신인 이당 김은호가 그린 논개 영정을 폐출하려는 문화사회운동이 진주를 중심으로 전개되었고 마침내 김은호의 논개영정 작품을 내리고 2008년 5월 23일 석천 윤여환의 작품이 걸리게 되었던 사실을 최근에서야 알게 되었기 때문이다.

정동주의 저서 『논개』(1998년)를 보면, 김은호의 논개 영정 폐출운동 주동자들은 사료들에 근거하여 그동안에 잘못 알려져 있던 바를 바로 잡는 한편, 다음과 같은 논거들을 주요하게 밝힌 바 있었음을 알 수 있다.

(1) 김은호의 논개영정 작품은 이승만 대통령이 제작을 의뢰하여 그린 그림이라고 알려져 왔으나 사실이 아니다.

(2) 친일 화가 김은호가 그린 의기사의 영정은 논개의 호국정신을 모독하는 것이다.

(3) 역적이 쓴 가훈을 글씨가 좋다고 걸어놓을 수는 없는 법이다.

(4) 설혹 김은호의 논개영정작품에 친일의 요소가 없다고 할지라도, 논개의 영정에서 중요한 것은 예술성보다 공적인 상징성이다.

(5) 의기사는 유명 화가의 명작을 전시하는 전시장이 아니라, 호국의 일번지로서 정신을 더 소중하게 여기는 곳이다. 김은호는 친일 혐의가 있음이 분명하다.

(6) 일제 때 친일하지 않은 사람 없다는 식으로 변호하려는 사고야말로 천민적 막가파식 억지이다. 김은호를 꾸짖는 것은 그가 예술계의 거장이자 한국사회를 대표하는 지도자의 한 사람이었기 때문이다.

(7) 유명 화가의 값비싼 그림이라서 폐출시킬 수 없다고 변호하려는 말도 있는데, 우리 모두를 욕되게 하는 한심한 발언이다.

(8) 김은호의 〈금차봉납도〉가 어떤 그림인가? 일제의 "대동아성전" 전쟁 비용에 보태 쓰라고 조선 여성들이 몸에 지녔던 은비녀와 가락지를 벗어 일제의 조선 총독부에게 헌납하는 모습을 그린 그림이다. 조선 여성이 비녀를 찌른다는 것은 곧 한 남자와 부부가 된다는 것을 상징한다. 그런 비녀를 뽑아 바친다는 것은 조선 여성의 정조를 일본군에게 바친다는 뜻이 아닌가? 또한 금가락지는 역시 순결한 정조와 사랑의 약속을 상징한다. 금가락지를 뽑아서 헌납하는 그 그림은 곧 조선 여성을 집단 능욕하고 훼절을 자초하는 것에 다름 아니다. 단적으로 이 그림 한 점이 곧 저 수많은 조선 여성들의 이른바 "종군위안부"

〈왜장을 껴안고 남강으로 뛰어드는 논개〉[199)]

문제와 직결된 것이라고 말할 수 있다. 친일파를 규정하는 판단기준은 그 횟수가 문제가 아니라 친일의 성질과 친일하는 자의 사회적 지위가 더 본질적이다.

199) 정동주, 『논개』, 한길사, 1998.

Gentileschi, Artemisia / Judith Beheading Holofernes
〈홀로페르네스의 목을 베는 유디트〉
1620 / Oil on canvas / 78 3/8×64in(199×162.5㎝) / Uffizi, Florence

우리는 김은호의 논개영정 작품을 폐출시킨 진주의 지성인들에게 늦게나마 경의를 표한다. 또한 김은호가 인천출신이라 하여 생가를 복원하고 그를 한국 미술계의 영웅으로 모시자는 작태가 다시는 인천에서 나오지 않기를 기대한다.

그런데, 논개를 표현하고 있는 미술작품들을 보면, 논개의 인물상을 잘 표현한 것인지 의심스럽다. 영정작품은 영정이라 그렇다고 할지라도, 논개 부조상이나 논개상 모두 논개의 영웅적 행위를 예술적으로 잘 표현해 내지 못한 듯하다.

우선, 논개가 일본 장군 게야무라 로쿠스케를 껴안아 물에 빠지는 장면 설정과 묘사가 미학적으로 미흡하거나 예리하지 않다. 게야무라 로쿠스케는 비범한 사무라이이자 매우 뛰어난 스모 선수였다. 20세의 논개가 옆에서 포옹하여 넘어질 정도로 약하지 않다. 더구나 현재의 부조상의 도상처럼 초라한 형상의 인물은 결코 아니다.

그리고, 일본 장군 게야무라 로쿠스케가 비범한 장군이었음에도 불구하고 논개의 뛰어난 매력과 지략에 굴복하지 않을 수 없었을 정도의 논개의 위대함이 표현되어야 한다. 게야무라 로쿠스케는 일본에서 가부키(히코산 곤겐치 가이노스케다치)로 상연되고 있을 정도로 신성화되는 인물이다. 이 일본장군의 절제를 허물어뜨리는 논개의 뛰어난 매력과 지략 그리고 용기 있는 결단과 실천. 논개의 위대성은, 비범했던 일본 장군마저 압도하는 미학적 매력과 지혜에 있으리라.

나는 논개를 표현한 작품들을 보면서 서구미술사에서 적장 홀로페르네스를 살해한 유디트라는 주제가 떠올랐다. 서구에서 유디트를 표현하는 문화와 예술의 장대한 역사가 살아 있는 것이다. 참된 영웅 논개를 예술적으로 표현하는 작품 실천이 성숙하면서 국가와 사회의 미덕 의식과 실천이 고양될 것이다.

논개같은 참 영웅을 표현하는 작품들은 예술적으로 빈곤하면서도, 영웅이라는 말은 왜곡되게 과잉 유포되는 "잔인한" 봄이다.[200)]

200) 인천인, www.incheonin.com, 2010년 5월 20일.

● 경술국치 1백년을 생각한다

올해는 경술국치(庚戌國恥) 일백년의 해이다. 말이 한일병합조약(韓日併合條約)이지, 실체는 일제가 대한제국을 통째로 또 완전히 영구히 집어삼킨다는 선언이었다. 1910년 8월 22일, 대한제국의 내각총리대신 이완용과 제3대 한국 통감인 데라우치 마사타케가 형식적인 회의를 거쳐 조약을 통과시켰고, 동년 8월 29일에 공포되었다. 일제 강점기가 본격화된 것이다.

우리는 경술국치를 기억해야 한다. 그 논거들은 분명하다. 첫째, 이 조약선언이 일제의 일방적인 강압에 의한 것일 가능성이 높고, 국제법적으로 인정될 수 없는 것임에도 불구하고 일본은 조약의 합법성을 지금도 주장하고 있다는 것이다. 우리는 최근 일본 공영방송 NHK가 일본정부지원 하에 "2010년 일한합방 100주년 특집"을 준비하면서 조약의 합법성을 고집하고 있다는 보도가 있었다는 사실에 주목해야 한다. 둘째, 일본은 이른바 일본군위안부 문제나 난징대학살 등에 대해서도 국가적 차원에서 반성은커녕 인정조차 하지 않고 있다는 것이다. 전후 독일이 유대인대학살("아우슈비츠")에 대해서 사죄하고 역사적 반성을 거듭하는 사례와는 매우 대조되는 사례임을 직시해야 한다. 셋째, 일본의 독도영유권주장에서 핵심논거는 실질적으로 일본제국주의침탈과정에서 발생한 것인데도 일본은 이 자체를 인정하지 않고 있다는 것이다. 넷째, 우리는 여전히 분단 시대를 살고 있는데 이 분단의 역사적 원인이 일본제국주의의 한국침탈과 무관하지 않다는 것이다. 경술국치는 지나간 과거가 아니라 여전히 오늘의 우리가 극복해야 할 역사적 당면과제이다.

국가적 수치를 극복하려면 우리는 무엇을 어떻게 해야 하는가. 우선, 조국의 독립과 주권회복을 위해 일제에 저항했던 분들을 정당하게 대우하는 정책을 더 적극적으로 실행해 나가야 한다. 또한, 우리나라가 일본보다 모든 면에서 더 발전해야 한다. 경제뿐만 아니라 정치적 민주주의나 문화와 윤리에서도 더 성숙한 문화국가가 되어야 한다. 이렇게 되려면 분단을 극복하고 통일이 되어야 함은 물론이다. 그리고 친일파 인사들에 대한 국민적 공감대가 형성되고 확산되어야 한다. 여기에는 선결해야 할 과제들이 있다. 가혹한 일제강점기를 실제로 살아보지도 않은 자들이 친일파 문화예술계인사들을 비판하는 태도는 잘못된 것이라 말하는 문학비평가도 있다. 이는 가혹한 시대를 살면서도 저항하거나 적어도 절필하고 침묵한 지식인들의 저항을 설명하지 못한다. 서정주는 이광수나 최남선의 친일과는 다르며 그의 시작품은 최고 경지의 시정신을 보여준다는 식으로 변호하는 시인도 있다. 이는 작품세계를 전체적으로 보지 않고 또 시인과 시를 분리하고 또 개별 시조차 자의적으로 해석하는 결과에 불과하다. 친일파 논의 그 자체를 민족의 상처를 건드리는 자학이라 규정하고 더 이상 거론조차 하지 말자는 견해마저 나오고 있는 오늘이다. 역사의식을 왜곡하는 이런 견해들을 극복해야 한다. 수치는 수치를 외면하거나 망각함으로써 저절로 사라지는 것이 아니라 수치를 일으키게 한 사태를 반복하지 않음으로써 극복되는 것이다.

그리고, 경술국치 일백년의 해를 맞이하여 친일파 안익태가 작곡한 그 노래를 애국가로 앞으로도 계속 불어야 하는지 다시 생각해 보아야 한다.[201]

---

201) 〈인하대학신문〉, 2010년 3월 8일.

● 시대정신을 묻는다

다니엘 벨이 산업사회에서 후기산업사회로 패러다임이 전환된다고 예견하고 진단한 이후, 많은 논의가 한국에서도 있었지만 여전히 오해는 깊은 것 같다. 예컨대, 산업사회 시대를 움직였던 제조업이나 전산업사회시대를 움직였던 농업이 가치 없음을 주장했던 것으로 읽는다면 오해다.

또한 "지식 및 정보 부문"이 그 자체로 핵심적인 산업동력이라 판단하는 것도 역시 오해다. 그리고 형식상 "지식 및 정보 부문"의 확장이 전체사회에서 단순 노동자가 줄어든다고 계산하는 것도 잘못이다.

이 부문에서 단순 노동자들의 층도 결코 얇지 않다. "서비스 부문의 프롤레타리아트화" 명제(해리 브레이버맨)는 이를 말한다. 초점을 놓쳐서는 안 된다. 전체 산업에서 생산양식이 전환된다는 주장이 핵심이다.

후기 산업사회에서는 사회경제의 축이 이론적 지식이며 이것이 1차 산업을 포함하여 전 산업 영역들에서 경제적 경쟁력, 생산성을 주도한다. 벨이 대학과 연구소의 역할을 강조하고, 이론적 지식을 억압하는 정부의 관료주의를 넘어서길 요청한 사회학적 판단에 주목해야 한다.

이론적 지식은 당장 사용할 수 있는 실용성(유용성)이 그 척도가 아니다. 일차적으로는 당장에는 실용성과는 무관해 보이는, 호기심에서 발원하는 매우 추상적인 지식이다. 유럽은 동양보다 근대로 먼저 넘어갔는데, 호기심을 허용하는 사상적 변화가 있었다.

이 시대건널목의 위대한 초기 챔피언인 프란시스 베이컨조차, 지식의 진정한 목적은 생활에 유용한 실용성이라고 주장했지만, 과학자들에게 유용성이라는 외적 기준들에 따라 자신의 실험을 유도하지 않아야 함을 경고했다.

학자가 단순히 유용성 있는 노동의 생산에만 관심을 둔다면, 학자는 소박한 기계공으로 전락하는 것이며 사물들의 원인들일 보편적 원인들을 밝혀내는 데 실패할 것이라 했다.

이 역사적 변화 과정을 독일 철학자 한스 블루멘베르크(Hans Blumenberg)는 "인간의 자기주장"이라는 명제로 가장 포괄적으로 논증했지만, 한나 아렌트도 이 변화를 지적한 바 있다.

근대 테크놀로지는 노동 고통을 줄이고 인공세계를 건립하려는 실용성을 명백하게 설정하고 고안한 것이 아니었고, 실용성과는 무관하게 실제에서 사용하려는 목적과도 관계없이 지적 호기심에서 그 기원이 있다는 것이다.

근대성의 상징, 시계의 발명 역시 그러했다. 시계는 실제 생활의 실용성 때문이 아니라, 실험을 위한 보다 고도의 "이론적" 목적 때문에 발명되었다. 그것은 단지 우연히 발생한 결과물이었다. 이 발명품의 실용성이 분명해지자, 삶의 전체 리듬이 변화되었다.

그 다음에, 도처에 시계가 실용되었다. 실용성만을 추구한다면, 본격 테크놀로지의 혁신도 일어나지 않을 것이다. 아렌트가 경고했듯이 우리가 1차적으로 실용적 존재임을 계속 고집한다면 인간 세계는 기존의 기술에 규정되며 더 발전하기는커녕 존속하지도 못할 것이다. 이 점은 자동기술이 발전하고 있는 오늘날에도 마찬가지다.

시대정신을 잘 구축해야 한다. 한국은 시대정신을 잘 읽고 있는가. "실용정부"담화는 그 오독의 예에 불과하다. 벨 이후 표피적 논의는 무성했지만, 패러다임전환이 제대로 실행된 적이 없었다.

후기산업시대인 오늘날 국가정책은 이론적 지식의 정책이 그 중심에 서야 한다. 그 가운데 대학정책이 핵심이며, 그것은 당장에 실생활에 유용한 실용일 수는 없다. 긴 시간의 범주와 문제의 틀을 고려해야 한다.

오늘날 대학은 학문적 호기심을 충족시키는 제도적 중추임을 깨닫고 그 책임을 다해야 한다. 대학의 참된 사명은 실용성 범주를 넘어서는 과제를 수행하는 데 있다. 그러므로 상상력이 빈곤한 정부와 그 관료주의가 실용담화로 대학에 명령하려 할 때 저항해야 한다.

이론적 지식은 지적 호기심에서 시작하고 이는 상상력에서 시작하고, 상상력은 시적 사유와 더불어 시작한다. 그런데, 상상력이 빈곤한 현실정치인들이 상상력의 시대정신을 통찰하고 국가적 상상력과제를 인정할 수 있을까. 우선 시를 읽어야 할 것 같다.[202)]

202) 〈인하대학신문〉, 2008년 12월 1일.

● 베트남을 대우하자

희망 속에서 한국 총각들과 결혼하여 한국에 이주했지만, 온갖 학대를 받고 절망의 끝에 서있는 젊은 베트남여성이 적지 않다고 한다.

전쟁의 상처보다 깊은 상처를 입고 베트남으로 되돌아가는 이들도 있고, 어느 곳에서도 정착하지 못하고 부유하는 노동자들도 적지 않다.

한국은 베트남에 대해 어떻게 대우해야 하는지, 망각하고 있는 것은 아닌가. 월남전이 끝난 이후에도 내내, 그리고 지금도. 박정희정권이 월남전에 파병한 것은 미국의 강요 때문이 아니라 박대통령이 스스로 월남파병을 적극 추진했다.

1964년 9월 파병을 개시하여 1965년 9월 전투병을 파병하고, 1973년 3월 23일 파월 한국군은 베트남에서 완전 철수를 완료한다. 전쟁은 인간의 영혼을 파괴한다. 월남전 역시 예외는 아니었다. 한국군이 베트남에 남긴 상흔들은 여전히 깊고 강하다.

박영한의 소설 『머나먼 쏭바강』에서, 미국의 "엄청난 물량공세"를 얘기하면서 한국군은 자신이 미미한 기계부속품임을 깨닫는다.

> 내가 핥고 있는 건 그 찌꺼기일 뿐이다. (중략) 기껏, 어마어마한 조직을 가진 월남전이라는 공장에서, 나사 끼우는 작업만 배당받은 한 기능공에 불과했어. 미국은 이 거대한 공장의 10층이나 15층의 관리실에 점잖게 앉아 있지.

부산항을 떠날 때의 영웅 이미지는 분해되었다. 이 소설에서 그들은 태양을 쏜다.

> "총질을 마구 해댔었거든. (중략) 남은 건 나 자신뿐이야"
> "네 친구가 총을 쏘았다고? 누굴 쏘았는데?"

> "그가 쏜 건 저 태양이지 …… 우린 이 나라에서 지독히도 불운했다. 우린 저 태양더러 싸나바빗치라고 말하지."

태양 은유는 이 소설의 강한 언어다. 그것은 황일천과 뚜이를 엮어 놓는 사랑의 다리이기도 하다.

"황[황일천]은 처녀[뚜이]가 갖고 있던 불란서 소설책을 받아 쥐고 서너 페이지 뒤적였다. 카뮈의 『이방인』이었다." 그들은 태양을 쏘았으며, 베트남의 처녀 뚜이가 읽었던 까뮈의 소설 『이방인』에서 태양은 살인을 하게 한다. 이 "하얀 전쟁"에서 "태양", 전쟁 담화[진리]는 이렇게 욕을 먹고 있었다.

태양이 진리로 등장하는 플라톤의 『국가』의 그 유명한 동굴비유는 서구형이상학 원형의 하나다. 태양은 직접 볼 수는 없다. 눈이 멀게 된다. 프랑스 철학자 데리다는 에세이 "하얀 신화론"에서 태양 수사학을 재독해하면서, 태양은 단지 다시 사라지기 위해서 출현한다고 읽는다.

> 우리 눈에 보이는 감각적인 태양이 아들이면, 이것을 사라지게, 보이지 않게 함으로써, 비유적으로 보이지 않는 사라진 태양은 그의 아버지로서 절대선을 상징한다 : 절대선은 삶과 눈에 보이는 모든 것, 씨앗과 빛의 근원이다.

이제 "태양이 항상 사라지고, 감추어지고, 부재되는 한, 태양이 단순히 감각적 실체의 예만은 아니다." 태양은 인간들의 눈 밖에 있으며, 따라서 은유적이다. 그리고 그 환영 속에 허위가 스며든다.

월남전에서 그들이 태양을 욕했을 때 전쟁의 진리가 허위임을 체험하고 있었다. 『이방인』을 읽는 베트남의 뚜이 역시 "태양"을 쏜 그들을 이해하고 있었으리라. 그렇지만 태양 그 자체가 총체적으로 은유적이며, 또 그렇기 때문에 전쟁의 담화에 감각으로 알아낼 수 있도록 태양의 특성이 한 번도 올바르게 다가온 적이 없다고 그들이 판단했는지는 알 수 없다. 분명한 것은 전쟁의 담화가 있을 때마다, 어디선가에는 항상 태양이 있었다는 것이다. 그리고 은유는 시작된다.

주월 한국군들은 태양을 향해 욕설을 던지면서도 그들은 내면으로, 내면의 빛을 향해 나아가는 것이 아니었다. 그 대신에 인공조명 아래 그들은 여자들을 끌어안았다. 어쩌면 그들은 태양 담화에 대한 욕설에서 자연의 태양마저 외면하고서는 마침내 "태양은 항상 인위적으로 가공된 광채이거나 샹들리에"(데리다)에 불과하다고 섣불리 판단해버렸는지도 모르겠다.

라이타이한들이 지금도 울고 있다. 한국은 월남전의 상처를 치유할 책임이 있다. 한국에 온 베트남여성들과 노동자들이 울면서 되돌아가게 해서도 안 된다. 베트남이 요구하지 않는다 할지라도 한국이 먼저 베트남을 특별하게 대우할 책임이 있다. 책임은 본래 그런 것이다.[203]

---

203) 〈인하대학신문〉, 2008년 11월 16일.

● 독도문제의 해결방향

독도문제는 역사문제다. 역사적으로 한국이 분명한 역사적 정당성을 가지고 있음에도 불구하고, 일본이 독도영유권을 주장할 수 있는 근거는 1905년 일본제국주의세력이 국권을 유린한 상태에서 독도를 일본 시네마현으로 편입한 점을 기초로 하고, 그 위에서 전개된 비교적 최근의 외교적 문서에 있다. 전 외무장관 김동조는 자신의 회고록 "회상 30년 : 한일회담"에서 두 가지의 외교력이 문제였다고 회고했다. 그 하나는 대일평화조약이며 다른 하나는 한일회담이다. 그의 말을 직접 들어보자.

> 1951년 7월 7일에 발표된 대일 평화조약 초안은 제주도와 거문도 및 울릉도를 포함시켜 한층 한국 영토를 구체화했지만, 우리로서는 독도가 포함되지 않은 것이 꺼림칙했다. 우리 입장에서야 독도가 우리 영토임이 명명백백하지만, 이것을 명기해주지 않으면 장래 말썽의 소지가 없지 않다는 점에서 강화조약 제2조에 추가해 줄 것을 요청했던 것이다. 당시 연합국이 우리의 정당한 주장을 받아들여 독도를 조약 2조에 명기했더라면 일본이 그 뒤로 더 이상 생떼를 부리지는 못했을 것이지만, 불행하게도 실패했다.

외교력이 없었다. 더욱 심각한 사태가 일어났다. 양유찬 주미대사가 미 국무부에 수정요청을 했지만 미 국무부가 이를 받아들이지 않았다는 것이다. 대한민국정부는 대일 강화조약의 초안에 독도가 들어가지 않고 거문도가 들어간 것을 알게 되자, 양 대사에게 이것을 수정하도록 교섭할 것을 지시했다. 이 지시에 따라 양 대사는 1951년 7월 19일에 미 국무부에 수정을 요청했다. 이 요청에 대해 미 국무부는 동년 8월 9일에 다음과 같이 답신했다:

> 독도는 한국의 일부로 다뤄지는 것이 아니며 1905년께부터 일본 시네마겐 오키 지청 관할 아래 있었고 이 섬은 예전에 한국에 의해 영토주장이 이뤄졌다고 생각되지 않는다.

일본측이 강한 논거로 애용하는 그 문건이다. 한국전쟁 기간이었지만 한국정부의 외교력을 비판하지 않을 수 없는 대목이다. 물론 이 과정에서 일본정부는 외교력을 발휘했다. 특히 미 국무부가 주일 맥아더 사령부에 파견한 변호사 출신의 정치고문 시볼트(William J. Sebald)의 역할이 결정적이었다. 시볼트는 맥아더 사령부와 미 국무부에 강력한 영향력을 행사했다. 시볼트는 친일파였다. 결국 여기에서 시볼트의 말을 듣고 비판여론을 감안하여 1950년 8월안과 동년 9월안에서 독도는 물론 제주도와 울릉도 및 거문도에 관한 언급 전부가 삭제되게 된다.

독도문제사에서 또 하나의 결정적인 사건은 한일회담이었다. 일본측이 먼저 독도문제를 제기한다는 점에 주목해야 한다. 여기에서도 한국 외교력의 실상이 드러난다. 독도를 폭파하여 제거해 해결하자는 식이었다. 독도가 중요하지 않다는 일본의 주장이 어떤 의도를 가지고 있었는지는 정확하게 알려진 바가 없으나, 한국 외교력이 매우 약했음은 분명하다.

> 사토 에이사쿠 총리가 다케시마의 영유권을 일본에 건네지 않는다면 조약에 조인하지 않겠다며 압력을 가해왔으나 거부했다.

당시 외무장관 이동원의 회고다.[204] 일본의 공세적 외교력 앞에서 독도문제는 해결되지 않고 단지 말 뒤에 숨어 있었던 것이다.

독도문제는 1905년 일본영토편입 자체가 무효임을 인정하는 역사문제지만, 분명한 것은 외교력을 혁신해야 한다는 것이다. 범지구화과정에서 친미중심주의를 벗어나 다면적인 외교력을 발휘할 수 있어야 한

204) 〈아사히신문〉, 1977년 2월 11일자.

미관계도 성숙하겠지만, 나는 외교관을 배양하는 외교사관학교 제도를 제안한다.[205]

205) 〈인하대학신문〉, 2008년 8월 31일.

● 광복정신과 운동의 오늘

광복절(光復節)이 다가온다. 1945년 8월 15일, 대한민국은 여명을 보았으나, 온전한 빛을 회복하지는 못한 채 "해방"을 맞이했다. 광복운동자 김구선생이 심려했듯이 저항, 불복종하는 자구력이 약했던 만큼이나 어쩌면 분단은 예고되어 있었다. 여전히 분단시대. 빛을 회복하는 진정한 광복운동을 중단할 수는 없다.

일본제국주의는 암흑, 즉 폭력이 세계와 역사의 중추라는 사상의 산물이다. 일제 암흑은 일본군국주의자들만이 아니라 일제시대의 친일파와 1945년 이후의 포스트친일파에 의해서 유지되고 있다. 때로는 외부의 적보다 내부의 적이 더 강력하고 무섭다. 말하자면, "우리 안의 파시즘". 서구지식인들이 캠프(camp, 수용소)를 오늘도 철학의 화두로 삼듯이, "광복"을 사유해야 한다. 여전히 암흑과 그 흔적이 한국사회 곳곳에 있기 때문이다. 문제는 독도문제 등 복합적이지만, 여기에서는 이른바 종군위안부(성노예) 문제를 얘기하려 한다.

일제종군위안소 역시 나치즘의 아우슈비츠처럼 명령한 국가최고권한자가 밝혀지지 않았다. 아돌프 아이히만(Adolf Eichmann: 1906~ 1962. 독일 나치스 친위대 중령, 제2차 대전중 수백만의 유태인을 학살한 혐의로 1960년 5월 이스라엘 비밀경찰에 의해 아르헨티나에서 체포되어 1961년 12월 예루살렘 법정에서 사형판결을 받고 1962년 5월 교수형에 처해졌다.)에 대한 기억은 그가 아우슈비츠의 국가최고권한명령자였기 때문이 아니라 실명이 밝혀진 이름이기 때문이다. 종군위안소 설치를 명령한 국가최고권한자가 밝혀지지 않는다는 사실 자체가 일제의 종군위안소는 또 하나의 캠프였음을 논증한다. 일본형 아우슈비츠다. 독일 아우슈비츠는 정박된 캠프였다면, 종군위안소는 이동하는 아우슈비츠였다. 독일과 일본의 차이는 오히려 전후에 일어났다. 독일은 캠프의 존재를, "법 밖의 법적 명령"이었음을 인정하고 거듭 사죄하고 반파시즘의 길을 걸어갔지만, 일본은 부정하며, 따라서 사죄의 근거 자체를 부정하고 있다. 우리는 일본형 아이히만을 기억해야 한다.

정신분석학자 에리히 프롬은 현재의 문제로서 "예루살렘의 아이히만"을 상기시켰다. 그는 순종하는 인간의 전형이며, 그런 순종과 복종심리는 현대인들에게도 거의 일반적이라 판단했기 때문이었다. 그는 "영혼을 상실한" 관료주의조직 속에서 인간성을 상실한 기계인간의 상징이다. 타자들의 제거 속에서 자아의 왜곡된 정체성을 지켜갈 수 있는 소외된 관료주의자의 표본이다. 파시즘적 인간형 그 자체다. 진정 놀라운 사실은 스스로 모든 것을 자백하고도 자신의 완전하고 선한 신념을 언설하며 자신의 무죄를 주장할 수 있었다는 점이다. 만약 상황이 다시 똑같이 재현된다면, 아이히만은 관료적 순수성을 지킨다는 언어 앞에 "타자들"을 학살하는 짓을 되풀이할 것이다. 파시즘적 인간은 불복종의 능력을 잃고 심지어 자신이 복종하고 있다는 사실조차 모르는 인간이다. 무언(無言)의 "상부의 말", 명령에 굴복하면서도.

오늘, 관료주의적 조직화가 증대하는 만큼이나 회의, 부정, 비판하고, 불복종하는 능력이 절실하다. 법 차원에서 불복종은 법을 지키는 차원에서 일어난다. 심지어는 구체적 실정법에 대해 불복종하는 까닭은, 그 실정법이 더 이상 타당하지 않음에도 불구하고, 입법부가 법을 개정하지 않고 지체시켰던 때문이다. 불복종은 그 법의 타당성이 더 이상 실효하지 않음을 선언함으로써, 실정법규에 대한 불복종이면서도 실정법제정을 요청하는 상위법(헌법)복종의 행동이다. 역사적으로, 억압적 집권권력이 시대를 선취하여 자발적으로 실정법의 반시대성을 비판하고 개정하거나 신법을 제정하는 사례는 매우 드물었다. 더구나 암흑의 시대에서는. 바로 이 까닭에, 실정법에 불복종하는 행동과 함께 억압에 저항하는 운동들이 일어났다.

> 복종할 줄만 알고 불복종하지 못하는 자는 노예다. 반면에 불복종할 줄만 알고 복종할 줄 모르는 자는 반도(叛徒)에 불과하다.

프롬의 이 경구가 다시 생각나는 오늘이다.[206)]

206) 〈인천일보〉, 2008년 8월 12일.

● 역사적 과제를 직시하자

〈인천일보〉는 인천 개항 시점 개정 주장을 특종 보도했다.[207] 일종의 비고의적 오류가 있다. 처음으로 누가 구체적 역사논리를 가지고 주장했는지를 적시해야 했다. 새얼문화재단 지용택이사장이다. 그는 "개항 1백주년 인천"이라는 명명에 대해서 이미 오래전부터 일관되게 의문을 제기하고 그 역사의식빈곤을 비판해왔다. 일본제국주의세력의 침탈적 개항(1883년) 이전에 인천항은 근초고왕 27년(372년)부터 국제적 교류의 문이었다는 것이다. 그의 역사의식맥락을 살려야 하며, "개항 1천 636년의 도시, 인천"이 옳다.

제헌절이 다가온다. 올해는 특별하다. 60주년. 그런데 정부와 학계, 방송에서 "건국 60주년"이라는 이름 아래 갖가지 기념행사를 벌인다. 잘못이다. "대한민국 정부 수립 60주년"이라는 명명을 제안하는 이들도 있으나, 이 역시 타당하지 않다. 헌법을 보라. 현 대한민국헌법 서문은 이렇게 시작한다. "유구한 역사와 전통에 빛나는 우리 대한민국은 3.1 운동으로 건립된 대한민국임시정부의 법통과 불의에 항거한 4.19민주이념을 계승하고, 조국의 민주개혁과 평화적 통일의 사명에 입각하여 (하략)." 대한민국헌법제정 60주년이라는 명칭이 옳다. 헌법정신을 실천해야 한다. 프로이트에 의하면, 실수는 단순하지 않다. 실수는 무의식이 의식과 불일치하여 일어나는 실착에 다름 아니다. "건국 60주년"이라는 이 실착이 역사의식빈곤을 반영하는 것은 아닌지, 의심스럽다.

1948년 헌정체제에서 현 1987년 헌정체제까지, 경제성장발전, 민주개혁, 냉전사고의 극복(평화적 통일), "3.1운동으로 건립된 대한민국임시정부의 법통 계승" 등의 과제에서 많은 발전이 있었다. 그렇지만, 압축적인 경제성장정책 추진은 경제적 불평등의 심화라는 그늘을 짙게 하고 있고, 여전히 한국사회에서는 "레드 콤플렉스"가 해소되지 않고 있으며, "고조선-통일신라-고려-조선-대한민국임시정부-대한민국"이라는

207) 〈인천일보〉, 2008년 4월 11일자.

역사적 정통성이 확고하지 못하다. 우선, 60주년을 맞이하여 헌법적 과제인 "민주개혁"을 중단 없이 추진해야 함을 지적해야겠다. 또한 이에 더하여 과제 중 몇 가지를 짚고 싶다.

첫째, 이명박대통령은 대북정책에 전향적 입장변화를 선언했다. 박왕자씨의 피격사건에 대한 아무런 표명 없이, "전면적 대화"를 선언하는 모양새는 세련되지 못했지만, 큰 틀에서 이 선언은 진전이다. 불행한 피격사건도 남북 간 직접대화에서 해결될 수 있다. 평화적 통일은 헌법적 과제임을 깨닫고 여야를 초월하여 과제를 실천해나가길 바란다. 작금의 복합적인 국제정치적 역학관계변화에서 남북 간 직접대화는 더욱 긴요하다. 한국의 주체적 위상을 회복해야 한다. 외교에서 여야가 없다. 초당적으로 소통하며 장기적 안목으로 실행해야 한다.

둘째, 한국인들에게 "미국"이 너무 강하다. 현실정치의 차원에서만 말하려는 것이 아니다. 사유 그 자체를 말한다. 정부, 언론, 학계뿐만 아니라 일상에서조차 과제를 설정하고 문제를 해결하려 할 때 미국을 준거하는 경향이 매우 강하다. 북유럽 국가들도 참조해야 한다. 곧게 말하면 필자는 한국의 지향모델은 강대국가인 미국보다는 강소국가인 북유럽이라 판단한다. 이들 국가는 좌파와 우파가 균형을 이루고 있으며 경제적 불평등이 심하지 않다. 물론 레드 콤플렉스도 없다.

셋째, 일본은 최근 독도영유권을 더욱 강하게 밀어붙이고 있다. 이 대통령은 후쿠다일본총리에게 유감을 표명했다. 잘한 담화였다. 한일관계가 미래지향적이려면, 일본은 ① 독도영유권포기를 선언하고, ② 식민지수탈(예컨대, "종군위안부")에 대해 실질적으로 사죄하고 보상해야 하며, ③ 남북통일을 위해 최대한 협력해야 할 것이다. 외교관계는 좀처럼 윤리적이지 않다. 일본의 세 과제는 한일해저터널과제에서 한국이 결정적 주도권을 행사하는 것과 무관하지 않다. 일본은 한일해저터널의 문이 열리면 그들의 숙원 "대륙국가"가 되는 것이 아닌가. 지금은 우리 국가와 국민 모두 이 문을 열고 닫는 중대한 과제를 직시해야 할 때다. 문의 열쇠는 대한민국이 쥐고 있어야 한다.[208]

● 안두희 죽음에 역사적 비애를 느낀다

> 현시에 있어서 나의 단일한 염원은 3천만 동포와 손을 잡고 통일된 조국의 달성을 위하여 공동분투하는 것뿐이다. 이 육신을 조국이 요구한다면 당장에라도 제단에 바치겠다. 나는 통일된 조국을 건설하려다 38선을 베고 쓰러질지언정 일신의 구차한 안민을 취하여 단독정부를 세우는 데는 협력하지 아니 하겠다.... 고요한 밤에 홀로 앉으면 남북에서 헐벗고 굶주리는 동포들의 원망스런 용모가 내 앞에 나타나는 것도 같다.

이 말은 백범 김구 선생이 1948년 2월 10일 3천만 동포에게 호소한 말 가운데 한 구절이다. 이승만은 남한만이라도 단독선거를 시행하여 정부를 세워 점진적으로 통일을 이룩하자고 주장하였는데, 이 주장과 정면에서 맞서며 동포에게 호소한 말이었다. 조국통일을 염원하던 백범선생의 살아있는 체취가 이 말 속에 가득하다. 백범 사상을 오늘 우리에게 살아있게 하는 것은 그가 조국의 독립과 해방, 그리고 통일조국을 위해 온몸을 던져 살았다는 것만이 아니다. 그의 사상은 역사의 미래를 앞서 말하는 고매한 예감의 인품이었기 때문이다. 백범은 〈나의 소원〉에서 21세기 운운하며 이제야 우리가 주목하는 그 문화의 시대를 일찍 예감했다. 그는 한국이 문화 국가이기를 희망했다.

> 나는 우리나라가 세계에서 가장 아름다운 나라가 되기를 희망한다.... 오직 하나 갖고 싶은 것은 높은 문화의 힘이다. 문화의 힘은 우리 자신을 행복되게 하고 나아가서 남에게 행복을 주겠기 때문이다.

오직 평화로운 하나의 민족을 위해서만 살았던 백범은 죽음을 당했다. 그 죽음은 우리 민족의 비극이었다. 안두희의 테러에 의해 그는 살해당했다. 그의 죽음은 우리 민족사에서 참혹한 비극이었다. 우선

208) 〈인천일보〉, 2008년 4월 25일.

해방이후 한국의 미래를 이 테러가 결정지었다. 이승만의 단독정부론과 정면대좌했던 백범의 주장이 죽음을 당했다. 1949년 6월 26일 낮 12시 30분 안두희 소위가 권총으로 통일조국을 외쳤던 백범을 살해했다. 말의 힘이 권력을 움직여가는 정치의 세계가 침묵당한 것이다.

하지만 백범은 침묵 속에서도 늘 외쳤다. 우리 민족사가 나아갈 미래의 길을 밝히는 위대한 침묵의 소리를 그는 우리에게 오늘도 전하고 있다.

우리는 권중희씨를 기억하고 있다. 안두희에게 백범 살해의 진실을 밝히라고 요청한 그를 잊지 않고 있다. 과격한 그의 "용기"가 아직은 우리의 기억 한 자락에 남아있는 가운데 안두희 살해의 뉴스를 우리는 듣는다. 1996년 10월 23일 아침, 백범을 살해한 안두희가 살해당했다.

안두희의 죽음에 역사적 비애를 느낀다. 안두희는 역사의 진실을 밝히는 기회를 영원히 잃어버렸다.

백범을 살해한 배후가 무엇인지, 오직 진실되게 말하여 역사적 진리 세계 속에서 살아갈 최후의 기회를 박탈당한 것이다. 진실을 늘 내일로 미루었을지도 모를 안두희, 그 개인의 삶에 비애를 느낀다.

그에게 내일은 없다. 오늘도 없다. 양심으로 생을 마감할 마지막 기회를 잃어버린 것이다. 그의 삶은 정말 마지막까지 비참했다. 그의 이 비참은 몽둥이로 두들겨 맞아 죽은 때문이 아니라, 양심을 지킬 최후의 기회마저 잃어버렸기 때문이다.

우리는 테러를 반대한다. 그 까닭은 우선 테러가 그 무엇에 반대하는 그 자체 때문이 아니라 사회의 폭력을 근원적으로 해소하는 방책이 아니기 때문이다. 테러는 테러를 불러일으킨다. 둘째 그것은 사회의 폭력을 일으키는 근본적 원인들을 침묵의 늪으로 몰아넣어버리기 때문이다. 폭력에 저항하는 말이 살아가려면, 폭력을 불러일으키는 그것이 말의 무대 위로 올라오게 해야 한다. 테러는 침묵의 늪에서 자란다. 그리고 테러는 무엇보다 극단적이기 때문이다. 극우이거나 극좌이거나 극단적인 입장에서 제시하는 최고의 대안이 테러이다. 하지만 우리 시대가 요청하는 것은 관용의 정신과 윤리이다.

잊어버리자는 것이 아니다. 오직 기억하되 윤리적으로, 가혹한 그들 죄인의 삶에 대하여 열린 용서를 빌자는 것이다.

우리가 두려워하는 것은 "정의봉"의 반정의이다. 박기서는 "정의"의 이름으로 안두희를 살해했다. 그는 자신의 살해 몽둥이를 "정의봉"이라 이름 붙였다. 하지만 정의는 법의 논리이다. 법의 심판이 내리는 최종소리가 정의봉 소리이다. 그것은 폭력이 아니라 사회적 권력의 소리이다.

죽음은 개인의 침묵이지만 말의 침묵은 아니다. 백범은 죽어서도 늘 말하고 있다. 오히려 죽음 이후에 더 강한 말을 우리에게 제시하고 있다. 통일운동의 저변에는 늘 백범과 그의 말이 살아있다.

안두희의 죽음 역시 백범의 역사를 침묵의 세계로 몰아가지는 않는다. 몰아갈 수도 없다. 오히려 백범의 역사가 이제야 말을 할 것이다. 죽은 것은 안두희의 양심이지 백범 죽음의 역사는 아니다.[209)]

---

209) 〈인천일보〉, 1996년 10월 24일.

● 포스트모더니즘

탈현대주의가 우리 문화의 공간속에서도 유행하고 있다. 이 새로운 패션은, 새로움을 창조해야 하는 지성의 무거운 책임 앞에 완전히 탈진한 나머지, 낡은 형이상학의 옷들을 날카로운 해체의 칼로 자르고 몽타주하는 꾸밈이나 보여 준다. 거리의 사람들로부터 유혹의 시선을 받기에 충분히 "진보적인" 이 "야만적" 겉치장은 부끄러운 보수주의를 숨기면서 자랑한다. 신보수주의의 하나다.

급진성의 분을 짙게 바른 탈현대주의의 보수성은, 첫째로, 근대성의 주체를 보는 검은 눈에서도 확인할 수 있다. 이론은 "주체"("의식")에서 시작할 수 없다는 주장을 전개하려는 구조주의 운동은 이제 구조 그 자체도 제거하려는 탈구조주의를 생산시키고 있는데, 탈현대주의는 이처럼 구조마저 탈구성시키는 행위를 전개한다. 구조주의운동은 주체에 억눌린 구조를 살리는 운동에서 출발하였으나, 이제 구조마저 스스로 죽이는 또 하나의 자살을 선택한다.

탈현대주의는 구조 없는 구조주의로서의 탈구조주의를 사용함으로써 주체를 살리는 듯한 인상을 주기도 한다. 탈현대주의가 주장하는 "개성"은, 산인간들의 자율성을 가리키는 것이 아니라, 언어의 본질을 통제할 수 없는 차이성의 놀이로 보는 회의주의의 결과에 불과하다.

둘째로, 탈현대주의는 역사비판에서도 변화를 밖으로 논술하면서도 속으로는 사회의 정태를 변호하는 보수성을 보인다.

"돌발성", "순간성", "급진적 불연속성" 등이 탈현대주의가 "역사철학"을 해체하고 그 빈곳을 채우는 급진성의 언어이다.

연속성의 이론을 비판할 때 소박하게 그 정반대의 이론, 즉 불연속성의 시간성 논술로 답하는데 그 한계가 있다.

비판적 역사의식은 지속성을 토대로 한다는 것을 망각한 것이다. 탈현대주의는 붉은 "큰 얘기"에 깊은 권태를 느끼고서는 해방의 논술이면 무엇에나 진저리를 치는 일종의 노이로제를 앓고 있는 것 같다.

셋째로, 총체성 일반을 파괴시키고 단편성만을 생산한다.

탈현대주의의 "총체적 단편화"라는 모토는 물론 언어의 통제불가능성이라는 언어비관주의에서 온 것이다.

탈현대주의 논술의 아이러니는 재현능력이 없는 언어의 세계를 이 언어 이외에 달리 표현할 수 없다고 보기 때문에 필연적으로 발생하는 것이다.

넷째로, 탈현대주의는 초월의 전략을 과시하면서도 사회적 유토피아를 구상하지 않는다. 우리는 구체적 생활세계에서 출발하지 않는 붉은 유토피아주의에 저항해야하면서도 행복치 못한 시대를 초월할 해방의 유토피아를 기획해야 한다.

탈현대주의, 이것에서 우리는 불행하게도 한시대의 총체적 위기가 위기 비판의 위기에도 그 원인이 있다는 엄숙한 사실을 확인할 수 있다.[210)]

---

210) 〈이대학보〉, 1990년 9월 3일.

제3장 문화국가를 위한 탐색

● 자살과 희망

한국에서 자살자들이 더욱 급속하게 늘어나고 있다. 자살율에서 "OECD" 국가들 가운데 한국이 가장 높다. 2위와의 격차는 더욱 벌어지고 있다고 한다.

그런 가운데 우리는 또 자살에 관한 보도들을 접한다. 한 한류스타의 자살 보도도 있었다. 다른 한편, 서구에서는 클레오파트라(Cleopatra VII, BC 69~BC 30)의 자살 방법에 관한 보도로 관심을 모으고 있다. 먼저 후자에 대해서 얘기해 보려 한다.

1.

독일 트리어 대학교의 크리스토프 섀퍼 교수(고대사 전공)는 지난 6월 30일 클레오파트라의 삶을 조명한 독일 ZDF방송 프로그램에서 "그녀는 독미나리 독약(헴록) 등 독약 혼합물을 마시고 자살한 것이며, 지금까지 수백년 동안 알려져 있는 것처럼 이집트 코브라(애스펜)에게 물려 죽는 방법으로 자살한 것은 아니다"라고 주장했다.

섀퍼 교수의 이 주장은 역사적 기록들을 배경근거로 삼고 있다. 로마의 역사가 카시우스 디오는 클레오파트라가 사망한 다음, 약 200년이 지난 후에 그 죽음에 대해 기록한 바 있는데, 그것에 의하면, 클레오파트라는 "조용하고 고통 없이" 숨을 거두었다는 것이다. 또 다른 사료는, 클레오파트라가 기원전 30년 자살했을 때 시녀 두 명이 함께 죽었다고 전하는 문헌들이다. 요컨대, 섀퍼 교수에 의하면, 독사에 물리는 방법으로는 이렇게 될 수 없다는 것이다.

그러나, 카시우스 디오의 기록에 대해서 의심할 수도 있으며, 독사에 물리는 방법으로 클레오파트라가 자살하면서도 두 명의 시녀가 함께 죽을 수 있는 가능성도 있다는 점을 물론 생각할 수도 있다.

혹시, 섀퍼 교수가 그러하듯이, 무엇 때문에 클레오파트라의 자살방법에 대해서, 실용성이 전혀 없는 것에 대해서, 그렇게 면밀하게 연구해야 하는지, 의문을 품을 자가 있을지 모르겠다. 도대체 어떠한 "실용성" 때문인가, 쓸데없는 것에 에너지를 소비하고 있다고 비아냥거리면서 말이다. 그렇지만, 역사를 살펴보면, 처음에는 전혀 유용성이 없었던 새로운 발견이 나중에 매우 유용하게 발전하는 과정을 보여주는 사례들은 수없이 많다. 시계의 발명과 대중화가 그러한 예이다.

클레오파트라의 최후를 그린 미술작품에는 으레 뱀이 등장한다. 뱀은 클레오파트라의 최후를 그리는 핵심 도상의 하나가 된 것이다. 중요해 보이는 몇 가지 작품을 잠시 읽어보자.

루벤스의 작품 〈클레오파트라〉를 보면, 클레오파트라는 왼손에 뱀을 잡고 있고 오른손에 작은 손거울을 들고 있는데, 손거울과 뱀의 벌린 입을 번갈아보고 있는 것 같다. 자신의 미모에 스스로 매혹당하는 나르시스트의 그것이라기보다는 자신의 삶을 회고해 보는 반성으로 읽힌다. 특별한 화려한 장신구도 걸치지 않았고, 어깨와 팔로 이어지는 누드의 형상은 전장의 장수의 그것처럼 보인다. 루벤스의 이 작품에서 우리는 자신의 미모로 남성을 유혹하여 파멸에 빠뜨리는 요부의 이미지를 읽기는 어렵다.

레니(1575-1642)의 이 작품은 여성스러운 클레오파트라의 몸이 이미 전체가 거의 창백해지고 있지만 눈을 크게 뜨고 하늘을 쳐다보고 있다. 어색한 점이 없지 않다. 풀어헤쳐 놓은 젖가슴 위에 뱀은 젖꼭지

Peter Paul Rubens / Cleopatra 〈클레오파트라〉 / 1615
Oil on oak / 130 × 74cm / National Gallery, Prague

를 물고 있고 오른손의 엄지와 검지는 풀어지지도 않은 채 어색하게 뱀을 잡고 있다. 작품성을 위한 연출력이 떨어진다. 그러나 클레오파

Guido Reni / Cleopatra with the Asp 〈클레오파트라와 독사〉 / 1635
Museum: Royal Collection, Windsor Castle, London, UK, Guido Reni

트라의 이 자세가 곧바로 "악마적 에로티시즘"(프로이트의 "죽음본능"에 기초한 에로티시즘)을 표현하는 것으로 이해되어서는 안 된다. 뱀이 젖을 빠는 것은 뱀과 이 여성의 관계가 전혀 무관하지 않은 것을 시사한다. 레니는 클레오파트라의 자살과 매우 유사한 형상으로 어머니가 자녀에게 베푸는 은혜를 표현하고 있음을 기억해야 한다.

Guido Reni / Charity 〈자비의 사랑〉
Metropolitan Museum of Art, Manhattan, New York, USA

레니의 〈클레오파트라의 죽음〉이라는 작품에서는 클레오파트라 자신에게 독을 스며들게 하는 그 뱀에게 스스로 마치 아들에게 양육의 은혜를 베푸는 것처럼 자신의 몸 전체를 내어주고 있는 것이다.

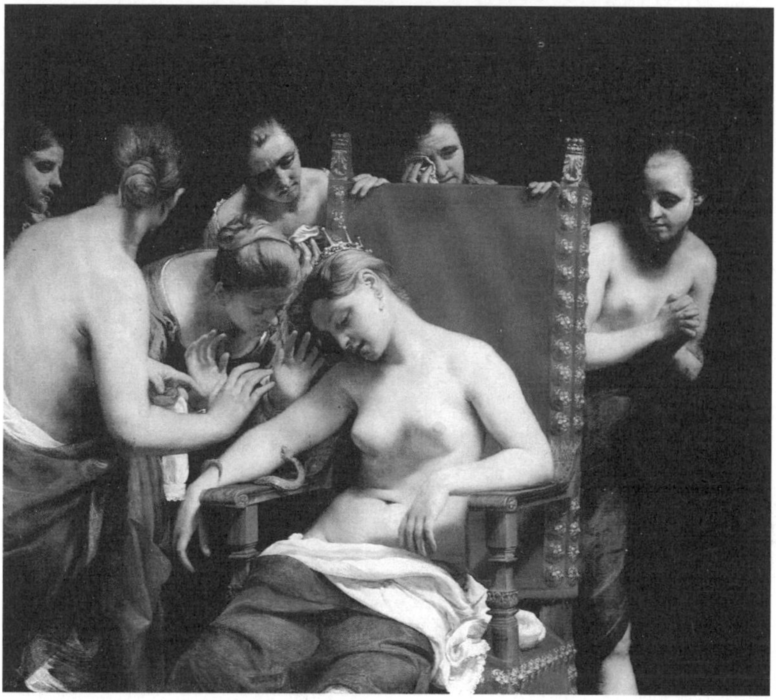

Guido Cagnacci / The Death of Cleopatra 〈클레오파트라의 죽음〉 / 1658
Oil on canvas / Kunsthistorisches Museum, Vienna, Austria

이 작품에서 클레오파트라는 이미 사망한 듯 눈을 감고 있으며 고개가 옆으로 쓰러져 있다. 그렇지만 평온한 모습이고 두 젖가슴 위로 밝은 빛이 비치고 있다. 뱀은 그녀의 오른 팔을 감고 있으며, 이를 보는 시녀들은 다양하고 반응도 다름을 다채롭게 표현하고 있는데, 두 여성은 클레오파트라처럼 상체는 누드이다. 그것은 클레오파트라에 이어 뱀의 독에 의해 자살할 것을 표현한다. 클레오파트라의 이야기를 지켜내면서도 훨씬 더 복합적이며 미학적이다. 특히, 클레오파트라가 죽는 그곳은 교황의 의자 곧 권력의 장소로 연출되어 있다. 이 역시 클레오파트라의 삶과 죽음이 요부의 그것이 아니었음을 말한다.

물론, 여기에서 예시했던 사례 이외에도 클레오파트라의 자살을 표현하는 많은 예들이 있다. 즉, 클레오파트라의 죽음을 표현하는 예술사에서 클레오파트라의 최후를 연출하는 표현은 하나가 아니라 다양하며, 그것은 예술이 역사적 사실을 곧게 기록하는 것이 아니라는 통찰이 설득력을 얻는 만큼이나 당연하다. 클레오파트라의 죽음과 뱀은 예술미학의 의미론에 의해 이해되어야 한다.

그런데 정작 내가 말하려고 하는 것은 자살의 질적 차이에 대해서이다. 곧 클레오파트라의 자살은 국가별 자살률 통계에 잡혀야 할 성질의 것이 아니라는 것이다. 그 죽음은, 국가의 존엄성을 지켜내려는 마지막 선택이자 항의인 최익현의 자결, 난파의 책임을 스스로 지키기 위해 타이타닉호와 끝까지 함께 했던 선장의 자결과 같은 선상에 있다. (클레오파트라는 절세미인이었을 뿐만 아니라 수개국의 언어를 자유로이 구사하는 지력을 갖추었고 탁월한 외교수완을 발휘하여, 카이사르와 안토니우스, 두 로마의 영웅과 교제하며 자신의 왕국의 안위를 유지해 나간 여걸이었다. 그러나 재색을 겸비한 클레오파트라에 대해서는 오늘날까지 요부, 간부라는 악평이 붙어 있는데, 이는 아우구스투스 황제의 제정(帝政)의 창생신화(創生神話)를 형성하기 위하여 꾸며낸 과장과 왜곡이 포함되어 있다. 클레오파트라의 생애는 문학과 예술의 소재로 자주 등장했던 까닭도 이런 풍부한 외연 때문이다. 플루타르코스의 『영웅전 · 안토니우스전』, 셰익스피어의 『안토니우스와 클레오파트라』, G.B.쇼의 『시저와 클레오파트라』(1868) 등.

클레오파트라는 BC 31년의 악티움 해전에서 패배한 이후, 알렉산드리아에서 안토니우스와 재기를 꾀하였으나, BC 30년 옥타비아누스군의 공격을 받고 완전히 패배를 시인하지 않을 수 없게 된다. 그녀의 자결은 프톨레마이오스 왕가 300년 항해의 최종적 난파를 의미했다. (로마가 지중해 세계를 지배하는 일단의 성공이며, 또한 옥타비아누스에 의한 로마제국의 개막을 뜻했다.)

2.

19세기 프랑스의 사상가 에밀 뒤르켐은 자살은 "사회적 타살"로 이해될 수 있다고 말한 바 있지만, 한국의 높은 자살율은, "사회적 문제"로서 자살에 대해 국가와 사회 모두 특별한 관심을 가져야 할 것을 요청하고 있다. 그리고 유명 한류스타의 자살보다는 너무도 많은 사람들이 자살하고 있다는 그 사실에 우리는 주목해야 한다.

자살하지 않는 사회를 만들려면 어떻게 해야 하는가? 당장의 시급한 과제가 있고, 상대적으로 장기적인 과제가 있다. 전자는 언론보도 정책에 관한 것이고, 후자는 철학적 가치론에 관한 것이다.

1) 김창룡 인제대 언론학교수는 〈미디어오늘〉(2010.7.2일자)에서 자살에 대한 언론보도의 문제점을 예리하게 지적하고 있었다. "한국사회에서 자살이 이렇게 유력한 살인마로 등장한 데에는 다름 아닌 크게 두 가지 이유가 있다. 첫 번째는 모든 죽음에 대해서는 따스하게 감싸는 사회관행, 풍습이 한 몫하는 경향이 있다. 어떤 비리, 부패로 수사를 받고 실형을 선고받더라도 일단 자살로 생을 마감하게 되면 그때부터 대우가 완전히 달라진다. 수사는 즉각 중단될 뿐만 아니라 시장, 군수 할 것 없이 성대한 예우를 갖춰 장례를 치러준다. 연예인들에게도 극찬이 쏟아진다. 일반 죽음과 자살은 달라야 하지만 자살에 대해서까지 이런 사회적 관행은 심화되는 추세이다. 두 번째 이런 풍조를 부채질하는 데에는 미디어가 중요한 역할을 한다. 미디어에게 연예인 자살, 유명인 자살은 매우 좋은 먹잇감이다. '궁금해 한다'는 이유 하나로 '남자관계', '부채관계' 등 추측성 보도, 과장보도 등이 판을 친다. 여기다 늘어난 방송프로그램에서는 빈소에 어떤 연예인이 어떤 차림으로 얼마나 통곡하는 모습을 보여주는지 생중계까지 해주는 식이다. 비가 오면 '하늘도 운다', '하늘도 슬퍼한다'는 식이다. (……) 사이비 언론보다 더 무서운 것이 멀쩡한 신문사, 방송사들이 '자살'을 미디어

상업주의의 소재로 악용하는 것이다." 그렇다. 인기연예인의 자살을 보도할 때 미디어의 획기적 개선이 있어야 한다. 진을 친 카메라들이 문상객들의 의상과 표정을 생중계하는 듯한 보도방식은 당장 철폐되어야 한다. 인기연예인이 자살하면 곧바로 그 삶 전체를 미화하고 미화하려는 아마추어 저널리즘 역시 더 이상 계속되어서는 안 된다. 언론인들부터 깊이 반성하고 성찰해야 한다.

2) "여기 들어가는 사람은 모두 희망을 버릴 것이다." 이 경구는 이탈리아 사상가 단테가 지옥의 입구를 묘사하면서 적었던 말이다. "사람은 희망 없이는 살 수 없다." 이는 러시아 사상가 도스토예프스키가 한 말이다. 가장 희망이 없는 자에게 필요한 것은 다름 아니라 희망이라는 점을 도스토예프스키는 「죽음의 집의 기록」에 담고 있다. "죽음의 집"에서 살아가는 자들, 가장 희망 없이 "갇힌 자들"이 살아갈 수 있는 근거에 대해 그는 이렇게 기록했다. "우리의 갇힌 신세는 큰 대궐 주변에 있다. 때때로 사람들은 담장의 틈을 통하여 자유로운 하느님의 세계를 건너다본다. (……) 문 저쪽에는 밝고 자유로운 세계가 있다. (……) 그러나 둘러싼 담 안에서 사람은 우화에 나오는 이야기의 나라 같은 저 세계에 관한 상상을 편다." 사람이 사람으로 살아갈 수 있게 하는 그 희망은 미래가 완전히 결정되어 있는 것은 아니라는 상상력에서 발원한다. 살아가는 희망의 의미를 살리려면, 현대인들은 이런 상상력을 죽이려는 모든 사고(예컨대, 마르크스레닌주의의 역사결정주의를 포함하는 모든 결정주의, 시스템이론 또는 그 변형 이론들)를 비판해야 할 실천적 책임이 있다.

그리고 사람들의 희망을 빼앗는 구체적 폭력들을 비판해야 하는 과제도 있다. 빈곤과 착취, 반민주적 인권탄압과 정치적 압제, 문화적 차이를 인정하지 않는 불관용의 문화, 생명과 환경을 경시하는 반생태주의적 개발성장주의, 군사적 패권주의 등이 사람들을 절망의 늪에 빠뜨리게 하고, 마침내 마지막 희망마저 잃게 하고, 저 문틈 사이에서 스며드는 빛의 향기마저 외면한 채 죽음의 세계로 들어가게 한다.

정치는 이 모든 것의 시작이다. 그러므로 정치의 희망은 희망의 정치이어야 한다.[211]

211) 인천인, www.incheonin.com, 2010년 7월 9일.

● 우리의 이 어린 아이들을 보라

우리는 한국전쟁 발발 60주년의 해를 유감스럽게도 평화가 아니라 전쟁의 공포 분위기가 흐르는 속에 보내고 있다. 군부권위주의시대가 저물고 난 이후 그 어느 때보다도 전쟁 분위기가 고조되고 있다. 남북관계는 다시 냉전이다. 소통의 길은 완전히 막히는 듯하고, 긴장은 고조되고 있는 것이다. "전쟁을 두려워하지 않지만 전쟁을 원하지 않는다"는 대통령의 담화에서 위험한 안보철학의 그늘을 느낀다. 전쟁에 임할 때 두려워해서는 안 될 것이 있기는 있다. 적장과 적들이다. 하지만 전쟁 그 자체는 두려워해야 한다. 한국전쟁의 경험은 전쟁이 한반도의 해결책이 아님을 실증하고 있지 않은가. "전쟁불사론"은 시대착오적 판단오류이다. 우리시대의 가치는 단연코 자유, 평등, 생태, 생명, 그리고 평화가 아닌가.

David, Jacques-Louis / The Sabine Women 〈사비니 여인들의 중재〉 / 1796-99
Oil on canvas / 12' 8" x 17' 3/4" / Musée du Louvre, Paris

쌍방이 서로 적대적으로 대립할 경우에는 중재할 사람이 필요하다. 평화의 중재자는 누구인가? 나는 이 물음 앞에서, 프랑스의 신고전주의 화가 다비드(Jacques-Louis David, 1744-1825)의 〈사비니 여인들의 중재〉(1796-99)를 다시 읽어본다. 그것은 전쟁과 평화에 대해 얘기하고 있기 때문이다.

그림의 배경에는 타르펠리 바위가 그려져 있다. 그것 역시 고대의 서사를 표현하는 것이다. 로마의 한 여성의 반역, 배신으로, 곧 캐피톨의 딸 타르페이아가 사비니인들이 차는 금팔찌를 자기에게 주면 성채에 들어갈 수 있도록 해주겠다고 제안한다. 사비니인들은 타르페이아의 반역으로, 성채에 들어갈 수 있었다. 그렇지만 사비니인들은, 이 성채에 들어서는 것에 성공하자마자, 타르페이아를 죽인다. 타르펠리는 이 타르페이아를 상징하는 것에서 연유한다. 이후 배신자들을 바위 위에서 아래로 떨어뜨려 던져 죽이는 관행이 지속되었다. 배신자를 처형하는 처형지가 된 것이다.

사비니의 여인들, "헤르실리아들"은 배신의 딜레마에 빠질 수 있다. 친정의 나라와 시집의 나라 사이에서 "헤르실리아들"은 배신자가 될 수 있다. 어느 나라의 배신자가 될 것인가, 이 문제를 넘어서는 길은, 오직 전쟁을 피하는 것 외에는 없다.

〈사비니 여인들의 중재〉가 소재로 삼고 있는 그 전쟁 당시에는 두 나라의 장군이 결투하는 것이 전투 관례의 하나였는데, 다비드의 이 작품은 이를 표현하고 있다. 로마라고 새겨진 방패를 들고 있는 로물루스와 방패의 안쪽이 보이는 자세를 취하고 있는 타티우스가 예리하게 겨누고 있는 찰나이다. 이미 이 두 원수 뒤에서는 수많은 군사들이 서로 전투를 벌린 상태를 예견하여 그린 것이다. — 이 예견은 과거의 경험이기도 하다. 로마의 로물루스는 인구 증가를 위해 로마의 군사들을 이끌고 사비니를 침략하고 그 여인들을 강탈했던 것이다; 〈중재〉의 이 장면은, 사비니 여인들의 강탈 이후, 3년이 지난 다음, 타티우스가 이끄는 사비니의 군사들이 반격하여 다시 전쟁이 일어난 상태를 그리고 있다. 전투모를 벗어들고 환영하는 일련의 군인들이 배후에 표현되어 있으며, 그 평화를 환영하는 무리들 가운데 칼날을 손으로 잡고 있는 도상도 있다. 그것은 적을 향하던 칼이 이제 철회되었음을 표현한다. 서로 다른 시간들이 중첩되고 있는 것이다.

로물루스와 타티우스는 서로 대등하게 그려져 있다. 힘에서 어느 한편이 월등하지 않다는 점에서 아마도 전쟁은 오래 지속될 것이며, 그 결과는 참혹할 것이다. 그런데 두 팔을 크게 벌리고 있는 헤르실리아의 시선과 얼굴은 로마의 로물루스를 향하고 있다. 로마의 로물루스에게 3년 전의 전쟁에서 로마의 군사들이 행했던 사비니 여인들에 대한 강간을 기억시키려는 포즈로 읽힌다. 그 포즈는 평화의 자세이면서도 과거의 강간에 대한 반성을 촉구하는 기억의 정치적 자세이기도 하다.

〈사비니 여인들의 중재〉는 헤르실리아가 로마의 로물루스의 남자들이나 사비니의 남성들보다 강하기 때문에 평화의 중재에 성공한 것은 아니었다. 헤르실리아가 두 팔을 벌리고 있는 것은 두 나라 사이의 전투와 전쟁을 직접적으로 막아서고 있는 것이라기보다는 그 두 팔 아래 있는 아이들을 보호하려는 자세이다. 헤르실리아 뒤편으로 또 하나의 헤르실리아가 이마 앞으로 두 팔을 위로 모으고 약간 입을 벌리고 앞으로 돌진해 나오려 하는데 그것은 두 팔을 힘껏 벌리고 그 아래 아이들을 보호하려는 자세 이전의 자세로 읽힌다. 헤르실리아 뒤쪽에 아이를 높이 들면서 "단상" 위로 절박하게 올라가고 있는 또 하나의 헤르실리아가 있다. 전쟁 그 자체를 부정하는 것이 아니라 헤르실리아가 두 아이의 어머니로서 자녀생명보호와 양육이라는 그 당시의 모성적 의무를 전제하고 있는 그림이다.

두 팔을 아래로 내린 자세에서 손을 펴고 아이를 보호하려 하는 가운데, 그 아이는 관객의 시선을 응시하고 있으며, 로마의 로물루스의 굳건한 두 다리 아래 바닥에 누워 자신의 손가락 하나를 빨고 있는 아이 역시 관객의 시선을 응시하고 있다. 천연한 표정의 아이, 두려움으로 앞을 응시하는 아이, 분노의 표정으로 응시하는 아이, 높이 쳐들어진 채 울고 있는 아이도 있다. 사비니의 여인들은 "우리의 이 어린 아이들을 보라" 하고 외치며 평화의 중재에 용기 있게 나섰던 것이다.

여인들의 중재는 성공했고, 평화가 있었다.

역으로 말해, 중재의 실패는 전쟁이며 그 결과는 죽음이다. 이 메시지를 다비드의 다른 작품 〈호라티우스의 맹세〉(1784년 실제로는 1785년에 완성)에서 읽을 수 있다.

이 그림에서 우리는 가부장제와 국가주의를 읽을 수 있다. 국가를 위해서 개인과 가족이 희생되어야 함을 당연하게 여기는데, 여기에서 희생되는 가족은 여성들이며 자녀들이다. 그림의 배경에는 수직성을 형성하는 것들, 고대 그리스의 건축물의 도리스 양식의 수직 기둥들이 있는데, 세 칼의 수직성과 조응한다. 3개의 문, 여성 3명, 남성 3명, 그

David, Jacques-Louis / The Oath of the Horatii 〈호라티우스의 맹세〉 / 1784
Oil on canvas / 130 x 167 1/4 in. (330 x 425cm) / Musée du Louvre, Paris

가운데 아버지 호라티우스가 있고 아버지 호라티우스는 여성들과 자녀들의 공간과 등지고 있다. 작품을 좀 더 면밀하게 읽어보자.

장면은 로마, 로마 공화정의 초기의 어느 날이다. 알바 왕국의 3형제와 결투하여 영토분쟁을 해결하는 방식이었다. 조국의 안보를 위한 맹세의 장면이다. 핵심적 장면은 아버지 호라티우스가 왼손으로 세 칼을 잡고 있는 것이다. 세 칼을 부여잡고 있는 아버지 호라티우스의 손에서는 아마도 곧 피가 흘러나올지 모르는 절박한 순간이다.

1) 아버지 호라티우스에게 호라티우스 3형제는 맹세를 한다. 그 맹세의 방식은 자신의 칼을 아버지에게 바치는 것이다. 죽음의 맹세. 여기에서 아버지 호라티우스는 국가이리라. 세 형제들의 시선과 아버지의 시선은 아버지가 바라보는 세 칼을 매개로 일치되어 있다.

2) 아버지 호라티우스는 왼손으로 세 칼을 잡고, 오른손으로는 하늘을 향해 펴고 있다. 그는 칼을 들지 않고 있으며, 전투모를 쓰고 있지도 않다. 아버지 호라티우스는 세 아들들의 생명 보다는 승리를 위한 칼의 맹세를 응시한다. 아버지는 아들들이 아니라 그들의 팔들을 응시하는 것이다. 그 팔들이 칼을 들 것이기 때문이다. 호라티우스와 그 3형제는 오른편의 여성들과 자녀들에 대해서 전혀 무관심하고 오직 맹세의 칼을 향하여 강하게 집중되어 있다. 전쟁에서의 승리가 최우선임을 표현한다.

3) 호라티우스 3형제 가운데 가장 무대 앞에 서있는 자가 장남일 것이다. 흰 옷을 입고 있는 여자는 알바 왕국의 딸 사비나. 호라티우스의 며느리. 호라티우스의 3형제 중 한 명과 결혼했다.

4) 붉은 의자에 앉아 있는 흰 터번을 쓰고 있는 여자가 카밀라. 카밀라는 알바 왕국의 3형제 가운데 한 명에게 시집을 갔다. 그러므로 자신의 시집, 남편과 결투를 하기 위해 이렇게 맹세를 하고 있는 비극적 국면에서, 카밀라는 아마도 마지막 "중재"를 하기 위해 친정으로 왔으리라. 이 붉은 천의 의자는 죽음의 자리임을 암시한다. 중재의 실패

는 전쟁과 죽음이다. 그것은 아버지 호라티우스와 호라티우스 형제들이 오직 칼만을 응시했기 때문이다. (카밀라는 자신의 사랑하는 남편을 죽인 큰 오빠를 저주했고, 호라티우스의 큰 오빠는 카밀라를 칼로 살해한다. 그리하여 호라티우스의 장남은 살인죄로 기소되었는데, 아버지 호라티우스가 변호하여 목숨을 건진다.)

한반도에 다시는 전쟁이 일어나서는 안 된다. 평화는 자유, 평등, 생태, 생명 등의 가치들을 지탱하는 기둥이다. 또한 인간은 맑은 공기 속에서 살아갈 수 있듯이 평화 속에서 인간답게 살아갈 수 있다. 맑은 공기를 잃고 난 뒤에 맑은 공기의 가치를 깨닫는다면, 어리석다 아니할 수 없다.

전쟁불사론자들이여, 우리의 이 어린 아이들과 여인들을 보라. 발상을 바꾸고, 평화를 외치는 우리의 여인들과 아이들을 응시하라.(얼마 전 여성단체 대표들이 평화를 외치는 사진이 한 일간신문에 실렸던 사실에 우리는 주목한다).[212)]

212) 인천인, www.incheonin.com, 2010년 6월 10일.

● 정의의 여신상이 말하고 있는 것

정의의 여신상 "디케"가 울고 있다는 한 칼럼을 읽고서 한국에서 정의의 여신상들은 어떻게 만들어졌는지를 살펴보았다. 몇 가지 대표적인 상들을 보았는데 의미론적으로 세련되었다고 판단할 수는 없었다. 여기에서는 대법원에 있는 정의의 여신상(1995년 제작)을 중심으로 얘기해보고자 한다.

법과 관련된 건물이나 장소에서 흔히 우리는 정의의 여신상을 볼 수 있다. 장소의 의미를 잘 살리는 좋은 상징조형작품을 제작하여 설치하는 것은 도시와 국가의 문화적 품격을 높인다. 그렇지만 잘못된 상징조형물들은 문화적 품위를 오히려 떨어뜨린다. 최고의 작품을 만들어 설치하고 잘 관리해 나가야 한다.

정의의 여신상에 단 하나의 정전이 있는 것은 아니지만, 그렇다고 아무렇게나 창작해도 되는 것은 아니다. 구체적 장소의 의미를 살리는 분명한 조형목적을 저버릴 수는 없기 때문이다.

박중흠 / 〈정의의 여신상〉 / 1995 / 대법원

첫째, 정의의 여신상이 두 눈을 모두 뜬 도상에 대해서 비판의 의문을 던지는 자들이 있다. 서구에서는 두 눈을 모두 눈가리개로 가린 형상의 정의의 여신상 사례들을 적지 않게 볼 수 있는데, 아마도 서구의 이 예를 정전으로 삼고 있는 판단일 듯하다. 하지만 서구에서도 두 눈을 모두 뜬 정의의 여신상 사례들을 적지 않게 볼 수 있다. 눈을 가린다는 것은 적어도 근대 이후 감각기관인 눈의 중요성에 주목하면서도 감각기관 눈이 얼마나 인지의 착오를 일으키는지를 알게 된 통찰을 반영하고 있다고 해석할 수는 있다.

그런데 눈을 가리는 것의 의미는 이렇게 긍정적인 의미만 있는 것은 아니었다. 재판하는 자의 잘못을 풍자하는 도상이 바로 정의의 여성상이 눈을 가린 채 있는 것이다. 1494년 브란트의 일종의 풍자 책인 『바보배』는 두 눈을 가리고 칼을 들고 있는 정의의 여성상을 눈 먼 재판자로 풍자하고 있는 것이다.

눈가리개를 한 Lady Justice.[213]

정의의 여성상이 한 쪽 눈을 가리고 있는 형상으로 등장하는 도상에 주목해야 한다. 서구에서 조형예술에 정전으로 받아들여졌던 체자레 리파(Cesare Ripa, 1560-1623년 경)의 『도상학』(Iconologia)(1593년 초판이 나온 후 삽화의 변화들이 있었다)에서 정의의 도상이 바로 이 사례인데, 이는 정의(법)의 적용에서 자신도 예외가 될 수 없다는 엄격함을 표현하고 있다. 곧 한쪽 눈을 가린 까닭은 자신의 법 위반에도 정의를 엄격

213) 〈뉴스한국〉, 2009년 12월 9일. (http://www.newshankuk.com/news/news_view.asp?articleno=s2009120913435457482)

하게 적용하여 자신의 눈 한쪽을 뽑은 결과를 나타내고 있다.

두 눈을 모두 눈가리개로 가린 도상 사례는, 리파의 이 도상을 잘못 본 결과인지는 알 수 없다.

둘째, 정의의 여신은 눈이 없어도 되는가. 그렇지 않다. 정의의 여신상은 천칭과 칼을 가지고 있는데, 칼은 판결이 내려진 내용을 엄격하고 단호하게 집행한다는 것을 의미하기 때문이다. 두 눈을 모두 감고서 칼을 휘두를 수는 없지 않은가. 정의의 여신상은 두 눈을 내려감고 있을지언정 눈먼 장님일 수는 없는 것이다.

칼을 오른손에 들고 있는 사례가 있는가 하면, 왼손으로 칼을 쥐고 있는 사례도 있다. 그 차이는 무엇인가. 전자는 이미 공평한, 즉 정의로운 판결을 내렸고 이제 곧 그것을 집행한다는 것이다. 물론 이 도상은 일종의 "지나간 미래"이다. 후자는 판단하는 과정을 의미한다. 이 맥락에서 우리는 오른손에 칼을 높이 든 도상과 칼을 아래로 향하게 들고 있는 도상의 차이 역시 읽을 수 있다.

셋째, 정의의 여신상이 서 있는 사례가 많은데 이 경우 대체로 오른손에 칼을 들고 있으며 왼손에 천칭이 있다. 그것은 정의로운 판결의 집행으로 해석된다.

디케는 고대 그리스에서 정의의 여신의 이름이다. 이 디케의 조형상을 보면, 이미 천칭을 들고 있는 것을 확인할 수 있는데, 천칭 도상은 고대 이집트의 마트(Ma'at) 도상에서 온 것으로 보인다. 마트는 태양의 신(Re)의 딸이며, 지혜의 신 토트(Thoth)의 부인이다. 〈사자(死者)의 서(書)〉(The Book of the Dead)에는 마트 여신이 죽은 자의 심장을 꺼내 저울에 다는 모습이 나타난다. 죽은 자는 아누비스의 인도를 받고 "심판의 방"으로 들어가게 되고, 마트는 천칭의 한쪽에는 죽은 자의 심장을, 다른 한쪽에 마트의 깃털을 각기 얹어 저울질을 한다. 균형이면 불멸을, 그렇지 않으면, 죽은 자의 심장은 아무트가 삼킨다. 그 영혼은 다시 태어나지 못하는 죽음을 맞게 된다.

법전이 칼을 대신하는 것은 정의의 여신상의 역사적 맥락에서 볼 때 맥락을 벗어나는 사례이다. 더구나 법전의 형상이 현대적 법전이 아니라 근대 이전의 고서의 형태라는 것은 맥락에서 크게 벗어난다.

그리고 또한 정의의 여신상에서 여성의 얼굴을 한국여성의 그것으로 하고 의상을 한국 고유의 전통적인 의복으로 처리한 것 역시, 충분히 이해할 수는 있으나, 좋은 선택은 아니었다. 이미 범지구화 현상이 일어나는 우리시대에서 그것은 국수주의적 편견을 낳을 수 있다. 한국의 고전적 전통을 살리려 했었다면, 그 전통에 걸맞은 도상 전통을 살려보는 길을 선택하는 편이 더 좋을 듯하다. 예컨대 해태의 도상학이 있다.

최근 한국사회는 한국의 판사들이 소신 있는 판결을 내리고 있다. 정연주 한국방송 사장 사건, 문화방송 피디수첩 사건, 한명숙 전 총리 사건 등에서 한국의 판사들이 내리는 무죄 판결들은 이들 판사들과 사법부가 정의를 지키려 하는 용기뿐만 아니라 적어도 이명박정부가 디케가 눈물을 흘려야 하는 상태로 민주주의를 후퇴시키고 있지는 않다는 것을 말해주고 있다. 눈물을 흘리는 디케를 시각적 언어로 표현하는 사례들은 유럽의 파시즘 시대에 파시즘 공포정치에 사법부마저 공조하는 국면에서 본격적으로 등장했던 것이다. 디케의 눈물은 파시즘적 공포정치의 피에 다름 아니다. 혹시라도 디케가 눈물을 흘리는 비극적 사태가 부활해서는 안 될 것이다. 그렇다면, 디케의 눈물을 망각하지 말아야 하며, 정의를 지키고 실천하려는 각계의 노력이 있어야 할 것이다.[214)]

214) 인천인, www.incheonin.com, 2010년 4월 23일.

● 법정스님의 유언, 절판 명령이 아니다

법정은 언행일치로 종교 수행자의 참모습을 보여주었고, 그런 만큼 그를 존경하는 이들이 적지 않다. 그가 남긴 말의 뜻을 잘 이해하여 세속적 삶을 살아가는 우리의 모습을 비추어 볼 필요가 있다. 그런데 그가 외쳤던 무소유란 무엇인가? 그 스스로 이에 대해 밝힌 바 있다.

> 무소유란 아무것도 갖지 않는 것이 아니라 불필요한 것을 갖지 않는다는 뜻이다. 우리가 선택한 맑은 가난은 부보다 훨씬 값지고 고귀한 것이다.

맑은 가난, 곧 청빈(淸貧)의 삶은, 스스로가 자발적으로 선택한 것일 때 그 참된 뜻이 살아난다. 이 자발적 청빈의 삶은 출가(出家)한 수행자의 의무이며 덕목이다.

참된 수행자의 길을 곧게 걸어갔던 법정의 유언이 지금 혼란스러운 관심을 모으고 있다.

> 내 것이라고 하는 것이 남아 있다면 모두 "사단법인 맑고향기롭게"에 주어 맑고 향기로운 사회를 구현하는 활동에 사용토록 하여 주시기 바랍니다. 그러나 그동안 풀어놓은 말빚을 다음 생으로 가져가지 않으려 하니, 부디 내 이름으로 출간된 모든 출판물을 더 이상 출간하지 말아주십시오.

이 유언을, 책의 저자인 법정이 절판을 명령한 것이라고 해석할 수 있는가? 지금까지 알려진 바에 의하면, 출간되어 있었던 책들을 더 찍는다는 계약을 한 상태에 있어서, 법적 문제도 있다고 한다.

그러므로, 의문이 일어난다. 정말 절판이 바른 길이었다면, 매사에 깐깐하며 깨끗하기 그지없는 그는 왜 정신이 총명하게 살아 있을 때 절판의 결단을 내리지 못한 것일까, 최소한 출판사와의 법적 분쟁이 일어날 여지를 깨끗하게 없애지 못한 것일까. 오랜 성찰의 끝에 내린 결론이며 그의 삶 전체와 잘 부합하는 결단이었을까. 생의 가장 마지막 순간에서야 이렇게 출판 계속이냐 절판이냐를 두고 번뇌를 거듭한 끝에 마침내 절판하는 것으로 결론을 내렸던 것일까. 아니면, 생명이 위독한 상태에서, 심신이 매우 허약해진 상태에서 표출된 말은 아닌가. 유언의 문장미학도 그의 정갈한 시적 표현과는 거리가 있다. "부디 내 이름으로 출간된 모든 출판물을 더 이상 출간하지 말아주십시오"라는 이 문장에 "출간"이라는 단어가 세 번이나 반복되고 있다. 불필요한 중첩이라 말할 수도 있겠다.

절판을 해야 하는 까닭은 무엇인가? 대개의 경우에는 출판사 측에서 시장성이 없다는 이유로 절판을 결정한다. 저자가 절판을 하는 경우는 출간된 책의 내용, 사상을 저자의 입장이 변하여 포기했거나 자신 밖의 폭력이 절판을 강제하는 경우가 있다. 법정의 경우는, 후자도 전자도 아닌 것 같다.

우리는 법정의 유언을 잘 읽어야 한다. (그 누구의 글이든, 타자의 글을 쉽게 읽으려 해서는 안 된다.)

첫째, 글이 일단 출간되면, 그것을 저자가 다시 지울 수는 없다. 인쇄된 세상의 모든 책들을 분서할 수는 없다. 더구나 발행부수가 많은 책의 경우에는 더 말할 나위도 없다. 이 냉엄한 사실은, 글을 쓰는 자에게 엄중한 교훈을 말하고 있다. 함부로 글을 출간해서는 안 된다는 것이다. 한번 인쇄된 책은 영구히 보존된다. 저자는 살아 있는 동안에 이전의 글에 대해서 반성하는 다른 또 다른 글을 쓸 수 있을 뿐이다. 이른바 자기비판의 길이 있을 뿐이다. 예컨대, 우리시대의 거장 사상가 위르겐 하버마스(1929-)가 그러했다. 그는 교수자격논문으로 제출했던 「공론의 구조변동」(1961년)의 한계들을 뒤늦게 깨닫고, 그것에 대한 자기비판으로 『사실성과 타당성』(1992년)을 집필하여 출간했던 것이다. 공론의 긍정적 측면들에 대해서 뒤늦게 통찰하게 된 것이다.

법정의 책들은 이미 오래전부터 베스트셀러였다. 많은 책들이 인쇄

되었고 유포되어 있다. 지금 절판된다고 해서, 그의 책을 읽는 것을 막을 수는 없다. 나아가, 설사 법원에서 금서로 판결하여 모든 도서관에 소장된 법정의 책들을 읽을 수 없도록 조처한다할지라도 숨어서 읽는 자들로 넘쳐날 것이 분명하다. 살아남은 책은 희귀본으로서 경매시장에서 고가로 팔려나갈 것이다. 금서의 역사가 이를 논증하고 있지 않은가. 법정 스스로도 자신의 책을 읽는 것 자체를 막을 방도는 없다. 이 사실을 그가 몰랐을 리가 없다.

둘째, 무소유를 주장하는 법정은 자신의 책을 자신의 소유로 생각했던 것일까? 그의 유언을 다시 읽어보자. "그동안 풀어놓은 말빚"이란 무엇을 뜻하는가. 그동안 말을 사용하여 가져온, 다시 말해, 책으로 만들어 판매하여, 빌려온 재산, 즉 빚이라는 뜻이 아닌가. 그것은 법정이 책을 출간하여 벌어들였던 소유적 행위 그 자체를 겨냥하고 있는 듯하다. 그는 소유형식을 경유하여 무소유를 실천했던 것임을 더욱 확고하게 깨달은 것이 아닐까 싶다. 법정이 자신의 책들이 자신의 소유라고 생각하고서 소유권자로서 절판을 요구하고 있는 것이라 해석해서는 안 된다.

셋째, 더구나 그의 책들 속에 담겨있는 사유와 사상이 자신의 소유라고 그 스스로 생각하지는 않았을 것이다. 무소유를 소통시키려는 매체인 책이 소유의 형식을 초월하고 있지 못하다는 냉엄한 현실 그 자체에 회의를 던지는 메시지인 듯하다. 그는 궁극적으로는 책은 무소유의 매체라고 주장하려 했던 것 같다. 그의 유언을 따르는 길은, 법정 이름의 모든 책으로 얻어지는 경제적 수익을 무소유의 원칙에 근거하여 집행하는 길에 다름 아니다. 절판은 법정이 남긴 유언의 뜻이 아니다.

마지막으로 이밖에도 생각해 볼 대목이 있다. 그것은 그의 유고, 미출간수고를 출간해야 하는가 하는 문제이다. 서두르지 않아야 한다. 저자가 탈고하지 않은 저술을 출간해야 할 때는 충분한 시간을 가지고 생전의 그의 사상 전체를 총체적으로 잘 파악한 다음에 그것에 어긋나지 않는 한에서 출간해야 할 것이다.[215)]

● 왜 김수환추기경인가

인간의 자기정체성은 죽음과 함께 일단 확인된다. 김추기경의 선종에 무려 40만명이 넘는 문상객들로 다시 명동성당은 빛을 발하고 있었다. 그 장대한 행렬은 이제 과거가 되는 한 인물을 마지막으로 기리는 예법이라기보다는, 바로 지금, 참지도자에 목말라 하는 사람들이 그렇게도 많고 장대하다는 구체적 표현으로 다가온다. 여기에 한국사회의 희망과 미래가 있다.

왜 김수환추기경인가. 첫째, 권위주의적 억압정치가 끝이 보이지 않을 것 같았던 깊은 암흑 속에서 지쳐가던 민주화 영혼들에게 김추기경과 명동성당은 최후의 촛불이며 보루였다. 그는 상처받은 몸과 영혼을 위로했으며, 반민주와 억압에 저항했으며 발언했다. 억압정권이 명동성당으로 들어가려 했을 때 "나를 먼저 밟고 가라"며 가장 앞에 나서기를 주저하지 않았다. 물론 그런 저항의 발언과 행동은 종교가 정치를 지배해야 한다는 것이 아니었다. 비정상적 정치가 국민들에게 불행을 가져오며 사회를 억압하기 때문에 권위주의적 레짐에 저항한 것이다. 추기경이라는 위치에서 발언해야 할 용기를 저버리지 않았고, 자신의 책임을 다하려 했다. 김추기경은 제2바티칸 공의회정신 밖으로 벗어나지 않았다.

둘째, 이 공의회정신 내에서 그는 불교, 유교 등 타 종교간 관용과 대화를 적극 실천했다. 그는 석탄일을 축하하는 메시지를 전했다. 2월 24일자 다산포럼[216]에서 송재소교수의 칼럼은 김추기경이 유교주의자인 심산 김창숙선생을 기리는 심산상을 수상하고 심산묘소에 절을 했다는 일화를 전하고 있다. 이 역시 각 국가의 예법과 문화를 존중한다는 제2공의회정신에 근거한, 용기 있는 행동이었다. 종교간 관용은 우리시대의 가장 중대한 실천덕목을 선취했다.

---

215) 인천인, www.incheonin.com, 2010년 3월 25일.

216) www.edasan.com

셋째, 그의 리더십은 시인 김지하가 지적하듯이 모든 사람들의 얘기를 먼저 듣고 그 다음에 자신의 견해를 겸손하게 제시했다는 데 있다. 독선을 비판하는 자들조차 독선적일 수 있는데 그는 그렇지 않았다. 그는 타자들의 말을 겸허하게 먼저 들었다.

넷째, 소외된 자들의 대변자였다. 추기경 지위는 권력의 눈으로 보면 막강한 권좌임이 분명하지만, 그는 그것이 권좌가 아니라 봉사하는 자리임을 말과 행동으로 보여주었다. 소외된 자들을 외부에서 관찰만 한 것이 아니라 현장에서 그들의 고된 손을 잡고, 말을 듣고, 위로했다. 그는 명동성당 재단에만 안주하지 않았다. 재단에서 정갈하게 말하는 것이 아니라 소외된 생활세계에 서서 정의롭지 못한 권력과 맞서는 투박한 발언들을 곧게 전했다. 촉각적 인간이었다. 개발독재에 대한 투쟁에서 비참여적이고 관조적인 관찰자의 깨끗한 손보다는 "더러운 손"(사르트르)을 그는 즐겨 맞잡았다. 재개발로 집을 잃게 된 자들을 찾아가 예수가 그랬던 것처럼 그들의 발을 씻어주었다. 여기에서 씻는 행위는 관조의 거리를 넘어서는 그들과 함께 몸과 몸이 대화하는 적극적인 동행적 실천이다.

그리고, 물러날 때와 물러나서 어떻게 생활해야 하는지를 아는 어른이었다. 적절한 때에 물러났으며, 물러난 다음, 조용하게, 선행을 실천했다.

한국현대사에서 김추기경은 구체적 발언과 행동으로써 리더십 범례를 실천했는데, 이제 그를 기억하는 형식과 내용을 결정해가야 하는 과제가 있다. 그것은 한국의 현재와 미래를 결정하는 것과 무관하지 않다. — 그곳에는 늘 그가 있었고 우리는 불행하지 않았다.[217]

217) 〈인하대학신문〉, 2009년 3월 9일.

● 노벨문학상논란과 시인 김지하

노벨상은 그랑프리의 하나다. 지난 10일(노벨의 사망일) 세계를 넓게 날아온 르 클레지오가 노벨문학상을 수상했다. 기념강연에서, 문화의 다양성을 존중할 것과 다양한 문화들 사이의 소통가능성을 주장해 왔던 그는 인류의 과제로서 문맹과 기아와의 투쟁에의 참여를 요청했다. 노벨문학상이 전 세계의 지평에 있고, 그 또한 세계 속에 있음을 함축한다.

왜 한국인들은 노벨문학상에 민감한가? 이 점은 왜 노벨상을 수상하는 한국 작가가 아직 없는가에 대한 논란에서 잘 나타난다.

1) 우선, 선정 기준에 대해 의문을 던지는 견해가 있다. 이는 곧바로 아예 한국이 이 상에 목말라할 까닭이 없다는 식의 언사와 연결되어 있다; 그들은 저쪽에 있고 나는 여기에 있다고 토로하는 한 시인의 말은 그런 예다. 정말 노벨상은 서양인들의 잔치에 불과한가? 노벨은 문학상과 관련하여 두 기준 곧 ① 이상주의적 경향이 가장 뛰어난 작품을 창작한 인물일 것과 ② 스톡홀름의 아카데미에 의해 수여되어야 한다는 점을 밝혀 놓았다. 제1회 수상 때부터 기준 ① 이 논란이 되었다. 노벨위원회가 작성한 추천된 146명 중 제1위는 에밀 졸라였으나 탈락되고, 프랑스 시인 셰리 프리덤이 수상자로 결정되었다. 졸라에게는 "이상주의적 경향"이 강하지 않다거나 노벨이 졸라를 좋아하지 않았다는 논거가 강하게 작용했으리라는 추측이 있다. 역대 수상자 목록에는 문학가가 아닌 이름들이 포함되어 있다. 예컨대 독일 사학자 몸젠(1902), 프랑스 철학자 베르그송(1927), 영국 정치가 처칠(1953). 노벨 재단 규약은 "literature"를 저작으로 이해했던 경향이 있었으나, 이제 저작상이 아니라 문학상으로 굳어져 버린 느낌이다. 그리고 생존하는 작가에게만 수여되는 전통이 있다.

역대 스웨덴인 수상자로 비스트(1951), 렐리 사크스(1966), 마르틴손과 욘손(1974) 등이 있다. 그리고 비유럽인 수상자도 적지 않다. 노벨문학상의 권위는 수상의 공정성을 크게 훼손하지 않았던 역사와 전통에서 발생한다. 그러므로 노벨문학상수상자가 없는 한국인들은 이솝우화의 신포도 우화에 빠져 있다는 비난을 받지 않도록 불만족 토로에 신중해야 한다.

2) 카와바다야스나리(1968), 오에겐자부로(1994)가 수상했다. 일본작가도 받는데 왜 한국문학은 받지 못하느냐는 식으로 "불평"하는 이들이 있다. 일본에게만은 질 수는 없다는 감정 그 이상은 아닌 것 같다. 한국문학이 일본문학과 같은 수준에 있다거나 혹은 그 이상인 까닭을 논증하지 않은 채 일본을 근거 없이 얕잡아보는 피상적 판단의 결과라는 인상을 주지 않도록 신중해야 한다.

3) 캠프적 발상이 있다. 올림픽금메달획득을 위해 캠프 제도를 운영하듯이, 그렇게 하자는 식이다. 로비강화주장이나 한국문학의 번역에 대한 국가적 지원을 강화하자는 주장도 그런 예다. 국가의 국제적 이미지를 향상시키기 위해서 정부에서 이런 전략을 취할 수는 있겠으나 문학의 본질이 그러한지 신중해야 한다.

4) 한국문학은 아직 노벨상 수상 정도에 이르지 않았다는 판단이 있다. 김우창교수의 주장(경향신문 10월 22일자)이 이런 유형의 하나다. "높은 산은 다른 높은 산들 사이에서 높다"는 비유를 사용하면서 김교수는 한국문학을 전체적으로 평가할 때 노벨상 수상할 수준에 이르지 못했음을 시사한다. 이 판단에서 작가가 사유할 때 그 준거가 민족공동체 속에 있어야 한다는 요청으로 읽어서는 안 될 것이다. 세계에서 사유할 수 있고 있어야 한다. 높은 산 비유는 전체로서의 한국문학에 대한 요청이자 한국문학 전반에 대한 비판일 수는 있다. 그러나, 시인 김지하와 같이, 높게 홀로 세계를 비상하는 문학의 독수리가 있다 —

이를 포착하고 추천하는 문학연구계의 신중한 과제가 있다.

노벨문학상을 향한 열망은 국내 문학상의 권위상실을 반영하는 것은 아닌지. 너무도 많은 문학상이 있으나 권위 있는 문학상은 없다. 후자는 전자의 귀결은 아닌지, 묻고 싶다. 친일성과 친독재성을 상징하는 서정주를 기리는 미당문학상을 숭상하는 반지성적 분위기마저 강하다. 노벨문학상을 받고자 묘수를 궁리하는 것보다 우선 노벨상을 권위 있는 상으로 운영해온 스웨덴의 지성을 배워야 할 것 같다.[218)]

218) 〈인천일보〉, 2008년 12월 16일.

● 교과서 논란과 해석의 자유

지배권력은 사상을 지배하려는 유혹을 받는다. 사상은 국가와 사회를 움직이는 중추이기 때문이다.

인간은 사회화과정을 통해서 사상적 존재가 된다. 러셀은 『사회개조원리』(1916년)에서 사상이 인간 정체성의 핵임을 설파한 바 있다:

> 사상은 지옥이라도 조사하고자 하며 결코 두려워하지 않는다. 그것은 인간이 깊이를 헤아릴 수 없는 침묵에 둘러싸인 미약한 존재일지 모르지만, 마치 전 우주의 주인인 양 의연하게 당당하게 처신한다. 사상은 위대하고 신속하며 자유롭고, 세계의 빛이며, 인간의 가장 중요한 영광이다.

권력이 억압적일수록 그 어떠한 것보다도 사상을 더 두려워한다. 억압적일수록 사상은 그 억압을 파괴하고 전복하며 혁명적이 되려 하기 때문이다. 그리하여 사상은 빛난다. 이 과정에서 사상은 자유 그 자체다. 자유의 시작이자 목표인 사상은 특권과 기존의 무사안일적인 억압적 관행과 제도에 의문을 던지며 저항한다. 사상은 말 잘 듣는 개가 아니며, 권위에 도전하며 저항적이다. 근현대사 교과서 수정지시 논란은 사상문제로 귀결된다.

언론에서 밝혀진 내용 가운데 몇 가지를 보자. ① 정부(국가)가 정해놓은 교과서 집필 지침이 미리 정해져 있었다는 점, ② 국정교과서제도에서 검인정교과서제도로 변경된 상태에서 공식 검인정과정을 통과했다는 점, ③ 정권이 교체되자, 이 검인정교과서에 대해 수정을 정부(국가)기관이 요청하고 나섰다는 점, ④ 이른바 뉴라이트에서 문제의 그 교과서가 "좌편향", "반미", "자학사관"이라고 주장하고 있다는 점 등등이다.

나의 의문은 본질적이다.

1) 교과서 집필지침을 미리 결정할 수는 없다. 더구나 정부(국가)기관이 용어 등을 미리 결정해 놓은 상태에서 교과서집필이 시작되어서는 안 된다. 교육은 그 본질상 사상함양으로서 인간의 자유에 속하며, 학계의 학문적 판단이 존중되어야 한다.

2) 현행 검인정교과서제도는 국정교과서제도보다 자유의 신장에서 보다 진보한 것인데, 이 수정요청은 실질적으로 국정교과서제도로 복귀하려는 시도와 다르지 않다. 오히려 검인정교과서제도에서도 정부개입을 축소시켜가야 한다. 교과서 내용에 대해 수정을 명령할 수 있다는 현 법조항을 수정해야 한다.

3) 검인정교과서는 하나가 아니며, 검인정을 받은 교과서내용에 대해서는 정부기관이 정권교체를 논거로 하여 수정요청을 할 수는 없다.

4) 교과서의 저자가 그 의미를 미리 결정할 수는 없다. 더 짚고 싶은 주제는 이 마지막 논거다. 이는 논쟁에서 망각하고 있지만 가장 중요한 쟁점이다. 요컨대, 독자들, 교사와 학생의 해석과 판단 그 자체를 무시하고 있다는 것이다.

교과서의 내용을 비판하는 사상의 자유, 비판적 읽기를 통한 창의력과 상상력의 개진을 차단하겠다는 것인가. 학습은 의문제기, 아젠다 설정 그 자체가 본질이 아닌가. 교과서 집필자의 의도가 텍스트의 의미를 모두 결정한다는 이 관점은 매우 낡은 것이다.

대사상가 가다머의 해석학 이래로 언어의 의미는 일의적으로 고착되어 있지 않음을 학계에서는 인정하고 있다. 프랑스 철학자 데리다와 미국의 문예학자 드만의 해체주의 주장, 곧 언어(텍스트)의 의미는 결정될 수 없다는 주장을 완전히 무시한다고 할지라도, 저자가 언어의 의미를 배타적으로 미리 결정할 수 없음은 분명하다. 가다머의 해석학

이전에도 말과 텍스트는 역사적으로 재해석되어 왔던 것이다.

논란의 교과서 표현들 중 한 예를 들어보자: “연합국이 승리한 결과로 광복이 이루어진 것은 우리민족 스스로 원하는 방향으로 새로운 국가를 건설하는 데 장애가 되었다. 일장기가 걸려 있던 그 자리에 펄럭이는 것은 이제 성조기였다.” 이 표현을 “미국을 구제국주의의 국가와 등치해도 좋은지 의문. 이념적으로 편향된 반미적 서술”이라고 읽고 (해석하고) 수정을 요구한다.

이 해석이 설사 잘못된 것이 아니라 할지라도, 다른 해석들은 열려 있다. 수업에서 독자들, 곧 교사들과 학생들은 다양한 읽기, 다르게 읽기를 통해서 토론과 논쟁에 참여하고 상상력과 창의력을 배양할 수 있는 길을 차단하려는 그 검은 전략이 위험하다. 인격과 민주주의에.[219]

219) 〈인하대학신문〉, 2008년 11월 2일.

● 노인들의 사랑과 정치

10월 2일 노인의 날, 김수현 드라마 〈엄마가 뿔났다〉가 끝났다.

젊은이들의 사랑과 갈등뿐만 아니라 노인들의 사랑도 담은 드라마였다. 노인이 화장품가게 여자와 사랑에 빠져드는 과정이 전개됐는데 시청자들, 특히 젊은이들의 반응이 궁금했다. 노인들에게도 사랑의 혁신이 있다면 정치의 혁신도 기대할 수 있지 않을까.

노인의 멈추었던 심장을 다시 뛰게 한 그것은 무엇이었을까. 혹시 고대 그리스의 헬레네와 같은 최상의 미같은 것일까. 그 미는 트로이 원로들의 모임에서조차 인정됐을 정도였다.

> 트로이인들과 훌륭한 정강이받이를 댄 아카이아인들이
> 저런 여인 때문에 오랫동안 고생하는 것은
> 나무랄 일이 아니오. 그 용모가 실로 불사의 여신들을 닮았구려.

헬레네가 몰고 온 파란을 두고 18세기 독일 문학자 레싱은 "가장 위엄 있는 노인들이라면 사랑의 열정은 오직 순간적인 불꽃이고, 가장 지혜 깊은 노인이라면 곧바로 그 불꽃마저 꺼버릴 것"이라 해석했다. 물론 호메로스에서 노인들은 헬레네의 미가 위엄을 넘어서게 하는 최상의 것임을 잘 알고 있다.

그들이 이렇게 위엄을 유지하려는 말은 이러하다.

> 하지만 제아무리 아름답다할지라도 헬레네가 배를 타고 고향으로 돌아가 장차 우리 아들들에게 재앙을 남기지 않게 하시오.

헬레네, 그 미는 그리스 예술세계의 이상이다. 그리스의 예술세계를 표현하는 가장 압축적인 언어가 헬레네다. 단지 시대의 도덕성이 열정을 억누르고, 그것을 노인다운 위엄으로 장식하고 있을 따름이다.

고대 그리스 세계에서는 “노인들의 사랑은 부도덕하다”는 격언이자 명령이 있었다. 그런데 호메로스는 노인들이 헬레네를 보는 장면을 특이하게 그렸다:

> 헬레네는 흰 너울을 두르고 여러 노인들 한 가운데로 나타난다. 이들 노인들 속에는 프리아모스도 있는데, 그가 프리아모스임은 자신의 왕적 위엄의 표시들로 식별될 수 있다. 예술가가 특별히 주목해야 할 것은 정열이 차갑게 식은 이들 노인들의 얼굴들에 나타난 욕정에 가득 찬 응시와 놀라운 경탄의 모든 표정들을 통해 우리에게 미의 승리를 감지하게 하는 것이다.

고대 세계에서는 노인이 사랑의 욕정에 불타는 응시를 던지고 있다면 가장 위엄 있는 얼굴이라 할지라도 우습게 만들고 말며, 젊은이들과 같은 사랑을 드러낸다면 혐오의 대상이 된다.

그런데 호메로스는 무엇을 말하고 있는가. 헬레네의 미는 원로들의 위엄을 넘어선다는 점, 노인들에게도 젊은이들과 다를 바 없는 사랑의 열정이 있다는 그것 아닌가. 헬레네의 미에 대한 예찬만은 아니었다. 노인의 사랑을 부도덕하다고 비난하는 사랑의 관례에 대한 도전. 노인[원로]들은 정신에서는 젊은이였다. 원로원의 권위는 이러했다.

신라 향가 “헌화가”에서 노인은 절벽의 꽃, 철죽꽃을 따서 바치려 한다. 여기에서도 노인의 사랑은 부도덕하다는 것을 말하려는 것은 아니다. 최상의 미, 수로부인을 표현하는 의미론구조 뿐만 아니라 젊은이와 다를 바 없이 목숨을 거는 노인의 용기와 그 위대한 미를 표현할 때, 절벽의 꽃을 따는 숭고한 표현을 사용한다. 신라 미학은 고대 그리스의 헬레네의 미학과 연결돼 있으면서도 그것을 넘어서는 것이다.

노인들도 젊은 사랑을 하듯이 정치에서도 진취적일 수는 없을까. 프롬은 오직 소비에만 관심을 두는 현대사회의 슈퍼소비자 노인들을 비판하면서 새로운 노인상을 그린 바 있다:

> 사실 노인은 위대한 도전이며 기회다. 어쩌면 노년은 그가 생계를 꾸려 나가야 할 의무로부터, 실직당하지 않을까 하는 두려움으로부터 자유로울 뿐 아니라 또 승진하기 위해 상급자에게 아첨할 필요도 없다. 그러므로 이제껏 지내왔던 그 어떤 시기보다도 가장 훌륭한 시기가 될 수 있다. 노인은 진정 자유로운, 마치 꿈속에서처럼 자유로우며, 우리가 생각할 수 있는 것보다 훨씬 창조적인 인간이다.

드라마에서 화장품가게 여인이 또 다른 헬레네나 수로부인인지는 알 수 없지만, 노인들도 혁신과 창조의 광장에 참여하는 젊은 정치인이 될 수 있을 것인가. 아, 원로들![220]

220) 〈인하대학신문〉, 2008년 10월 5일.

● 관용론 강좌를 열자

종교편향 정국에 주목해야 한다.

우선, 문제의 심각성을 깨달아야 한다. 세계사가 그 살육의 역사를 전하고 있지 않은가. 그 잔혹사는 관용하지 않는 근본주의가 몰고 온 전쟁사였다. 이슬람교, 기독교, 유대교 등에서 나타난 근본주의는 자신의 진리주장을 절대적으로 실행하려 한다. 근본주의는 자신의 진리주장을 정치적 강제력을 수단으로 하여 관철하려고 하는 한에서, 절대적이었다. 이렇게 자신을 절대적으로 주장한다면, 그 종교는 배타적이다. 신앙을 달리하거나 삶의 양식을 달리하는 다양한 사람들이 함께 있는 현대사회에서 근본주의를 고집하여 자신의 종교나 세계관만을 정당화하려 하면, 동등한 권리를 서로 인정하는 관용의 철학과 삶이 들어설 수는 없다. 배제의 불관용은 폭력을 불러들이는 문이다.

영국의 정치철학자 존 로크가 관용이야말로 참된 교회임을 식별하는 가장 분명한 기준이라고 주장했을 때, 세속 통치자[국가]가 힘[정치권력]을 이용하여 다른 교회를 핍박하는 것이 아니라 교회가 세속 통치자의 힘을 이용하여 다른 교회를 핍박하는 것에 주목했던 것이다. 작금의 종교편향정국은 로크의 문제의식을 넘어선다. 근본주의적 개신교가 정치화되면서 다른 종교들을 핍박하는 사태가 벌어지고 있으면서도, 정부가 특정 종파세력의 지지를 얻어 정권의 정당성을 확보하려는 듯 했고 이 과정에서 다른 종교들이 핍박받는다고 항의하는 사태가 일어났다.

로크는 "관용에 관한 편지"에서 영혼의 구원에 통치자가 관여해서는 안 된다고 주장했다. 그 논거는 다음과 같다. ① 영혼의 신탁 불가능성 명제: 영혼을 구원할 권한을 통치자에게 맡기지 않았다. 영혼의 구원은 신탁, 즉 믿고 맡길 수 있는 성질의 것이 아니라는 것이다. ② 내적 확신의 강제 불가능성 명제: 구원은 강제될 수 있는 성질의 것이 아니고 영혼의 내적 확신에 기초한다. ③ 구원의 방법에 관한 견해의

다양성 명제: 영혼의 구원이 통치자의 소관사항이 아님은, 구원의 길은 하나일진데 세속적 세계에서는 수많은 통치자가 존재한다는 사실 그 자체가 이미 논증한다.

요점은, 정치가는 공적 지위를 통해 사적 종교적 행위를 해서는 안 된다는 것이다. 물론 관용론이 무조건 관용하자는 것은 아니다. 관용할 수 없는 것들도 있다. 로크는 불관용해야 하는 범례를 열거한다. ① 사회를 해체하는 반사회적 교리 ② 국가를 전복하려는 의도를 숨기고 있는 교리 ③ 타 종교[타 종파]에 대해서 자신의 종교[종파]가 시민적 특권을 지니고 있다고 주장하는 교리 ④ 어느 교회사회에 가입하는 것 자체가 정치권력의 보호 아래, 즉 정치사회 속에 들어가는 것을 의미하고, 그리하여 그 정치권력자에게 정치적으로 충성해야 한다는 그런 교리 (국가와 교회의 구분을 파괴하는 교리) ⑤ 무신론자. 로크의 불관용범례에서 포함되어 있었던 무신론자에 대한 불관용 주장이 비판되는 데는 로크 이후 더 긴 역사가 필요했다.

루소는 『사회계약론』에서 세계관의 관용을 주장한다:

> 배타적인 민족종교가 존재하지 않고 또 이제 존재할 수 없는 지금에 와서는, 사람은 그 교리가 시민의 의무와 반대되는 것을 아무 것도 포함하지 않는 한 다른 종교에 관용스러운 모든 종교에 대해서 관용스러워야 한다.

루소는 그의 서간소설 『신엘로이즈』에서 종교적 관용에 관해 더 구체적으로 피력한다:

> 참된 신앙자라면 불관용이나 박해자일 수도 있는 사람은 하나도 없다는 것이다. 만일 내가 관리이고 또 무신론자를 사형에 처하는 법이 있다면, 나는 먼저 남을 무신론자라고 일러오는 자를 누구든지 무신론자로서 화영에 처하는 일부터 시작할 것이다.

적어도 종교 밖에서 인생을 영위하는 무신론자들도 함께 있는 오늘날에는, 관용론은 종교를 넘어서 세계관을 얘기해야 한다. 종교관용론을 넘어서고 다원적 세계관을 관용해야 하는 시대에 한국사회는 종교분쟁을 심려해야 되는 암울한 시국이다. 각 교육과정에 세계관적 관용내용을 적극 포함시키는 방안은 그 구체적 실천이다. 관용덕목을 배우고 실천하자.[221]

221) 〈인하대학신문〉, 2008년 9월 28일.

● 세계관적 관용 미덕을 실천하자

인천일보(2007년 11월 9일자) 칼럼에서 필자는 종교의 정치화 징후를 예감하고 종교와 정치의 철저한 분리를 요청한 바 있다. 그 이후, 이명박정부가 출범했는데, 종교의 정치화는 완화는커녕 심화되기만 했다. 책임이 크다. 불교계는 이대통령과 정부의 개신교편향에 대해서 집합적 항의를 표현하는 사태에 이르렀다.

1) 사태는 심각하다. 심각성을 깨닫지 못하는 것이 심각한 사태의 본질이다. 적지 않은 칼럼과 사설이 이어지고 있는데도, 이렇게 심각성을 말하는 까닭은 무엇인가. 정부의 종교편향 문제를 넘어, 또 갈등과 분쟁을 넘어, 종교전쟁으로 치닫고, 마침내 남북분단보다 더 깊고 넓은 분단으로 전개될 잠재력을 심려하기 때문이다. 온 국민이 지혜를 모아야 할 때다.

2) 이 종교편향정국에 직면하여, 한국사회는 "민주화 이후의 민주주의"를 말하는 수준에 이르렀는지, 의심하지 않을 수 없다. 경제적 압축성장과 정치발전에 비약적인 성과가 있었지만, 오늘의 한국사회는 실질적으로는 민주화 과정에 있음이 분명하다. 종교와 정치의 분리는 서구 민주화 과정에서 출발점, 전제조건이었다. 현 종교편향성정국은 한국이 국가주도형 압축성장 모델을 통해서 민주적 "정상국가"에 도달한 것이 아님을 말해준다; 한국사회는 루소 시대 이전 상태에 있는 듯하다. 무신론자를 불관용했던 로크의 제한된 관용론을 넘어서고 종교와 정치의 철저한 분리를 요청한 루소는 『사회계약론』에서 이렇게 말한다: "주권자는 피안 세계에 대해서 아무런 권한도 갖고 있지 않기 때문에 백성이 이 세상에서 좋은 시민이라면, 내세에서야 어떤 운명을 타고나든 주권자가 알 일이 아니다." 루소는 종교의 사멸을 결코 주장하지는 않는다. 오히려 이른바 시민종교("사회성의 정감")가 국가에 필

요함을 역설한다. 그 시민종교는 세속적 삶만을 믿지 않는 일종의 시민적 세계관이다.

3) 모든 종류의 근본주의적 종교관과 세계관을 넘어서야 한다. 한국 개신교의 90% 이상이 미국 근본주의 신학에 의해 강하게 주조되어 있다고 한다. 길희성교수에 의하면, 미국 개신교 근본주의신학은 "성서를 통째로 진리로 받아들여야 함"을 주장한다. 불완전한 인간이 기록하고 편집한 책임을 인정해야 한다. 핵심은 성서를 책으로서 읽는 방식이다. 몽테스키외는 "페르시아인의 편지"에서 성서주석문제에 주목한 바 있다. "이 저자들[성서주석자들]은 성서 속에서 믿어야만 할 것을 찾지 않고, [자신이] 믿고 있는 것을 찾아냈단 말이지요. 그들은 성서를 받아들이지 않으면 안되는 교리가 들어있는 서적이라고 생각하지 않고, 자기 자신들의 사상을 권위 있게 해주는 책이라고 간주하고 있는 것이오. 그러니까 그 의미를 개악(改惡)하고 구절마다 왜곡하고 만 것이지요."

4) 종교는 죽음에 대한 인간의 반응이며 궁극적으로는 죽음 이후의 삶을 믿는 데 그 본질이 있다. 세속적 세계의 국가적 삶은 궁극적으로 육신의 생명을 살해할 수 있는 공권력의 독점에 있는데, 종교적 삶은 국가적 삶이 기초하고 있는 육신의 생명을 궁극적 삶으로 간주하지 않는다. 신앙을 지키기 위해서 종교인들은 죽음을 기꺼이 스스로 받아들여 순교할 수 있다. 국가는 육체를 강제할 수는 있으나, 영혼은 결코 통제할 수 없다. 곧, 종교적 관용을 종교 밖에서 국가와 사회의 목적에 준거하여 실정법으로 제정하려는 시도는 궁극적으로 온전할 수 없다. 종교적 삶이 본래적일수록 세속적 생활은 부차적이기 때문이다. 그러므로 종교와 정치의 철저한 분리 속에서, 각 종교들에서 타자들을 관용하는 교리가 정초될 수 있어야 하며, 되어야 한다.

서양문명의 화려한 발전은 지중해문화의 특성, 곧 다양한 이질적인 문화들의 공존에 있었다. 그런데 오늘날 한국은 바로 지중해문화를 능가하는 다양성의 풍요가 있다. 이 풍요의 자원들이 발전으로, 아니면 파국으로 나아가게 하는지는 오직 한국인들의 지혜와 실천에 달려 있다. 인천의 한 성당이 석탄일에 성당 안에 연등을 켰던 날을 관용의 날로 기억하고 관용을 실천하자.[222)]

---

222) 〈인천일보〉, 2008년 9월 23일.

● 스포츠국가주의를 경계해야

베이징 올림픽은 끝났지만, 열광이 넘쳐났던 그 올림픽 기간 동안 정치적 사건들이 진행되었고 일어났다. 한국방송문제, 그루지아문제 등 국내외적으로 중대한 사건들이 진행되었지만, 한국선수가 금메달을 따는 올림픽 경기에 몰두하는 사이, 관심과 주목 저편으로 밀려나갔다. 스포츠 활성화는 권위주의정부가 추구했던 이른바 3S 전략의 하나였다. 스크린(Screen), 섹스(Sex)와 더불어 스포츠는 국민에게 정치적 무관심을 유도하는 국가장치였다.

장예모 영화감독은 베이징올림픽 개-폐막식을 총감독했다. 장감독은 위대한 중국을 얘기한 영화 "영웅"을 연출하듯이 개-폐막식을 연출했다. 베이징 올림픽 주경기장 현장에 있는 자들이 아니라 그것을 영상으로 보게 될 전세계의 관객들에게 한 편의 거대한 대중영화를 만든 것이다. 그런데 그 영화의 내용은 1920년대 이래로 스펙타클로 점차 발전해온 소비에트 영화의 그것과 크게 다르지 않았다. 어린 소녀의 노래는 립싱크였음이 폭로되었지만, 이것은 일종의 영화적 기만의 한 예에 불과하다. 러시아 철학자 발레리 포도로가의 말처럼, "어떠한 현실도 영화에서 나타난 대중의 응집력에 맞설 수 없다." 그 군중에 대한 에이젠슈타인의 영화이미지들은 몽타주처럼 합성된 것이다. 충격에 압도당한 얼굴을 클로즈업시키는 것은 인간의 표정을 "표현성의 극치"에 까지 이르게 한다. 그 극치 속에서 중국민족주의의 이미지가 강하게 흐르고 있었다.

1896년에 시작된 모던(modern)올림픽은 신고전주의 이데올로기의 일부였다. 그것은 고대그리스인의 자연적 운동력으로 회귀하는 경향으로 일단 등장한다. 그렇지만 이 "자연"의 예찬은 인위적이었다. 이 감추어진 진실을 발터 벤야민은 1936년 논문 「기술복제 시대의 예술작품」 메모에서 비판했다. 벤야민은 기계화된 생산에서 노동자 생산성을 측정할 기준을 설정하기 위해 노동자의 육체적 행위를 정밀하게 분석할 초시계를 사용하는 테일러주의의 산업과학과 올림픽을 비교했다. 모던 올림픽은 고대성의 부활을 선전했지만, 그 실체는 완전히 모던한 기획임이 밝혀진 것이다. 1936년 베를린 올림픽은 또 하나의 전환점이었다. 선수들은 시계를 상대로 달렸다. 선수들의 경기는 "초와 센티미터"로 측정되었다. "경기 기록을 세우는 것은 이러한 측정이다. 고대의 경기형식은 사라졌다." 그것은 벤야민의 말대로 경쟁형식이라기 보다 시험형식이었다: "이 모던한 형식의 시험에서 가장 전형적인 것은 인간을 기계장치를 가지고 측정하는 것이다." 이 시험형식은 자체로 전시될 수 없었지만, 올림픽은 이러한 시험에 일종의 재현 형식을 제공한다. 이런 한에서, 올림픽은 인간과 인간의 놀이가 아니라 그 반대, 반인간적이다.

스포츠는 노동과 달리 목적이 없지만 나태와 같지 않다. 그것은 신체의 비운동, 휴식이 아니라 운동이기 때문이다. 그런데 올림픽은 스포츠의 무목적성과 위배되는 경향을 가지면서 국가의 힘을 과시하는 목적을 가지게 된다. 스포츠의 본래성인 무목적성과 다르게 스포츠는 오늘날 국가간 전쟁을 대신하는 또 다른 전쟁처럼 국가는 선전한다. 전쟁의 목적은 승리다. 승리한 장군들에게 훈장을 수여하며 화려한 의례를 거행한다. 국가주의를 부정하면서도 스포츠에서는 오히려 국가주의를 예찬하는 이 모순에 주목해야 한다.[223)]

223) 〈인하대학신문〉, 2008년 9월 8일.

● 음식의 문화정치학

정치는 판단의 기예다. 판단은 분류화와 함께 시작한다.

인도에는 비살생을 급진화하는 한 종교가 있다. 벌레조차 살생하지 않는다. 음식에 들어 있을 작은 벌레들을 가려내느라 그들은 진지하기만 하다. 거리를 걸을 때조차 살생을 피하기 위해 각고의 노력을 하며 조심한다. 비가 내린 그 얕은 웅덩이에 찾아든 작은 벌레들을 밟지 않기 위해 그들은 나무판자 다리를 놓아주면 그제서야 그 다리를 건너간다. 이 종교의 이 전통은 물론 매우 오래되었다. 이 종교의 타부가 생겨났을 때 오늘날과 같은 현미경이 있었다면 그들은 어떻게 생활했을까. 모든 음식들 속에 살아 움직이는 수많은 미생명체들을 보았다면? 비살생의 문화와 철학 그 자체를 비난하려는 것이 결코 아니다. 오직 생명과 비생명을 구별, 분류하는 판단의 범주에 대해서 짚고 싶을 뿐이다.

뜨거운 날이면 논란이 되는 개고기문제, 무엇이 문제인가. 이 문제는 사유와 행동의 범주화 문제, 곧 판단문제의 전형이고, 성찰의 범례가 된다.

신정(神政)시대에 신성한 것은 온전하고 순수한 것이라 믿었던 것이다. 온전성과 순수성은 확정적 질서 속에 있다. 확정적 질서는 확정적 분류화의 결과이고, 이것은 정상과 비정상을 확고하게 확정적으로 판단했던 닫힌 총체성의 귀결이다. 신정시대에 땅과 하늘, 바다로 세계를 확정적으로 분류했고 이 세 질서에 확고하게 맞는다고 믿었던 동물이 배치되었다. 하늘에는 두 다리를 가진 새들이 날개로 날아야 하며, 바다에는 비늘 있는 고기들이 지느러미로 헤엄쳐야 하고, 땅 위에는 네 다리 짐승들이 뛰거나 점프하거나 걸어 다녀야 했다. 물론 사실상의 세계에서는 이 확정적 질서 밖에 있는 생명들이 있었고, 지금도 있다. 예컨대 뱀, 박쥐 등등은 이 확정적 질서 속에 있지 않고, 확정적 분류를 뒤흔드는 위험한 것이며, 공포를 유발한다.

누어족에게 기형아의 탄생은 우발적으로 인간에게서 태어난 물소새끼로 분류하여 물소의 본래적 서식처인 강에 누였다. 기형아는 인간과 동물의 분류 범주를 뒤흔드는 사례였다. 아프리카 서부의 한 종족의 경우, 쌍둥이의 탄생은 그 중 한명을 죽였다. 한 자궁에서 두 인간이 동시에 태어날 수 없다는 확고한 질서의 믿음 때문이다.

음식의 율례도 "원시적 분류화"(모스)에서 발원한다. 『성서』 "레위기 11"은 먹을 수 있는 동물을 범례화하고 있다. "3. 굽이 두 쪽으로 갈라지고 새김질하는 짐승은 먹을 수 있다. 4. 새김질하는 짐승이나 굽이 갈라진 짐승이라도 다음과 같은 것은 먹지 못한다. 낙타는 새김질을 하지만 굽이 갈라지지 않았으므로 부정한 것이다. 5. 오소리도 새김질은 하지만 굽이 갈라지지 않았으므로 너희에게 부정한 것이다. 6. 토끼도 새김질은 하지만 굽이 갈라지지 않았으므로 너희에게 부정한 것이다. 7. 돼지는 굽은 두 쪽으로 갈라졌지만 새김질을 하지 않으므로 너희에게 부정한 것이다. 8. 이런 동물의 고기는 먹지 못할 뿐 아니라 그 주검에 닿아도 안 된다. 이것들은 너희에게 부정한 것들이다." 여기에서 구약성경 저자들의 관찰오류를 지적하려는 것은 아니다. 금기의 음식 역시 분류화의 귀결 사례임을 강조할 뿐이다. 그 분류화는 물론 자의적이었다기보다는 문화양식과의 관련이 깊다. 그리고 신정시대에서는 금기의 음식이었던 동물을 급진계몽의 시대인 오늘날에는 음식으로 먹는 사례는 급진적으로 늘어났다.

온돌방은 한국의 핵심전통의 하나다. 방의 안과 밖은 완전히 구별된다. 가축은 이 온돌방의 구별 범주와 함께 가축은 방안의 가축과 방밖의 가축으로 구별된다. 신발을 벗고 방바닥에 몸이 닿는 방안의 가축은 먹을 수 없으며, 방밖의 가축은 먹을 수 있다. 방밖의 가축인 소, 돼지, 닭, 오리, 개 등은 먹을 수 있고, 방안의 애완용동물인 고양이는 본질적으로 식용이 아니며 약으로는 먹을 수 있다. 신발을 신고 방안으로 들어가는 미국인들에게 방안에 들어오는 개는 방안의 동물이다.

형식적으로 보면, 개의 위치가 방의 안인가 밖인가, 이것이 문제다.

그렇지만 철저하게는, 나의 사유에 작용하는 분류화에 대한, 타자들을 배제하는 반주체적, 반성찰적 사유가 문제다.

그리고 이런 반성찰적 사유는 도처에서 다시 일어나고 있는 듯하다.[224)]

224) 〈인천일보〉, 2008년 3월 31일.

● 사형제, 정치와 종교

김대중정부에 이어 노무현정부 역시 사형집행을 결정하지 않고 있다. 이 비결정에 대해서 결단을 촉구한다. 필자는 사형제유지를 주장한다. 그 이유는 다음과 같다.

1) 사형제폐지론 논거의 하나는 오판의 가능성이다. 진리를 궁극적으로 확정할 수 없다는 철학적 판단은 오늘날 칼 포퍼의 철학을 말하지 않아도 넓은 공감대를 얻고 있다. 그렇지만 이것이 곧바로 진리는 발견될 수 없다는 급진적 회의주의를 정당화하는 것은 아니다. 현실적으로 오판의 가능성을 없앨 수 있는 제도적 길은 있다. 피의자가 범행을 인정하고 있다면 오직 강압에 의한 인정 여부가 쟁점이 된다. 문제는 범행 자체를 인정하고 있지 않을 경우다. 철저하게 오판의 가능성을 검토하는 제도적 장치를 더욱 철저하게 잘 마련할 수 있다. 현대과학수사의 수준은 매우 높다. 한 세대 이전의 과학수사 수준과는 비교할 수 없을 정도로 눈부시게 그 수준은 높아졌고 높아지고 있다.

2) 또 하나의 논거는 살인자의 인권이다. 생명권이 인권의 하나임을 부인할 수 없지만, 그것이 절대적이라 말할 수 없다. 피의자 스스로 타인의 생명을 살해하는 반인권적 범죄자이기 때문이다. 타자의 생명과 그 공동체의 행복 역시 인권이 아닌가.

3) 사형수들 대부분은 깊이 반성하고 있다는 논거도 있다. 그러나 한 개인의 내면은 궁극적으로 알 수 없다는 사실에 주목해야 한다. 사형수의 내면의식은 순수한 상태에 있다고 판단하는 것은 인간 의식은 본질적으로 총체적으로 투명하다고 판단했던 낡은 형이상학적 판단에 불과하다. 핵심은 범죄행위다. 그 내면이 아니다.

4) 더구나 형벌의 고전적 척도의 하나는 구체적 범죄 행위에 대등하게 처벌한다는 것이다. 코에는 코, 입에는 입이라는 격언은 형법의 보편적 척도이다. 혹자는 형량을 높이는 것으로 사형제를 대체하면 된다

고 말한다. 그렇지 않다. 살해(죽음)는 절대적이다. 원칙상, 살해(죽음)를 대체할 생명의 형벌은 없다. 형량을 많게 한다고 해도 그것은 살해를 대신하는 정의로운 몫은 아니다. 죽음은 죽음과 비교될 수 있다.

5) 생명의 신성성 논거도 있다. 인간의 정치적 법적 영역을 넘어서는 신성성의 영역에 생명이 있다고 믿었던 전(前)근대적 시대가 있었다. 아이러니하게도 그 시대에 사형은 오히려 적지 않았다. 분명한 것은, 오늘날, "생명은 신성하다"는 말은 국가와 종교의 일체를 말하는 것이 아니라, 생명의 세속적 존엄성을 강조하는 수사법이다. 현대국가의 본질은 국가와 종교의 본질적 분리에 있다. 이 분리를 부정하고, 종교적 논거로써 국가의 행위를 판단해서는 안 된다.

6) 사형제폐지는 폭력의 국가독점에 위배된다. 살인자는 잡혀 죽을 가능성을 무릅쓰고 범행을 감행하는데, 죽지 않을 가능성이 확실하다면, 범행은 더욱 사악할 수 있다. 또한, 복수의 심리에서 타자를 살해하는 경우, 벤데타(vendetta: 사적인 복수행위)의 연쇄를 막지 못할 것이다. 국가는 대외적으로 교전권과 대내적으로 사형제에 내재한 국가적 권위 원천을 배제하고서는 지속될 수 없다.

7) 서구의 선진국가들에서 사형제폐지 사례들이 많다는 논거도 있다. 이들 사형제폐지국가는 대개가 기독교 국가다. 세속화과정에도 불구하고 종교가 국가에 영향력을 행사했던 전통이 남아있기 때문이다. 서구에서도 역시 사형제를 재도입했던 사례도 있음을 알아야 한다. 특히 한국사회는 다종교와 비종교가 함께 있는 국가다. 이 점 특히 중요하다. 대통령이 특정한 종교 신봉자일 경우, 사적 개인과 공인을 구별하지 못하는 오류를 범해서는 안 된다.

대통령에게 종교가 정치적 영향력을 행사해서는 안 된다. 이 점은 대선과정에서도 같다. 표를 얻기 위하여 종교지도자들에게 대선후보들이 "예방"해서는 안 된다. 또한 종교지도자들 스스로도 정치와 종교의 분리 원칙을 지켜나가는 절제의 행동을 보여야 한다.[225]

---

225) 〈인천일보〉, 2007년 11월 19일.

● 북극의 난파선

연전에 나는 발터 벤야민 국제학술대회에 논문발표차 실로 오랜만에 독일을 다시 볼 수 있었다. 인상적이었던 것은 발표장 바닥에 앉아 매우 고답적이고 난해한 발표들을 메모하며 경청하는 나이든 보통 사람들이었다. 한국의 풍경과는 달랐다. 참가비를 내고 벤야민에 대한 글을 듣는 그들에게서 선진강국의 저력을 느꼈다. 학술대회를 마치고 항구도시 함부르크를 여행하게 되었는데 그곳에서 마침 열리고 있었던 카스파르 다비드 프리드리히의 특별전시회를 볼 수 있는 행운을 얻었다. 그곳에서도 예외는 아니었다. 메모를 하며 그림 하나하나를 읽는 나이 많은 관객들의 풍경이 있었다. 밝은 빛이 있는 프랑스 인상주의 회화와는 매우 다른 프리드리히의 안개 가득한, 어두움이 짙게 표현된 세계를 미래의 기억을 위해 읽는 듯했다. 프리드리히 특별전시회는 독일이 회화에서도 문화강국일 수 있음을 예시하려는 것은 아닐까

Friedrich, Caspar David. / The Sea of Ice 〈난파선〉 / 1823-25
Oil on canvas / 96.7 x 126.9cm / Kunsthalle, Hamburg

싶었다. 이런 사념이 뇌리에 젖어들 무렵, 〈북극의 난파선〉(1823-1824년)이라는 작품이 나의 걸음을 멈추게 했다. 난파된 배는 예리한 얼음들 속에 파묻혀 있는데, 난파되며 죽어갔던 선원과 선장 그리고 사람들의 절규가 저 차거운 얼음 바다 속에서 들리는 듯하다. 끔찍한 숭고는 그려지지 않는 것에도 있다. 그것은 화가의 위치, 곧 관객의 위치

Friedrich, Caspar David. / Wanderer Above the Sea of Fog 〈방랑자〉 / 1818
Oil on canvas / 94.8 x 74.8cm / Kunsthalle, Hamburg

는 곧 이어질 죽음의 위치라는 것이다. 난파선을 한가롭게 관조할 수 있는 저 고대적 이상을 〈북극의 난파선〉은 난파시키고 있다.

한국호는 참여정부라는 깃발을 펄럭이며 거친 바다를 항해해 왔다. 한국호의 안과 밖에서 폭풍우가 쏟아지고 있다. 플루타르크가 〈도덕 Moralia〉에서 말한 바와 같이, 항구로 귀항하는 배를 위협하는 폭풍우가 배가 아예 출발마저 막았던 폭풍우보다 더 위험하다. 배 밖과 안에서 몰아치는 폭풍우와 파도는 어쩌면 난파선이 되게 할지도 모를 지경이다.

발터 벤야민은 파울 클레의 그림 〈새로운 천사Angelus Novus〉을 보고 이렇게 말했다.

> 천사는 머물러 있고 싶어하고, 죽은 자들을 불러 일깨우고 또 산산이 부서진 것을 모아서는 이를 다시 결합시키고 싶어한다. 그러나 천국으로부터는 폭풍이 불어오고 있고, 또 그 폭풍은 그의 날개를 꼼짝달싹 못하게 할 정도로 세차게 불어오기 때문에 천사는 그의 날개를 더 이상 접을 수도 없다. 이 폭풍은, 그가 등을 돌리고 있는 미래 쪽을 향하여 간단없이 그를 떠밀고 있으며, 반면 그의 앞에 쌓이는 잔해의 더미는 하늘까지 치솟고 있다. 우리가 진보라고 일컫는 것은 바로 이러한 폭풍을 두고 하는 말이다.

폭풍우들은 역사적 현실에서는 혼란에서 자신을 다시 찾고, 자신의 뒤엉킨 사유력을 바로 잡아 체계를 세우는 일을 불가능하게 만들지 모른다. 그런 폭풍우들은 사유의 시작 자체를 불가능하게 했던 폭풍우보다 더 소란스럽고, 더 위험하다. 그러므로 더 깊은 성찰이 필요하다. 출항 때부터 선장에 대해 불안감을 느끼고 있었던 승객들이 있었다. 선실 깊은 곳에 있던 이들 승객은 이제 배가 심하게 요동쳐서 구토가 일어난다고, 선장과 선원들에게 비난의 폭언을 퍼붓고 일어나 집단성토를 벌린다. 선장은 승객들에게 항해의 성과와 항로, 그리고 목표지점을 말하지만 소란 때문에 잘 들리지 않는다. 말하자면 소통의 위기다. 무엇을 어떻게 해야 할 것인가? 지금 배가 안정되고 귀항하기 위해서는 선장과 밸러스트(ballast)가 필요하다. 모두가 자리에서 일어나서, 밸러스트의 위기를 초래해서는 안 된다. 앞을 알 수 없는 폭풍우의 불투명한 혼란 속이 아니라 할지라도 선장이 없다면, 밸러스트가 없다면, 배는 균형을 잃고 뒤집혀서 끔찍한 침몰을 당할 것이다. 더구나 지금 폭풍우와 파도가 심하게 치고 있다면 더 말할 나위도 없다. 선장의 말하는 스타일보다 그의 메시지가 무엇인지를 간파하는 것이 핵심이다. 선장이 말을 많이 한다는 것, 품위 없는 "막말"을 한다는 것 등에 대해서 반복하여 비난, 조롱, 조소를 던져야 할 때가 아니다. 선장이 오해하기 좋게 말을 할지라도 그의 메시지를 간파해야 할 책임은 청자들에게도 있다. 시인 폴 발레리는 "나의 시는 사람들이 부여하는 의미를 가지고 있다"고 말한 바 있다. 그 말은 말의 메시지를 능동적으로 이해해야 하는 독자의 책임을 경구했던 셈이다. 매체들은 말투보다는 그 내용을 전해야 한다. 그것은 배의 운명, 모두의 운명과 직접 관련이 있기 때문이다. 무사히 항구에 도착할 때까지 선장은 말을 해야 하며, 배에 탄 모든 사람들은 그의 메시지를 이해해야 한다. 그래야만이 배의 운명과 관련된 선장의 실체적 판단을 판단하고 대처할 수 있지 않겠는가. — 혹시 바람 없는 고요한 바다를 생각하는 자나 나는 저 배를 타지 않았다고 생각하는 자가 있을지 모르겠다.[226)]

226) 〈인천신문〉, 2007년 1월 12일.

● 달리와 이응노

"왜 아직도 역사인가" 역사문제가 뜨거운 쟁점이 되고 있다. 뒤늦은 대응을 비난하는 목소리가 높다. 혹시 그렇게 된 까닭이 그동안 한국사회가 문학, 철학, 역사학 등 기초학문을 천대했던 실종된 시대정신의 반영은 아닌가. 역사의식은 인간의 삶을 구성하는 근본요소이다. 그것은 역사인식에 다름 아니다. 역사의식은 역사인식과 함께 운동하는 망각 없는 사료수집과 그 해석과 함께 발전한다. 그리고 중대한 역사적 사건들에 대해 평가의 시간을 갖는다. 예컨대 탄생 1백주년. 이런 계기를 통해, 멀리 있어 보이던 기초학문이 현실의 핵심에 자리 잡는다.

올해 살바도르 달리 전시회가 열리었다. 이를 보면서 몇 가지 생각이 났다. 우선, 올해는 달리 1백주년이기도 하지만, 거장 고암 이응노 1백주년이기도 한데, 한국사회는 고암에 대해서는 매우 관심이 저조한 반면에, 달리에 대해서는 엄청나게 관심이 높다는 것이다. 이 불균형에 대해서 우려하지 않을 수 없다. 한국인들은 한국인들의 업적에 대하여 적극적인 관심을 보이지 않는 습성이 강하지 않는가 싶다. 한국인들은 스스로를 비하하는 경향이 강한 것이다.

또 하나의 의문은, 우리들은 미술작품을 어떻게 감상하고 있는가이다. 미술사는 곰브리치가 주장하였듯이, 아는 만큼 보인다. 작금의 달리예찬이 혹시 무지의 반영은 아닌가. 잘못 알면 잘못 보인다. 그리고 그렇다면, 달리의 예술세계는 무엇을 지향하고 있는가. 아마도 그의 고백이 가장 정확한 답이 아닐까 싶다.

> 내게 있어서 최고의 놀이는 나 자신이 벌레에 갉아 먹혀 죽는다고 상상하는 일이다. 나는 눈을 감고, 그 악독하고 거대하며 꿈틀거리는 초록색 지렁이떼에 의해 나 자신이 서서히 먹히고 소화되는 광경을, 그리고 내 살을 먹고 놈들이 살찌는 광경을 믿을 수 없는 만큼 그 세부 하나하나에

이르기까지 상상한다.

달리의 예술세계를 지배하는 것은, 죽음 그 자체가 아니라 죽음에 대한 특정한 이해를 예찬하는 세계관이다.

역사의식은 역사적 맥락을 이해하는 맥락에서 성숙해간다. "죽음이여 영원히!"(Viva la Muerte!)를 애호하는 파시즘이 농익어가던 시절, 스페인의 사상가 우나무노가 바로 이 세계관에 대항하여, 사랑과 평화를 주장하였던 맥락을 기억했던 프랑크푸르트학파 프롬이 시체애(necrophilia)에 대항하여 생명애(biophilia)를 주장했던 맥락을 기억해야 한다. 그에 의하면, 대부분의 현대인들이 모든 사람이 생명(삶)을 사랑하고 있다고 믿고 있지만 불행하게도 사실은 그렇지 못하다. 살아있는 모든 것보다 퇴락에 의해 — 즉 기계적인 것에 의해, 그리고 죽어있는 모든 것에 의해 — 더욱 매료되는 사람들이 소수이긴 하지만 실제로 존재한다.

오늘날은 어떠한가. 오히려 시체애호가들이 프롬이 진단했던 그 때보다 더 많아진 진 것이 아닌가.

그리고, 지금 잊지 말아야 할 것은, 고암이 보여주는 예술세계이다. 그의 군상 시리즈는 정치적 민주화에 참여하여 투쟁하는 민중의 역동성을 표현하는 그 이상을 담고 있다. 그것은 시원적 세계에서 생명을 위하여 사냥하는 역동성과 공동체적 놀이가 군무(群舞)로 표현되고 있는 것이다. 역사왜곡을 바로 잡는 비판적 역사의식은 무엇보다 망각을 비판하고 바른 역사적 평가를 통해서 기억하는 맥락에서 성숙한다. 지금도 이응노미술관은 역사를 기다리고 있다.[227]

227) 〈인하대학신문〉, 2004년 11월 15일.

● 현실공동체를 해체하는 사이버 공간에 대하여

1) 사이버 공간을 지배하는 문화가 현실 공간을 움직이는 결정적 문화가 될 것인가? 단적으로 말해, 나는 적어도 현재로서는 그렇지 않으며, 앞으로 그렇게 되지 않으리라 믿는다. 무엇 때문인가? 인간의 욕망은 가상의 욕망만은 아니기 때문이다.

사이버 공간의 상호행동양식을 우리는 두 종류로 구별할 수 있다. 그 하나는, 효율성 원칙에 근거하여 공적 업무를 처리하는 상호행동양식이다. 다른 하나는, 친밀관계로서 사적인 교감의 상호행동양식이다. 전자에서 새로운 문제들이 제기되고 있다. 하지만, 우리의 일상 질서를 뒤흔드는 것은, 후자의 차원에서 일어난다. 우리가 타자를 만나, 담소하고, 교감하고 그리고 헤어질 때, 어떤 계기들이 있다. 사이버 공간에서의 상호행동양식에는 새로운 측면들이 없지 않다.

사이버 공간에서 일어나는 소통이 공동체를 구성하는가? 이 쟁점을 정리하려면, 공동체가 무엇인지 알아야 한다. 공동체의 이해가 일치되어 있지 않기 때문이다.

공동체는 몸과 몸의 소통과 함께 발전한다. 이 맥락을 철학화한 인물은, 프랑스의 철학자 메를로 퐁티이다. 『행동의 구조』에서 그는 다음과 같이 말한다.

> "정상인"에게 주어지는 인간적 질서는 정신적인 것과 신체적인 것 사이에 어떠한 뚜렷한 차이를 보여주지 않는다. 신체는 오히려 무력하고 물리적인 객체라기보다 하나의 통합장, 즉 빈틈없고, 민감한 "현상적 장(場)"이다. 인간적 질서의 특징을 물리적 객체나 정신적 기능으로 보는 것은 부분을 전체로 오인하는 것이다..... 인간들은 기계처럼 행동하지 않고, 그렇다고 정신적으로만 행동하는 것도 아니다. 왜냐하면 몸(또는 "살")은 결코 "물질적" 사실들의 집합도, 하나의 실체(substance)도 또는 생각(idea)이라는 정신의 표현도 아니기 때문이다.[228]

공동체 정신의 핵심은 도구적 이성을 넘어선다. 때로 우리는 그것을 사랑이라 말한다. 사랑은 몸으로 한다. 그대의 눈 속을 들여다보고 그 마음의 바다에 침잠한다. "침묵 속에서" 몸과 몸이 대화한다. 이 몸들의 대화야말로 진정한 대화이다. 대화의 출발은 합치를 향한 차이인 까닭이다.

신경숙의 소설 『감자먹는 사람들』은, 몸의 감수성을 얘기하면서 시작한다.

> 나는 지금 비가 멈추기를 기다리고 있습니다. 가을비는 병원 뜰의 메말라가는 누런 잔디를 싸악, 훑어내리고 있습니다. 가만히 얼굴을 숨기려던 오래된 것들이 저 빗방울에 쓰라리겠습니다. 창문을 슬며시 제껴 봅니다. 훅, 밀려드는 찬 공기 속에 섞인 비 냄새가 쏴아, 창 안으로 밀려들어옵니다. 바람에 내 머리칼이 뒤로 휘날려서 갑자기 얼굴이 가볍게 느껴집니다. 가을이 왔군요, 산천에만 말고 이 병원에도, 어떤 젊은이들은 우산 하나에 두 몸을 숨기고 서로의 손이 우산 속에서 맞닿는 감촉에 볼이 발그레해져서 거리를 활보하고 있겠지요.[229)]

사이버 공간의 강화와 함께, 아니 우리 시대의 지배적인 정서가, 이러한 몸의 감동을 약화시키고 있다.

2) 그런데, 사이버 공간에서 새로운 공동체 형성을 주장하는 핵심 논거는 무엇인가?

포스터같은 이는 다음과 같이 주장한다.

> 생애의 공적 영역 및 사적 영역에서는 유희성, 자발성, 상상력, 욕망 등

228) 김홍우, 「신체의 현상학과 정치학에 대한 그 함의」, 『사회비평』, 1997년 제17호, p.129.

229) 신경숙, 「감자먹는 사람들」, 『창작과 비평』, 1996년 여름호, p.165.

> 모두가 부재하거나 위축된다. 오직 메시지 서비스만이 그 허구적인 자기 구성과 완벽한 익명성과 함께, 이성의 단조롭고 고된 일을 일시적으로 덜어줄 뿐이다. 메시지 서비스와 제휴하여 주관성이란 꽃이 만발하게 된다. 〈컴퓨터 카페〉, 〈독신전용 전자술집〉, 이는 메시지 서비스가 제공하는 새로운 형태의 사회적 관계망으로, 정보양식 시대의 〈공동체〉라 하겠다.[230]

첫째, 이렇게 떠오르는, 부유하는 접속들이 진정 공동체라 볼 수 있을까?

포스터는 우리시대를 정보양식시대로 규정하면서, 정보양식시대의 공동체를 믿는다. 이 믿음의 근거는 참으로 참혹하다. "컴퓨터 대화가 기존의 관습적인 대화보다 더 중요하게 간주된다", "미니텔에서의 컴퓨터 대화가 오랜 배우자와의 친교보다 더 내밀한 친교를 드러내주기 때문이다. 꾸며진 의사주관성은 실제의 자아보다 더 진정할 수 있다."[231]

우리는 여기에서 가상의 세계에서는 거의 절대적으로 윤리와 도덕의 범주를 벗어나게 하려는 저 낭만주의적 운동이 부활하고 있음을 본다. 이 "정보양식 시대의 공동체"는 가상의 공동체이다. 즉, 실제의 공동체와는 질적으로 다른 것이다. 현실적 삶에서 의미를 찾지 못한다는 판단이 있다. 더 엄밀히 말하면, 현재 그렇다는 판단뿐만 아니라 의미를 상실해 버린 현실 생활을 변동시킬 가능성조차 믿지 않는다는 점이 결정적이다. 그들은 절망의 늪에 빠져 있으면서도, 그 늪으로부터 현실적으로 빠져나올 몸의 운동을 시도하지 않는다.

둘째, 따라서, 그들은 가상의 세계를 몽상한다. 오직 가상의 세계에서만, 나는 타자와 대화할 수 있을 뿐이다. 물론, "완벽한 익명성"이 보장되어야 한다. 현실의 나와 너는, 그리하여 우리는, 끔찍할 정도로 추악하기 때문이다.

---

230) 마크 포스터, 『뉴미디어의 철학』, 김성기 역, 민음사, 1994, p.227.
231) 마크 포스터 1994: 228.

3) 사이버 공간이 정말 "순수한" 가상의 세계이기는 한가?

다마고치 게임기가 불티나게 팔렸다. 이 기계는 생명을 놀이의 대상으로 삼고 있다. 생명마저 현대인들은 마음대로 조작할 수 있다는 자만심은, 이제, 놀이기구에서도 반영되었는데, 그것은 심각한 위험을 동반한다. 그 맥락을 좀 더 자세히 살펴보자. 첫째, 가상은 실재관계보다는 단순하다. 그것은 복잡성을 견디기 어려워짐을 정반대로 반영하고 있다. 사회가 복잡해지면 질수록 단순함을 좋아하는 사람들이 늘어난다. 둘째, 사람들과 대화하기를 꺼려하고 만나기를 멀리한다. 이는 우리 시대의 사람들이 인간미를 점점 상실해 감을 반영한다. 그리고 셋째, 책임의 무게가 가벼워지고 있다.

4) 사이버 공간을 비판할 때, 흔히 핵심 논거로 제시되는 것이 "포르노"이다. 사이버 공간의 소통을 비판할 때, 포르노를 논거로 반복하지는 않는다. 더글러스 러시코프에 의하면, 사이버 공간에서 포르노는 그렇게 심각한 수준도 아니다.

> 물론 사이버 공간에 참가하지 말아야 하고, 더 중요하게는 거기에 자녀들이 노출되지 않도록 해야 하는 최상의 구실은 미디어가 떠들어 대듯이 사이버 포르노 집단 때문이다. 〈타임〉은 표지에 컴퓨터 단말기 앞에서 충격으로 망연자실해 있는 어린이 모습을 싣기는 했지만, 사이버 포르노 현상에 대한 보도 기사 자체는 대부분의 주류 미디어가 퍼뜨린 과장된 스토리에 비하면 썩 균형잡힌 것이었다. 기사의 서두는 〈유즈넷〉 뉴스 그룹에 저장된 디지털 영상의 83.5%가 아니라 인터넷 통신량 11.5% 중에서 3%, 바꿔 말하면 0.33%에 불과하다. 그리 놀라운 일이 아닌 것이다. 게다가 인터넷 상에서 교환되는 거의 모든 영상이 이미 성인 전문 책방에서 구입 가능한 잡지에서 스캔한 것이라는 점도 간과할 수 없다. 사이버 포르노의 대부분은 나이를 확인하기 위해 운전 면허증을 요구하는 사

설 성인 게시판에서 거래되는 것이다.[232)]

내가 사이버 공간의 소통을 비판하는 까닭은, 다른 맥락에 있다. 포르노를 다루는 태도가 관음주의라는데, 사이버 공간의 문제가 있다.

5) 수전 손탁(Susan Sontag)은 자신의 책 『사진에 대하여』(1973)에서, 사진의 특성을 다음과 같이 지적했다.

> 수많은 자기도취적 용도들을 지니고 있는 사진술은 세계와 우리의 관계를 비인간화하는 강력한 도구이기도 하다. 그리고 이 두 가지 용도들은 상호보완적이다. 어떠한 권리나 나쁜 목적도 지니고 있지 않은 망원경과 같이, 사진기는 낯선 사물들을 가깝고 친밀하게, 그리고 친근한 사물들을 작고, 추상적이고, 이상화하고, 훨씬 더 멀게 만들어 놓는다. 그것은 손쉽고 습관적인 하나의 행위로써 우리 자신이나 다른 사람들의 생활에 친밀감과 낯선 느낌을 동시에 부여한다. 말하자면 그것은 우리에게 낯선 느낌을 갖게 하면서 동시에 친밀감을 허용하는 것이다.[233)]

손탁은, 낯섬을 가깝게 하며, 한편 가까움을 낯설게 하는 특성을 사진에서 읽는다. 사이버 공간은 사진과 닮아있다. 낯선 대상에 쉽게 가깝게 다가설 수 있으나, 가까운 대상은 사이버 공간에서 멀어지게 한다. 사진이 대상의 총체성을 결코 담아내지 않듯이, 사이버 공간 역시 총체화하려는 의지와는 애당초 거리를 취한다.

관음주의자란 사람을 훔쳐보는 자를 가리킨다. 훔쳐보기는 사람을 총체적으로 "보는" 것이 아니라 어느 한 부분만을 엿본다는 것이다. 엿보아서는 대상을 진실로 이해할 수 없다. 이 이해의 부족은 현실에서 단순한 부족으로 끝나지 않는다. 대상을 쉽게 숭배하거나, 아니면

232) 더글러스 러시코프, 『카오스의 아이들』, 김성기 · 김수정 역, 민음사, 1997, p.245.

233) 막스 더블린, 『왜곡되는 미래』, 의암출판, 1993, p.63에서 재인용.

쉽게 배척한다. 사이버 공간은 또 하나의 관음주의가 될 가능성이 없지 않다. 또 사이버 공간에서 관음주의가 현실에서도 그대로 이어질 가능성도 있다.

6) 사이버 공간에서는 온전한 몸이 온전한 몸을 만나지 않는다. 기호와 기호가 이어질 뿐이다. 여기에서 기호와 기호의 주체는 특수한 관계를 형성한다. 기호의 주체는 기호에 불과하다. 주체가 동일성에의 요청과 그 책임으로부터 자유로울 수 있으므로, 실제와는 무관한 가상이 될 수 있는 것이다. 그러나, 사이버 공간에서도 주체의 자유는 제한받는다.

첫째, 사이버 공간을 움직이는 시스템은 주체의 자유를 제한시킬 수 있다. 예컨대 기호화될 수 없는 침묵의 표현은 시스템 속에서 살아나지 못한다.

둘째, 주체의 익명성 보장은 타자에게 자신의 정체성을 은폐하거나 위장할 수 있게 한다. 가장하려는 욕망을 익명성은 배양할 수 있다.

셋째, 물론, 소통의 언어에 내재한 의미론적 제약이 있다.

7) 물론, 인간의 자아는 일면적이거나 단선적이지 않다. 예컨대 가상을 꿈꾸고 가장할 수 있는 속성도 자아의 일면이다. 사이버 공간의 익명성은, 가상과 가장의 속성을 쉽게 배양시켜, 현실의 무게와 진실의 냉엄으로부터 도피시킬 가능성이 높다는 데 문제의 심각성이 있다.

> 사이버스페이스를 만나면 정말 사랑하고 싶어지고 집착하게 된다. 사랑에 굶주린 사람에게 인터넷은 너무나 사랑스런 공간인 것이다.[234]

그렇다. 현실에서 몸과 몸이 만나지 못할 때, 가상이 현실을 지배할 수 있다.[235]

---

234) 류승호, 『창작과 비평』, 1997년 봄호, p.340.

● 속옷과 립스틱 – 사랑과 정치, 한 아치 떠받드는 두 개의 기둥

불황의 그늘은 깊고 짙은데, 예외가 있다. 남성속옷과 여성립스틱이다.

> 난 나를 위해 존재하고, 나를 위하여 감히 형식을 벗어야 한다. 내 자신을 위해 펼칠 수 있는 것이라면 그 무엇도 예외일 수 없다.

이 말은 한 속옷 회사의 광고문의 일부이다. 남성들이 속옷을 꾸미는 이 경향이 급속하게 확산되는 현상은 새롭다. 더구나 불황 속에서 말이다.

이 현상 속에는 우리 시대의 문화의식이 시사되어 있다. 속옷광고의 언어는 나르시시즘적 개인주의를 말하는 듯하다. 흰 내의가 사라지고 갖가지 현란한 색상의 내의가 깊은 남성의 핵심을 가리고 있다.

속옷입기의 기준이 청결이 아니라 겉옷마냥 자신의 표현이다. 타자(들)를 위한 나의 표현이 아니라, "나를 위한 나의 표현"을 앞세우면서, 이 나르시시즘적 문화의식이 속옷산업의 호황을 몰고 왔다. 하지만 이 나르시시즘과 그 언어는 순수하지 않다. 그러므로 사이비 나르시시즘.

이 광고에서 "형식을 벗는다"는 말은 옷을 벗는다는 행위를 지시한다. 옷은 형식이므로, 속옷광고가 옷을 벗는 행위에 초점을 맞추고 있다니, 좀 의아해할지 모르겠다. 하지만, 옷의 의미론은 이미 입고, 벗는 행위를 내포한다. 옷을 입고, 우리는 노동과 대화의 광장으로 걸어나아간다. 옷을 벗고, 나는 밤의 밀실로 미끌어지듯 눕는다.

이제 벗겨지는 존재로서의 옷이 있다. 그리고 "순수한" 육체가 있다. 패션 속옷이 있고, 그리고 육체가 있다. 그 파트너는 속옷을 보고 있다. "벗는 옷". 속옷 광고는 에로티시즘(섹스)에 호소하고 있는 것이다.

이 에로티시즘은 돈의 그것이다. 타자의 순수에로의 이끌림도 아니

---

235) 〈인하대학신문〉, 1997년 10월 6일.

고, 자아의 순수에로의 몰두도 아니다. 그것은 표피적인, 허위적인 나르시시즘의 언어를 입고 있는 깊은, 현실적 화폐이다. "광장"의 위기를 피하여 "침실"로 나아가지만, 그곳에서도 돈이 먼저 와 있다.

광장과 침실은, 멕시코 시인 옥타비오 파스가 『이중불꽃』에서 말하고 있듯이, 서로 낯선 것이 아니다.

> 혹자들에게는 사랑에 대해 얘기하면서 현대정치사를 언급하고 있는 내가 이상하게 보일런지 모른다. 그러나 만일 정치와 사랑이 인간 사회의 관계들 중 두 개의 극단적인 관계들이라는 점에 주목하게 된다면 그러한 낯선 느낌은 사라지게 될 것이다. 그것은 바로 공적인 것과 사적인 것, 광장과 침실, 그리고 그룹과 짝이라 할 수 있다. 사랑과 정치는 한 아치를 떠받들고 있는 두 개의 기둥이다. 정치사회에서 엿보이는 인간의 운명은 그들이 가지는 사랑의 관계 속에 반영되거나, 또는 그 반대의 현상이 일어난다.

유감스럽게도, 광장을 더럽힌 돈이 침실마저 더럽히고 있다는 점에서, 서로 낯설지 않다. 여성의 립스틱 호황은 또 하나의 얘기.[236]

236) 〈인하대학신문〉, 1997년 5월 19일.

제4장 아름다운 대학

● 앙드레김 연구

가와바다 야스나리의 『설국』을 읽고 흰색의 의미를 세간에 더욱 다졌던 앙드레김이 별세했다. 그가 『설국』에서처럼 눈을 통해 "빛의 투명한 허무"(이덕형)를 느꼈는지는 불확실하다. 더구나 보리스 파스테르나크의 『닥터 지바고』에서 인간, 신, 예술에 대한 사랑의 상징 이미지로 읽히는 눈은 물, 불, 공기, 흙과 같은 본질적 요소의 하나. 말하자면 제5의 원소인 것처럼, 그의 이미지는 흰색이었는지는 확정할 수는 없다. 그의 의상들은 흰색만이 아니라 다양한 색채들을 사용했고, 매우 화려하고, 모든 부분들에서 절제되어 있지는 않다.

그는 명문대의상학과는커녕 고졸출신이었다. 국내 복장학원에 1년간 수학한 것이 그가 의상에서 다른 사람에게 배운 전부였다. 독학으로 패션을 연구하여 독창적인 패션 세계를 열었다. 그의 디자인은 앙드레김 의상실을 열었던 그 당시의 세계적 패션디자인 경향과 달랐다. 세계와 떨어져서 독학으로 자신의 세계를 열어간 그 길이 아마도 유명디자인들로부터 받을 "영향의 불안"에서 벗어나게 해주었던 것 같다.

그는 오드리 햅번이 나오는 영화를 보고, 그 의상의 미에 매혹되었고 패션이 자신의 길임을 깨닫게 되었다 한다. 자신이 좋아하는 일을 선택할 때 최선을 다할 수 있고, 최상의 성과가 나온다는 공자의 격언을 다시 생각나게 하는 대목이다. 그는 지독한 일꾼이었다. 술과 담배를 하지 않았고, 식사약속도 예외적이었다. 그의 삶은 의상을 디자인하고 패션쇼를 기획하고 그 기획에 필요한 음악을 선별하는 나날이었다. 자발적 고독이었다.

그의 패션쇼는 다른 패션쇼와는 다른 특징이 있었다. 곧 소개하려는 신상품 판매를 목적으로 유행을 선도해 나가려는 목적 쇼가 아니었다. 그의 패션쇼는 스토리를 가지고 있고 음악이 있는 일종의 종합 예술을 지향하려 했다. "패션 오페라"라는 논평이 나온 것은 이를 예증한다.

지금 "앙드레김"이라는 브랜드 가치는 높다. 그가 기업경영상의 브랜드 가치를 위해서 처음부터 노력했는지는 분명하게 판단내릴 수 없지만, 한국에서 앙드레김만큼의 개인적 인물 브랜드가치를 분명하게 가진 사례는 거의 없는 것 같다.

브랜드 가치 "앙드레김"은 어느 날 갑자기 생겨난 것이 아니었다. 장기적 안목에서 일관되게 자신의 의상실과 자신의 이미지를 철저하게 관리해 나왔던 결과였다. 첫째, 대중적 연예인들을 무대에 서게 함으로써 패션에 대한 대중적 관심을 모으는 데 성공했다. "스타들"을 보도하는 대중매체들은 자연스럽게 그의 패션쇼를 매개하게 하는 효과가 있었던 셈이다. 둘째, 의상실 경영에서 창출된 이익에서 적지 않은 부분을 패션쇼에 할애하여 자신의 의상예술을 스스로 발전시키는 계기로 삼았으며, 대중들에게 자신의 이미지를 심어나갔다. 셋째, 상업적 목적의 거래에서는 그는 자신의 품위에 걸맞은 가격을 제시하고 가격을 흥정하지 않는 도도한 예술가의 품위를 유지해 나갔다. 그리고 무엇보다 윤리경영의 모범을 보여주었다. 유니세프 등 자선 패션쇼들을 행사하여 사회적 봉사를 실천했다. 그 가운데는 주한 외교관 부인들을 패션쇼 모델로 세우는 등등의 행사를 통해서 민간외교활동도 했었음을 잊지 말아야겠다.

"토종" 앙드레 김에 대한 연구는 터무니없이 빈곤하다. 이 빈곤은 한국 각계에서 스스로 자율적 판단을 내리지 못하는 자율성빈곤의 구체적 사례는 아닌지 반성해 볼 일이다. 비평적 연구가 창작을 성숙시킨다.[237)]

● 다시 책사랑운동을 펼치자

도서관과 책을 사랑했던 보르헤스는 책의 양보다 책을 다시 읽는 것의 중요성을 얘기한 바 있다. 인하대학교 정석도서관 소장 이덕형의 『천년의 울림』을 본 적이 있는가. 다시 읽을 수는 없다. 책은 흉측한 모습으로 독자를 노려보고 있다. 연필로 줄을 친 곳들이 즐비하며, 빨강과 파랑, 노랑의 색연필로 칠해진 면들이 또한 그 뒤를 잇고 덮치는가 하면, 책을 접어둔 곳들도 있다. 자신의 책이라면 이렇게 칠하지 않을 것 같다는 생각도 해본다. 공공의 재산이며 문화와 문명의 상징인 책에 있어서, 이와 같이 다음의 독자를 배려하지 않은 이 폭력적, 이기적 독자가 누구인가. 도서관과 책들은 천년, 아니 그 이상의 울림을 주어야 한다. 그러나, 〈천년의 울림〉만이 아니다. 이 책, 저 책 모두 갖가지 색의 볼펜이나 형광펜으로 밑줄 치고 괄호치는 악행들의 행렬 속에서 책들은 울고 있고, 도서관은 통곡한다. 폭력적 악행은 처음에는 아주 사소하게 시작된다.

인하대 구정문을 통과하여 인하대 캠퍼스로 들어오면 구 중앙도서관으로 가는 길들이 있다. 하나는 원래의 길이다. 다른 하나는 "오염된" 길이다. 그것은 정원을 가로 질러 새로 생겨난 작은 것이다. 꽃을 죽이는 지름길이다. 처음으로 이 길 아닌 길을 걸어갔던 자가 있을 것이다. 그렇게 여러 사람들이 걸어가면서 길이 생겨나고 그곳에는 꽃과 나무가 죽었다. 이제 그것은 원래의 길이었던 것처럼 제법 길의 외양을 갖추고 있고, 그 길 아닌 길을 걸어가는 자들에게 양심의 가책은 거의 없다. 책을 오염시키는 악행의 시작도 아마도 이렇게 되었으리라. 악행의 길을 막고, 책의 꽃이 피어나도록 해야 한다.

사실 작년에 자유토론방에서 책오염문제가 논의되었고, 그 후 도서관에서 계몽의 차원에서 캠페인 행사도 있었다. 그러나 여전히 악행의 행렬은 은밀하게 계속되고 있다.

---

237) 〈인하대학신문〉, 2010년 9월 3일.

한국의 도서관이면 어디에서나 비슷하다고 생각할 수 있으나, 그렇지 않다. 예컨대, 이른바 톱10대학교의 도서관 장서 관리는 매우 엄격하다. 그리고 설사 다른 모든 도서관의 책사용실태가 그렇다고 할지라도, 현상태로 포기할 성질의 것은 아니다.

공공의 재산인 책을 파손하는 야만적, 반지성적 행동을 하는 자는 학생들만은 아닐 것이라 추정되는데, 사용자들만이 책임이 있는 것은 아니다. 도서관장 등 관계자들은 더욱 적극적이고 지속적인 계몽운동을 주도해 나가야 한다. 여전히 실행되고 있는 무인반납기의 즉각적인 폐쇄 등 더욱 적극적인 적절한 정책을 실행해야 한다. 포기하지 말아야 한다. 지금도 늦지 않았다. 개선할 정책의지가 관건이다. 합리적인 대책은 마련될 수 있다. 대출시, 오염 여부의 도장을 찍어 반환시 책임을 묻는 방책도 있다.

이미 많은 책들이 오염되어 있는 듯하다. 정확히 말하여, 실태가 어떠한지 통계적으로 조사할 필요가 있다. 정확한 진단에서 적절한 처방이 나오지 않는가. 적지 않은 비용과 노력이 필요하다. 그렇지만 그 비용은 책의 값을 전체적으로, 또한 장기적으로 셈해보면 매우 사소하다. 대학본부 역시 재정적 방안을 세우고 적극 지원해야 한다.

물론 도서관 사용자들의 의식과 실천이 중요하다. 인하공동체 구성원 모두가 참여하는 도서관 책 사랑 문화운동을 지속적으로 공개적으로 펼칠 필요가 있다.[238)]

---

238) 〈인하대학신문〉, 2008년 3월 31일.

● 우리시대의 외설성

미국예일대박사학위 위조문제로 발단된 신정아씨사건은 한국사회의 각종 병리가 꼬리를 물고 터지는 듯하다. 그 가운데 일간신문의 나체사진게재문제도 있다.

외설성문제는 부끄러운 내면을 드러내는 행위에 대한 반응문제다.

구스타브 꾸르베의 〈세상의 기원〉을 본 적이 있는가. 외설적인가? 인간이 태어나는 여성의 성기를 리얼리즘적으로 그린 작품이다. 이 작품이 외설적일 수 있는 것은 인간의 탄생과 다른 맥락으로 이 작품을 이동시켜 작품의 본래적 맥락을 왜곡시킬 때다. 〈세상의 기원〉 그 자체가 외설적인 것이 아니라 맥락을 왜곡하는 자의 의식이 외설적이다.

지배와 억압이 없는 해방의 유토피아를 주창했던 마르쿠제가 설파했듯이 우리시대의 외설성문제는 심각하다. "실제로는 음모를 드러낸 채 발가벗고 있는 여자의 사진이 외설적인 것이 아니라," 겹겹이 껴입은 제복 위에 정당하지 못한 전쟁을 통해 수많은 인명을 살상한 대가로 수여받은 훈장을 드러내고 있는 장군의 사진이 외설적이며, 또한 히피의 의식(儀式)이 아니라, 제국주의적 전쟁을 획책하면서도 그 전쟁은 평화를 위해 필요하다고 말하는 근본주의적 교회 고위 성직자의 선언이 외설적이다.

황색저널리즘의 심층의식이 문제다

신씨 나체사진 그 자체가 외설적인 것이 아니라, "황색저널리즘(yellow journalism)으로 대중의 주목을 일단 받고 보자는 신정아씨나체사진을 게재한 신문들이 외설적이다. 이 사진을 처음으로 게재한 일간신문 못지 않게 이 신문의 사진을 다시 찍어 게재한 다른 언론들 역시 외설적이다.

문화일보는 신씨 나체사진 두 장을 검은 직사각형 면으로 덮어 신씨의 몸 전체를 볼 수 없게 한 형상으로 게재했다. 신씨의 옷은 바로 이 검은 회색 직사각형 면이다. 그것은 옷 아닌 옷, 다른 옷이다. 나체의 실상을 감추는 시늉을 하는 옷이면서도 실제로는 더 없이 감추어진 그것들을 드러나게 하는 자극적인 옷이다. 어쩌면 비약하여 구스타브 클림트의 〈키스〉에 표현된 직사각형을 연상할 자가 있는지도 알 수 없다.

몸의 주인공이 누구인지를 알게 하는 얼굴을 볼 수 없게 처리한 것이 아니라 얼굴은 그대로 둔 채 신체의 일부를 또 다른 옷으로 가린 것이다. 물론 이 다른 옷은 신씨가 스스로 입은 것이 결코 아니며, 문화일보가 입힌 것이다. 타인의 나체에 다른 옷을 입혀야 하는 경우는 제 몸을 스스로 가눌 수 없는 아기나 환자의 그것이다. 신문의 그 사진에서는 성숙성을 상실한 가련한 한 여인이 있을 뿐이다. 그곳에 책임과 의무의 인격자는 부재한다.

도처에 외설성이 있다

이번 신씨 나체사진사건의 중대성은 여성단체들이 비판하는 여성의 인권 침해 뿐만이 아니라, 그것을 넘어 우리시대의 시대정신 중심에 파고든 의식의 외설성이 사회와 국가를 매개하는 언론에 분명하게 자리잡고 있다는 데에 있다. 외설성은 도처에 있다. 마르쿠제의 비판은 여전히 기억될 가치가 있다.

> 이 사회는 숨막힐 정도로 많은 상품들을 생산하여 음란하게 내보이면서도 그 희생자들로부터는 생활의 필수품마저 대대적으로 빼앗는다는 점에서 외설적이다. 이 사회는 그 호전적인 영역에서는 모자라는 식량에 독을 넣고 불을 지르면서 그 자신과 자신의 쓰레기통은 꽉꽉 채워 넣는다는 점에서 외설적이다. 이 사회의 정치가들과 연예인들의 말과 웃음, 이 사회의 기도하는 자들, 이 사회의 무지, 그리고 이 사회에 기생하는 지식

인들의 지혜도 외설적이다.

오늘날 한국의 대학들도 외설적이다. 한국의 교수들은 자신들이 길러낸 국내박사학위자를 천대하고 미국박사학위자를 선호한다. 그들은 스스로 제자들을 까다롭게 선별하지 않았고, 가르칠 때에도 열성적이지도 않았으며, 심사과정에서도 엄격하지도 않았음을 잘 알고 있는 것이다. 그럼에도 불구하고, 바로 그렇게 때문에, 한국대학들은 박사학위생산 르네상스를 맞고 있고, 그럴수록 탁월하게 연구한 국내학위자들은 합당한 평가의 문 저 멀리서 천대받고 있다. 우리의 대학원생들은 언제까지 어떠한 주제이든지 상관없이 그냥 미국박사학위증을 얻기 위해 유학가야 하는가? 그렇게 제자를 떠나보내는 공항에서 교수들은 자신의 치부를 드러내놓고도 "교육의 이름"으로 감추고 있는 이 외설적 악순환의 고리를 끊어버릴 혁신의 결단과 정책이 필요하다. 예컨대, 학위심사과정 전체를 인터넷에서 공개하여 공정성과 엄격성을 높이는 정책방안도 있다.[239]

239) 〈전국교수공제회보〉, 2007년 10월 31일.

● 아름다운 대학을 위하여

역사적으로 격변의 위기 시대에는 언어를 둘러싼 투쟁이 일어났다. 자유, 평등, 민주주의, 평화 등등. 이 투쟁에서 대학과 지식인들은 시대의 이념을 근본적으로 재반성하고 구성해 나갔다. 하지만 오늘은 어떠한가? 프랑크푸르트학파 휴머니스트 에리히 프롬이 경고한 바 있듯이, 인류에 의해 만들어진 위대한 이념들에 대한 지식이 오늘날만큼 널리 퍼진 적이 없지만, 이 이념들이 또한 오늘날만큼 아무런 효력을 발휘하지 못한 적이 없었다. 이념 언어들은 힘을 잃고, 냉소와 권태가 검은 안개처럼 밀려들고 있다. 가볍고 감각적이기만 한 기호들이 생겨나는 것은 바로 이념의 폐허 위에서이다. 예컨대 “얼짱”이라는 기호도 그런 종류가 아닌가 싶다.

얼짱은 신체의 모든 부분들의 총체적 모습을 가리키는 것이 아니라 신체의 일부분인 얼굴을 가리키는 말이다. 얼짱예찬은 영상 프레임에 잘 맞는 얼굴에 대한 예찬이다. 영상은 구체적 현실을 재현하지 않는다. 왜곡한다. 텔레비전 영상에 알맞은 얼굴은 “주먹만한 작은 얼굴”이다. 물론 그것은 일종의 가상적 얼굴이다. 구체적 생활세계에서 총체적으로 표현되는 총체적 모습이 아니다. 또한 우리가 “얼짱” 예찬을 걱정하는 것은, 그것이 이념을 상실한 영상상업주의의 얼굴이기 때문이다. 우리가 살아가는 공간은 가상공간이 아니라 현실공간이다.

우리의 현실공간에서는 아름다움이 완전히 죽지는 않았다. 1970년 11월 13일 평화시장, 한국노동자들의 처참한 현실을 고발하기 위해서 자신의 생명을 불속에 던졌던 전태일씨를 두고 사람들은 아름다운 청년 전태일이라 부른다. 이는 그의 얼굴이 잘 생겼다는 것을 지칭하는 것이 아니다. “아름다운 청년”이라는 말은 투쟁어이다. 그것은 공동체적 삶을 실천하는 저항에 우리 역시 참여하려 한다는 깊은 지향성을 담고 있다.

“아름다운 가게”라는 일종의 사회운동이 있다. 타인에게 주려는 물건들을 정성스럽게 씻고 닦아 기증하는 시민들의 운동이 줄을 잇고 있다. 이 건전한 소비를 위한 사회운동은 말 그대로 아름답다. 그 까닭은 그 운동이 휴머니즘적 가치를 실현하려는 공동체적 활동이기 때문이다.

"아름다운 토요일"이라는 행사가 인하대에서 있었다. 그것은 "아름다움"을 이어가는 공동체적 사회운동이다. 우리는 이렇게 아름다움이라는 말이 진정 아름답게 발전해 가길 바라마지 않는다.

그리고 학문도 아름다워야 하지 않을까. 기술적 합리성만을 발전시키려는 관심이 학문세계를 저해할 때 현실세계는 비합리적 야만으로 빠져들 수 있다는 점을 독일 프랑크푸르트학파의 비판이론가들은 파시즘을 경험하면서 치열하게 논술하지 않았던가. 억압과 지배가 없는 공동체적 세계에 대한 "해방적 관심"(하버마스)에서 출발하는 학문연구를 우리는 아름답다고 부를 수 있을 것이다. 아름다운 학문연구는 역사에서 우리가 알 수 있듯이 단기적 이익이 아니라 장기적 비전에서야 출발할 수 있다.

우리 대학을 아름답게 만들어가자.[240)]

240) 〈인하대학신문〉, 2004년 8월 30일.

● 젊은 대학인들이여, 사상으로 살아가자!

고전사상강좌의 폐강이 속출하더니, 마침내 교양강좌들은 사상 없는 "실용학풍"으로 변모되어가는 모양이다. 이 변모는 오늘날 한국의 거의 모든 대학들에서 쉽사리 볼 수 있는 지적 풍경이다. 이 풍경은 혹시 한국사회의 위기를 반영하는 것은 아닌가.

기업최고경영인들은 최근 신입사원들이 단편적인 지식들은 많이 알고 있지만, 막상 업무추진에서는 매우 미숙하다고 불만을 토로한다는 보도가 있었다. 전후 맥락을 살피고, 전체를 통찰하는 힘이 매우 부족하다는 것이다. 총체성을 해체하고, 맥락성을 파괴하는 우리 시대의 사상, 아니 반사상이 반영된 것은 아닌가.

"모든 전통은 소진해 버렸고, 모든 믿음들은 폐기되었다. 다른 한편 새로운 계획들이 아직 준비되지 않았다. 다시 말해, 대중의 의식 속에 숨어들지 않았다. 나는 이것을 '해체'라 부른다. 이것은 사회존재사상, 가장 극심한 위기의 순간이다. 모든 것은 좋은 의도를 가진 사람들을 슬프게 하는 데만 공헌하고 있다. 의식을 마치 창녀처럼 팔아넘기고, 속된 인간들이 승리하며, 진실과 허위가 혼동되고, 원칙이 배반되고 있으며, 정열이 저질화되고 있으며, 도덕적이어야 할 인물들이 비겁해지고 있다." 이것은 프랑스의 사상가 프로우동이 1875년 어느 한 편지에서 한 말이다. 19세기 유럽의 문명 위기를 진단했던 그의 말을 이렇게 다시 기억하는 까닭은, 이 말이 오늘 우리의 현실을 직시하는 직언으로 들리는 슬픈 환청 때문이다. 위기를 진단하는 사상적 지식마저 배척당하고 있는 위기가 심화되고 있지 않은가. 사상적 지식, 삶과 역사의 총체적 통찰력을 헌신짝처럼 버리고, 단편적 지식들, 퀴즈풀이형 지식들을 축적하려고만 하는 대학인들은 늘어나고 있다.

사상의 본래성은 지식의 산술적 축적이라기보다 사유의 질적 심화이고, 그것은 고전읽기에서 자란다. 사상이 없는 지식은 이미 죽은 지성이다. 대학은 지성이 살아 꽃피는 비판적 공론 장이어야 한다. 대학인들은 지성인으로서 사상으로 살아가야 하는 사색인이어야 한다.

사상의 빈곤은 현실과 그 역사적 변동을 직시하지 않고 있기 때문이다. 현 단계 정말 필요한 사상은 무엇일까? "지금까지 극복되지 못한 여러 가지 모순들을 확실하게 하는 것이야말로 현 단계에 정말 필요한 사상에 불을 당기는 불꽃이다."(칼 만하임) 인권신장, 환경보호, 구조적 불평등의 극복, 반전평화, 가부장주의 지양, 민주주의 등. 그렇다. 젊은 대학인들이여, 사상의 불을 당기자. 다시 시작하자. 사상의 고전들을 읽고, "지금까지 극복되지 못한 모순들"에 주목하자. 그리고 사상으로 살아가는 지성은 탐구에 대한 열정과 비판의 용기를 가슴 깊이 내장해야 하리라.[241]

---

241) 〈인하대학신문〉, 2004년 3월 15일.

● 위험한 기여입학제 발상

매년 학기 초가 되면 학생들은 등록금 인상을 반대하는 학내외운동을 전개한다. 학생들은 부모에게 과중한 부담을 지우게 할 수 없으며, 가난한 학생들의 공부할 기회를 박탈당해서는 안 된다는 등의 논거를 제시하며 반대한다. 교육부는 기회가 있을 때마다 대학의 자율성 보장을 공언해왔지만, "물가안정" 등을 논거로 삼아 대학의 등록금 인상에 개입한다. 간섭주의와 개입주의는 여전히 이어지고 있는 것이다. 대부분의 사립대학재단은 대학 재정위기에 대해 특별한 방안을 제시하지 않는다. 그저 현상태에 안주하고 있을 뿐이다. 이런 가운데, 가끔씩 튀어나오는 발상이 바로 이른바 기여입학제 방안이다. 최근 한 사립대 총장 모임에서 기여입학제를 다시 들고 나왔다. 대학 등록금을 5% 정도로 동결하라는 교육부의 "명령"이 발표된 다음의 일이다. 기여입학제 논란은 무엇보다, 사립대학들의 재정위기를 웅변해주고 있는 셈이다. 대학의 재정위기는 사실 심각하다. 참혹하다.

나의 주장을 곧게 밝히자면, 이렇다. 즉 대학 재정위기가 심각하다고 해서 그것이 기여입학제를 정당화하지는 못한다는 주장이다. 왜 그러한가? 첫째, "기여"를 하여 입학하는 자들의 수가 기존의 입학정원 안에서 정해지지는 않을 것이라 추측한다. 만약 그렇게 된다면, 정당한 실력을 갖춘 학생들을 배제하는 셈이기 때문이다. 따라서 기존의 입학정원 밖에서 기여입학의 수가 허용되리라 예상할 수 있다. 그렇다면, 대학은 입학정원 수를 늘여야만 한다. 수도권대학의 경우, 입학정원은 거의 동결된 채로 있는데, 어떤 논거로써 교육부가 이를 풀 것인지 오직 궁금할 뿐이다.

둘째, "기여입학제" 방안은 입학하려는 학생이 "기여" 주체가 아니라는 데에도 문제가 있다. 자신의 노력과 능력이 아니라 "부모를 잘 둔 우연"이 기여의 실체인 것이다.

셋째, 일반적 사회정서도 기여입학제를 받아들이지 않을 것이다. 정상 입학생과 기여입학생 사이의 거리감은 쉽사리 좁혀지지가 않을 것이다. 또, "기부금"을 낼 수 없는 다수의 부모들은 깊은 소외감에 빠져들 것이다. 기부금 마련을 종용하는 자식들에 시달리는 부모들은 또 없을 것인가.

그리고, 입학시험의 의미나 의의는 무엇인지 새삼 묻지 않을 수 없다. 시험은 대학생활을 성공적으로 완수할 능력이 있는지를 판정한다. 기여입학생들은 입학한 다음, 성공적으로 대학생활을 완수해 낼 것인가 하는 의심이 든다. 어떻게든 입학만 하면 어떻게든 졸업하고 있는 현 관행을 모르는 바는 결코 아니다. 기여입학제 발상은 사실 이 비극적 관행 위에 서있다. 입학이 쉽고, 졸업이 어렵다면, 기여입학제 발상 그 자체가 어려울 것이다. 아무리 많은 "기여금"을 낸다 하더라도 학점을 얻지 못한다면, 그리하여 졸업할 수가 없다면, 누가 기여입학을 하려하겠는가. 따라서 기여입학제의 성공은 대학의 왜곡된 학습과정을 노골적으로 인정하는 것의 성공이요, 그 지속이다. 말이 나온 김에 말하자면, 입학은 쉽고, 졸업은 어려운 대학이 되도록 대학의 개혁이 지금 우선 현실화되어야 한다. 이것이 가장 시급하다.

하기야 입학을 돈을 내고 물건처럼 팔고 사려는 사람들을 비판할 수 없다면, 학점들을, 그리고 마침내 졸업을 돈으로 사려 한다 해서 뭐 그렇게 더 "비판할" 일이겠는가. 대학당국도 처음부터, 기여입학제가 사실에 있어서는 졸업장 판매에 다름 아니라는 점을 알고 있었지 않았겠는가 말이다. 기여입학제는 대학졸업장판매제이다.

대학의 재정위기를 어떻게 극복해야 하는가? 첫째, 재단전입금을 확대할 수 있게 하는 방안이 있다. 대부분의 사립재단이 여유가 있는데도 지원하지 않으려는 의도를 가지고 있다고 믿고 싶지는 않다. 그렇다면 정부에서 정책적으로 재단전입금 학대방안을 검토해 볼 필요가 있다. 예컨대, 재단이 대학재정을 지원했을 때 인센티브를 주는 방안도 생각해봄직하다.

둘째, 대학당국이 재정확충을 위해 다각도의 적극적인 노력을 경주하는 방안이 있다.

그리고, 등록금책정을 각 대학의 자율에 맡기는 방안이 있다. 높은 등록금을 받고도 저급학습기회를 부여한다면 그 대학은 자연도태될 것이다. 반대로 상대적으로 높은 등록금을 책정하되, 장학제도를 확충하고 양질의 교육기회를 부여한다면 그 대학은 더욱 발전해 나갈 수 있다.

대학입시가 우리 사회의 일반에 미치는 효과는 막대하다. 정의의 불이 아직은 꺼지지 않고 살아있음을 보여주는 예이기까지 하다. 돈과 권력이 우리 사회의 곳곳에 파고들어 사회를 타락시키고 있지만, 대학입시만큼은 아직은 돈과 권력이 파고들지 못하는 산 영역으로 남아있다. 우리는 돈과 권력의 힘에 굴복하지 않는 이 정의의 영역을 잘 살려갈 필요가 있다.[242)]

242) 〈시민의신문〉, 1997년 1월 30일.

● 지하실에서 광장으로

> 나에게 가장 좋은 생활방식이란 쭈욱 뻗은, 사방이 막힌 한 지하실의 제일 안쪽 방에서 쓸 것과 등불을 가지고 있는 것입니다.

이것은 1913년 1월 14일 카프카가 그의 연인 펠리체에 보낸 편지 속에 나오는 말이다. 엘리아스 카네티는 자신의 저서 『또 하나의 심판 - 펠리체에 보낸 카프카의 편지』에서 이런 카프카를 두고 "이 세상의 모든 상아탑들은 지하실에 안주하는 이 사람을 대하게 되면, 죄다 허물어질 것이다."고 예리하게 주석을 덧붙이고 있다.

그렇다. 적어도 사회현실을 분석, 이해하는 사회과학은, 카프카의 이상적 글쓰기 공간에서 잘 자랄 수는 없다. 현대 사회과학은 열린 사회현장에서 살아 움직이는, 햇빛 속에서 움직이는 몸들을 끊임없이 살펴보지 않고서는 글쓰기를 지속시킬 수가 없다. 지하실과 그 등불이 아니라 "노동"현장의 햇빛을 받고서 사회과학은 열매를 맺는다.

절대적 고독 속에서, 내면으로부터 나오는 목소리를 담아내려 기대했던 카프카는 그래도 다행이었다. 그러나 본래적 자아의 목소리가 있음을 믿는 시대가 완전히 지나가 버렸다. 지금은 타자의 목소리를 듣지 않고서는 시대정신을 파악하기 어렵다. 그래서 타 학문들과의 대화를 요청하는 학제적 연구를 요청하는 목소리가 넓은 공감대를 얻어 가고 있다.

법정대에서는 3년전 학제간 연구를 도모하는 자극으로서 교수세미나를 열어 놨다. 여기에는 몇 가지 학제적 대화와 연구라는 본래적 목적 이외에도 몇 가지 모티브가 있었다. 익명성을 넘어서 보자는 동기도 있었다. 교수식당에서, 산책길에서, 강의실 복도에서 마주치는 그 교수들에게 가벼운 안부를 물어보는 정도의 친밀감도 지극히 얇은 것이 우리 대학사회이다. "그" 교수는 어떤 연구를 수행하고 있으며, 무엇에 관심이 있는지 우리들은 모른다. 오직 이익에만 교류하는 익명사회 속에서도 또 다른 익명적 만남을 매일 경험하는 슬픔이 캠퍼스를 맴돌고 있다는 것이다.

교수세미나를 통하여 실제로, 뒤풀이 자리에서 우리들은 부드러운 대화를 하면서 대화의 장을 넓혀갈 수 있었다. 그 속에서 연대감이 주는 기쁨을 느꼈다. 그런데, 이 교수세미나가 최근 힘을 잃어가고 있는 것 같다. 여기에는 여러 가지 이유가 있겠지만, 결정적인 것은 처음부터 우려했던 그 재정문제가 아닌가 싶다. 지금까지는 선배교수들의 헌신적인 기여(?)로 버티어 내었는데, 처음부터 구조적 해결책은 아니었던 것이다. 대학본부에서 교수들의 학문연구활동을 지원하는 차원에서 적극 이 문제의 해결을 검토해주기를 바라마지 않는다. 카프카가 꿈꾸었던 그 "검은" 공간을 우리가 꿈꾸지 않도록.[243)]

243) 〈교수협의회보〉 2호, 1996년 12월 1일.

● 학제적 연구의 활성화

한국 대학의 정서에는 "전공 못 박기"의 압력이 상대적으로 강하고 두텁다. 이 현상은 개별 학과들 사이에서만이 아니라 각 학과 내에서도 깊고 넓게 나타나고 있는 데에 그 특징이 있다.

흥미로운 점은, 현대사회의 특징인 복합성-복잡성이 증대하고 있어서, 이에 대한 전문화에의 요청에 따른 학문 내재적 반응이라기보다는 학자들 사이의 세력 다툼이나 학문 외재적 경계심이 여기에 짙게 작용하고 있다는 사실이다.

이런 식의 전공 못 박기는 대체로는 박사학위논문에서 본격화되는 경향이 있다.

우선, 학위주제 선정에서 문제를 해결하려는 다양한 접근방식은 각 학과의 "고유" 영역에서 벗어난다는 미명 아래, 배제당하거나 제한을 받는다. "이게 정치학이냐, 사회학이냐"는 식의 비난을 흔히 볼 수 있다.

그 다음, 문제해결을 위한 학문이 아니라 학문을 위한 학문은 박사학위의 주요내용에서 거의 굳어지도록 강요받는다. 박사학위는 이제 혼자서도 다른 주제를 다룰 수 있다는 지적 노동의 독립을 의미하기보다는 그 주제의 단순재생산으로 "밥 벌어 먹기"를 한국 대학의 집합적 정서가 강압하고 있다.

"전공 침해"를 두려워하는 이 반지성은 학문발전논리를 파괴하는 성격의 것이다. 학문은 대화와 논쟁을 통하여 발전하는데, 이것과는 질적으로 다른 방향으로 달리고 있기 때문이다.

이 과정에서 여러 가지의 문제가 발생하지만, 특별히 강조하고 싶은 대목이 "전문적(똑똑한) 바보화" 경향이다. 이 경향을 두고 이미 오래전에 스페인의 지성 오르테가 이 가세트가 "대중의 반역"의 핵심으로 이러한 지성의 반역을 비판한 바 있지만, 한국 대학사회는 사회와 지성의 총체적 흐름을 비판적으로 성찰하는 태도가 대단히 허약하고 미흡하다.

나는 학제적 연구의 활성화를 요청하고 있다. 이 요청의 의의는 첫째, 사회와 역사의 총체적 흐름을 분석, 이해하여 행복한 사회를 구성해야 하는 지성 본래의 책임을 완수하는 데 있다. 둘째, "전공" 경계들 사이로 빠져나가는 주요한 정치적, 경제적, 문화적 문제를 해결한다는 것이다. 셋째, 후기산업사회의 징후들이 가시화되고 있는 만큼 "인간들 사이의 게임"을 이해해야 한다는 점이다. 산업사회에 필요했던 전문화를 넘는 새로운 관점을 비판적으로 재구성해야 한다.

우리 지성계에서도 학제성명제와 호흡하는 분위기가 전혀 없는 것은 물론 아니다.

첫째, 심심치 않게 부상하고 있는 이른바 "학부제" 논의가 주목을 끈다. 일부 대학 일부 분야에서 이미 실행에 옮기고 있는 이 학부제가 비판적 토의를 거쳐 심화, 확산되기를 기대해 본다.

둘째, 학제성을 띠는 여러 형태의 학술모임이 최근 활력을 얻어가고 있다는 사실이다. 이들 학술공동체는 학제성을 지향하면서 새로운 이론을 발 빠르게 비평을 거쳐 소개하고, 기존 제도학계가 다루지 않거나 소홀히 하는 이론적, 실천적 문제틀과 쟁점을 부각시켜 공론화하고 있으면서도 강한 논쟁성을 유지해가고 있는데, 문제는 시장의 논리 때문에 그 생명력이 위협받는다는 것이다. 다각도의 제도적 뒷받침이 필요하다.

여기에서 학제적 연구가 살아있는 두 모델이 나의 기억에 떠오른다. 그 하나는 건강한 시민의 재정 지원에 힘입고 탄생한 "프랑크푸르트학파"이고, 다른 하나는 대학 부설기관으로 탄생한 독일 빌레펠트대학교의 "학제연구센터"이다.

요컨대, 우리 지성계도 이 사례들을 포함한 성공적인 모델을 연구하여 학제연구를 제도화시켜야 하는 시급한 과제를 지고 있다 하겠다.[244]

---

244) 〈교수신문〉, 1993년 5월 17일.

● 도서관을 위하여

“도서관에서 정보관으로”, 왜 그러한가? 물론 그것은 책들만 있는 곳이 아니라 책 이외의 정보매체들, 영화, 비디오, 음반, 사진 등등이 있는 공간으로 변모되어야 하기 때문이다. 그렇다. 이제 “도서관”은 책만을 빌려주는 곳이 아니라 진리를 탐구하는 데 필요한 모든 것을 모으고 빌려주는 곳으로 전환되어야 한다. 그것은 도서관의 의미가 확장되는 것이지 도서관의 죽음을 말하는 것이 아니다. 예민한 인문학자라면, 혹시 “언어를 지켜내기 위한 투쟁”(라인하르트 코젤렉)같은 것을 해야 하지는 않을까 모르겠다. 오늘 새로운 정보가 자고 일어나면 낡은 정보가 되어 사용가치가 없는 것이 되어버리는 정보시대는 끊임없이 새로운 것을 추구하는 경향이 강하게 있는데, 혹시 “정보관”이라는 언어가 담고 있는 뉘앙스가 이런 시대적 이미지를 성찰 없이 확산시키는 것은 아닐까 하는 불안도 없지 않다. 도서관이라는 언어는 백발이 성성한 노교수가 낡고 오래된 책을 매우 조심스럽게 한 장 한 장 넘기고 숙고하는 장면을 떠올리게 한다. “도서관에서 정보관으로”라는 주제어를 보고서 가슴 저 밑에서부터 무엇인가 서운한 기운이 흐르는 것을 내내 느끼고 있는 예민한 감수성의 소유자도 없지는 않을 것이다. 혹시 이제부터는 유구한 역사와 기억, 그리고 향수를 담고 있는 맥락이 사라지는 것은 아닌가 하는 가볍지만은 않은 불안을 느끼는 자가 있을지 모르겠다. 언어는 역사를 가지고 있으며, 우리의 기억을 자극한다. 도서관에서 낡고 손때 묻은 동화책들을 도서관 한구석에서 빌려 읽으며 환상적인 세계 속으로 나아갔던 기억을 여전히 도서관이라는 언어가 불러내기도 할 것이다. 그리고 거대한 책들의 산맥으로 이루어져 있는 오래된 유럽의 대학도서관에서 대사상가들이 읽었던 그 책을 읽는 짜릿한 흥분을 도서관이라는 언어에서 연상하는 이들도 있을 것이다.

도서관이 나에게 불러일으키는 것은, 끊어지지 않는 대화가 흐르는 완벽한 도서관에 대한 몽상이다.

나는 처음 한 한기동안 독일 하이델베르크에 있었다. 그곳 정치학과 도서관을 처음 보고서는 입이 다물어지지 않는, 감탄이 터졌다. 그곳 중앙도서관을 보고서는 거의 완전히 매료당했다. 방대한 책들, 자료들, 그리고 친절한 도서관직원들! 하지만 나는 독일 빌레펠트대학의 도서관을 보고서는 일단 그곳으로 옮겼다. 빌레펠트대학에서 공부할 것을 결심했다. 하이델베르크대학처럼 오래된 유럽대학은 단일의 캠퍼스가 없다. 단과대학들이 서로 떨어져 있고, 각 단과대학이나 각 학과는 개별적인 도서관을 가지고 있다. 중앙도서관이 각 단과대학 혹은 학과도서관이 떨어져 있게 된 것은 유럽의 대학도시들이 역사적으로 그렇게 발전한 결과일 뿐이다. 빌레펠트대학은 도서관이 있다. 중앙도서관이 있는 것이 아니라 도서관이 있다.

나는 그곳에서 도서관의 이념을 가질 수 있는가에 대해서 생각했다. 도서관이 이념을 가지고 있는가? 만약 그렇다면, 어떠한 이념인가? 도서관의 이념은 중앙과 주변이라는 구별 그 자체를 지양한다. 도서관에는 중심이 없어야 한다. 완전한 평등주의, 완벽한 소통과 대화를 지향하는 까닭에 도서관은 중심과 주변의 구별을 부정해야 한다. 대화의 꽃은 면대면 대화이듯이, 도서관의 책들 역시 그러하다. 책들은 평등하다. 고가의 책과 저가의 책은 오직 서점에서만 차이의 가치가 있을 뿐, 도서관에 들어오면 평등하다. 도서관과 서점의 차이는 배열의 차이로 나타난다. 서점에서 책들의 배열을 결정하는 것은 진리를 향한 이념이 아니라 자본의 강압이다. 도서관은 이와 다르다. 도서관에서는 고가의 책도 독자를 만나지 못하면 그것은 죽은 책이고, 저가의 책이 참된 독자를 만나면 작품이 된다. 그것은 책과 책이 대화하는 보편적 길을 지향하는 것이다. 도서관은 사유의 숲으로 보이지만 사실은 길들이다. 책과 책이 만나는, 어느 책이나 독자가 원하는 다른 책들로, 다른 모든 책들과 만날 수 있는 책의 길을 만드는 것이다. 그것은 진리를 만드는 길이다. 그러므로 도서관은 사유의 소통통로를 차단하는 것들을 넘어서려는 이념을 가지고 있다.

누가 처음으로 도서관을 생각해내었을까? 세계의 모든 진리를 담고 있는 단 한권의 책은 (아직) 없다. 만약 그러한 책이 있었다면 도서관은 아마도 없었을 것이다. 이념적으로 도서관은 모든 진리를 담고 있는 단 한권의 책에 대한 대체가 아닌가 싶다. 그렇지만 진리는 책 속에 있지 않다. 책들 사이에 진리가 있다. 책들 사이, 그러니까 책이 부재하는 그곳에 진리가 서식한다. 그리고 책이 부재하는 그곳에서 또 독서는 진리를 향해, 책을 향해 나아간다. 물론, 책들이 없다면 책들 사이도 없다. 그러므로 진리와 책은 떨어져 있지 않다.

책의 완성은 출판사에서 책을 만들어내는 곳에서 이루어지는 것이 아니다. 책은 책을 읽는 독자를 통해서만 완성된다. 책은 자신의 완성을 위해 독자를 부른다. 침묵 속에서. 책은 독자와 만나려 한다.

대학의 심장은 도서관이다. 이곳에서 연구에 필수적인 학문의 피가 각 대학구성원들에게 전달된다. 도서관이 없는 대학은 죽은 대학과 다름없다. 나는 감히 말한다. 그 대학의 수준은 그 대학의 도서관에서 결정된다고.[245)]

---

245) 제1회 인하교협포럼발표문, 2003년 6월 10일.

● 글을 잘 쓴다는 것

프랑크푸르트학파의 일원으로서 활약했던 발터 벤야민의 탄생 1백 주년기념에 보내는 글을 탈고했는데, 그가 쓴 「글을 잘 쓴다는 것」이라는 제목의 짧은 단상이 나의 주제와는 상관없이 인상에 남았다. 그 단상은 이렇게 말하고 있다.

> 나쁜 작가에게는 많은 생각이 떠오르는 법이다. 그는 이러한 많은 아이디어 속에서 마치 훈련을 받지 못한 조야한 주자가 스윙이 큰 암팡지지 않은 육신의 동작 속에서 허우적대듯 자기 자신의 정력을 탕진해버린다.

벤야민은 글을 잘 쓴다는 것을 고도의 훈련이 필요한 육체 연기에 비유하고 있다. 자신이 지향하는 그것을 정확하게 표현해내지 못하는 모습은 여기저기에서 볼 수 있는 현상이지만 그것이 위험을 내포하고 있다는 사실은 우리 지성계가 보여주는 논쟁들을 훑어보면 쉽사리 알 수 있다. 논쟁거리가 되어야 할 글의 핵심내용을 더욱 깊게 분석하고 종합하는 쪽으로 논쟁이 전개되는 대신에 핵심논쟁내용과는 떨어져 있는 그 인격에 대한 비난과 원색적인 비난이 난무하게 되어 논쟁답지 못한 논쟁으로 끝난다. 그 까닭은 여러 차원에서 확인될 수 있겠지만 글을 잘 쓰는 연기를 배우지 못한 채 글을 쓰는 일을 하게 되는 이유도 중요해 보인다. 글을 쓴다는 것은 남의 글을 읽는다는 사실을 전제로 한다. 논쟁에서는 특히 그러하다. 구체적으로 말해, 논쟁에서 감정의 격화나 과열은 논쟁상대의 글을 침착하게 최대한의 성의와 존경으로 읽지 않는 데에서 주로 발생하는 것으로 보인다. 보기에도 민망하고 부담스러운 논쟁의 "과열"은 쟁점이 빗나가는 것과 맞물려 있다. 빗나간 쟁점으로써 논쟁을 통한 제3의 종합같은 것을 기대하기란 어려운 법이다.

글의 연기를 체화하게 하는 방법은 학교에서 고전을 엄격히 읽는 교육과정에서 시작한다는 교훈을 나는 나의 은사 역사학자 라인하르트 코젤렉의 세미나에서 배울 수 있었다. 그는 장 자크 루소의 『사회계약론』세미나를 열면서 제목 『Du Contract social』을 어떻게 해석해야 하는지 질문을 던졌다. 개념사라는 독특한 영역을 개척한 대가답게 그의 엄격하고 꼼꼼한 독서를 예고하는 이 질문과 토의에 3시간 이상이 지나갔다. 홉스이래의 계약이론 전통을 넘어서려는 루소의 정치이론적 기획은 "사회계약에 관하여"라는 표현으로 나타났던 것이다.

글의 연기, 그것은 남의 글, 특히 고전을 엄격히 읽는 습관에서 숙달된다.[246)]

---

246) 〈인하대학신문〉, 1992년 5월 4일.

제5장 지역 - 인천의 경우

● 인하대 문화의 거리 조성에 주체적 역할을 행사하자[247)]

도시를 미학화하자

새로운 착상이 발표되고 이것이 공론의 중심에 진입하여 마침내 실행되는 데에는 대략 10년 정도의 시간이 필요하다는 말이 있다. 1995년 나라정책연구회라는 시민단체에서 나는 문화발전위원회 초대 위원장으로 한국사회에서 문화환경의 디자인 문제를 총체적으로 짚고 그 미학화를 주장했다. 그 성과는 『옷을 갈아입는 아파트』라는 단행본으로 출간되었다. 반향은 넓게 확산되었다. 10년이 흐르면서 도시의 디자인화가 실행되고 있다. 서울시는 "디자인본부"를 설치했으며, 도시를 미학화하려는 적극적인 행정조처들이 줄을 잇고 있다. 인천시 역시 디자인 부서를 설치하고 시대의 흐름에 합류하려는 듯하다.

도시 디자인은 이제 발전의 중심범주다. "도시재구조화", "도시갱생", "도시혁신" 등의 주제어 속에 도시를 디자인하자는 문화적 사고가 들어 있게 되었다. 이런 도시재구조화론에서 문화는 핵심범주이다. 문화의 품격이 높은 도시가 국내적으로나 국제적으로 매력을 끌어낼 수 있다. 특히 인천의 경우 도시정체성형성빈곤에 시달리고 있는데, 공간의 문화화/미학화는 이를 극복하게 하는 핵심범주이다. "인하대후문지역

---

247) 인하대학교 대학가 가로경관개선 사업(연구책임자: 서규환교수. 연구원: 사회과학부 김천권, 건축학부 구영민, 예술체육학부 강현주, 예술체육학부 조영민 교수)이 실행되었다. 이 사업은 전선지중화 사업, 인물기념조형상조성, 간판미학화 등 문화의 거리 조성 등을 기획했다.

의 문화기획(문화의 거리+축제)"을 추진하려는 데에는 이 같은 배경이 있었다.

왜 하필 인하대인가

그런데, 왜 하필 인하대후문지역의 문화화/미학화에 주목하는가? 그 이유는 다음과 같다.

첫째, 인천의 경우, 기존의 "문화의 거리 지역"들은 이미 매우 회복 불가능할 정도로 본래의 목적을 달성하지 못하고 있는데, 인천에서 문화의 거리로 만들 수 있게 남아있는 몇몇 지역의 하나이다.

둘째, 인천에는 종합대학이 다른 광역시들과는 달리 두 개 밖에 없다. 그러므로 대학은 대체로 어느 곳에서나 문화의 중심지로서 역할을 하지만, 인천의 경우는 대학의 중요성이 특별하다 하겠다. 그 가운데 인하대는 더욱 특별한 위상을 가지고 있다.

문화의 거리 성패는 그 공간을 문화화하려는 사람들에게 달려 있다. 우리는 여기에서 라도삼이 「서울시문화정책의 효율화방안연구」(2002, 서울시정개발연구원)에서 지적한 내용을 참고할 필요가 있다. "대부분 가로형 거리로 조성되어 있는 서울시의 〈문화의 거리〉의 경우, 그 대부분은 형식적인 면에 치우쳐 있거나, 지역적인 문화적 환경이나 특성을 고려하지 않은 채 단지 '문화의 거리'라는 이름만 갖고 있을 뿐이다. 실질적인 문화시설이나 문화행사가 없으며, 정책적인 지원책과 유인책 또한 부재한 실정이다. 그러나 무엇보다도 가장 큰 문제는 지역적인 문화공동체가 없다는 사실이다. 가장 일차적인 문화공간으로 조성되는 〈문화의 거리〉의 경우, 특색 있는 공간환경을 조성하고 시설을 입주시키는 한편, 축제와 이벤트를 벌일 수 있는 지역공동체가 우선 존재해야 한다. 그럼에도 대부분의 문화의 거리는 관주도로 일방적으로 선정된 거리에 지나지 않으며, 그 결과 〈문화의 거리〉라는 상징성이나 예술성, 문화적 보편성과 접근성마저도 갖추어져 있지 않다. 따라서 무엇보다도 지역적 특성에 고려한 거리 정책이 필요하며, 이 거리를 중심으로 문화적 공간환경을 조성하고, 시설을 입주시키며, 문화예술 축제 및 이벤트, 행사 등을 벌임으로써 지역적인 문화적 공동체를 형성하는 작업이 우선 필요하다 할 것이다."

인하대후문지역은 인하대라는 잠재적인 문화공동체를 가지고 있는 특장이 있고, 이 점을 잘 활용할 필요가 있다.

셋째, 인하대후문지역은 이미 음식점을 중심으로 튼튼한 상권이 형성되어 있고, 이를 잘 활용할 수 있다.

인하대 문화의 거리, 어떻게 특색을 살려나갈 것인가

우리는 인천의 인물들을 기념하는 사업에 중점을 두었다. 왜 인물인가? 한국사회에서는 인물을 예찬하는 문화가 상대적으로 매우 약하다는 점이다. 이 점은 유럽과 비교해 보면 확연하게 드러난다. 역사적 인물을 기억하려는 유럽문화는 오늘의 독창적인 신예들을 논의의 중심에 세우며 높게 예찬하는 전통이 강하다. 물론 그 사례는 문학과 예술 분야에만 국한되지 않는다. 그러므로, 인하대 문화의 거리는 인물 기념조형을 집중적으로 문화화하는 문화운동의 메카로 배양해 나가자는 것이다. 그리고 이 문화운동은 인천정체성위기 역시 자연스럽게 극복될 수 있으리라 기대할 수 있다.

이 사업이 성공하려면

문화의 거리의 "성공"은 자기부정적 논리를 내재하고 있다는 비판에 주목해야 한다. 이진희는 그의 논술 「"문화의 거리"를 위한 바람직한 문화정책」[248]에서 다음과 같이 지적하고 있다. "흥미로운 사실은 오히려 사람들이 몰려오고 상업주의가 침투하면서 자신의 독특한 문화예

248) 『인천문화비평』, 2003 하반기.

술의 거리 기능을 상실해가고 있다는 점이다. 몰려온 사람들을 유인하기 위한 각종 식당과 유흥업소가 거리를 장악하고 비싼 임대료 때문에 문화예술인들은 이 거리를 떠나고 있다. 홍대 앞 문화의 거리와 인사동 문화의 거리의 운명 역시도 마찬가지다. 그 많던 라이브클럽(홍대)과 화랑, 미술점, 공예품가게 등 문화업소(인사동)가 사라지고 그 자리를 비싼 임대료를 감내할 수 있는 대형 패스트푸드점과 식당들이 차지하고 있다." 상업주의적 성공은 문화의 실패를 불러들일 위험이 있다.

그리고, 문화가 발전해야 한다는 점에 대해서는 반론이 없겠지만 어떤 문화를 어떻게 발전시킬 것인가에 대해서는 이보다 더욱 다면적이고 복합적인 견해들의 충돌이 있을 수 있으며, 따라서 갈등이 예상된다는 점이다. 고급예술 대 대중예술, 문화예술 대 문화산업, 일회성 대 영원성, 지방 대 세계성, 과거 대 미래, 예술 대 미디어, 소비 대 생산 등등에서 예상되는 갈등들에 대처할 명확한 문화도시 및 문화공간발전의 비전과 전략이 있어야 한다는 점이다.

사업이 실행되는 시점에 우리는 인천시, 남구청, 인하대, 인하대 후문가 주민 등 각 주체의 협조적이고 능동적인 리더십 발휘를 특별히 요청한다. 특히 인하대는 깊은 관심을 가지고 주도적 역할을 해야 할 것이다.[249)]

---

249) 〈인하대학신문〉, 2008년 5월 19일.

● 인천문화발전을 위한 몽상들

문화도시의 품격은 그 도시를 헌정하는 시민들의 문화양식, 문화적 자긍심에 달려 있다. 도시의 경관은 그것의 결과이지 원인이 아니다. 서로 다른 표정을 드러내는 다양한 문화적 조직체와 단체 그리고 그 건물들이 품격 높은 문화도시 인천의 상징이 되는 것을 "몽상"(바슐라르)한다.

그 하나는 인천에 번역원을 설립하는 몽상이다. 나는 연전에 일본 와세다대에서 학술논문 발표를 했을 때, 다양한 질문을 던졌던 와세다대의 한 젊은 교수의 학제적 독서력에 매력을 느꼈다. 그 비결의 하나는 일본의 풍성한 번역서출간이었다. 자국의 언어로 전세계의 명저들을 쉽게 읽는다. 일본이 선진국이 될 수 있는 이유들은 다양하겠지만, 그 가운데 왕성한 번역서출간도 있다는 사실에 주목해야 한다. 왜 번역인가? 문화적 단절을 극복하고 다양한 사유들을 소통하게 하고 문화적 다양성을 결집하여 종합하는 문화제도이며 실천이기 때문이다. 동서양의 고전들을 번역하는 것은 물론이고 최근 출간된 영어, 독어, 불어, 스페인어 등의 저술들을 일역하는 활동도 한국과 비교할 수 없을 정도로 왕성하다. 그리하여 일본 독서층도 넓고 깊은 것이다.

국내 일부대학은 한문고전의 번역을 석 · 박사학위로 인정하는 제도를 추진해왔는데, 이제 거의 완공단계라는 보도가 있었다. 번역의 중요성을 제도적 차원에서 인정하는 사례다. 지금의 형태로 한글의 문법이 정착화된 것은 그렇게 오래되지 않는다. 갑오개혁 이후의 국한문혼용체의 문헌들을 오늘날 우리들은 읽기 어렵다. 더구나 한문문헌들은 전문적 학자들이 아니면 접근하려는 엄두조차 내지 못한다. 사유의 흐름이 단절되어 있는 것이다. 한문고전뿐만 아니라 외국명저들의 번역업적에 학위를 수여하는 제도를 시급히 정착시킬 필요가 있다. 번역은 창작보다 어렵다는 말이 있다. 타인의 저술을 완전히 이해하고서도 자국의 언어의미론에 정통해야 좋은 번역이 나올 수 있기 때문이다.

번역을 강조하는 까닭은 또 있다. 영어학습전략의 개혁 때문이다.

한국에서 영어학습은 광기에 가깝다. 한국의 어머니들이 미국인과 같게 발음할 수 있도록 자식들의 혀와 입을 수술하게 한다는 "몬도가네" 뉴스도 있었다. 우리의 어린이들은 초등학교 이전부터 영어학습 때문에 폭력적 스트레스를 받는다. 어디 이뿐인가. 중고교를 거쳐 대학에서도 또다시 영어에 매달린다. 한국의 미래를 담당할 한국청년들의 상상력의 에너지가 이 영어광풍에 휩쓸려 소진되고 있다. 한국어와 영어는 그 문법적 구조가 너무 상이하여, 한국인이 영어를 온전하게 구사하려면 특별한 영어재능 소유자라 할지라도 막대한 시간이 필요하다. 개혁의 밑그림부터 재성찰해야 한다. 구체적으로 말하면, 소수의 영어전문가를 양성하면 충분하지 않을까. 대다수의 한국인들에게는 일상에서 필요한 낮은 수준의 회화로 충분하지 않을까. 직장에서도 영어가 실질적으로 어떻게 사용되는지, 비전문적 영어구사가 사태를 망치는 일이 없는지, 대학, 기업, 정부 등 각 부문에서 왜 하필 영어로 실력을 평가해야 하는지, 종합적이고 철저한 조사검토가 필요하다. 작금의 영어학습개혁에 대한 근본적 개혁이 절실한 때다.

또 하나의 몽상은 인천에 외교관사관학교를 만들자는 것이다. 지구촌시대에서 외교관계는 핵심적이다. 지금과 같은 형태의 외무고시 제도로 외교관들을 선발해서는 안 된다. 일종의 사관학교 제도가 필요하다. 국가적 차원에서 적극적으로 고민해야 할 때다. 전세계의 각국의 문화와 예법, 역사 등을 깊게 이해하고 그 지역의 외교관이 될 수 있게 해야 한다. 여기에서 필수적인 것은 해당 주재국의 언어습득이다. 주한 외교관들이 한국어를 온전하게 구사하는 것을 보라. 우선 우리 한국인에게 다가오는 정서가 다르다. 한국의 외교관들이 주재국의 고유언어로 그들과 외교적 대화를 나누는 것은 정서적으로 중요하다. 친근감이 주재국 언어 구사 그 자체에서 표현된다.

영어중심주의를 넘어서야 한다. 전세계의 언어들의 학습에 관심을 쏟아야 한다. 서로 상생하는 외교관사관학교와 번역원이 인천에 설립되는 날을 몽상한다.[250)]

● 자유공원의 작품을 제대로 알자

고미술품과 관련된 잘 알려진 농담이 있다. 배회하며 고미술품을 값싸게 매입하여 고가로 팔아 재미를 보던 모더니스트가 있었다. 어느 날, 한 시골 집 마당을 쓱 들여다보았는데, 눈 속으로 눈부시게 들어오는 게 있었다. 개 밥 그릇으로 사용되고 있었던 그것은 예사롭지 않았다. 명품! 그는 늙은 농부 앞에서 그 그릇에는 무관심한 양 축 늘어져 있기만 한 잡종개에 대한 찬사만 잔뜩 늘어놓는다. "아, 그놈 참 맘에 드네", 개머리를 쓰다듬으며 또 이렇게 말한다. "꼭 예전에 내가 아끼며 끼웠던 '만국'을 빼다 박았네 그려." 그리고는 "값을 후하게 쳐 줄 터이니 제게 팔아요"라고 말을 건넨다. "값을 아주 많이 준다면야, 음, 정이 들긴 했지만, 뭐"하고 주인은 퉁명스럽게 답한다. 매우 높은 값을 치르고 그 몽롱한 개를 넘겨받고서는, 슬며시 하지만 아주 자연스럽게, 말한다. "아, 이 개 밥그릇도 이제 필요없을테니 그냥 제가 가져가도 되죠?" 투박한 두 손으로 돈을 계속 세면서 검은 미소의 그 늙은 농부의 말은 이러했다. "아이구, 뭔 말을 그렇게 하쇼, 그 개밥그릇 덕분에 개장사를 재미나게 잘 해왔는데, ……." 이 농담은 드라마적 역전의 재미를 주지만, 미술작품에 대한 무지를 경고하는 메시지를 담고 있다.

"아는 만큼 보인다." 이 말은 유홍준의 책을 통해서 널리 알려졌지만, 원래 미술사학자 곰브리치의 경구다. 예술작품은 자신에게 관심 없는 자에게 진의를 잘 전하려 하지 않는다. 관람자는 작품에 대해서 알아야 한다.

이른바 만국공원의 복원 주장에 이제야말로 직시하자. 복원론자의 욕망은 다면적이지만 다음과 같은 말에 극명하게 잘 표명되어 있다.

"옛 인천지역의 랜드마크가 있었는데, 그것은 옛날 존스턴 별장으로 인천각이었지요. 그걸 부수고 지은 한미수교100주년기념탑의 철거가 내 소원입니다. 거기에 인천각을 복원해서 거기서 양식을 먹어보는 것

250) 〈인천일보〉, 2008년 2월 18일.

이 내 바램입니다.” 이 말은 복원론의 사상적 중심에 있는 인천문화재단대표이사가 월간 『건축사』 좌담 “건축과 도시, 그리고 지역성”에서 발언한 공언이다. 필자는 여기에서는 만국공원의 존스턴 별장, 세창양행사택 등의 제국주의적 내용에 대해서는 말하지 않겠다. 자유공원의 작품들 가운데 기념비의 의미론과 예술적 가치에 대해서만 말하고자 한다. 작가는 누구인가? 강석원씨다. 그는 1938년생이며, 그룹가건축도시연구소 대표, 홍익대 건축미술과, 프랑스국립대 건축미술과를 졸업하고, 한국건축가 협회 회장을 역임했다. 제7회 한국건축가협회상, 제10회 국전에서 대통령상을 수상한 한국의 대표적 건축가다.

예술작품을 모독하지 말아야 한다. 한미수교100주년기념비는 한국건축사에 남을 걸작의 하나다. 그 의미론을 정확하게 알고 판단해야 한다. 첫째, 공개경쟁(공모)을 통해 당선작을 뽑았고, 실행했다. 그것은 김중업과 심문섭의 경쟁을 물리치고, 당당하게 당선된 작품이다. 둘째, 외형은 “인천과 샌프란시스코 항구 - 배의 돛을 형상화”했다. 항구도시 인천의 정체성에 걸맞게 이미지를 잘 살렸다. 셋째, 시각의 위치에 따라 변화의 다양성이 표현되도록 심도 있게 고려했지만, 무엇보다 남-북의 시각을 중심으로 한미 양국이 탁자를 중앙에 두고 상견례하는 예법의 이미지를 형상화했다. 곧, 한미 양국이 산술적인 동반자의 지위를 넘어서서 서로를 예로서 존중하는 동양적 예법을 형상화한 것이다. 넷째, 기념비는 한미 양국의 우호를 상징하되, 네 개의 기념탑으로 구성되어 있다. 각 탑은 땅 위의 가장 기본적인 요소, 인간, 자연, 자유, 그리고 인류가 지향하는 평화를 상징한다. 그리고 이 기념비는 자유공원 정상과 조약 당시 “예포를 발사했던 배의 위치(추측)”를 직선으로 연결 X 축으로 설정하고, 자유공원을 중심으로 맥아더 동상과 “조약체결시”를 연결 Y축으로 설정하고, 축의 교차점을 탑의 중심이자 정점으로 설정했다. 기념비는 그 자체로서도 중요하지만, 그 위치설정도 작품의 본질 요소다. 예술작품은 작품 그 자체로서 완성되는 것이 아니라, 그것이 위치한 구체적 장소와의 관계성 속에서 비로소

일단 완성된다.[251)]

251) 이 글은 〈인천일보〉, 2007년 8월 6일에 발표된 것인데, 가볍게 다듬었다.

● 인하대의 발전이 인천의 발전이다

"다이내믹 코리아", 이것은 한국의 캐치프레이즈의 하나다. 독일의 철학자 한스 요나스가 말했듯이 다이내믹스(역동성)는 우리시대의 기호이다. 역동성은 현대의 내재적 특성이며 우리의 운명이다. "그것은 우리가 새로운 것을 계산할 수 없으면서도 항상 그것을 고려해야 한다는 사실을 의미한다. 또한 그것은 변화는 확실하지만 무엇이 변하게 될지는 확실하지 않다는 것을 의미한다." 그러므로 역동성 그 자체의 예찬이 아니라 역동성의 귀추에 대한 예측력과 성찰력을 높이는 것이 우리시대의 당면 과제다. 한국의 역동성을 웅변하는 장소는 바로 인천이고, 그 핵에 인하대 송도부지 논란이 있다. 인천에서 차지하는 인하대의 다면적 가치를 다시 깊게 천착해야 한다.

송도의 국제학술부지는 산술적으로 배분될 성질의 것이 아니다. 인하대가 특별하게 고려되어야 할 분명한 이유가 있다. 첫째, 정책당국은 인하대의 창학이념에 표현된 의미를 잘 살려가야 할 책임이 있다. 인하대의 발전사를 보면, 매우 특별하다. 창학 당시 이승만대통령의 국가적 프로젝트로서 인하대가 실질적으로 출발한다. 미국의 화려한 산업발전이 미국의 MIT가 상징한다면, 인하대는 동양의 MIT. 대학의 과학과 전문지식이 국가발전의 원동력임을 통찰한 국가발전비전이었던 것이다. 인하공대에서 출발한 역사적인 상징적 의미는 한국 인재충원발달사에서도 매우 중대했고, 여전히 확고하다. 송도의 신도시 계획이념은 실용적인 과학과 테크놀로지를 중심으로 한다면, 어찌 바로 이 이념 전통 중심에 있는 인하대 공동체를 배제한 채 쉽사리 성공할 것인가. 둘째, 인하대는 무엇보다 인천 거점 대학이다. 어찌하여 서울거점 대학인 연세대의 경우보다 인하대를 낮게 대우하려는가. 세방화(glocalization) 시대인 오늘, 지역거점 대학의 위상은 더욱 막중하다. 더구나 다른 광역시에 비해 대학의 수가 적은 인천의 경우, 인하대의 위상은 더욱 그러하다. 인하대의 희망은 인천문화의 희망이며 최후의 자존의 보루이다. 그리고 인하대가 최소한 30만평의 부지를 요구하는 것은 용현동캠퍼스가 매우 협소하기 때문이다. 이 점은 이미 제2의 캠퍼스를 가지고 있는 연세대와 매우 다른 조건이다. 인하대가 국내 7위의 진정한 종합대학교로 발전하기 위해서는 송도캠퍼스부지확보는 매우 절실한 것이다. 역동적인 인천, 역동적인 한국을 향해 비상하려는 인하대의 날개를 꺾지 말아야 한다.

도서관이 대학의 심장이라면, 그 문화의 심장은 대학이다. 인천은 문화가 빈곤하다고들 말한다. 그렇다면 본격 인천 문화의 심장인 대학의 다면적 발전에 대해서 깊게 그리고 장기적 안목에서 판단을 내려야 할 때다. 인천은 문화가 빈곤하다는 말을 들을 때마다 나는 가끔 독일 빌레펠트대의 역사를 생각한다. 빌레펠트시는 공업과 상업의 도시로서 성장한 도시였고, 문화가 빈곤했다. 1960년대에 이를 극복하기 위해 빌레펠트시 당국, 지역인사, 시민들은 힘을 합쳐 기존의 작은 사범대학을 오늘날의 종합대학교 빌레펠트대로 발전시키는 최우선 과제를 해결했던 것이다. 실력 있는 젊은 교수들을 초빙하고, 각 분야의 석학들을 모셨다. 그 후 문화의 빈곤에 시달리던 이 도시는 점차로 이 지성적 분위기의 파장으로 문화 도시로 발전해갔던 것이다. 고품격 문화도시 인천과 함께 하려는 인하대의 문화 날개를 꺾지 말아야 한다.

인천시장을 비롯한 정책당국자들은 인하대의 역사는 항구적으로 지속될 것임을 직시해야한다. 대학은 공론의 중심이다. 이곳에서 역사의 기초적 논술이 생산되며 담론된다. 정책당국자들의 각 임기 이후에도 긴 역사과정에서 이 쟁점은 논의되고 전승될 것이다. 대학의 카렌더는 길고 그 미래는 불확정적이지만, 확정적인 것은, 이제 곧 다가올 그 중대결정이 인하인들, 나아가 인천인들에게 결정적이었다고 줄곧 얘기되리라는 것이다. 오늘 불확정성의 시대에는 지도자의 책임은 모호해지는 것이 아니라, 책임져야 할 시간이 오직 장대해진다.[252)]

---

252) 〈인천일보〉, 2007년 7월 20일.

제5부 비판개념

비판

1.

한국어에서 비판은 의미론적으로는 비판, 비평, 논평 등을 포괄하는 개념이다. 서양문헌을 읽고 맥락에 따라 Kritik/critique/critics를 비판, 비평, 논평 등으로 번역하는 사례를 식별할 수 있다. 문학과 예술 작품을 읽고 판단을 내릴 때 "비평"이라는 용어를 사용하며, 현실과 논문이나 사설, 칼럼을 읽고 판단을 피력할 때 "논평"이라는 말을 사용하는 것 같다. 우리는 여기에서 비판개념을 포괄적 개념으로 이해하고 논의하고자 한다.

2.

비판(Kritik, critique)이라는 낱말은 고대 그리스어 형용사 "κ ϱι τ ι κ ός"에서 나온 것이다. 이미 서양 고대에서 텍스트를 문헌학적으로 판정할 때, 그리고 논리학에서 전제론(前提論) 전통의 맥락에서 사용되었다. 고대 그리스어에서 이 형용사에 조응하는 동사 "κ ϱίω ω" [krinein]인데, 그 뜻은 "가르다/구분하다", "결단하다", "판단하다", "따지다", "다투다" 등이다. 그리스인들은 법영역에서 주로 이 낱말족을 사용했다. 이의제기나 판단을 연상하는 용법에 속했다. 인도게르만어로 변용되면서, 가르다/구분하다, 분리하다, 구별하다 등의 뜻을 담는다.

중세에서는 이 개념의 사용이 잘 발견되지 않는다. 15, 16세기에 비판개념이 다시 등장했는데, 오직 학문 내재적으로만 사용되었다. 문헌학, 논리학, 그리고 미학에서 서로 상대적으로 독립적으로 자신의 영역에서 이 개념을 다시 사용했다. 그 기능들도 그런 만큼 일치하지 않았다. 문헌학 영역에서는 성서나 그에 준하는 텍스트를 주석할 때, 교회의 독점적 지위에 대해서 도전이 일어날 때, 식자층의 판단독점을 강화하는 차원에서 비판개념이 다시 사용되었다. 논리학 영역에서는 스토아주의 학설들을 재평가하는 가운데 스콜라학파의 판단론을 극복하고 근대의 과학(학문)논리학과 과학방법학을 정착해나갔던 논리적 분석의 이론을 형성하는 기능을 행사했다. 그리고 미학 영역에서는 시민적 자기의식을 접합하는(articulation) 이론과 실천의 기능이 있었다.

1) 문헌학 : 휴머니즘 시대에서 비판개념은 중세 전통에서 연원하는 것이 아니라 중세 전통과 단절하는 가운데 고대를 재평가하는 가운데 재등장한다. 1492년 폴리치아노(Angelo Poliziano)가 아리스토텔레스의 "Analytica priora"에 관한 자신의 강의에서 고대의 용어를 처음으로 다시 사용했다.[253]

모든 종류의 문헌의 비평가이자 판정자의 능력과 권한을 가진 자는 오직 "문법학자"로 불리었던 문헌학자뿐이었다. 문헌학자는 비판[비평과 논평]의 독점을 주장할 수 있었고 비판가[비평가]라는 타이틀을 얻을 수 있었다. 이 경우 비판이라는 타이틀 아래 문법[문헌학]은 총합하는 비판[비평]능력과 주석능력을 발전시키려면 스콜라주의적 철학과 신학과 단절해야 한다고 주장했다.

이렇게 반(反)신학적인 구성요소는 이어지는 2세기 동안에 걸쳐 비판에 관한 담론을 규정한다. 한편으로는 권위적인 신학적-철학적 주석을 통해서 논증성을 확보하는 순수한 논증자료를 매개로 하여 새로운 사회적 층의 자기 해명. 고대를 비평하는[비판하는, 판단하는]데 식자들이 자신의 논증을 강화하는 것. 다른 한편으로는 재판하는 관할부서

253) Angelo Poliziano, *Prelection in priora Aristotelis analytica. Titulus Lamia*, 1492.

의 주장에서, 판단에 관한 형식논리적 담론방식이, 다름 아니라 고대에 대한 직접적인 재평가 속에서, 포기되는 것이다. 법 영역의 분명한 문헌적인 고유성을 분명하게 주창하는 것이 없었다. 문헌학의 본래성을 합리적으로 보장하였던 문헌학의 자료를 방법적으로 엄격하게 규칙을 적용하는 가운데 "비판"(ars critica)의 과학적(학문적) 자율성이 공고해졌다. 칼레피누스(Ambrosius Calepinus)는 그런 기능을 고려하여 문헌학의 부분영역으로 비판을 간주했다.[254)]

2) 논리학 : 1548년 논리학 영역에서도 비판개념 전통에 다시 연결되었다. 라무스(Petrus Ramus)에 의해서였다. 그는 아리스토텔레스에 기대어서 "전제론"이라 명명한, 논거들을 발견해내는 학설로부터 아리스토텔레스적 분석가의 의미에서의 논리적 분석("Krisis"="판단"(Urteil), 그리고 "Analytik"="Kritik")을 구별했다. 그리하여, 스콜라주의 전통에 대항하여, Analytik은 분과학 타이틀에서 일종의 의문제기 관점으로 변화되었는데, 이 의문제기 관점은 논리학뿐만 아니라 문법학과 수사학에도 적용될 수 있는 것이었다. 그래서 라무스의 경우, 본래적인 논리학이 두 부분으로 분할되어 구성되었다. 실행과 비판.

비판은 논리적 분석의 실천론으로서, 일종의 메타논리학인데 인간들이 말하는 것을 해명하려는 목적을 가지고 있었다. 논리적 분석을 실행하는 과정에서 모든 논리학이 정당성을 확보할 때 고유한 토대로 간주되었다.[255)] 문헌학적 전통에서 "비판"은 indicium et emendatio를 의미했고, 자기권능 증대력인데, 다른 한편, 라무스적 논리학에서는 비판은 판단("iudicium")의 논리적 분석을 정초시키는 교설로서 나타난다. 비판개념은 이와 같이 방법이며 방법론이었고, 이 이중적 개념은 그 후의 여러 세기 동안에도 이어졌다. 정당성문제들을 다루는 차원과

254) Lexicon, seu dictionarium XI linguarum(Reggio 1502), s.v. Criticus.

255) Peter Ramus, *Scholae in liberales artes*, Basel, 1569; Ndr. Hildesheim, New York, 1970, p.8f: Kurt Rötters, "Kritik," in: Reinhart Koselleck et. al(Hg.), *Geschichtliche Grundbegriffe*, Band 3, Klett-Cotta, 1982, p.654.

특정한 내재적인 논리적 문제들을 해명하는 차원에서 비판개념이 사용되었다.

3) 미학 : 스칼리거(Julius Caesar Scaliger)는 1561년, 사후 출간된 그의 『시학』(Poetik)[256] 제5권에서 로마문학과 그리스문학을 비교, 평가하는데, "Criticus"라는 표제어를 부여한다. 비판적 가치판단에 따르는 선별하는 것에는 원래의 텍스트를 복원하기 위해서 이전의 선별들을 철회시켜야 하는 문헌학적 비판개념과는 모순되는 가능성이 숨어 있었다. 그래서 비판가[비평가]의 판단("iudicium")도 이중의 기능을 행사한다. 그 하나는 고전을 선별하는 기능이고 다른 하나는 작품 자체를 타인의 눈으로 평가[판단]하는 기능이다. 스칼리거에 의하면, 그런 가치판단을 정당화하는 기능은 문법학자들이 아니라 철학자들에게 부과되어야 한다.[257] 비판개념은 이렇게 새롭게 중요성을 가지게 되었는데 의미 있는 변화는 낱말사적으로 칼레피누스의 경우에도 그 후에 조셉 스칼리거(Joseph Scaliger)의 경우에도 이미 critica, la critique라는 명사형 낱말이 사용되기 시작했다는 것이다.[258]

비판개념은 스토아학파와 키케로적 변증론의 전통에서 확고한 개념으로 자리 잡는다. 비판은 발견하는 방법(via inveniendi)이며, 이것은 제기된 문제나 과제를 평가, 판단하는 방법(via iudicandi)다. 중세 후기에서 비판개념은 진리발견방법(inventio)과 과제판단방법(iudicium), 이 두 개념 쌍으로서 모든 가능한 것을 논박할 수 있는 변증론을 구성하지만, 절대적으로 확고한 타당성을 가진 규범척도에 따라 비판개념은 안정되어 있었다.[259]

---

256) Julius Caesar Scaliger, *Poetices libri septem*, Lyon, 1561; Ndr. Stuttgart-Bad Cannstatt, 1964.

257) Julius Caesar Scaliger 1561: 214.

258) Rötters 1982: 653-654.

259) Claus von Bormann, "Kritik," in: Hermann Krings, Hans Michael Baumgartner

그러나 근대로 넘어오면서 비판은 규범척도 자체가 비판의 발화점에 빠지게 되면서 새롭게 개념화된다. 의심할 수 없는 자명한 규범뿐만 아니라 종교와 국가에서 절대적으로 설정되어 있는 권위에 대한 대항심급으로서 비판개념은 등장한다. 이 정점에 칸트(Kant)가 있다. 칸트의 "순수이성비판"은 "우리 시대는 모든 것을 비판의 대상으로 삼아야만 하는 비판의 본래적 시대다"라는 선언에서 시작한다. 비판의 급진성은 비판 스스로가 절대적인 무엇으로 나타나고, 비판은 소박한 성찰이나 판단 이상이 되며 비판 속에는 이론적 계기와 윤리적 실천적 계기가 뒤섞인다.[260] 그것은 계몽하는 비판의 자기비판으로 전개된다.

비판의 자기비판은 슐레겔 등의 낭만주의에서 계몽의 토대 그 자체를 의심하며 새로운 이념의 원천으로서 비합리적인 것을 부상시킨다. 비판은 이성 그 자체를 대상으로 삼고, 그런 한에서 비판의 형식도 문예적으로 전형된다. 비판의 자기비판은 마르크스에서는 다르게 나타난다. 그는 헤겔의 역사철학과 정치경제학을 비판하면서 그 허위적 진리를 이데올로기로 명명하고 이데올로기비판의 과제를 제시한다.

기존의 모든 소여들에 대해서 성찰하여 방법적으로 확실성을 현시하고자 하는 시도는 비코(Vico)에게서 확연하게 드러나 있었다. 비코는 방법적으로 과학(학문)을 비판("critica")과 동일시하며 진리는 이제 더 이상 주어져 있는 것의 발견이 아니라 전통적 변증론(iudicium)의 평가, 판단의 집행에서만 얻어질 수 있는 것으로 판단한다. 이제, 진리는 발견되는 것이 아니고, 과학적 진리는 구성되는 것이다.

다른 한편, 진리를 발견하는 방법으로서의 비판은 실증주의를 거쳐서 이른바 비판적 합리주의를 표방하는 신실증주의로 발전해왔다. 칼 포퍼(Karl Popper)는 진리를 탐색하려는 유보조건 없는 비판적 검토가 과학을 논증한다고 주장한다. 비판적 합리주의에서 비판은 진리를 입

---

und Christoph Wild(Hg.), *Handbuch der philosophischen Grundbegriffe*, Band 3, München: Kösel Verlag, 1973, pp. 807-823, 여기에서는 p.811.

260) Bormann 1973: 811.

증하는 실증적 논증의 한계를 밝히고 진리로 인정하는 방법은 이제 반증으로 확정하지만 "비판"의 방법은 여전히 실증주의적이다. 이 방법으로서의 비판이라는 관점에서 비판적 합리주의는 자연과학과 정신과학의 질적 차이를 인정하지 않는다.[261]

3.

비판개념은 오늘날 단연코 비판이론의 발전과 더불어 확산되었고, 비판되고 재구성되어왔다고 말할 수 있다. 비판이론은 마르크스가 헤겔의 철학을 비판한 이후, 철학의 지금까지의 전제들에 대한 자기비판의 길 이외에는 다른 길이 없다고 믿었다. 그 길은, 헤겔이나 칸트의 후기형이상학적 자연화도 아니며 합리성개념을 빠듯하게 재구성하는 길도 아니다. 아도르노는 이성이상주의의 좌절 이후 철학적으로 아직도 가능한 것이 남아 있다면 그것은 모든 개념적 노력의 원칙적 한계를 비판하는 데에서 시작해야 한다는 것이다. 아도르노 등의 비판이론의 자기비판 프로그램은 결코 일차원적이지 않다. 자기비판 스스로 다시 체계적이어야 한다고 믿었다. 헤겔의 긍정적 변증법을 전도하는 모양을 취하면서 그는 부정적 변증법을 전개한다.[262]

아도르노는 비판의 대상으로 헤겔의 변증법을 등장시켰는데, 그 까닭은 헤겔의 변증법적 철학이 철학적 사유의 정점일 뿐만 아니라 헤겔의 고유한 완성도를 표현하고 있기 때문이다. 이런 한에서 철학의 자기비판은 긍정변증법에서 부정변증법으로 전형되며 그 가운데 비판이 있다. 이 경우 비판은 매개다. 긍정적이란, 현실을 합리적으로 규정할 수 있게 하는 목적이 미리 주어져 있고 이 목적을 실행하는 것을 말하며, 부정적이란, 그렇게 동일성을 확인할 수 있게 하는 탈역사적 목적

---

261) K. R. Popper, *Logik der Forschung*, Tübingen, 1969. H. Albert, *Traktat über kritische Vernunft*, Tübingen, 1969.

262) Axel Honneth, *Pathologien der Vernunft.. Geschichte und Gegenwart der kritischen Theorie*, Ffm: Suhrkamp, 2007, pp.98-99.

설정에서 자유로운 것을 말한다.[263)]

루만의 신시스템이론과 푸코, 데리다 등등의 후기구조주의이론과 그 운동에 의해 주체비판이 급진화되었다. 대상을 비판하는 주체마저 비판의 대상이 된 것이다. 이 운동에서 주체(의식, 의도, 지향성)비판은 주체의 해체로 급진화되고 있다. 이 주체의 해체에서 비판은 무엇인가. 그것은 진정 주체이론을 거부하는 한에서만 비판으로 남는다. 부정주의의 다른 형태이다.

비판이론에서도 데카르트 이래의 의식철학에 대한 비판은 핵심과제다. 비판이론의 비판은 주체 그 자체를 해체하지는 않는다. 단지 탈중심화된다. 그가 고통개념에 비체계적이지만 주목했던 맥락에서도 이 점은 분명하다. 주체의 탈중심화 명제는 비판이론 이전에도 친숙한 것이었다. 정신분석과 언어이론의 발전이 그 구체적 예들이다. 합리적 성과들을 계보학적으로 검증하는 이념은 니체로 소급된다. 이 맥락에서 언어비판이 급진화된다. 인간의 의식과 사유는 언어의 효과에 불과하다고 스스로 "언어의 감옥" 속에 갇히게 된다. 그러나 이 급진적 언어비판과 대조되게, 언어에 대한 비판을 언어를 사용하는 행위자들의 소통적 행위에서 제한하는 입장도 있다.[264)]

아도르노에서 주체에 대한 비판은 어떻게 주체의 탈중심화로 나타나는가. 우선, 주체는 현실을 개념적으로 헌정하는 의미에서 현실의 중심으로 파악될 수 없다는 것이다. 그리고 주체의 중심적 지위의 이 같은 상실에 따라 주체는 밖으로부터, 개념적으로 매개되지 않은 세계로부터 더 강하게 자신을 이해하는 것을 학습해야 한다. 이 두 번째 의미에서 아도르노 이후 부정변증법의 집행을 위해서 계보학적/발생

263) Honneth 2007: 99-100.

264) 이와 관련하여 서규환의 저술들, 『현대성의 정치적 상상력』, 민음사, 1993. 『비판적 현대성의 정치적 이론』, 다인아트, 2006. 『정치적 비판이론을 위하여』, 다인아트, 2006에서 관련 논의를 참조하라.

론적(genealogisch) 성찰차원이 도입되었다. 주체는 자신의 개념으로 연역될 수 없는 주변환경의 주변에서부터 더 강하게 자신을 개념화해야 하며, 그렇게 되자 곧바로 주체 자신의 사유의 시원 역시 "선(先)정신적인 것에서"[265] 현재화되어야 한다는 것이다. 니체와 프로이트와 연계하여 우리의 모든 숙고들과 이념들의 고유한 원천은 충동, 아동초기의 공포들과 욕망들의 선(先)합리적인 층에 있다는 발상이 전개된다. 계보학적/발생론적 직관에 의하면 우리의 정신적 성과들은 보다 깊은, 우리의 삶의 충동동학적인 층들에서 발원한다면, 계보학적/발생론적 직관은 모든 개념적 조작들의 원칙적 불충분성에 대한 통찰의 내재적 구성부분이다.[266]

아도르노의 『부정변증법』에는 주체론과 관련되는 핵심적 문장이 있다. "통상적인 과학이상과는 곧게 반대로 변증법적 인식의 객관성은 더 적은 주체가 아니라 더 많은 주체가 필요하다."[267] 아도르노의 이 주체의 탈중심화 명제가 구체적으로 체계화되지는 못했다. 분산되어 있다. "순수한, 완성된 상태로 승화된 주체는 절대적으로 전통이 없는 것(das absolut Traditionslose)이리라. 저 순수성의 우상, 총체적 무(無)시간성에 전체적으로 복종하는 인식은, 형식논리학과 합치할 것이며, 동어반복이 될 것이다; 특히 일종의 선험적 논리학이 더 많은 공간[여지]를 차지하게 될 것이다. 무시간성은, 부르주아적 의식이, 아마도 고유한 사멸성을 보상하기 위하여, 추구하는 것으로서, 그러한 순수한 주체의 기만(Verblendung)의 정점이다."[268] 아도르노는 주체에 대한 비판을 진술하면서 전통 문제틀을 도입하는데, 그것은 순수한 주체를 가정하는 의식철학에 대한 비판에 근거한다. 비판이론에서는 전통의

---

265) Adorno, *Negative Dialektik,* Ffm: Suhrkamp, 1966, p.33.

266) Axel Honneth, "Dezentriete Autonomie," in: *Das Andere der Gerechtigkeit,* Ffm: Suhrkamp, 2000, pp.237-254.

267) Adorno 1966: 50.

268) Adorno 1966: 64.

비판도 전통을 부정하는 것이 아니라 전통에 대한 비판의 형식을 입고서 등장한다.

후기 하버마스는 소통적 합리성을 이론화하는 가운데 초기 비판이론과는 달리 비판개념의 본질적 탈급진화를 전개한다. 그의 이른바 생활세계의 내적 식민화 명제는 그 구체적 예증이다. 사회비판에서 사회는 시스템과 생활세계로 이분화되고 시스템의 합리성이 생활세계영역으로 침범해 들어오는 것만이 비판의 대상이 된다. 시스템의 합리성 그 자체는 모순이나 패러독스가 없는 순수한 합리성으로 이해되고 있는 것이다.[269] 그러므로 비판이론의 핵심으로 작용했던 총체성 범주 그 자체마저 균열되고 있는 것이다. 그러나 소통적 합리성에 민주적 인륜성을 추가하는 그의 사회이론은 민주적 인륜성이 외부에서 역할을 행사하는 것이 아니라 소통적 합리성의 고유한 경향에서 현실화된다는 것을 예시하고 있다.

4.

오늘날 비판의 과제에서 미학적 주관성과 정치적인 것(정치성)에 대한 비판이 중요하다. 바로 이 맥락에 비판이론의 재활성화가 있다. 특히 발터 벤야민(Walter Benjamin) 르네상스.[270] 벤야민은 현대성을 구성하는 다양하고 복합적인 주제들을 전시하고 비판한다. 이론적으로는 비판과 폭력의 내적 연관에 대해서 비판하는데 그 특장이 있다. 「폭력의 비판을 위하여」에서 벤야민은 소박하게 정초된 소통적 이성, 대화의 주장에 한계를 설정한다. 벤야민의 비판은 대화의 상호유화하는 힘에 온갖 희망을 걸어도, 모든 인간상호 간의 승인관계들에는 정초되지

269) 이에 대한 비판을 위해서는 서규환 1993, 서규환 2006a, 서규환 2006b에서 관련 논의를 참조하라.

270) 서규환, 『열린 총체성의 해석과 정치』, 다인아트, 2009에서 벤야민에 대한 논의를 참조하라.

않은, 비정초적 권력의 계기가 들어가게 된다는 것, 모든 민주적 의사 형성은 항상 다시 법/권리(Recht)를 설정하는, 법설정적 결단들의 점에 접목된다는 것을 겨냥하고 있다.

권력설정의 수행적 성격에 내재하는 결정의 계기는 불가피한데 모든 논술들에서 타당성을 가진다. 법정치적 행위로 정초의 전형이 일어나는 때, 이 점은 분명하다. 법을 창조하는 정치성의 계기는 다시 부상한다. 비판과 그 이론이 더욱 정치적이어야 하는 근거는 인식론적으로 진리의 불확정성 명제다.

벤야민은 수집의 논리라 명명할 수 있는 진리론을 현시했다. 『파사주-작품』(*Das Passagen-Werk*)은 그것의 가장 확연한 사례다. 사유, 사상을 수집하여 한 곳에 현시한 이 작품에는 수집의 논리를 직접적으로 보여주는 곳이 있다. 수집가 항목([H]항목)이 그것이다. 『파사주-작품』[271]에서 "수집하는 것은 연구의 원(原)현상이다: 연구자는 지식을 수집한다."고 밝힘으로써 수집의 논리가 진리의 논리, 인식론에 다름 아님을 현시했다.

대상들은 그 자체로는 합리적이라고 단언할 수 없다. 대상들의 관계를 설정하는 맥락에서야 비로소 대상들은 합리성의 세계에서 등장한다. 수집하는 것은 수집하는 대상, 즉 주제를 정하는 설정 행위를 내재한다. 무엇을 수집할 것인가를 정하는 것은 엄밀하게 말해서 확정되지 않는다. 수집되어온 기존의 대상들, 사물들에서 새로운 사물이 기존의 그것들과 "근접성"이 있는지, 곧 친족적인지 여부를 결정할 때 기존의 대상들에 대한 역사적 기억이 작용하지만, 근본적으로는 정치적인 결정이다. 참된 수집가는 기존의 수집된 사물들과 동일한 것을 수집하지는 않을 것이고, 이런 한에서 수집행위는 늘 연속적이면서도 불연속적이다. 벤야민의 성좌(Konstellation)론은 이를 말한다.

---

271) Walter Benjamin, *Das Passagen-Werk*, Ffm: Suhrkamp, 2Bde, [H 4, 3] 원문을 밝힐 필요가 있는 것 같다. "Das Sammeln ist ein Urphänomen des Studiums: der Student sammelt Wissen."

벤야민은 수집하는 것은 역사적 시스템의 구조화로 이해한다. 그것은 대상의 시원적 본질과는 거리가 있으며, 창안된 고유한 것이다. 대상과 대상의 관계는 시원상 완전히 비합리적인 것이다. 시스템이 처음부터 있다고 단정할 수 없는 것이다. 시스템은 수집가에 의해서 창안된 것이다. 물론 수집하는 것은 사물과 사물의 내재적 친화성[친족성]이 마치 즉물적으로 주어져 있는 것처럼 나타난다. 벤야민은 이런 맥락에서 구조주의와 시스템이론에서 주창해온 주체의 죽음 명제 같은 것을 지적하지만, 벤야민의 비판이론에서는 주체는 죽지 않는다. 사물들을 수집하게 하는 그것은 수집가 자신의 의미부여라는 기억적 정치적 숙고, 성찰이다.

수집하는 것에는 유용성이 지배하는 현실세계와는 다른 상상, 꿈이 있다. 참된 수집은 허위적 꿈을 비판해야 한다. 작품으로 수집하는 것이 아니라 기존의 작품을 흉내낸 키치작에 스며들어 있는 꿈을 비판해야 한다. 그러므로 전통을 비판해야 한다.[272)]

벤야민의 비판은 미(美)를 탈역사적으로 존재하는 것으로 이해하는 것을 비판한다. 미학에 대한 비판은 벤야민에게서 추미학의 이론화로 나아가고 있었다. 수집의 논리의 단상을 전시하는 곳에는 이런 진술도 있다: "바사리는 —『건축에 대한 논고』(Trattato sull architectura)에서? — '그로테스크'(Groteske) 개념이 수집가들이 자신들의 보물들을 보관하는 동굴들(Grotten)에서 온 것임을 주장했다고 한다."[273)] 이런 수집은 단순히 "애호가의 가치"의 그것이 아니다. 루이-필립 시대에 인테리어적 수집가들과는 다르다. 이 수집은 유기체의 자기보존의 활동이다. 수집은 동물들, 예컨대 새들이 둥지를 건축할 때 수집하는 행태를 확인할 수 있는데, 그것은 애호가치가 아니라 자기유지라는 일의적인[분명한] 생물학적 기능으로 이해된다. 벤야민이 바사리를 등장시키는 까닭은, 인간의 둥지활동인 건축 역시 본질적으로 수집하는 것과 깊게

---

272) Benjamin, *Das Passagen-Werk*, [H 1a, 2].

273) Benjamin, *Das Passagen-Werk*, [H 4, 2].

연관되어 있다고 판단하기 때문이다. 바사리 스스로 건축은 수집하는 것임을 자칭했음을 벤야민은 얘기한다. 읽어야 하는 것은 추미학의 이론화에 관한 착상이다. 수집의 그로테스크함을 얘기하는데, 수집하게 하는 그것이 시스템이 아님은 물론 거주의 실천적 기능을 담고 있다는 맥락에 주목해야 한다. 바로크의 알레고리와 연결되는 맥락 역시 그로테스크성에 있다. 그렇지만 그것은 탈사회적, 탈정치적 예술지상주의의 그것은 아니다.

벤야민의 비판은 단순하게 텍스트, 환영, 꿈에 대한 비판으로 제한되지 않고 사회비판의 맥락에 있다. 벤야민은 남성 사인(私人)을 유형화하고 그것을 비판한다. 이 유형은 부르주아지의 역사적 변형을 말한다. 이 유형은 공적 영역에서의 부패를 비판하지 않고 오히려 그 부패 위에서 굳건하게 서 있다. 사인들은 지배계급으로서 루이-필립시대에 새로운 부르주아지의 생활양식을 보여주는 데 그 특징이 있지, 본질적 부르주아지 세계 그 자체에는 근본적 변화가 있는 것이 아니다.

루이-필립 시대에 부르주아지들의 애호취향에서 현재를 부정하고 그 대체로서 이국적인 것과 과거적인 것에 매혹했던 경향에 벤야민은 주목한다. 그들의 유토피아, 혹은 대안적 사회에 대해서 벤야민은 비판하고 있다. 그들의 꿈 세계는 사용가치의 실현 그 자체의 불가능성을 전제하고 있는 것이다. 현재를 부정하는 그들의 꿈은 좌절된 꿈일 따름이다. 그런 만큼 그들은 사적 공간으로서의 인테리어의 변용화/미학화에 몰두한다.[274)]

루이-필립 시대의 남성사인들의 새로운 생활양식은, 노동세계와 일상생활세계의 분리가 그 특징이다. 특히 일상세계, 생활공간은 인테리어를 구성하는 데에서 잘 드러난다. 벤야민에게서 루이-필립 시대는 곧 인테리어의 부상 시대였다. 남성사인 유형이 등장하면서, 역사적으로 처음으로 생활공간은 공적 노동세계와 대립하는 형태를 취하게 된

274) Benjamin, *Das Passagen-Werk*, p.53.

다. 공적 노동세계와 분리되는 일상적 생활공간은 인테리어를 구성하는 것에서 자신을 구성한다.[275] 남성사인은 "실재의 집무실"[현실적 노동세계]에서는 계산[경제적 이익을 추구해야 하는, 자본축적]의 짐을 지고 있지만, "인테리어"[일상적 생활세계]로부터는 "자신의 환상들 속에서" "오락하게 되길"[일하지 않고 즐기기를] 바라는 것이다. 벤야민은 이들 남성사인들의 세계가 어떠한 한계 속에 있는지를 예리하게 간파한다. "이것은 남성사인이 자신의 영리적 숙고들을 사회적 숙고들로 확대하려 하지 않는 만큼이나 필수적이며 긴급하다."[276] 그들은 경제적 이득을 추구하려는 사업적 숙고, 경제적 계산을 위한 숙고[성찰]들을 하지만 결코 사회적 숙고들로 그 숙고들이 전형되지 않는다는 것이다. 루이-필립 시대의 남성사인들은 자신의 사적인 환경을 형성시키는 가운데, 사업적 숙고, 자본축적을 위한 숙고와 사회적 숙고 모두를 억압한다. 전자에 대해서는 벤야민이 이 맥락에서 구체적으로 말하고는 있지 않지만, 우리는 자본주의의 경제적 모순 같은 것을 생각할 수 있을 것이다. 남성사인들은 개인적 차원에서 자본축적을 위한 합리적 추구가 사회적 차원에서 반합리적 귀결로 나타날 수 있음을 급진적으로 숙고하지 않는 것이다. 두 숙고를 억압하는 결과, 인테리어의 환등상들(Phantasmagorien)에 남성사인들은 빠져 들어가게 된다. 인테리어가 부상하게 되는 사회적 원인을 벤야민은 간파하고 있다. 그런데 루이-필립 시대의 남성사인들은 궁극적으로는 인테리어의 세계에 있다고 판단한다.[277] 오늘날 탈현대 심미주의나 미학주의는 루이-필립시대의 인테리어 세계에서 벗어나지 못하고 있다. 아니 오히려 그 속으로 더욱 깊이 침잠한다고 말해야겠다.

"미학적 경험과 그것의 전도적 잠재력이 없다면, 우리의 도덕적 논술들은 맹목적이 될 것이며 우리의 세계해석들은 공허하게 될 것이다."[278] 미학적 경험과 그 전도 잠재력은 타자의 고통과 함께 하려는

275) Benjamin, *Das Passagen-Werk*, p.52.
276) Benjamin, *Das Passagen-Werk*, p.52.
277) Benjamin, *Das Passagen-Werk*, p.52.

연대의식이 없는 종류라면 현실의 고통을 가상세계에서 시체애를 즐기는 도착에서 위안을 받고자 할 것이다. 그렇다면 비판은 오직 퇴행적이고 소극적이며 궁극적으로는 비판 그 자체의 부정에 이를 것이다. 오늘날 비판은 그 해체와 재구성 사이의 비판으로 전개된다.[279)]

278) Albrecht Wellmer의 "Wahrheit, Schein, Versöhnung. Adornos ästhetische Rettung der Modernität"이라는 논문에 나오는 말을 Honneth 2007: 209에서 재인용.

279) 이와 관련하여 서규환 1993, 서규환 2006a, 서규환 2006b, 서규환 2009를 참조하라. 이 논고는 2009년 2월초 탈고된 미출간원고이다.

참고문헌

강문구, 1994, 「한국의 민주화 이행과 국가 시민사회의 변모 - 시민사회의 발전의 특이성을 중심으로」, 『21세기 나라의 길』, 11월호.

권성우, 2005, 「현단계 비평의 쟁점과 젊은 비평의 가능성」, 『세계의 문학』, 제78호, 겨울호.

김수영, 1981, 「65년의 새해」, 『김수영전집 I 시』, 민음사.

김영, 2003, 『네티즌과 함께 가는 우언산책』, 한울.

김영식, 2000, 「실리콘밸리의 벤처, 한국적 벤처 그리고 노동자」, 『진보평론』, 제5호, 가을호.

김정환, 1997, 「조용히 갈망하는 "신화의 귀환"」, 『출판저널』, 제217호(1997년 7월 5일).

김한길, 1997, 「바람난 조기영어교육」, 『월간조선』, 4월호.

김홍규, 2004, 「등소평시대 중앙-지방관계: 재정부문에서의 정책의도, 감찰, 보상 및 인사의 동학」, 『한국정치학회보』, 제38집 제2호, 여름호.

김홍우, 1997, 「신체의 현상학과 정치학에 대한 그 함의」, 『사회비평』, 제17호.

남진우, 1993, 「묵시론적 시대의 글읽기」, 『세계의 문학』, 제67호, 봄호.

더글라스, 메리, 1997, 『순수와 위험』, 유제분 · 이훈상 역, 현대미학사.

더블린, 막스, 1993, 『왜곡되는 미래』, 황광수 역, 의암출판.

도스토예프스키, 1974, 「죽음의 집의 기록」, 『도스토예프스키III』, 동서문화사.

도정일, 1993, 「1990년대 소설의 영화적 관심과 형식문제」, 『세계의 문학』, 제67호, 봄호.

뒤르켐, 1982, 『자살론/사회분업론』, 임희섭 역, 삼성출판사.

데리다, 자크, 1996, 『해체』, 김보편 편역, 문예출판사.

로크, 2008, 『관용에 관한 편지』, 공진성 역, 책세상.

루카치, 1985, 『소설의 이론』, 반성완 역, 심성당.

러시코프, 더글러스, 1997, 『카오스의 아이들』, 김성기 · 김수정 역, 민음사.

마르쿠제, H., 1976, 『이성과 혁명』, 김종호 역, 박영사.

마르쿠제, H., 2004, 『해방론』, 김택 역, 울력.

모랭, 에드가, 1996, 『20세기를 벗어나기 위하여』, 고재정 · 심재상 역, 문학과지성사.

곰브리치, E. H., 1992, 『예술과 환영』, 차미례 역, 심설당.

문정희, 1996, 「인천에 가거든」, 『황해문화』, 가을호.
바슐라르, G., 1975, 『촛불의 미학』, 이가림 역, 문예출판사.
박광득, 2002, 「후진타오 시대의 중국-Search for China of Post-Jinag Zemin(Hujinta)」, 『사회과학연구』, 10권 제2호, 대구대학교 사회과학연구소.
박영한, 1992, 『머나먼 쏭바강』, 민음사.
박호성, 1992, 「소련의 사회주의는 어디로 가고 있는가」, 김세균 · 이수훈 외 공저, 『변혁기의 제3세계 사회주의』, 나남.
박홍규, 1997, 「경계해야 할 "박정희신화"」, 『출판저널』, 제217호(1997년 7월 5일).
벨, 다니엘, 1991, 「새로운 세계질서의 태동-세계질서의 구조적 위기 분석」, 『2000년대의 신세계질서』, 서규환 역, 디자인하우스.
벨, 다니엘, 1992, 『정보화사회와 문화의 미래』, 서규환 역, 디자인하우스.
브레이버맨, 해리, 1996, 『노동과 독점자본. 20세기에서의 노동의 쇠퇴』, 까치.
블랑쇼, 모리스, 1990, 『문학의 공간』, 박혜영 역, 책세상.
파스, 옥타비오, 1996, 『이중불꽃』, 황병하 역, 이레.
파스, 옥타비오, 1999, 『흙의 자식들 외: 낭만주의에서 전위주의까지』, 김은중 역, 솔.
사르트르, 1978, 「지식인을 위한 변론」, 박정자 역, 『세계의 문학』, 가을호.
프롬, 에리히, 1996, 『불종복에 관하여』, 문국주 역, 범우사.
서규환, 1993, 「"시민사회와 민주주의"에 관한 최근 논쟁」, 『이론』, 제5호, 여름호.
서규환, 1993, 『현대성의 정치적 상상력』, 민음사.
서규환 외, 1995, 『옷을 갈아입는 아파트』, 열린세상.
서규환, 2006a, 『비판적 현대성의 정치적 이론』, 다인아트.
서규환, 2006b, 『정치적 비판이론을 위하여』, 다인아트.
서규환, 2009, 『열린 총체성의 해석과 정치』, 다인아트.
수잔 벅, 모스, 2004, 『발터 벤야민과 아케이드 프로젝트』, 문학동네.
신경숙, 1996, 「감자먹는 사람들」, 『창작과 비평』, 여름호.
신동엽, 1985, 『신동엽전집』, 창작과비평사.
아도르노, T.W. 1995, 『한줌의 도덕. 상처 입은 삶에서 나온 성찰』, 최문규 역, 솔.
오르테가 이 가세트 1987, 『대중의 반역』, 사회사상연구회 역, 한마음사.

오페, 클라우스, 1988, 『국가이론과 위기분석』, 서규환 · 박영도 역, 전예원.
원동욱, 2004, 「중국 환경외교: 역사, 원칙, 실제」, 『국제정치논총』, 제44집 2호.
유희문, 2004, 「기고-후진타오 경제운용」, 〈중앙일보〉, 2004년 9월 24일자.
이경분, 2007, 『잃어버린 시간 1938-1944』, 휴머니스트.
이국영, 1992, 「신국제질서와 국민국가 성격의 재조명」, 『사회비평』, 제7호.
이남호, 1997, 「지성과 문화」, 『현대사상』, 창간호.
이덕형, 2001, 『천년의 울림』, 성균관대학교출판부.
이덕형, 2004, 『검은 사각형』, 생각의나무.
이삼성, 1993, 「동아시아에서 미국의 역할과 한국 민족주의」, 『창작과 비평』, 제79호, 봄호.
이진희, 2003, 「"문화의 거리"를 위한 바람직한 문화정책」, 『인천문화비평』, 하반기.
이희옥, 2004, 「후진타오식 리더십」, 〈중앙일보〉, 2004년 9월 20일자.
이희옥, 2004, 『중국의 새로운 사회주의 탐색』, 창비.
잉글하트, 로날드, 1983, 『조용한 혁명』, 종로서적.
에리봉, 디디에, 1995, 『미셸 푸코 (상)』, 시각과언어.
재정경제부 · 한국개발연구원, 1999, 『새천년의 패러다임: 지식기반경제 발전전략』.
정동주, 1998, 『논개』, 한길사, 1998.
정희성, 1996, 「첫고백」, 『창작과 비평』, 제92호, 여름호.
주재우, 2004, 「중국의 에너지정책과 동북아협력문제」, 『국제정치논총』, 제44집 제1호.
지명관, 1994, 「정치유감」, 『20세기 나라의 길』, 4월호.
짐멜, 게오르그, 2005, 『짐멜의 모더니티읽기』, 새물결.
최인훈, 1994, 『화두』, 민음사.
최일남, 1997, 「자존과 비하를 넘어」, 『문학사상』, 3월호.
포퍼, 칼, 1997, 『열린사회와 그 적들Ⅱ』, 이명현 역, 민음사.
포스터, 마크, 1994, 『뉴미디어의 철학』, 김성기 역, 민음사.
라쉬, 크리스토퍼, 1989, 『나르시시즘의 문화』, 최경도 역, 문학과 지성사.
하버마스, 위르겐, 1992, 『소통행위이론Ⅰ』, 서규환 외 역, 의암출판.
하버마스, 위르겐, 1995, 『새로운 불투명성』, 이진우 외 역, 문예출판사.
하비, 데이비드, 1996, 『포스트모더니티의 조건』, 박영민 · 구동회 역, 한울.

하우크, 「상품미학과 대중문화 - 이론적 개요」, 미술비평연구회 대중시각매체 연구분과 엮음, 『상품미학과 문화이론』, 눈빛, 1993.

한인희, 2002, 「중국 정치에 있어서 "상하이방"의 존재와 역할」, 『중국학연구』, 제23집.

호네트, 악셀, 1996, 『인정투쟁 : 사회적 갈등의 도덕적 형식론』, 문성훈 외 역, 동녘.

홍규덕, 1992, 「미국 외교정책의 과제」, 『사회비평』, 제7호.

홍호표, 1995, 『대중예술과 문화전쟁. 세계문화산업의 현장』, 나남.

황장엽, 1997, 『황장엽 비밀파일』, 『월간조선』, 5월호 별책부록.

황지우, 1994, 「인천으로 가는 젊은 성자들」, 『게 눈 속의 연꽃』, 문학과지성사.

헤겔, 1976, 『역사철학강의 I』, 김종호 역, 삼성출판사.

카네티, 엘리아스, 1983, 『카프카의 고독한 방황』, 허창운 역, 홍성사.

쿤데라, 밀란, 1994, 『참을 수 없는 존재의 가벼움』, 정회성 역, 문화광장.

쿤데라, 밀라, 1994, 『사유하는 존재의 아름다움』, 김병욱 역, 청년사.

타르코프스키, 1993, 『봉인된 시간』, 김창우 역, 분도출판사.

Adorno, T.W., 1966, *Negative Dialektik*, Ffm: Suhrkamp.

Benjamin, Walter, *Das Passagen-Werk*, Ffm: Suhrkamp, 2Bde.

Blumenberg, Hans, 1974, *Säkularisierung und Selbstbehauptung*, Frankfurt am Main: Suhrkamp.

Blumenberg, Hans, 1976, *Aspekte der Epochenschwelle: Cusaner und Nolaner*, Frankfurt am Main: Suhrkamp.

Blumenberg, Hans, 1980, *Der Prozess der theoretischen Neugierde*, Zweite Auflage, Frankfurt am Main: Suhrkamp.

Bohrer, Karl Heinz, 1979, "Die drei Kulturen," in: J. Habermas(Hg.), "Geistige Situation der Zeit", 2. Band: *Politik und Kultur*, Frankfurt am Main: Suhrkamp.

Bormann, Claus von, 1973, "Kritik," in: Hermann Krings, Hans Michael Baumgartner und Christoph Wild(Hg.), *Handbuch der philosophischen Grundbegriffe,* Band 3, München: Kösel Verlag.

Gramsci, A. 1971, *Selections from the Prison Notebook*, New York: International Publishers.

Habermas, J., 1981, *Strukturwandel der Öffentlichkeit*, Luchterhand, 12. Auflage.

Habermas, J., 1992, *Faktizität und Geltung*, Frankfurt am Main: Suhrkamp.

Honneth, Axel, 2000, "Dezentriete Autonomie," in: *Das Andere der Gerechtigkeit*, Frankfurt am Main: Suhrkamp.

Honneth, Axel, 2007, *Pathologien der Vernunft. Geschichte und Gegenwart der kritischen Theorie*, Frankfurt am Main: Suhrkamp.

Keohane, Robert, 1984, *After Hegemony, Cooperation and Discord in the World Political Economy*, Princeton, N. J.: Princeton University Press.

Nye Jr., Joseph S., 1991. *Bound To Lead: The Changing Nature Of American Power*, New York: Basic Books.

Offe, Claus, 1972, *Strukturprobleme des kapitalistischen Staates*, Frankfurt am Main: Suhrkamp.

Poliziano, Angelo, 1492, *Prelection in priora Aristotelis analytica. Titulus Lamia.*

Popper, K. R., 1969, *Logik der Forschung, Tübingen*, H. Albert, Traktat über kritische Vernunft, Tübingen.

Ramus, Peter, 1569, *Scholae in liberales artes*, Basel.; Ndr. Hildesheim, New York, 1970.

Rilke, Reiner Maria, 1980, *Reiner Maria Rilke Sämtliche Werke*, Frankfurt am Main: Insel Verlag.

Röttgers, Kurt, 1974, "Andeutungen zu einer Geschichte des Reden über die Gewalt," in: O. Rammstedt(Hrsg), *Gewaltverhãltnisse und die Ohnmacht der Kritik*, Frankfurt am Main: Suhrkamp.

Rötters, Kurt, 1982, "Kritik," in: Reinhart Koselleck et. al(Hg.), *Geschichtliche Grundbegriffe,* Band 3, Klett-Cotta.

Scaliger, Julius Caesar, 1561, *Poetices libri septem*, Lyon; Stuttgart-Bad Cannstatt, Ndr. 1964.

〈동아일보〉, 1992년 2월 24일자.
〈인천일보〉, 2008년 4월 11일자.
〈한국일보〉, 2004년 9월 20일자.

비판적 시대정신

초판1쇄 인쇄 / 2011년 2월 25일 ● 초판1쇄 발행 / 2011년 2월 28일 ● 지은이 / 서규환
펴낸곳 / 도서출판 다인아트 등록 1996년 3월 8일 제87호 인천광역시 남동구 구월3동 1096-19
tel. 032+431+0268 / 0269(fax) e-mail : dainart@korea.com ● 인쇄 / 국제문화사 ● 제본 / 을지제본

ISBN 978-89-89014-90-4
값 / 17,000원

※ 잘못된 책은 바꾸어 드립니다.